KB177022

한국생산성본부
국가 공인 ERP

정보관리사 Ⅰ·Ⅱ급
자격시험 교재

회계·인사 ERP 정보관리사

박홍석·박창목 지음

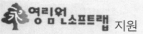 영림원소프트랩 지원

Global Integrator
Ksystem-G&I

 한 나래
아카데미

ERP 정보관리사
회계·인사

지은이 | 박홍석·박창목
펴낸이 | 한기철

2011년 1월 10일 1판 1쇄 박음
2011년 1월 20일 1판 1쇄 펴냄

펴낸곳 | 한나래출판사
등록 | 1991. 2. 25 제22-80호
주소 | 서울시 서대문구 냉천동 182 냉천빌딩 4층
전화 | 02-738-5637·팩스 | 02-363-5637·e-mail | hannarae91@naver.com
www.hannarae.net

ⓒ 2011 박홍석·박창목
published by Hannarae Publishing Co.
Printed in Seoul

ISBN 978-89-5566-113-2 93320

ERP 시스템은 이제 어느 기업에서나 없어서는 안 될 기본적인 업무 도구가 되었습니다. 이러한 시점에서 영림원소프트랩의 K.System과 같은 국산 일류 ERP 솔루션이 있다는 것은 매우 자랑스러운 일입니다. 지난 15년간 K.System은 국내에서 탄탄한 ERP 솔루션으로 자리매김하였습니다.

본 실무 교재는 일반 기업 사용자뿐만 아니라 ERP를 공부하는 학생들에게 이러한 우수한 솔루션인 K.System ERP를 쉽게 배울 수 있는 기회를 제공하고자 집필하였습니다.

영림원소프트랩의 ERP가 국내 기업 사용자로부터 호평을 받는 이유는 다음과 같습니다.

- 글로벌 표준의 최신 기술을 적용한 SOA(Service Oriented Architecture) 기반입니다.
- 외산 ERP에서는 다루지 못하는 국내 기업의 특수한 환경을 해결합니다.
- 타사의 ERP에 비해 추가 개발 및 유지 보수가 빠르고 경제적입니다.
- IFRS(국제회계기준), 전자세금계산서, FBS(금융자동화시스템) 등이 지원됩니다.

이러한 특징을 가지고 있는 K.System ERP를 배운다는 것은 경영을 배우는 일반인 혹은 학생들에게 실무 지식을 쌓을 수 있는 좋은 기회가 될 것입니다.

본 교재는 ERP 실무 업무를 이해하고, K.System ERP 시스템을 익히는 데 중점을 둔 책입니다. 따라서 ERP와 관련된 경영지식과 K.System ERP의 기능적인 내용을 자세히 설명하고 있습니다. 또한 한국생산성본부에서 주관하는 ERP 정보관리사 실무 시험에 대비할 수 있도록 심층적인 기출문제 분석을 담고 있어 수험서로서도 활용할 수 있습니다.

그동안 학교에서 ERP 실습 및 자격증 특강을 할 수 있도록 아낌없는 지원을 해주시고, 본 교재를 위해 많은 자료를 제공해주신 영림원소프트랩의 관계자분들에게 깊은 감사를 드립니다. 끝으로 ERP를 공부하는 많은 사람들에게 본 교재가 좋은 길잡이가 되길 하나님께 기도합니다.

2011년 1월
박홍석 · 박창목

1부 ERP와 K.System 개요

2부 회계편

3부 인사편

ERP 정보관리사

Enterprise Resource Planning

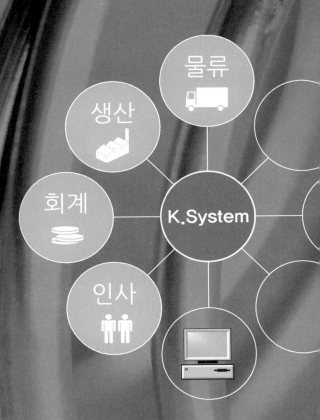

1부

ERP와
K.System 개요

회계/인사

1장 ERP 개요

영림원 K.System

ERP정보관리사

ERP(Enterprise Resource Planning : 전사적 자원관리)란 기업이 소유하고 있는 자원에 대한 정보, 즉 생산, 영업, 자재/구매, 인사, 회계, 프로젝트 관리 등 기업의 전반적인 업무프로세스 관련 정보를 체계적으로 D/B화하여 관리하는 것이다. 기업의 모든 부처 또는 관련 업무(승인된 경우)를 공유하는 기관과 정보를 서로 공유하고 이를 통해 신속한 의사결정 및 업무수행이 가능하도록 도와주는 통합정보시스템이다.

복잡하고 다양한 기업경영환경하에서 기업이 보유한 또는 외부로부터 파생된 정보를 얼마나 효율적으로 활용하느냐는 경영에서 중요한 요소 중 하나이다. 기업들은 정보의 활용도를 높이기 위하여 다양한 정보시스템을 구축하여 적용하고 있다. 경영정보시스템(MIS)이나 비즈니스 프로세스 리엔지니어링(BPR), 공급망관리시스템(SCM) 등과 함께 ERP는 전 부문의 경영자원을 하나의 체계로 통합 구축함으로써 경영의 효율을 극대화하고자 하는 데 그 목적이 있다.

그 중에서도 ERP는 기업활동을 위해 사용되는 기업 내의 모든 인적, 물적 자원을 효율적으로 통합·관리하여 궁극적으로 기업의 경쟁력을 강화시켜주는 역할을 하게 되는 통합정보시스템이라고 할 수 있다. 기존 정보시스템은 경영지원을 위한 해당 분야의 업무를 독립적으로 운영·처리하므로 의사결정이 종합적이지 못하거나 상호협력 결여로 인하여 정보의 오남용, 업무의 중복, 인적·물적 낭비를 초래하였다. 이러한 문제점을 해결하기 위해서는 어느 한 부서에서 데이터를 입력하면 회사의 전 부서가 동시에 정보를 활용할 수 있게 가공·처리하여 의사결정이나 업무를 지원해야 한다.

해외 주요 기관의 정의를 살펴보면 다음과 같다.

- 기업 내의 업무 기능들이 조화롭게 제대로 발휘될 수 있도록 지원하는 애플리케이션들의 집합으로 차세대의 업무시스템이다. _ 가트너 그룹

- ERP 시스템이란 최신의 정보기술을 활용해 수주에서 출하에 이르는 일련의 공급사슬과 관리회계, 재무회계, 인사관리를 포함한 기업의 기간업무를 지원하는 통합정보시스템이다. _ 마쓰바야시(일본비즈니스 크리에이트 도키 ERP 연구소 부소장)

- ERP란 제조업을 비롯한 공급사슬상에 있는 기업의 모든 경영자원을 효율적으로 계획하고 관리하는 매니지먼트 시스템이다. _ 큐엠 컨설팅 마쓰하라의 정의

요약 ERP(Enterprise Resource Planning) 정의

- ERP는 경영효율의 극대화를 위해 기업 내 모든 경영자원, 즉 사람, 설비, 자재, 정보, 시간, 서비스 등의 활용을 최적화하는 계획과 관리를 위한 경영 개념이다.
- 최신 기술로 지역적·물리적으로 떨어져 있는 조직체 간의 업무 기능과 한계를 넘어 기능을 통합적으로 관리할 수 있도록 지원하는 종합적 자원관리시스템이다.

1.2 ERP의 출현배경 및 발전상황

1.2.1 출현배경

ERP가 기업으로부터 주목을 받는 배경은 다양한 경영상황과 정보기술의 발달에 기인한다. 다양한 소비시장의 욕구는 기업경영시스템의 변화를 불러일으켰으며, 이러한 환경변화에 대응할 수 있는 정보기술의 발달은 이를 적절히 뒷받침하여 지속적으로 발전하였다.

기업환경 변화와 정보기술시스템 발전 개요

기업경영환경의 변화	정보기술 발달의 변화
• 기업의 세계화·국제화 • 정보의 다량화·분산화 • 제품 사이클 단축과 수익률 감소 • 기업경영 효율화와 리엔지니어링 • 비즈니스 변화 속도와 변화에 대한 적응력 • 외부 경쟁자의 강력한 도전 • 시스템 업무 통합과 보다 나은 고객지원 체계	• GUI, 개방형 시스템 • 클라이언트-서버 시스템 • 관계형 DB와 객체지향기법 • 워크플로 • EDI • Web 기술 • Data Warehouse

ERP라는 용어의 등장배경은 우선 미국의 'ERP 벤더'라고 불리는 소프트웨어 개발회사가 자사의 소프트웨어 제품에 붙인 명칭이었다. 그 후 미국의 시장조사기관, 컨설턴트회사 등에서 ERP 패키지라고 칭하면서 점차 대중화되기 시작했다. MIS나 SIS와는 달리 개념이 아닌 상용 소프트웨어로서 ERP 보급이 확산됨에 따라 ERP라는 용어가 일반화되고 확산되어 현재에 이르고 있다.

또한 1991년 ERP(Enterprise Resource Planning : 전사적 자원관리) 개념을 최초로 제창한 미국의 시장조사기관이자, 컨설턴트회사인 '가트너 그룹(Gartner Group)'은 기존의 생산자원계획 MRP Ⅱ (Manufacturing Resource Planning Ⅱ) 시스템을 능가하는, 정보기술 면에서 우수한 차세대 생산관리 시스템을 통틀어 ERP라는 용어를 사용했다. 결국 ERP라는 용어는 전사적 자원관리라는 개념보다는 이를 수행하는 통합정보시스템을 가리키는 것으로 일반화되었다.

ERP는 초기에 제조 및 생산 차원에서 업무프로세스를 효율적으로 관리하기 위한 시스템인 MRP에서 발전한 것으로 볼 수 있다. ERP라는 개념은 다른 경영 및 정보기술(IT) 환경의 변화에 따라 자연스럽게 생긴 것이다. ERP는 제조업체의 핵심인 생산부문의 효율적인 관리를 위한 시스템인 MRP(Material Requirement Planning : 자재소요량계획)에서 비롯된다. 1970년도에 등장한 MRP는 기업의 가장 고민거리 중에 하나인 재고를 줄일 목적으로 만든 단순한 자재수급관리를 위한 시스템이었다. 1980년에 이르러 소품종 대량생산의 제조환경이 다품종 소량생산의 형태로 전이되기 시작하자 기존 MRP의 문제점을 개선시키면서 생산과 재고통제, 재무관리 등 중요 기능을 포함시킨 MRP Ⅱ(Manufacturing Resource Planning)가 탄생되게 되었다. 그 후 컴퓨터 기술의 발달로 기업은 영업, 생산, 물류, 정보, 설비를 총망라한 제조시스템(CIM-Computer Integrated Manufacturing)을 구축할 수 있게 되었다. 그러나 업무와 복잡한 시장의 요구에 좀 더 빨리 적극적인 대응을 필요로 하면서, 기업의 경쟁력 강화라는 과제를 남겼다. 이러한 기업환경의 변화는 기업이 보유한 자원의 효율적인 관리가 절실해졌고, 기업은 내·외부의 자원과 기능에 대한 종합적인 관리를 할 수 있는 시스템(ERP)을 필요로 하게 되었다. 이러한 발전의 단계를 거쳐 ERP라는 용어가 일반화되고 확산되어 현재에 이르고 있다. 결국 1990년대에 이르러 MRP Ⅱ에서 확장된 개념의 ERP 시스템은 생산뿐만 아니라 인사, 회계, 영업, 경영자정보 등 경영 관점에서 기업 전반에 대한 자원의 효율적인 관리가 주목적이었다. 1990년대 들어 글로벌 경쟁체제로 들어서면서 급변하는 경영환경과 특히 컴퓨팅 파워가 막강해지고(H/W 비용의 급락, 첨단 IT 출현), 시장구조가 생산자 중심에서 소비자 중심으로 전환되어 가고 있는 가운데 기업체들은 살아남기 위해서 IT 자원을 활용한 첨단의 경영기법을 도입해야 하는 상황에 처하게 되었고 자연스럽게 ERP 시스템이 주목을 받게 되었다.

1.2.2 발전상황

1) MRP(1970년대) : 자재수급관리 + 재고의 최소화 + 생산관리

1960년대 초에 등장한 MRP는 기업의 가장 고민거리 중에 하나인 재고를 줄일 목적으로 만든 단순한 자재수급관리를 위한 시스템이었다. MRP는 원자재/반조립품/완제품 등에 대한 자재명세서(BOM : Bill of Materials), 공정관리도(Routing Sheet), 주생산계획서(MPS : Master Production Schedule), 재고기록(Inventory Record) 등의 기본정보를 필요로 한다. 이러한 기본정보를 근거로, 어떤 원-부자재나 가공품, 반제품이 언제, 어느 곳에서 몇 개나 필요한지 예측하고, 모든 제조 활동과 관리활동이 MRP 계획에 근거하여 움직이도록 계획하고 실행하도록 하는 생산관리기법이다. 즉, 주생산계획(Master Production Schedule)과 자재명세서, 재고기록 등 3가지를 기반으로 구체적인 제조일정과 자재 생산, 조달 계획을 생성하는 기법이다. 제품의 자재소요량을 합리적으로 관리하기 위한 자재 및 구매 관리 중심의 시스템이라 할 수 있다.

2) MRPⅡ(1980년대) : MRP + 재무/생산계획 + 원가관리

1980년에 이르러 소품종 대량생산의 제조환경이 다품종 소량생산의 형태로 전이되기 시작하면서, 고객지향의 업무체계가 각광받기 시작하였다. 그 결과 수주관리, 판매관리 등의 기능이 보다 중요하게 되었고 재무관리의 중요성이 대두되기 시작하였다. 그리고 컴퓨터 기술의 발달로 데이터베이스나 통신 네트워크가 중요한 기술로 등장하였다. 이와 같이 주변 여건이 변하면서 MRP는 큰 변화를 맞게 되었다. 기존 MRP의 문제점을 개선시키면서 재무관리 등 중요 기능을 새로이 포함시킨 시스템으로 확장되게 된 것이다. 즉, 생산현장의 실제데이터와 제조자원의 용량 제한을 고려하고, 자동화된 공정데이터의 수집, 수주관리, 재무관리, 판매주문관리 등의 기능이 추가되어 실현 가능한 생산계획을 제시하면서 제조활동을 더 안정된 분위기에서 가장 효율적으로 관리할 수 있는 MRPⅡ(Manufacturing Resource Planning)가 탄생되게 되었다. MRPⅡ는 '제조자원계획'이라고도 불리는데, 스케줄링 알고리즘과 시뮬레이션 등 생산활동을 분석하는 도구가 추가되면서 더욱 지능적인 생산관리도구로 발전하게 된 것이다.

MRPⅡ(Manufacturing Resource PlanningⅡ : 생산자원계획)는 생산계획의 주변 업무를 다루는 방향, 즉 생산능력계획과 기준생산계획의 피드백, 조달예산계획, 설비구입계획, 재고예산계획, 제조재무계획, 판매계획과의 연동 등을 구현한 시스템으로 현재에 이르기까지 많은 기업에서 이용하고 있다.

3) ERP(1990년대) : MRPⅡ + 경영지원 기능

ERP는 MRPⅡ 시스템에 더하여 기업활동 전반의 모든 업무와 관련된 경영자원으로 대상을 확대함으로써 붙여진 이름으로, 기업의 통합정보시스템 구축을 위해 첨단의 IT를 기반으로 하여 선진 비즈니스 프로세스가 구현된 패키지 소프트웨어이다.

4) XRP(2000년대 : SCM, CRM)

XRP(extended Enterprise Resource Planning)은 ERP를 기반으로 하여 SCM(Supply Chain Management), CRM(Customer Relation Management) 등과 연계시켜 기업의 효과성을 추구하고 전략적 의사결정 지원이 가능한 시스템이라 할 수 있다. 향후 비즈니스 환경에 따라 기업의 형태가 바뀌게 될 것이며 이에 따라 기업활동의 지원 시스템인 ERP도 당연히 변화하게 될 것이다.

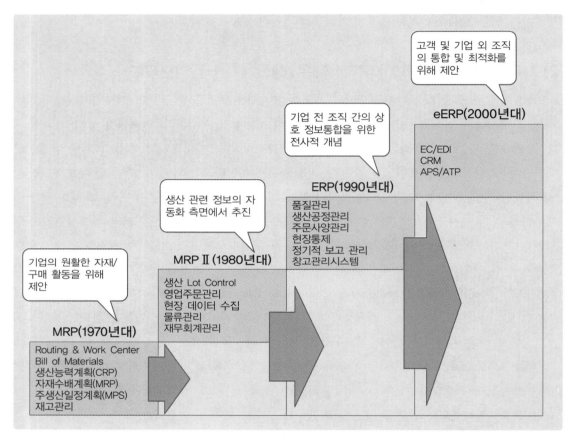

[ERP 발전과정]

기업을 경영하기 위해서는 여러 가지 자원이 필요하다. 기업은 정보, 자금, 자재, 인력, 조직, 기술, 관계 등 기업경영활동에 필요한 여러 자원들을 이용하여 경영지원, 인력관리, 기술개발, 기업경영 목적에 필요한 자원의 획득 활동 등을 한다. 주요 활동으로는 구매-물류, 생산, 출하-물류, 마케팅-판매, 서비스 등이 있다. 이러한 자원들을 활용하여 기업은 다양한 시장 전략을 수립하여 기업이 추구하고자 하는 목적을 달성한다.

SCM(Supply Chain Management : 공급사슬관리)

- 제품과 서비스가 생산되고 소비되는 과정 가운데 자재, 정보, 자금 등이 공급업체에서 제조기업, 도매상, 소매상, 소비자로 이동되는 흐름을 관리한다. SCM에서는 기업과 기업, 기업과 소비자를 공급자와 수급자의 관계로 보고 있다. 이러한 공급자와 수급자와 관계는 최초 원재료를 공급하는 기업으로부터 소비자까지 사슬처럼 연결되어 있다고 할 수 있다.
- 이러한 다단계 사슬 형태의 관계 때문에 수요정보의 왜곡(Bullwhip Effect : 채찍효과)이 심해지게 된다.
- SCM에서는 정보의 정확성 향상, 리드타임 단축, 운영 효율성 증대를 통해 수요정보의 왜곡을 감소하려는 노력을 하게 된다.

CRM(Customer relationship management : 고객관계관리)

- 고객과 기업 간의 관계를 일회성의 거래 관계로 보는 것이 아니라, 지속적인 관리와 자극을 통해 고객에게는 만족을, 기업에서는 더 많은 판매 기회를 만들어주는 경영기법을 말한다. 최근 정보기술의 발달로 이러한 고객정보를 데이터베이스화하여 관리하고 여러 수학적인 기법을 통해 고객의 성향을 분석하여 개별 마케팅을 수행하는 행위를 지칭하기도 한다.

요약   ERP의 발전

- ERP의 발전 : MRP → MRPⅡ → ERP → eERP(extended ERP)

1.3 ERP에서의 통합이란?

ERP란 Enterprise Resource Planning(전사적 자원관리)을 지칭하는 말로, 일반적인 기업업무인 자재계획, 생산능력계획, 재무, 회계, 인사, 판매 및 구매 업무 등을 통합하여 계획 및 관리하는 것을 말한다. 여기서 통합이란 기업자료의 통합을 의미하는 기준정보 관점과 기업자원의 통합이라는 기업업무 관점, 그리고 정보시스템통합이라는 소프트웨어 관점을 가지고 있다.

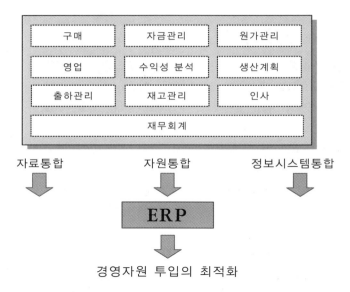

구매	자금관리	원가관리
영업	수익성 분석	생산계획
출하관리	재고관리	인사
재무회계		

자료통합   자원통합   정보시스템통합

ERP

경영자원 투입의 최적화

[ERP를 통한 통합화]

첫 번째, 기업자료의 통합이란 기존 각 업무에 사용되었던 자료들이 하나의 데이터베이스에 합쳐지는 것을 말한다. 예를 들면 영업부서에서 판매업무에 사용하던 제품정보와 생산부서에서 생산 목적으로 사용하던 제품정보를 하나의 품목코드로 통일하고, 이 품목코드를 중심으로 필요한 단가정보 혹은 생산정보 등을 사용하는 것을 말한다. 또한 영업부서에서 받은 수주데이터가 바로 생산의뢰데이터로 연결되는 것도 자료의 통합 측면에서 설명될 수 있다. 이러한 자료의 통합은 아래와 같은 장점을 제공한다.

자료통합의 장점

- 표준화를 통한 품질 안정, 정보 공유화
- 작업 표준의 정확도 상승 유도
- 자료의 중복 및 모순 배제
- 원활한 부서 간 의사소통 지원
- 정확한 자료에 의한 생산관리의 효율화

두 번째로 기업자원의 통합이란 기업의 운영 요소인 인력, 자금, 설비, 자재, 기술과 관련된 모든 활동을 회계시스템에 통합하여 분석함으로써 기업활동을 위한 경영자원 투입의 최적화를 도모함을 말한다. 이렇게 함으로써 기업의 손익활동을 투명하게 제공하고, 기업의 제반상태를 관리할 수 있도록 하는 것이다. 즉, 쉽게 말하면 기업운영요소와 활동을 정보로 통합하고, 돈으로 환산하여 관리하는 것을 말한다. 이러한 자원의 통합은 아래와 같은 장점을 기업 사용자들에게 제공한다.

자원통합의 장점

- 영업에서 자재, 생산, 원가, 회계에 이르는 업무흐름의 일관화로 업무 효율화 증대
- 일관된 경영분석 정보를 제공하여 계획생산체제 구축을 가능하게 함.
- 부서, 제품, 거래처 등의 분야별 손익정보를 제공하여 기업 조직화에 기여
- 생산실적 정보를 제공하여 기업업무 통제를 용이하게 함.
- 객관적인 업적평가 정보 제공으로 부서 및 사원에 대한 동기 부여

세 번째로 정보시스템통합이란 각 부서에서 사용되었던 업무정보시스템을 ERP 소프트웨어 하나로 통일하는 것을 말한다. 그러므로 잘 만들어진 소프트웨어는 ERP 성공요인 중 가중 중요한 것이라고 말할 수 있다. 잘 만들어진 ERP 소프트웨어는 다음 3가지 주요 특성이 만족되어야 한다.

- 표준화된 비즈니스 프로세스 모델(Business Process Model)을 적용해야 한다.
- 변화에 적응적이고 유연성 있도록 조합 가능한 패키지(Package) 형태를 가지고 있어야 한다.
- 기업 사용자에게 편리한 GUI(Graphical User Interface)를 제공해야 한다.

정보시스템통합의 장점

- 시스템 내의 단위업무를 통합하여 신속한 업무처리 및 중복업무 배제
- 원활한 의사소통
- 부분 최적에서 전체 최적화 실현
- 고객지향적 업무처리
- 환경 변화에 신속 대응

 요약 ERP 통합의 핵심

- 데이터의 통합 : 여러 부서의 공통 자료를 하나의 데이터베이스에 정리하자.
- 기업자원의 통합관리 : 기업 전체에 퍼져있는 자원(현금, 설비, 인력, 재료, 재품 등등) 상황을 한 눈에 볼 수 있도록 관리하자.
- 하나의 정보시스템으로 통합 : 하나의 컴퓨터 소프트웨어를 여러 부서에서 같이 사용하자.

1.4 ERP의 기능적/기술적 특징

1.4.1 기능적 특징

① **통합업무시스템이다**

ERP 시스템의 가장 큰 특징 중의 하나는 영업, 생산, 구매, 재고, 회계, 인사 등 회사 내의 모든 단위업무가 통합되어 상호 긴밀한 관계를 가지면서 실시간(Real Time)으로 처리된다는 것이다.

ERP의 업무프로세스는 원장형 통합 데이터베이스라고 하는 중앙의 데이터베이스를 중간 매개로 기업활동 전반에 걸쳐 통합되어 있다. 기존의 정보시스템은 각 부서 간의 데이터베이스를 독립적으로 유지하도록 되어 있어 자료의 중복이 심각한 문제로 대두되었다. 그러나 ERP 시스템은 각 부서에서 발생하는 각종 정보를 하나의 데이터베이스를 통하여 저장 및 유지, 관리하도록 하고 있으므로 하나의 정보는 한번만 입력되고, 입력된 정보는 가공되지 않고, 어느 업무에서도 참조할 수 있도록 데이터베이스에 보관된다. 또한 시스템 개방을 통하여 각 부서 및 공급자들에게 자료의 접근이 가능하도록 하여 일원화된 정보의 공유를 통하여 원활한 의사소통 및 업무처리가 가능하게 한다.

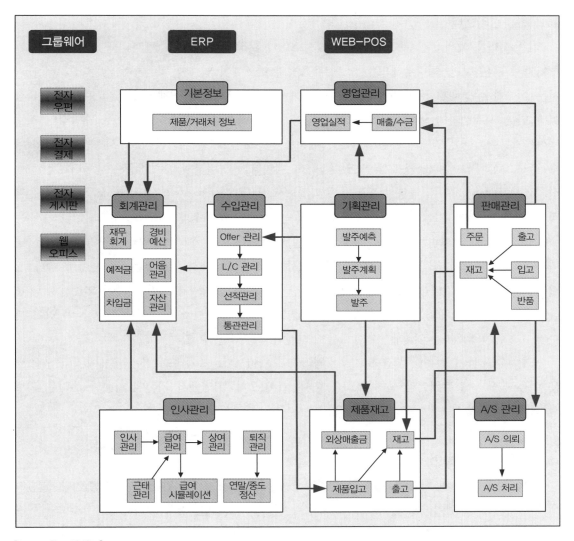

[ERP 기능 체계도]

이러한 업무통합을 통하여 기존 MIS에서의 부분 최적에서 전체 최적화가 실현되게 되었고, Task 중심적인 업무처리방식이 고객지향적인 관점에서 프로세스 중심적으로 전환되어진다. 모든 시스템이 통합되어 있기 때문에 어떠한 정보라도 두 번, 세 번 중복적으로 처리할 필요 없이 거의 한 번의 입력으로 처리가 끝나게 되는 One Fact One Place가 가능하게 된다. 예를 들면 고객의 주문을 받은 상품의 상품코드와 개수의 입력은 한 번만 하고 정보는 확인과 승인을 받은 시점에서 관련된 모든 부문이 참조할 수 있도록 한다. 또, 업무를 실시간에 통합적으로 처리할 수 있게 됨에 따라 영업, 설계, 생산, 관리가 거의 동시에 이루어지는 이른바 동시공학(Concurrent Engineering)도 가능하게 된다.

② 오픈, 멀티벤더

기존 MIS가 폐쇄적인 구조로 설계되어 시스템의 확장 및 다른 시스템과의 연계가 제대로 이루어지지 않은 반면, 대다수 ERP 시스템은 특정의 하드웨어 업체에 의존하지 않는다. ERP 패키지는 어떠한 운영체제나 어떠한 데이터베이스에서도 잘 운영되게 설계되어 있어 시스템의 확장이나 다른 시스템과의 인터페이스가 쉽게 되어 있다. ERP 시스템은 기본적으로 개방적인 시스템 구조로 어떠한 운영체제·데이터베이스에서도 잘 돌아가게 설계되어 있어 시스템의 확장이나 다른 시스템과의 연계가 쉽게 되어 있다. 특히 데이터를 정밀하게 분석해주는 데이터 웨어하우징(Data warehousing), 경영분석 도구인 중역정보시스템(EIS : Executive Information System), 설계와 생산을 동시에 가능케 해주는 PDM(Product Document Management), 광속거래라 불리는 CALS(Commerce At Light Speed), 전자상거래인 EC(Electrinics Commerce)와 같은 응용·전문 영역의 패키지와 쉽게 조화를 이룰 수 있어, 고도화되고 복잡해지며 급변하는 경영환경에 응용 및 전문 영역에도 적극 대응할 수 있게 된다. 특정 하드웨어 및 소프트웨어 업체에 의존하지 않고, 다양한 하드웨어 업체의 컴퓨터와 소프트웨어를 조합하여 정보시스템을 쉽게 확장할 수 있어 복수의 하드웨어 업체의 컴퓨터를 조합해서 멀티벤더를 구성할 수 있다.

또한 최근 들어 전문적인 응용 소프트웨어의 도입이 날로 증가하고 있는 추세에 ERP 시스템은 이들 응용 소프트웨어와 쉽게 조화를 이룰 수 있으며, 기업에서 기존에 사용하고 있는 정보시스템을 그대로 사용할 수도 있어 ERP 구현 비용을 절감할 수 있다.

③ 그룹웨어와 연동이 가능하다

그룹웨어는 다수의 사람이 서로 협력하고, 공동 작업을 지원하기 위한 소프트웨어이다. 일반적으로 전자결재시스템이라고 불리고 있는 그룹웨어들은 전자메일, 전자게시판, 공용 데이터베이스 등을 기본으로 하면서 전자결재 기능을 통해 워크플로(Work flow : 작업의 흐름을 관리하는 기능)의 자동화를 실현시켜 주고 있다. 이러한 그룹웨어 기능과 영업·생산·구매·자재·회계 등 기간업무 시스템과의 연동은 필수적이라고 할 수 있다. ERP 시스템의 경우 패키지 자체 내에서 이러한 그룹웨어 기능을 내장하고 있으나 자체 내에서 그룹웨어 시스템이 없는 경우에도 외부(Third party) 그룹웨어 시스템과의 연계(Interface)를 통해 그룹웨어 기능을 제공하고 있다.

④ 시스템의 설치와 실행의 신속성

ERP 시스템이 기존 시스템에 비해 빠른 시간 내에 구현이 가능해지고 유지보수의 부담이 크게 줄게 된 것이 파라미터 지정이라는 기능이 있기 때문이다. ERP 시스템은 패키지 개발 시 해당 업무프로세스와 관련하여 설정할 수 있는 대부분의 거래유형을 포함하고 있으므로, 이러한 프로그램들을 이용할 경우에는 시스템의 구축 및 설치 기간이 과거와 비교해 볼 때 훨씬 단축된다. 그러므로 업종별, 기업 규모별로 천차만별인 세계 도처의 기업에 적용이 가능한 것이다. 시스템을 통한 업무수행 중인 조직의 업무가 변화되더라도 새로운 시스템을 개설할 필요 없이 기본적으로 파라미터 변경을 통해 대응이 가능하다. 이렇게 필요한 기능을 전부 내장하고 있는 ERP 패키지를 파라미터 지정을 이용하여 해당 기업에 맞도록 시스템을 최적화시켜주는 작업(커스터마이징)은 ERP 컨설턴트의 몫이라 할 수 있다.

⑤ 최신의 정보기술을 채용한 기업정보시스템

ERP 시스템은 최신의 정보기술을 이용하여 시스템을 구현한다. 최근의 ERP 시스템에서는 Web 기술, EDI, Data Warehousing, GUI 등의 정보기술이 적용되고 있으며 시스템 구조 측면에서도 C/S 구조를 가지고 있어 ERP 구현으로 최신 정보기술을 구현할 수 있다. 따라서 새롭게 개발된 ERP 시스템에 기존의 업무처리 내용들을 맞추어서 변경해 놓으면 추후에 ERP 시스템이 업그레이드되는 경우에도 기존의 정보를 최신 신규 시스템에서 그대로 이용할 수 있는 가능성이 높다.

⑥ BPR(Business Process Reengineering : 업무 재설계) 기능 수행

ERP 시스템에 담겨 있는 'Best Practice'를 이용해 업무 재설계(BPR)를 이루는 것이다. 여기서 Best Practice는 세계에서 우수 기업이 채용하고 있는 비즈니스 프로세스에서 체계화시킨 프로세스이고 세계에서 통용되는 글로벌한 비즈니스 프로세스의 표준이다. ERP 구현 초기엔 ERP에 대한 인식 및 신뢰가 부족하여 BPR과 ERP를 따로 투자하는 경우가 많았지만 1990년대 초반 이후 ERP 시스템에 대한 검증 및 신뢰가 쌓이면서 별도의 BPR을 수행하지 않고 자사에 맞는 ERP 패키지를 선택하여 구현함으로써 BPR을 수행할 수 있다.

⑦ 다중언어, 다중통화 지원 가능성

현재 ERP 패키지들은 각국의 언어 및 통화체제를 지원하고 각 나라의 법률과 대표적인 상거래 습관, 생산방식이 먼저 시스템에 입력되어 있어서 사용자는 이 가운데서 선택하여 사용할 수 있다. 예를 들면 ERP의 대표적인 SAP R/3 시스템에서는 20개국 이상의 구현 실적을 갖고 있다. 따라서 지원도 아래와 같이 국제적으로 이루어지고 있다.

- 다언어에 대한 대응 : 응용 소프트웨어에 로그인할 때 이용자의 상용 언어를 지정하면 다음 화면부터 안내, 도움말 등이 지정한 언어로 표시된다.
- 현지의 세제, 법적인 보고서에 대한 대응 : 현지 국가의 상법이나 세법에 따라 지정된 상각계

산이나 평가법을 사용하여 법제도에 대응한 보고서 내지 재무제표 작성이 가능하다.

- 다양한 통화에 대한 대응 : 외화로 입력할 때는 환율계산의 지정에 따라 현지 통화로 환산하여 기록된다.
- 연결회계에 대한 대응 : 국제회계기준(IAS)에 대응되는 계정과목의 변환, 외화환산, 연결회사 간 채권, 채무의 상쇄 또는 소거 등을 통하여 연결재무제표를 작성할 수 있다.
- 연결관리회계에 대한 대응 : 부문회사에 대한 부문별 손익계산서뿐만 아니라 그룹회사 전체의 부문별 손익계산서를 작성할 수 있다.

1.4.2 기술적 특징(기술환경)

① 사용자 인터페이스(GUI : Graphical User Interface)

기업시스템을 보다 발전시키고 사용에 따른 효과를 높이기 위해서는 실제 업무를 처리하는 실무자 외에도 기업의 관리자나 경영자들이 시스템에 대한 관심을 가지고 직접 사용하면서 개선 지침을 부여하는 것이 필요하다. 그러나 지금까지 기업정보시스템의 주요 문제는 문자를 중심으로 한 시스템 구성과 영어를 위주로 한 전산용어가 사용되었기 때문에 사용자가 쉽게 접근할 수 없었다는 것이다. 이러한 상황에서 그래픽 사용자 인터페이스(GUI, Graphic User Interface) 기술의 등장은 관리자나 경영자 외에도 기업 내의 모든 사용자가 쉽게 정보시스템에 접근하는 계기를 마련해 주었다. 시스템 사용이 익숙하지 않은 경우에도 윈도우 사용자라면 별도의 교육 없이도 빠른 시간 안에 활용이 가능하다.

② 4세대 언어(4GL : 4Generation), CASE(Computer Aided Software Engineering) Tool

갈수록 고도화되어 가고 있는 산업용 소프트웨어를 개발하는 데 있어 기존의 프로그램 개발방식으로 한계에 부딪치게 되면서 4세대 언어(4GL)라고 불리는 프로그램 언어들이 등장하게 되었다. 대표적인 4세대언어는 Visual Basic, C++, Power builder, Delphi, Java 등이 있다. 이와 아울러 고기능성 산업용 소프트웨어를 개발하기 위한 별도의 방법론으로 등장한 것이 CASE(Computer Aided Software Engineering) Tool이라는 것인데, 이는 소프트웨어를 만드는 소프트웨어라고 할 수 있다. ERP 시스템은 소프트웨어 개발 측면에서뿐만이 아니라 유지・보수의 측면에서 유연성 있게 활용할 수 있는 이러한 4GL이나 CASE Tool을 기본으로 채택하고 있다.

③ 클라이언트 서버(Client/Server Environment) 시스템

업무가 복잡해지고 빨라지는 등 경영환경의 급변으로 새로운 시스템이 요구되는 상황에서 과거 중앙집중식 환경하에서는 일반직원들이 사용하고 있는 터미널은 중앙의 주전산기로부터 얻어 온 정보를 뿌려주는 단순한 단말기 역할만해서 더미(Dummy)라고 불려졌다. 그러나 분산처리구 조라고 불리는 클라이언트 서버 시스템이 도입되고, 지금 일반직원들이 사용하는 클라이언트 PC 는 기능이 강력해지면서 더 이상 Dummy가 아닌 똑똑한(Intelligent) 시스템으로 바뀌게 되었다. 또한 이러한 Client에게 새로운 역할을 주고, Server는 과거 중앙집중식 방식과 같이 모든 것을 가질 필요가 없어지면서 부하가 크게 줄어들게 되어 자원을 효율적으로 운영하고 관리할 수 있 도록 해주었다. ERP 시스템 역시 웬만한 일은 대부분 Client 수준에서 처리를 하게 되는 C/S에 기반을 둔 대표적인 분산처리 형태에서 등장한 패키지라고 할 수 있다. 지금 거의 모든 ERP 패 키지가 C/S구조를 채택하고 있다.

④ 전자문서교환(EDI : Electronic Data Interchange)

오늘날은 거의 모든 사람이 인터넷을 자유롭게 활용할 수 있는 시대이며, 인터넷은 판매 및 구매를 비롯한 기업의 업무에 큰 영향을 미치고 있다. 인터넷을 이용한 데이터의 전송 및 교환 그리고 공유는 기업의 생존을 위한 선택이 아닌 필수라고 할 수 있다. 기업 간 또는 관공서와의 업무처리 시 단순 데이터만으로는 내용의 전달이 불충분한 경우가 종종 발생하게 된다. 즉, 데이 터를 표현하는 구조화된 표준양식(Structured Standard Format)과 데이터의 교환이 필요한 것이다. 전자문서교환(EDI)은 사람의 간섭이나 데이터의 재입력 없이 데이터가 수신자의 컴퓨터에 자동 으로 입력되어 처리되는 것을 목적으로 하고 있으며, ERP 시스템이 지향하는 기업 간의 정보 교환의 첨병 역할을 수행한다.

⑤ 의사결정지원(What-If Simulation)

매일 매일의 의사결정뿐만 아니라 전략적 의사결정은 최종적으로 사람에 의해 이루어지고 있 다. 많은 정보를 관리하고 있는 ERP를 이용하여 이러한 의사결정에 많은 도움을 얻을 수 있다. 기업에서 행하려고 하는 의사결정의 결과를 원하는 형태로 미리 얻어 볼 수 있는 기능을 통하여 기업의 생산성 증대 및 이윤 극대화가 가능할 것이다.

⑥ 관계형 데이터베이스(RDBMS)

거의 모든 ERP 시스템은 원장형 데이터베이스 구조를 채택하고 있다. 기존의 파일시스템 구조 로는 데이터의 독립성, 종속성이 문제가 있기 때문에 ERP와 같은 고기능성 산업용 소프트웨어에 는 상용 RDBMS를 채택해야만 한다. 현재 ERP 시스템에서 돌아가고 있는 데이터베이스는 Oracle, Informix, Sybase, SQL 등인데 데이터베이스의 채택은 주로 운영환경(OS)과 하드웨어(H/W) 등 전체의 플랫폼에 의해 결정되고 있다. ERP의 업무프로세스는 원장형 통합 데이터베이스라고 하는 중앙의 데이터베이스를 중간 매개로 기업활동 전반에 걸쳐 통합되어 있다. 원장형 통합 데이터베이스는 하나의 정보는 한 번만 입력하고, 입력된 정보는 가공하지 않은 데이터로 어느 업무에서도 참조할 수 있도록 데이터베이스에 보관된다. 기존의 시스템에서는 각각의 시스템에 구축되어 있는 데이터의 연동이 효율적으로 이루어지지 않아 경영자가 필요로 하는 분석정보를 얻기 위해 해당 데이터를 재입력하는 방법으로 EIS가 이루어져 급변하는 경영환경에 능동적인 대처가 불가능하였으나, ERP에서는 DB를 통합적으로 관리하는 통합원장형 데이터베이스 구조를 채택하고 있어, 데이터를 가져와 손쉽게 경영자가 필요로 하는 분석정보를 생산해냄으로써 정보를 활용할 수 있다.

⑦ 객체지향기술(OOT : Object Oriented Technology)

ERP 패키지 내의 각 모듈(프로세스)은 제각각 독립된 개체(Object)로서의 역할을 하게 된다. ERP 시스템은 이렇게 수많은 모듈들의 집합체이다. 각 모듈들과의 인터페이스를 통해 전체적으로 시스템의 효율성을 향상시킨다. 시스템이 업그레이드되거나 기능이 추가 또는 삭제되는 경우에 객체지향적으로 설계된 ERP 시스템은 전체를 건드릴 필요 없이 해당 모듈에 대한 교체만으로 시스템의 변경이 가능하다. 마치 레고블록처럼 영업, 생산, 구매, 자재, 재고, 회계, 인사 등 각 모듈들을 서로 짜 맞추는 식으로 전체를 최적화시켜 나가면 되고, ERP 시스템이 구축된 이후에도 언제나 단위모듈의 변경이 가능하다. 즉, 객체지향기술은 소프트웨어의 재사용성을 충분히 보장해주는 기반기술이라고 할 수 있다.

⑧ 데이터 웨어하우스(Data warehouse)

정보화시대에 접어들면서 기업의 데이터는 기하급수적으로 늘어나고 있는 실정이다. 그러나 데이터가 기업의 가치 있는 정보로 활용되기 위해서는 각 기능에서 수집하고 보유한 원데이터(Raw Data)에 대해 여러 각도에서 분류하고 결합하는 분석과정을 거쳐야만 한다. 데이터 웨어하우스 개념은 기업의 각 기능이나 부문에서 가지고 있는 데이터를 사용자의 요구와 필요에 부합되도록 정보를 효율적으로 가공하여 테이블이나 각종 그래픽으로 분석하는 기술로 ERP 시스템에 적용되게 하였다.

⑨ 웹(Web) 기술

서로 연결되어 있는 네트워크들의 집합체로서 정보고속도로를 형성하고 있는 인터넷은 빠르고 편리하고 쉬운 정보교환을 위해 웹(Web)을 탄생시켰다. 누구라도 웹에 액세스(Access)하여 세계의 정보를 자신의 책상이나 안방에서 쉽게 이용할 수 있는 기회를 가지게 된 것이다. 이러한 웹 기술은 기업 외부근무나 출장이 잦은 사람도 쉽게 자기 기업의 정보 시스템에 접근하여 회사 업무를 처리할 수 있도록 해주고, 웹이 가능한 ERP(Wed-enabled ERP) 시스템을 탄생시켰다.

🏛 **요약** ERP 기능 및 기술 핵심

- 기업 업무를 하나의 시스템에 통합하였다.
- 하드웨어 및 데이터베이스에 독립적이다.
- 그룹웨어와 연동하여 전자 업무를 가능하게 한다.
- 시스템 설치 및 실행이 빠르다.
- 최신 정보기술을 사용한다.
- BPR 기능을 통하여 기업 업무 쇄신이 가능하다.
- 다중언어, 다중통화를 지원한다.
- 편리한 사용자 인터페이스를 가지고 있다.
- 유지보수 측면에서 최신 컴퓨터 언어를 사용할 수 있다.
- 클라이언트/서버 형태로 되어 있어 분산처리가 가능하다.
- 인터넷을 이용한 각종 문서 및 데이터의 전송 및 교환이 가능하다.
- 최고 경영층의 의사결정에 도움을 주는 각종 지표를 제공한다.
- 관계형 데이터베이스 구조를 기본으로 하고 있다.
- 객체지향기술을 이용하여 구현되었다.
- 수많은 데이터를 사용자 용도에 맞게 제공하는 데이터 웨어하우스 기능을 포함하고 있다. 쉽게 ERP 시스템에 접근할 수 있는 웹 기반 시스템이다.

1.5 ERP의 일반적 기능 소개 및 특징

ERP는 생산 및 생산관리 업무는 물론 설계, 재무, 회계, 영업, 인사 등의 순수관리부문과 경영지원 기능을 포함하고 있다. 더욱이 ERP는 이들 모든 업무에 덧붙여 고객, 회사 또는 하청회사 등 상, 하위 공급체계(Supply Chain)에 대한 최적의 의사결정을 내려 주는 통합된 정보시스템을 목표로 한다. 따라서 ERP가 각 기업환경에 맞는 모듈로써 완벽하게 구축된다면 자재발주, 최적의 생산 스케줄에 의한 최저원가의 생산이 가능해지며, 재고의 최소화는 물론 모든 자금의 흐름을 실시간으로 파악할 수 있다. 따라서 경영진의 의사결정 시간을 단축시킬 수 있다.

이와 같이 ERP 시스템을 도입하게 되면 기업 내의 영업, 생산, 구매, 자재, 회계 등 모든 조직과 업무(비즈니스 프로세스)가 IT로 통합되어 실시간으로 모든 정보를 통합 처리할 수 있게 된다. 기존의 경영정보시스템이 각 단위업무별로 개발되어 업무가 수행되다 보니 단위업무별로는 최적화가 됐는지 몰라도 전체적인 최적화를 구현시키지는 못했다. 이에 반해 ERP 시스템은 첨단의 IT기술을 활용하여 회사 내 전체 업무를 마치 하나의 업무처럼 통합시킬 뿐만 아니라 실시간으로 모든 업무를 거의 동시에 처리할 수 있도록 설계되어 있다.

ERP 패키지마다 지원되는 기능은 구매자의 요구에 따라 크게 달라 질 수 있다. 그러므로 도입을 원하는 기업은 자사의 여건 및 비전을 기준으로 패키지의 기능을 분석하고 도입하는 것이 중요하다. 제아무리 패키지가 좋은 기능을 가지고 있다 하더라도 현실적으로 해당 기업이 소화해 낼 수 없다면 아무 필요가 없는 것이다. 무턱대고 고기능성만 강조할 것이 아니라는 얘기다. 그렇다고 현재의 기업 여건만을 기준으로 고성능화된 패키지의 기능 및 프로세스를 무시한다면 ERP 도입의 취지와 거리가 멀다 할 수 있다.

이에 따라 현재 상황과 미래 비전 및 경영전략 달성 등을 토대로 적정선을 찾아야 한다. 또 각 패키지의 기능을 분석할 때 자료상에 드러난 기능만을 보고 평가할 것이 아니라 실제 시스템상에서 그 기능이 제대로 구현되는지 면밀히 살펴보아야 할 것이다.

결과적으로 ERP 패키지는 기능이 복잡하고 많은 것이 좋은 것이라고 무조건 선택할 것이 아니라 자사의 환경 및 경영전략, 비전에 맞는 적합한 패키지의 모듈을 선정하는 것이 바람직하다.

ERP 시스템은 공급사와 사용하는 기업의 환경에 따라 기능적, 기술적인 차이점을 조금씩 가지고 있다. 하지만 ERP 시스템의 근본적인 개념과 주 기능은 기업자원의 효율적인 배분관리라는 틀 안에서 여러 산업과 기업에서 사용되고 있다.

1.5.1 인사/급여/근태

1) 기존 문제점

인사마스터 자료에 의한 시스템화된 업무가 아닌 인사관리 카드에 의한 수작업으로는 서류관리가 불편하고 적절한 기간의 데이터 추출이 어려웠다. 또한 인사마스터의 자료에 따른 근태, 급여, 승진, 승급 관리가 되지 못함으로 매월 급여 반영 시 착오가 발생할 수 있으며, 발생된 데이터의 보관이 많음으로 업무처리에 불필요한 시간의 증가를 가져오고, 국민연금, 의료보험, 고용보험 등의 단순 업무에 치중하는 시간이 많이 발생하게 되었다. 또한 연말정산, 퇴직급여에 따른 각종 신고서 작성 시 이중의 업무를 요하는 등 비효율적인 측면을 많이 가지고 있었다.

2) ERP 시스템에서의 개선사항

- 인사관리업무 : 인사마스터의 자료입력으로 국민연금/의료보험/고용보험의 처리가 일괄적으로 가능하고, 임직원 각각의 이력사항을 기록함으로써 경영진에게 언제나 업데이트된 자료를 제공할 수 있다. 즉, 개인이력카드/재직증명서/경력증명서/의료보험신고서/국민연금신고서/승진, 승급 대상자 명단/보험관리/기숙사관리/학력별, 연령별, 성별, 부서별, 근속연별과 관련된 각종 리포트들을 산출할 수 있다.

- 근태관리업무 : 인사마스터의 부서, 직급, 호봉, 사번 등의 자료를 바탕으로 근태업무가 처리된다. 물론 사업장이 한 곳 이상일 경우에는 전용선을 통하여 본사의 담당자가 편리하게 처리할 수 있다. 즉 개인별, 부서별, 직급별 근태현황, 일일근태현황, 연간근태현황, 당일근태현황(지각, 조퇴, 외출) 등을 관리할 수 있다.

- 급여관리업무 : 인사마스터 및 근태마스터 자료와 급여마스터의 자료에 의한 급여처리가 이루어진다. 급여대장, 급여봉투, 부서별, 개인별, 직접/간접별 각종 리포트가 조회되며 연말정산, 퇴직금산출, 퇴직금충당금 처리 등 급여에 관련된 일련의 모든 사항들의 처리가 가능하다.

1.5.2 구매관리

1) 기존 문제점

업무의 특성상 생산관리 및 영업관리와 긴밀한 관계를 가지고 데이터의 공유가 이루어져야 하나, 시스템이 구축되지 못한 실정에서는 이러한 관계를 유지하기가 힘든 것이 사실이다. 또한 기업에서는 어떠한 제품의 생산계획이 작성되면, 담당자와 담당부서에서의 회의를 통해 구매발주가 생성되고 자재를 구매하게 된다. 또한 구매발주 계획시점에서의 창고의 재고파악이 문제가 되는데, 정확한 재고의 파악에 의한 구매발주가 생성되지 못한다. 따라서 정확한 필요분(실소요분)을 구매해야 함에도 불구하고 그러한 업무실행이 정확한 의사소통의 어려움으로 인해 많은 시간비용을 필요로 하는 것이다. 또한 생산관리 측면에서도 필요한 원자재가 어느 시점에 발주가 생성되어서, 입고가 될지를 파악한다는 것은 구두사항으로 파악될 수밖에 없는 것이 현실이었다.

2) ERP 시스템에서의 개선사항

ERP 시스템에서 구매관리가 잘 이루어지기 위해서는 우선되어야 하는 작업이 있다. 첫째로는 부품구성표(BOM)의 정확한 구성이다. 소요량과 불량률, 생산율 등이 정확하여야 한다는 것이다. 둘째로는 부품구성표의 코드가 획일적으로 구성되어야 한다. 시스템의 구축을 위해서는 무엇보다 우선되어야 하는 것이 코드체계의 확립이다. 사실 생산관리, 영업관리, 자재관리 모듈이 정상적으로 관리되지 못한다면 구매관리는 무용지물이 되고 만다. 일단 모든 사항들이 필요를 충족시켜준다면, 처리 흐름은 다음과 같이 이루어진다. 즉 영업관리에서의 수주와 생산관리의 예측생산 및 오더생산에 의거하여 생산계획 리스트(LOT 분할)가 생산되고, 현 생산라인에서 생산하고 있는 제품에 소요되는 원자재에 대한 계산이 이루어지며, 현 창고의 재고를 MRP(자재소요량 산출)에 의거하여 순수 자재구매 리스트와 구매 스케줄이 생성되게 된다. 그에 따른 구매발주서의 관리가 이루어지며 각종 해당 리포트를 생성시킬 수 있다. 리포트 예는 구매처현황, 구매단가현황, 발주서(업체별, 일자별, 물품별)현황, 독촉할 구매발주 현황, 지연된 구매발주 현황, 세금계산서 접수현황, 월별 자재별 발주현황, 구매처별 발주현황, 발주 대비 입고현황 등이 있다.

1.5.3 자재관리

1) 기존 문제점

제조업체의 원활한 운영을 위한 자재 수급과 단순한 입/출고만이 아니라 여러 가지 재고관리 기법을 활용하여 영업, 구매, 생산관리에 직접적인 영향을 미치는 재고의 정확성을 향상시켜야 하나, 시스템이 구축되지 못한 상황에서는 작업장 및 외주공정상의 공정재고를 파악하기 어렵고, 창고의 상황 데이터가 공정에 직접적으로 공유되지 못하는 문제점이 있었다. 이러한 결과로 창고 자재의 원활한 공급과 요청이 어려운 상황이었다. 또한 자재의 원활한 공급이 이루어지지 못함으로 그에 따른 각종 전표(자재청구서)의 관리에 어려움이 나타나게 되었다.

2) ERP 시스템에서의 개선사항

제조업에서의 자재 관련 사항의 중요성은 무엇보다도 적시, 적소의 자재공급과 재고기법을 통한 재고금액의 최소화에 있다. ERP 시스템에서도 재고 관련 사항 중에서 가장 중요시 되어야 할 것은 현재고 파악의 정확성이다. ERP 시스템에서의 재고는 공정상의 재고와 외주의 무상사급 자재, 유상사급 자재를 파악하고, 현장관리모듈과 연동하여 재고의 반출을 돕는다. 재고관리에서 발생할 수 있는 리포트들은 저장소별 입출고현황, 자재별 입출고현황, 기간별 입출고현황, 재고비용현황, 악성재고현황, 안전재고 미보유 현황, 재고기법에 의한 재고금액 파악 등이 있다.

1.5.4 생산관리

1) 기존 문제점

과거 일반 기업에서의 생산관리는 전체적인 운영체계가 미흡하고, 기준정보의 부족 및 부정확으로 인하여 개인에 의한 관리 형태를 취하고 있다. 즉, 생산을 관리하는 팀장의 경험으로 생산계획을 작성하고, 효율성 없는 작업장 운영으로 생산성을 저하시키고 있었다.

또한 영업관리 및 자재, 구매 관리와의 밀접한 관계가 형성되어 있어야 하나, 네트워크 구축에 있어 다른 부서와의 상호연관성의 부정확성으로 인해 일반적으로 미흡한 관계를 유지하고 있었다 할 수 있다. 또한 생산실적의 효율적인 관리를 통하여 인원의 통제를 강화시켜야 하나, 관리를 위한 관리가 될 수 있음으로 인해 잘 이루어지고 있지 못한 것이 그동안의 현실이었다. 따라서 정확한 일일생산능력과 영업의 수주보다는 예측생산계획에 의한 생산으로 장기재고를 생산하는 오류를 범할 수 있다는 큰 문제점이 있었다.

2) ERP 시스템에서의 개선사항

ERP 시스템에서의 생산관리는 아래와 같은 순차적이고 밀접한 관계를 통해 진행됨으로써 자원최적화 및 적기생산에 공헌하고 있다.

영업에서의 수주 → 물품마스터(일일생산능력, 안전재고, 생산예약현황) → 작업장관리(작업장의 흐름, 기계설비의 배치, 작업자 배치 등) → 생산관리(수주생산, 예측생산) → 일일생산계획 예측(Lot분할) → 작업장별 부하량 산출 → 작업계획 조정 → 생산계획 확정 → 작업지시서 발행 → 자재청구서 발행 → 작업진행 관리(생산실적 및 불량현황 등) → 생산실적 관리

이상이 ERP 시스템에서 생산관리의 대략적인 흐름이다. 보통 외주작업장 관리는 구매관리에서 많이 하고 있으나, 생산관리에서 외주작업장 관리를 하는 회사들도 많은 것으로 알고 있다.

1.5.5 재무/회계관리

1) 기존 문제점

일반적인 제조업에서는 자금관리 및 회계처리를 함에 있어 어음관리, 예금관리, 은행관리, 거래처별 원장관리, 회계처리, 결산 등 많은 업무를 보조장부와 수작업으로 진행하고 있어 이러한 업무를 획일적으로 처리하기가 어렵고, 또한 어음관리에서는 작은 실수 하나가 기업의 생존을

위협하는 경우까지 발생한다. 또한 경영진에게 신속하게 제출해야 할 각종 경영정보에 대한 자료를 신속하게 제출하기가 어렵고, 관리해야 할 각종 대장들의 관리와 활용에 많은 시간과 노력이 필요하다.

2) ERP 시스템에서의 개선사항

각 팀 또는 해당 부서(총무, 구매, 영업, 생산, 개발 등등)에서 발생하는 각종 전표들을 ERP 시스템에서 발생시키고, 그에 따라 경리/회계에서는 검증 후 승인을 함으로써, 업체별 각종 대장, 은행관리, 어음관리 등이 이루어지게 된다. 물론 은행관리와 어음관리에서는 사전 등록이 필요하다. 이렇게 승인된 전표에 대하여 월결산이 가능하며, 그에 따른 손익계산서, 대차대조표, 잔액시산표, 월분계장, 각종 명세서(현금, 유가증권, 매출채권, 미수수익, 장기성 예금명세서 기타 등등)의 출력이 가능해진다.

1.5.6 영업관리

1) 기존 문제점

기존의 영업관리는 수주내역을 유선 또는 무선으로 받아서 현재고를 파악하여, 부족한 부분이 있으면 생산과 구매 관련 부서에 통보하는 형식이었다. 그리고 구매업체에서 매출업체에 대한 관리는 일반대장으로 수기 관리하고 있었으며, 매출계획 대비 실적 또는 매출계획 대비 생산실적의 산출 시 지속적인 문서 작업이나 수기 작업으로 지속적인 관리가 이루어져야 했다. 또한 수주사항의 변경 시 즉각적인 관계부서와의 연결이 이루어지지 않아, 생산 또는 구매부서와의 의사소통에 문제를 일으키고 있었다.

2) ERP 시스템에서의 개선사항

영업관리 업체에 대한 마스터(Master) 등록, 업체별 단가등록을 통해서 영업, 구매, 생산이 통일된 데이터를 이용하여 협업을 가능하게 한다. 또한 영업의 수주등록이 바로 생산관리에 연계되어 자동통보가 이루어짐으로써 출하에 관련된 사항(출하지시서 작성 등), 반품관리, 수금관리(세금계산서 발행 등), 영업에 관련된 각종 분석자료(월별, 연별, 업체별, 품목별 매출현황), 판매추이 등이 ERP 시스템에서 통합 운영된다.

요약 ERP 기능 요약

- ERP는 기업의 영업관리, 구매관리, 자재관리, 무역관리, 재무관리, 경영지원 업무 기능을 모두 포함하고 있다.
- 영업관리는 제품의 수주 및 납품에 관한 통합관리 기능을 제공한다.
- 구매관리는 부품구성표(BOM)를 이용하여 정확한 자재에 대한 수급계획과 입고관리를 제공한다.
- 자재관리는 재고파악에 대한 정확성을 제공하는 자재의 입/출고 기능을 제공한다.
- 무역관리에서는 자재의 수입 및 제품의 수출에 관련된 업무를 통합하여 제공하다.
- 생산관리에서는 BOM 관리, 생산계획 생성, 자재소요계획 등의 기능을 제공한다.
- 재무관리에서는 자금관리 및 회계처리에 대한 통합적인 환경을 제공한다.
- 경영지원 업무에서는 인사/급여/근태에 대한 관리 기능을 제공한다.

★ F사의 ERP 성공사례

■ 회사 개요

F사는 각종 내연기관(승·상용차, 농기계 등)의 주요 부품을 제작 생산하고 있는 중견기업이다. 50여 년이 흐른 현 시점까지 꾸준한 기술 및 소재개발 등으로 자체 기술을 향상시켜 자동차용 부품생산에 앞장 선 전문기업이다.

■ 전산화 과정 및 ERP 도입배경

F사는 1980년대 말 IBM AS/400 Main System을 도입하고 1년 4개월에 걸쳐 자재, 생산, 영업관리, 인사/급여, 회계관리 시스템을 공동 개발 구축하였으며, 두 차례에 걸친 업그레이드로 ERP 도입 전까지 운영해왔다. 하지만 매출이 늘어감에 따라서 기존 전산시스템의 구조적 한계가 많이 발생하였고, 현업담당자들에게 전산마인드를 제고하여 업무처리 및 관리상에 불합리, 불필요 요인을 제거하거나 개선하기 위해서는 전산시스템의 교체가 불가피했으며 나아가 향후 e−Business에 대한 준비 차원에서 ERP 도입의 필요성이 대두되었다.

F사의 대표이사는 이른바 신 경제에서도 살아남기 위해서는 "기업의 모든 부분, 즉 문화, 인력, 조직, 비즈니스 프로세스, IT의 전반적인 변화가 필요했다"고 말했다. 이러한 맥락에서 모든 비즈니스 프로세스를 재설계하고 통합된 IT 인프라를 갖춘 ERP 구축을 검토하게 되었다.

ERP 패키지를 선정함에 있어서 F사는 향후 e−Business를 위한 확장성과 안정성 관점에서 운영상의 유연성, 제품기능성, 기술기반, 총소요비용 등 다양한 요인을 객관적으로 비교 분석하였다. 아울러 자사의 비즈니스 특성(특히 조립, 가공라인)을 가장 잘 수용할 수 있는지 등등을 고민하였다.

ERP 구축 프로젝트를 위해 관리부장을 추진위원장으로 하고, 전산실장을 부위원장, 현업 부서별 팀장과 업무별 각 1명으로 총 25명의 전담팀을 구성하였고, 컨설턴트 2명이 투입되어 진행되었다.

F산의 ERP 시스템 구축과정의 가장 큰 특징은 전혀 커스터마이징(customizing)이 없었다는 점이다. 이는 ERP 패키지에 대한 신뢰와 더불어 BPR없이 곧바로 구축과정에 들어가기 때문에 커스터마이징을 하면 할수록 프로세스 개선효과가 줄어든다는 이유 때문이었다.

ERP 도입 이후 얻은 가장 큰 성과로 인터넷 기반의 업무환경 구현과 경영투명성 확보 등을 꼽고 있다. 아울러 현업담당자의 전산마인드를 제고하여 기존의 업무관행을 탈피할 수 있었다는 점이다. 기존 시스템은 데이터 분석·가공 시 현업담당자가 직접 취급하기 어려워 전산담당자가 처리해주는 경우가 많았고, 이에 업무진행 대기시간이 발생하고 전산담당자는 본연의 업무를 진행하는 데 많은 애로가 있었는데 이러한 점이 해결됐다는 점이다.

ERP 구축으로 인한 정성적 효과는 표준/실제원가 관리기반 구축, 관리회계 정착으로 이익기반 마련, 관리생산성향상, 자산유실감소, 수주/출하까지의 프로세스 리드타임(Lead time) 감소, 정확한 생산계획 및 투입관리가 가능해졌다.

정량적인 효과는 관리생산성 15% 이상 향상, 재고회전율 4.5회전 이상 향상, 자산유실 3%이하, 수주/출하까지의 프로세스 리드타임 5일 이상 감소, 정보의 신뢰성 99% 이상 향상을 목표로 하였다. 나아가 이러한 정량적인 효과를 바탕으로 연 10억 원 이상의 비용절감이 가능했다. 이는 일반적인 투자활동에서 얻어지는 ROI(투자수익율) 대비 대단한 효과라고 볼 수 있겠다.

기업에 있어서 ERP 구축 시에 요구되는 사항은 다른 무엇보다 '변화'이다. 변화를 어떻게 잘 이끌어내고 조직 구성원들이 받아들이게 하느냐가 ERP 구축 및 성공을 위한 핵심요인이다.

회계/인사

Enterprise Resource Planning

2장 K.System을 통한
ERP 시스템 이해

영림원소프트랩 K.System

ERP정보관리사

2.1 K.System ERP 소개

영림원 K.System은 국내에서 개발된 닷넷 기반의 통합개념 ERP로서 체계적인 프로세스를 통해 기업경영 전반의 활동과 데이터를 실시간 제공하여 투명하고 합리적인 경영이 이루어지도록 지원해주는 소프트웨어이다. ERP는 기업활동 전반의 모든 업무를 경영자원으로서 활용하고자 하는 기업의 필수적이고 기본적인 정보시스템이 되었다. 기업의 모든 업무, 즉 영업활동, 생산활동, 지원활동, 연구활동, 재무활동 등이 유기적으로 통합 관리되어야 하고, 이를 위해 첨단의 IT를 기반으로 하여 선진 비즈니스 프로세스(Best Practice)가 구현된 ERP 패키지 소프트웨어는 반드시 필요한 솔루션이다.

일반적으로 기업의 주요 업무는 구매, 생산, 판매, 회계 부서 간의 업무가 순환되는 형태를 이루고 있는데, 이러한 업무를 계획하고, 실행하고, 평가하는 기능을 ERP 시스템이 제공하며, 특히 주요 관리 대상은 자금, 인력, 물자이다. 이러한 관리 관점에서 K.System은 그림과 같이 개념적으로 5개 모듈(운영관리, 인사관리, 회계관리, 생산관리, 물류관리[1]), 세부기능별로는 7개 모듈(운영관리, 인사/급여관리, 자재/물류관리, 영업/수출관리, 구매/수입관리, 생산관리, 회계관리)로 나누어져 있다.

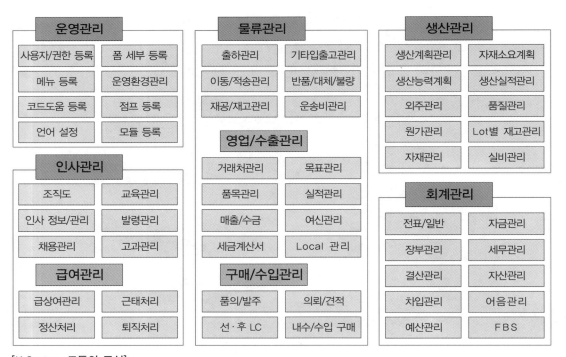

[K.System 모듈의 구성]

---

1) 여기서 물류관리란 자재입출고관리뿐만 아니라 영업, 수출, 구매, 수입을 모두 포함하고 있다.

K.System ERP는 일반관리모듈인 인사(급여 포함), 회계(세무 포함), 물류(영업/구매/자재/수입/수출 포함), 생산(원가 포함) 기능이 서로 유기적으로 연계되어 있다. 각각의 업무 기능들은 아래 그림처럼 전체 프로세스의 흐름도와 같이 연결되어 있다.

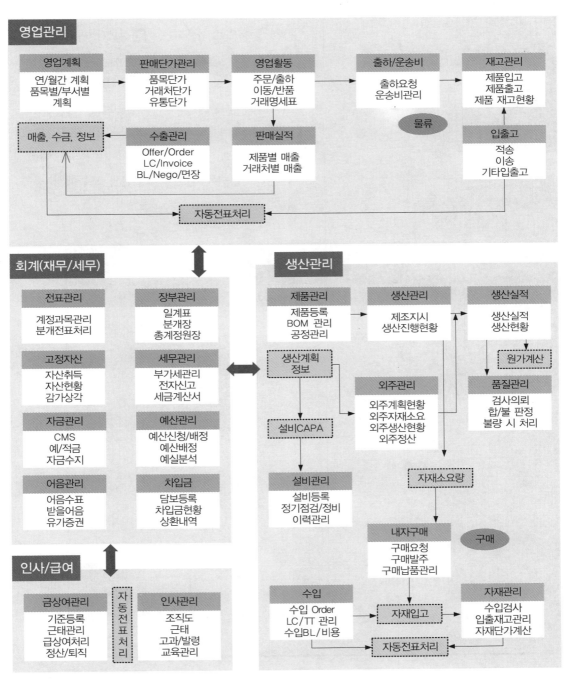

[K.System 전체 업무흐름]

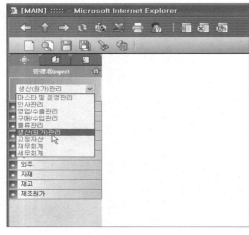

[메인메뉴 구성]

K.System의 화면상의 메인모듈에서 왼쪽 그림과 같은 메뉴구성을 볼 수 있으며 각 모듈을 클릭하면 아래쪽에 세부메뉴를 볼 수가 있다.

이러한 시스템을 사용하기 위해서는 전체 업무에서 공통으로 사용되는 기준정보가 필요하다. 기준정보는 일반적으로 쉽게 변경되지 않는 데이터를 말하며 품목코드, 자재명세서 BOM(Bill Of Material), 설비정보 등등을 포함하고 있다. 이러한 정보는 K.System에서 [마스터 및 운영관리] 혹은 각 모듈의 [기본정보] 메뉴에서 등록이 가능하다. 예를 들면 아래 그림과 같이 ERP 전체 모듈에서 공통으로 사용되는 제품의 품목코드를 등록할 수 있다.

[품목코드 등록화면]

업무를 실제 진행하기 위한 견적서, 오더 및 실적 등등은 각 서브메뉴를 클릭하면 나타나는 폼(입력화면) 혹은 시트에 입력하면 된다.

예를 들면 품목등록을 하고자 하면 [마스터 및 운영관리] 메뉴에서 [마스터등록] → [품목] → [품목등록]이라는 서브메뉴를 클릭하면 위와 같은 품목코드 등록화면이 나타난다. 관련 시트에 해당 정보를 입력하고 저장하여, 필요한 정보로 활용한다.

아래 화면은 영업업무의 최초 작업인 견적서 작성을 위한 입력화면을 나타낸다.

[영업모듈의 견적서 작성 화면]

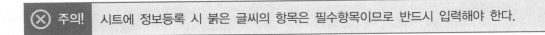

⊗ 주의! 시트에 정보등록 시 붉은 글씨의 항목은 필수항목이므로 반드시 입력해야 한다.

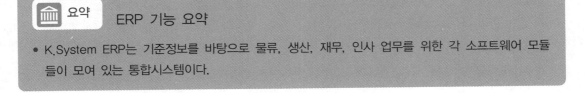

🏛 요약 ERP 기능 요약

• K.System ERP는 기준정보를 바탕으로 물류, 생산, 재무, 인사 업무를 위한 각 소프트웨어 모듈들이 모여 있는 통합시스템이다.

K.System ERP를 개념적으로 5개의 관리모듈로 구성되어 있다.

2.2.1   마스터 및 운영관리

운영관리는 4개의 각 주요 모듈의 공통정보로 활용되는 운영환경관리와 기업 내의 기본관리
사항, ERP 사용 시 관리자가 통제할 수 있는 부분을 묶어놓은 모듈이다.

사용자관리	사용자의 ID/PW 관리그룹별 사용자관리
Code Help 관리	코드도움(Code Help) 항목/조건 관리
메뉴관리	모듈별/그룹별 메뉴 추가 삭제 관리
다중언어관리	시스템 지원 언어 관리
Jump 항목 관리	점프(Jump) 항목의 추가/삭제 속성 관리
화면정보관리	화면 제어(control) 속성 관리
권한관리	사용자별/부서별/그룹별/화면별/레벨(Level)별 권한관리

[운영관리 구성]

- 권한관리 : K.System을 사용하는 자의 권한을 설정하는 기능으로 사용자그룹별, 부서별,
사용자별, 화면별로 등록/수정/삭제/조회/인쇄에 대한 각각의 권한을 설정하여 담당자들
로 하여금 자료에 대한 책임과 권한을 정확하게 부여하고 관리할 수 있도록 구성되어 있

다. 이러한 기능으로 허가받지 않은 데이터 조작 및 보안을 유지할 수 있다.

- **사용자별 메뉴그룹/메뉴 관리**: 사용자 편의성을 최대한으로 고려한 화면 구성을 위하여 사용자별, 그룹별 메뉴화면 작성 시 메뉴의 추가/삭제를 자유롭게 함으로써 작업의 편리성과 일관성을 유지토록 한다.

- **워크플로(Work Flow) 기능**: 패키지에서 제공되는 메뉴 타이틀을 사용자의 업무 용어로 수정이 가능하며, 화면 상단에 점프 버튼(Jump Button, 다음 업무 화면으로 직접 이동 기능을 말함)을 추가하여 도입사만의 정형화된 프로세스로 업무수행이 가능하도록 워크플로 제작 기능을 제공한다.

- **다중 언어/사전 기능**: 향후 해외법인에 적용 시 시스템 업그레이드나 시스템 별도의 추가 없이 현지의 언어와 사전을 사용할 수 있는 기능을 제공하여 클라이언트별로 다른 언어로 서버 접근과 데이터 조작이 가능하도록 하는 기능을 나타낸다.

2.2.2 인사관리

인사관리는 부서 및 조직 변경에 따른 조직도 이력관리와 사원의 인사발령이 연계되어 시점별 인력현황 파악이 가능하며, 간편한 조작으로 인사의 각종 현황을 파악함으로써 담당자의 업무효율성이 증대되며, 다양한 통계 검색화면으로 인사이동 및 발령, 각종 증명서 출력 등 경영자들이 회사 인력현황을 한눈에 알아볼 수 있다. 인사관리에 포함된 급여모듈은 급여지급방식을 월급제, 시급제, 연봉제 등으로 동시에 운영 가능하며, 지급항목, 공제항목 및 지급기준 변경 시 또는 급여 형태가 다름에 따라서 급여처리시점이나 기준이 틀려지는 경우에도 차수관리로 유연하게 대처할 수 있다. 인사고과 시 고과항목 및 단계별 고과자 등록, 고과결과 조회 등 인사고과 관련한 업무를 지원한다.

- 인사정보 및 이력관리
- 인사급여관리 및 근태관리
- 급여정산처리 및 퇴직처리

인사관리	인사정보 및 이력 관리
조직도관리	조직 및 조직이력 관리
교육관리	사원별 교육관리 및 교육현황 보고
발령일괄처리	인사발령 시 해당 조건으로 일괄처리
고과관리	고과 입력 및 결과 조회
통계/검색	각종 문서 및 통계자료 정보
개인기술관리	사원별 기술보유현황 관리
인사급여정보	인사용 급여데이터
각종 지급항목 및 공제항목 등록	급여 직업군에 맞는 항목 등록
근태입력	생산직 근태 및 연월차 처리
급상여처리	급상여 및 특별상여 처리
정산처리	세무신고양식 지원
퇴직처리	근로기준법에 의한 퇴직추계액 및 퇴직금 계산서
회계정보의 ERP 연계	데이터 이중 입력 방지

[운영관리 구성]

2.2.3 회계관리

회계관리는 계정별/부서별 예산통제 및 계획/실적을 분석할 수 있는 가장 기본적인 자료를 제공한다. 즉 회계모듈에서는 타 모듈과의 크로스체크(Cross Check) 및 시스템에 의한 전표승인이 가능하며, 정확한 미수/미불관리, 부서별/제품별 손익, 세무관리 자료, 재무제표 분석을 통한 추이 파악 등 다양한 경영실적 자료를 제공한다.

전표관리	전표처리 및 타 시스템 회계환경 설정
장부관리	각종 장부 및 현황
결산관리	각종 재무제표 출력
세무관리	세금계산서 및 부가세 신고
자금관리	조건별 자금현황 확인
어음관리	어음 및 유가증권 관리
예산관리	예산신청 및 예실 대비 현황 파악

[회계모듈 구성]

- 계정별/부서별 예산통제 및 계획/실적 분석
- 타 시스템과의 크로스체크 및 시스템에 의한 전표승인
- 다양한 경영실적자료 제공
- 각종 세무자료 제공

2.2.4 물류관리

물류관리는 크게 영업, 구매, 수입, 수출, 자재관리 모듈로 구분되어진다. 영업모듈에는 거래처별 채권/여신/ 회전일/가격정책/재고정보 등 다양한 요소를 기준으로 주문통제가 가능하고, 매출 대상 품목의 기준단가에 대한 체계적 관리(정책가/계약단가/판매기준가/최저판매가)와 거래처별, 품목별, 유통구조별 할인단가가 적용된다. 구매는 실시간으로 구매상태(요청 → 품의 → 발주 → 납품 → 입고 → 정산)를 확인할 수 있도록 지원하고 있으며, 각 단계별 상세정보를 한눈으로 확인할 수 있다. 수입모듈은 수입관리의 업무를 보다 쉽게 처리할 수 있도록 시스템에서 업무 정립에 도움을 주며 LC비용과 통관비를 배부한 원가를 계산할 수 있다. 수출은 Offer 등록부터 Order, LC, BL, 면장까지의 프로세스로 진행되며 수출실적명세서를 세무신고 시에 출력물로 제공한다. 자재관리에서는 현재고는 물론 가용재고 또한 주문미납, 생산 중, 안전재고, 불량재고 등 모든 Factor를 고려한 가용재고를 항상 확인할 수 있다. 따라서 계산된 가용재고는 주문, 출하지시, 거래명세서 등의 시점에서 업무진행을 통제하는 데 활용할 수 있다.

■ 영업/수출모듈

- 영업/수출모듈은 고객에게 견적서를 제공하는 Pre-Sale부터 최종적으로 고객으로부터 대금을 받는 단계까지의 주문/출하 업무에 관련된 기능을 제공한다.
- 수출업무는 수출업자가 수입업자에게 Offer를 주는 것을 시작으로 입금에 대한 NEGO 처리까지의 수출 업무에 관련된 기능을 제공한다.
- 가용재고 확인 기능, 거래처관리 및 수출을 위한 L/C(Letter Of Credit : 신용장) 관리 기능 등을 포함한다.

■ 구매/수입모듈

- 주로 구매진행관리 업무를 지원하며 실시간으로 구매진행상태(요청 → 품의 → 발주 → 납품 → 입고 → 정산)를 확인할 수 있도록 한다.
- 다양한 단가관리 및 다양한 품목특성관리 기능을 제공한다.
- 모든 입고처리에서 사용자 편리를 도모하는 분할입고를 지원하며 회계처리 시 자동전표 발행 기능을 제공하고 있다.
- 수입에 관련된 L/C 관리 및 B/L(Bill Of Lading : 선하증권) 관리 기능을 제공한다.

■ **자재관리모듈**

- 실시간 가용재고 확인, 적송 및 이동 처리 등의 기능을 제공한다.
- 입출고관리 기능을 지원한다.
- 여러 옵션에 따른 가용재고 체크 기능을 지원한다.

적송/이동	사업장 간의 적송, 창고 간의 이동처리
기타입고	정상적인 입출고가 아닌 기타입출고관리
품목별/창고별 재고	품목별/창고별 재고관리
재고수불관리	현재고 수량과 그에 대한 금액 및 현재고수량 계산
거래처관리	기본정보관리, 고객정보관리
영업활동	주문/출하관리/거래명세서/세금계산서/매출/미수관리
구매요청 품의관리	요청관리/품의관리 전자결재 연동
구매발주 납품관리	발주서 e-mail 전송, 납품 반품 관리
수입검사 입고관리	품목별 검사/입고관리
구매정산관리	구매정산처리 및 미지급금 회계 자동처리
수입관리	Order → LC → BL → 입고 → 미착대체
수출관리	Offer → Order → LC → BL → 면장 → Nego → 수출실적
실적관리	각종 현황 및 계획 대비 실적관리
자동전표발행	데이터 이중 입력 방지

[자재관리 구성]

2.2.5 생산관리

생산관리모듈에서는 BOM 데이터 및 제품별 공정정보를 관리하고, MRP에 의한 자재 발주량 산정 기능을 제공하며 구매요청/품의/발주와 연동하여 업무를 처리할 수 있다. 또한 투입공수, 투입재료비, 노무비, 인원수 등의 기준으로 제조원가를 배분할 수 있으며 유연한 값을 지원하도록 퍼센트 또는 일정한 값의 적용을 선택할 수 있는 시스템을 지원한다.

기준정보관리	생산달력/단위/창고/품목등록
BOM/공정관리	품목별 BOM/공정관리
생산계획	생산계획
Capa/부하분석	전체/공정별 Capa 분석
생산실적관리	생산실적/생산입고 관리
외주관리	외주발주/납품/정산 관리
작업지시	작업계획/WC별 작업계획
자재관리	데이터 이중 입력 방지
품질관리	공정검사, 외주검사, 최종검사, 품목별 유형별 불량현황

[생산관리 구성]

- 생산에 필요한 기준정보관리(BOM 관리, 제품별 공정 등록)와 계획수립에 필요한 자재소요계획, 생산부하분석 그리고 생산실행에 필요한 워크센터(Work Center)별 작업계획지시서 작성, 생산실적관리 등의 기능이 있다.
- 외주업무 및 품질관리업무 기능도 제공한다.

기업은 다양한 업무를 여러 부서에서 수행하는 바, 과거에는 각 부서에서 사용되는 고유한 체계와 소프트웨어가 존재했다. 그 중 가장 기본이 되는 기준정보를 ERP에서는 하나의 데이터 베이스에서 관리한다. 예를 들면 품목 마스터데이터에는 설계정보, 생산 및 구매 관련 정보, 재 무적인 정보를 모두 포함하고 있다. 이 마스터데이터를 여러 부서가 공통으로 사용하게 되는 것 이다.

예를 들면 아래 그림은 K.System에서 '컴퓨터(종합)'이라는 제품이 등록되어 있는 모습을 볼 수 있으며 여러 탭에 세부정보가 등록되어 있다.

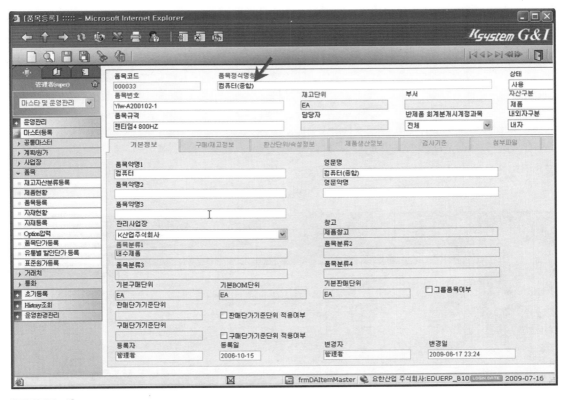

[품목등록 예]

품목정보의 왼쪽 상단에 품목코드(000033)를 볼 수 있는데, 이는 컴퓨터가 부여한 고유한 코 드이며 사용자가 변경할 수 없다. 이러한 '컴퓨터(종합)'이라는 품목에 대해서 아래 그림과 같이 영업부서에서 수주를 받으면 동일한 품목코드를 이용하여 수주데이터를 입력하게 된다.

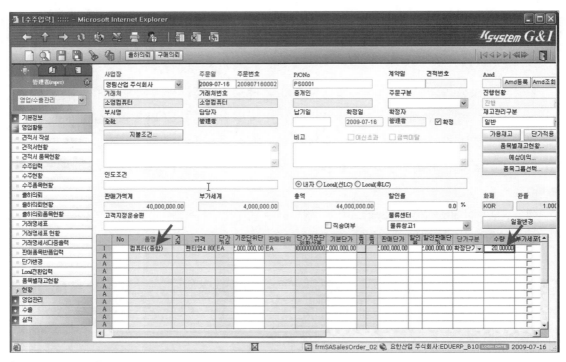

[영업수주 입력 예]

위 영업수주가 확정되면 아래 그림과 같이 동일한 품목코드를 이용하여 생산모듈의 생산의뢰 품목현황에 자동 연결됨으로써 자료의 통합이 이루어지는 것을 볼 수 있다.

[생산의뢰품목현황 화면 예]

자원통합 측면에서 ERP 시스템 이해

기업은 회사의 자원상태를 정확히 확인하고 업무활동에 적절이 투입하여 이윤을 최대화하는 것이 목적이다. 그러기 위해서는 회사의 모든 주요 업무를 기록하고 회사상태에 반영해야 한다. ERP 시스템은 이러한 회사의 모든 활동을 회계시스템과 연결시켜 기록하게 한다. 이것이 전표입력이며, 이러한 방식으로 기업 내의 모든 자원을 회계시스템에 통합하는 것이 ERP 시스템의 특징이다.

예를 들면 구매부서에 자재를 입고하는 경우 2가지 자원의 변화가 생긴다. 즉, 원재료라는 자원이 들어왔고, 또한 자재에 대한 지불을 하지 않았기 때문에 외상매입금이라는 부채가 발생된다. 이러한 자재 납품은 K.System에서는 아래와 같은 화면을 통해 하게 되고 이어서 바로 입고정산처리를 하게 된다.

[구매납품 화면 예]

정산처리를 하기 위해서 아래 그림과 같은 화면에서 구매입고정산처리에 관련된 설정값을 입력하고, <회계처리> 버튼을 누르면 최종전표가 만들어진다.

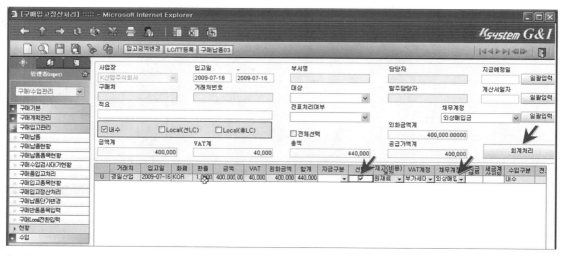

[구매입고정산 설정화면]

　　회계전표는 아래 그림과 같이 만들어진다. 이때 원재료와 부가세대급금이라는 자산항목이 차
변에 생성되며, 외상매입금이라는 부채가 대변에 생성된다. 외상매입금은 실제 원재료 값과 부가
세를 포함하고 있고, 여기서 부가세는 나중에 현금으로 돌려받을 수 있으므로 영업상 자산으로
간주하여 부가세대급금이라는 계정으로 처리된다.

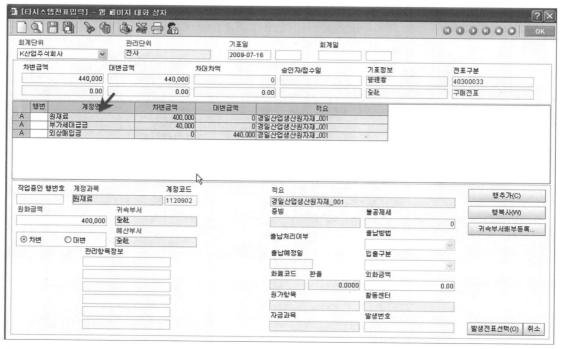

[구매입고정산처리 전표]

또 다른 예를 들면, 회사의 활동 중 설비를 구매하는 경우 자산등록이라는 고정자산모듈에서 처리를 하게 된다. 아래 그림은 조립설비를 등록하는 화면이다. 이와 같은 자산을 등록 후 오른쪽 위 전표처리 화면을 통해서 회계시스템에 통합되게 한다.

[자산등록 예(조립설비)]

조립설비 구매에 대한 전표처리를 한 전표 화면은 아래 그림과 같다. 자산을 취득하게 되면 기계장치라는 자산계정이 증가하여 차변계정에 기록되고, 설비구입액에 해당 하는 자산(보통예금)이 감소하므로 대변계정에 기록되어 표시되는 것을 볼 수 있다.

[조립설비 취득전표]

2.5 정보시스템통합 측면에서 ERP 시스템 이해

각 부서별로 단독 시스템을 사용하였던 기존 시스템들은 아래와 같은 단점이 있었다.

- 각 부서 간의 데이터 이동을 위한 인터페이스 기능이 필요했고, 또한 인터페이스하는 데 시간의 지연이 발생하였다.
- 각 시스템이 별개로 작동하므로 협업하는 데 한계가 많았다.
- 유지보수 하는 데 많은 시간과 비용을 필요로 한다.

그러나 ERP는 기존 부서별로 개별 사용하던 시스템을 하나의 소프트웨어 프레임으로 통일하였기 때문에 부서, 지역, 컴퓨터 시스템, 언어적인 차이를 극복할 수 있는 통합솔루션을 제공한다. 앞에서 설명한 바와 같이 K.System은 동일한 메인메뉴를 통해서 각 모듈에 접근할 수 있으며 동일한 소프트웨어 체계, 동일한 사용자 인터페이스를 제공하므로 쉽게 업무의 통합이 가능하고 필요한 정보를 쉽고 빠르게 공유할 수 있다. 실제 K.System은 마이크로소프트 윈도우즈 환경에서 구동되는 ActiveX 기술을 사용하여 웹상에서 구동되며, 마이크로소프트 SQL 서버를 데이터베이스 관리 시스템으로 사용하고 있다.

3장 K.System
소프트웨어 기초

{
3.1 K.System ERP 소프트웨어 환경
3.2 K.System 화면 사용방법
}

영림원소프트랩 K.System

ERP 정보관리사

K.System ERP는, OS는 Microsoft Windows Server 2003을, DBMS는 Microsoft SQL Server 2005를 사용하였고, C#을 기반으로 개발되었다. K.System ERP는 Client/Server 형식의 web 솔루션이다. ERP를 통해 제조원가를 배분할 수 있으며, 운영환경관리를 통해 각 기업에 맞는 시스템 환경설정이 가능한 통합경영정보 솔루션이다.

SERVER	OS	Microsoft Windows Server 2003, Standard Edition		
	DBMS	Microsoft SQL Server 2005		
	WEB Server / AP Server	Microsoft Windows Server 2003, Standard Edition		
	H/W사양 (권장사양)	구분	DB Server	WEB(AP) Server × 2EA	OLAP Server
		CPU	Intel Xeon 2.8GHz × 4EA	Intel Xeon 2.5GHz × 2EA	Intel Xeon 2.5GHz × 2EA
		Memory	16GB	4GB	4GB
		HDD	36GB × 4EA	36GB × 2EA	36GB × 3EA
		RAID지원	지원	옵션	옵션

[서버 시스템 구성요소]

CLIENT	OS	Microsoft Windows 98 이상(Microsoft Windows XP 권장)
	H/W사양 (권장사양)	CPU	Pentium-III 450Mhz 이상
		Memory	128 Mbyte 이상
		HDD	20GB 이상

[클라이언트 시스템 구성요소]

통신 프로토콜	TCP/IP
권장 네트워크 사용	100MB ethernet Lan Card, 10/100MB ethernet Switch

[네트워크 환경]

3.2.1 업무화면의 기본구성 및 기능

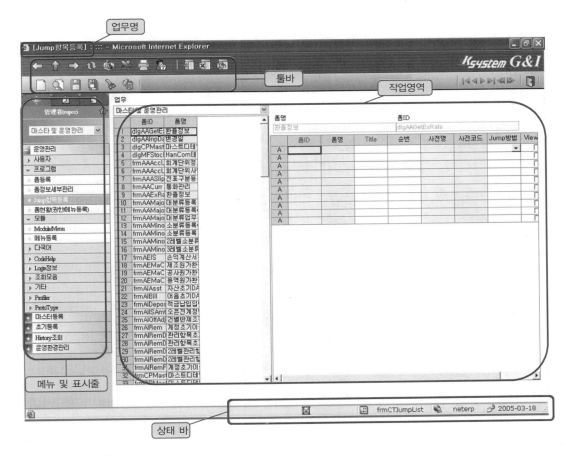

[업무화면 기본구성]

- 업무명: 현재 실행 중인 업무와 Login 사원의 이름과 현재 활성화된 프로그램명을 보여 준다.
- 툴바(Tool Bar): 메뉴의 선택 없이 작업을 할 수 있도록 작업의 종류를 그림으로 시각 화한 것으로 해당 그림을 선택하면 메뉴를 선택한 것과 동일한 작업을 할 수 있다. 툴바 는 아래 설명과 같이 상단 메뉴와 하단 메뉴로 나누어진다.

아이콘	단축키	기능	설명
←	Ctrl + ←	Back	이전 화면으로 돌아간다.
↑	Ctrl + ↑	History	예전 작업한 내용을 다시 설명한다(풀다운 메뉴).
→	Ctrl + →	Next	다음 화면으로 넘어간다.
↻		Redraw	서버로부터 자료를 불러 새로고침한다.
		Chart	시트의 자료를 Chart로 작성한다.
		Excel	시트의 자료를 Excel 파일로 저장한다.
	Ctrl + P	Print	시트의 자료를 출력한다.
		Help	On Line 도움말을 활성화시킨다.
		Menu On/Off	K.System 메뉴를 On/Off한다.
		All Close	모든 화면을 닫는다.
		Login	다른 ID로 로그인한다.

[툴바 상단 메뉴 설명]

아이콘	단축키	기능	설명
	Ctrl + N	신규	새로운 내용을 입력하고자 할 때 사용하며, 시트처럼 여러 건의 자료를 입력 시에는 사용하지 않는다.
	Ctrl + Q	조회	조건에 맞는 자료를 조회한다. 각 프로그램마다 조회조건 입력 후 조건에 맞는 자료를 보고자 할 때 사용한다.
	Ctrl + S	저장	자료를 신규 입력 또는 자료 수정 후 보관한다. 신규로 자료를 입력하거나 기존의 자료를 수정 후 내용을 보관하고자 할 때 사용한다.
	Ctrl + A	다른 코드로 저장	기존의 자료로 새로운 자료를 생성한다.
	Ctrl + X	잘라내기	시트의 행을 삭제하거나 Cell 또는 각 컨트롤의 값을 잘라낸다. 조회 후 해당 내역을 삭제하고자 할 때 사용하며, 시트처럼 여러 건의 자료를 삭제하고자 할 때는 사용할 수 없다.
	Ctrl + D	삭제	자료의 내역을 삭제한다. 기존에 있던 자료로 새로운 자료를 생성하고자 할 때 사용. 비슷한 내역의 자료를 입력할 때 기존의 자료 조회 후 특정 내용을 수정하고 저장할 때 사용할 수 있다.

[툴바 하단 메뉴 설명]

아이콘	단축키	기능	설명
		처음으로	현 화면에서 KEY 값을 기준으로 제일 처음 자료로 이동한다.
		이전으로	현 화면에서 KEY 값을 기준으로 이전 자료로 이동한다.
		다음으로	현 화면에서 KEY 값을 기준으로 다음 자료로 이동한다.
		마지막으로	현 화면에서 KEY 값을 기준으로 제일 마지막 자료로 이동한다.
		이전 페이지로	현 화면에서 PAGE 단위로 이전 자료로 이동한다.
		다음 페이지로	현 화면에서 PAGE 단위로 다음 자료로 이동한다.
	Ctrl + Z	삭제	프로그램을 종료한다. 모든 작업을 종료할 때 사용한다.

[툴바 하단 메뉴 설명]

- **작업영역**: 작업영역은 해당 작업의 성격에 따라서 다양한 입력형태가 가능하다. 일반적으로 개별적인 항목구성방식과 시트형태의 항목구성방식 2가지로 나누어진다. 각 항목은 흰색 바탕에 검은색 글씨가 초기값이며, 코드도움항목 경우는 하늘색 바탕에 검은색 글씨로 되어 있다. 특히 필수입력항목인 경우는 항목 이름이 빨간색으로 표현된다. 이러한 글꼴 및 배경색은 K.System 환경에서 바꿀 수 있다.

 알아두세요 코드도움이란?

- 미리 등록된 항목을 리스트에서 선택하여 입력할 수 있는 기능을 말한다.

- **메뉴 및 표시줄**: 많이 사용되어지는 화면을 등록하여 등록된 버튼만 누르면 화면이 뜰 수 있도록 한다. 또 K.System과 상관이 없더라도 실행파일 등을 연결시켜 바로 실행시킬 수 있다.

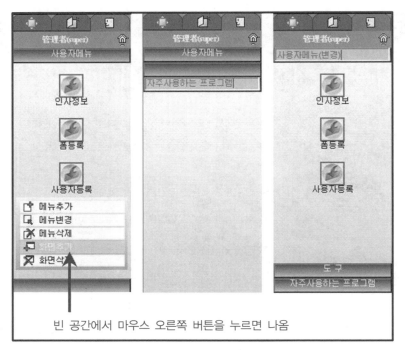

빈 공간에서 마우스 오른쪽 버튼을 누르면 나옴

[K.System 표시줄]

- **상태 바(Status Bar)** : 아래쪽 상태 바는 업무처리 후 작업이 잘 끝났는지에 대한 간단한 메시지를 보여주고 또한 현재 활성화된 프로그램의 폼 이름 및 현재 날짜를 보여준다.

3.2.2 인사정보 입력 폼 기능

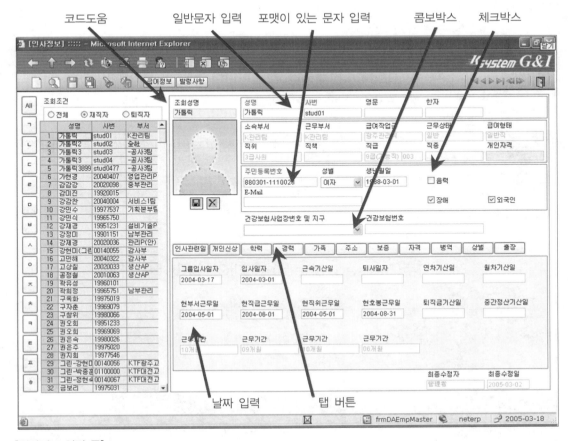

[인사정보 입력 폼]

개별입력방식의 항목별 기능은 아래와 같다.

입력방식	기능
코드도움	코드도움 화면을 띄워서 명칭과 코드를 선택해서 입력할 수 있다. 아래의 코드도움 참조.
일반문자 입력	가장 많이 사용하는 입력형태로 text를 입력한다.
Format이 있는 문자 입력	포맷에 맞게 밑줄이 그어져 있는 곳에 text를 입력한다.
숫자 입력	1. 소수점 포함 자료는 소수점(.)을 반드시 입력한다. 2. 금액의 콤마(,)는 입력하지 않아도 자동 표시된다. 3. 음수는 부호(-)를 수치 좌측에 반드시 입력한다.

[입력방식 정리]

입력방식	기능
날짜 입력	1. 현재 일자가 2005년 03월 1일이라고 한다면 – 입력 연월이 현재 연월과 같으면 일자만 입력해도 된다. 예) 1→ 2005-03-01이 된다. – 입력 연도가 현재 연도와 같으면 월일만 입력해도 된다. 예) 3/1, 3-1, 0301 → 2005-03-01이 된다. 2. 오른쪽 끝의 (+)를 마우스로 클릭하면 달력이 표시되고, 원하는 일자를 선택해서 입력할 수 있다.
콤보박스	맨 우측에 ▼가 표시되어 있는 것으로, 그 부분을 마우스로 클릭하면 입력할 자료가 표시되어 있고 선택만 하면 된다.
체크박스	체크박스는 특정 상태의 선택 여부를 나타낸다. 체크박스를 사용하여 TRUE/FALSE 또는 YES/NO 옵션을 제공한다. 서로 독립적으로 작동하기 때문에 한번에 여러 개의 체크박스를 설정할 수 있다.
탭 버튼	2개 이상의 선택요소 중에서 오직 한 가지만 선택할 수 있다.

[입력방식 정리]

3.2.3 스프레드시트(Spread Sheet) 형태의 입력 폼 기능

스프레드시트 형태의 폼은 테이블 형태의 행과 열로 구성되어 있으며, 여러 건의 자료를 조회, 입력, 수정, 삭제할 수 있다. 화면의 구성은 아래 그림과 같다.

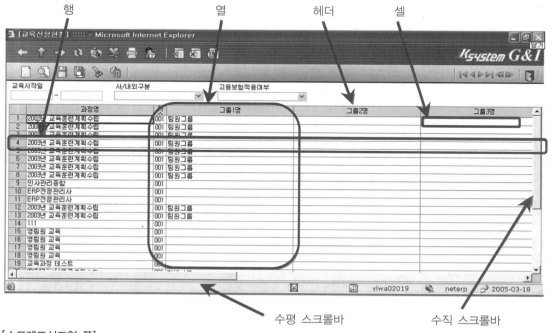

[스프레드시트형 폼]

행 헤드의 경우 자료가 조회된 결과를 보여 줄 때는 숫자가 나타나지만 새로운 행이 입력되는 경우 '>' 표시가 되며, 수정될 경우는 '>>', 삭제될 경우는 '×'가 표시된다. 스프레드시트 형태의 폼은 아래 설명과 같은 다양한 기능들을 사용할 수 있다.

관련 항목	기능

시트 열 이동 및 너비 변경	**1. 열 이동**
	  시트에서 사용자가 원하는 순서대로 시트의 내용을 재배치하고자 할 때는 열 헤드를 마우스로 누르고 원하는 열의 위치에 놓으면 된다. 그러면 다음부터는 그 순서대로 자료가 보이게 된다.
	2. 열 너비 변경
	  시트에서 사용자가 원하는 열의 너비를 변경하고자 할 때는 열 헤드와 열 헤드 사이의 경계선을 마우스로 누른 상태로 움직이면서 열의 너비를 변경할 수 있다.
	  시트의 순서를 프로그램 처음 시작 당시의 순서대로 하고 싶으면 Header에서 마우스 오른쪽 버튼을 눌렀을 때 나오는 메뉴 중 Sheet초기화를 선택하고 그 화면을 다시 띄우면 된다.

계산기	계산을 하고자 하는 셀(Cell)의 범위를 마우스로 드래그하여 선택한 후 마우스의 오른쪽 버튼을 누르면 합계/평균구하기 메뉴가 나온다. 그 메뉴를 선택하면 합계가 보여지고, 오른쪽에 있는 화살표를 누르면 평균, 최대값, 최소값, 건수에 대한 내역을 볼 수 있다.

헤드 (Header)	헤드에 마우스 포인터를 위치해 놓고 마우스의 오른쪽 버튼을 눌러보면 다음 8가지의 기능이 있다.
	
	1. 데이터 정렬
	– 데이터 정렬의 기준이 되는 열을 선택하고, 오름차순인지 내림차순인지를 설정하고 확인을 누르면 된다. 데이터 정렬의 기준은 최대 3개까지 제공한다.
	– 해당 열의 제목 칸(Header)을 오른쪽 마우스로 누르면 그 열을 기준으로 오름차순으로 정렬하며, 한 번 더 오른쪽 마우스로 누르면 내림차순으로 정렬한다.
	2. Sheet 설정
	  시트의 열 헤드의 내역들이 보여지고, 해당 열을 숨길지에 대한 여부를 체크할 수 있다.
	  열 헤드와 셀(Cell) 폰트의 글꼴/글꼴스타일/크기를 바꾸어줄 수 있다.
	3. 열 고정
	  수평 스크롤바를 움직이더라도 열 고정되어 있는 열까지 항상 보여지게 된다.
	4. 행 고정
	  수직 스크롤바를 움직이더라도 행 고정되어 있는 행까지 항상 보여지게 된다.
	5. Sheet 초기화
	  편집하여 사용자가 설정했던 시트의 열 크기로 복귀시킨다.
	6. Sheet 추가
	  자료 입력 시 더 이상 입력할 행이 없을 때 Sheet 추가를 선택한다. 초기 시트(Default Sheet) 추가 개수는 20개이다.
	7. 행간 색 보이기
	  바탕색이 흰색인 셀(Cell)의 바탕색을 한 행씩 띄엄띄엄 노란색으로 표시한다.
	8. 행간 색 보이기 취소
	  위의 행간 색 보이기를 취소한다.

[스프레드시트 편집 기능]

3.2.4 코드도움 기능

기존의 코드성 자료를 입력할 때 정확한 명칭과 코드를 가져올 수 있도록 코드도움 화면을 사용한다. 자주 이용하는 자료는 개인 PC의 로컬 데이터베이스에 개인코드로 등록해서 사용하면 편리하다. 코드도움 창의 화면 구성은 아래 그림과 같다.

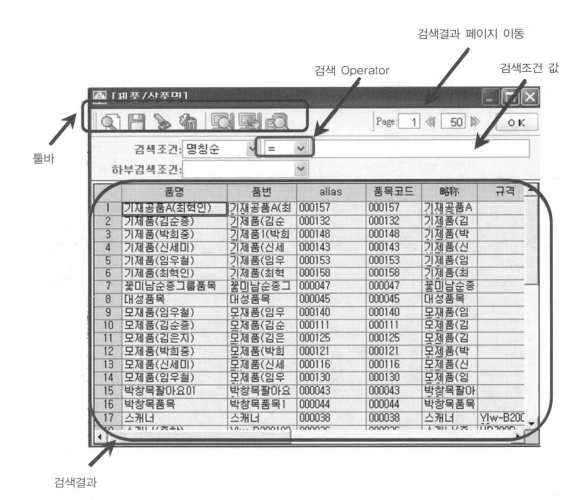

[코드도움 창 구성]

코드도움 화면의 툴바는 아래와 같은 기능을 제공한다.

구분	아이콘	기능	설명
툴바 (ToolBar)		자료조회	LOCAL 또는 SERVER에서 검색조건에 맞는 자료를 조회한다. LOCAL 또는 SERVER는 아래의 LOCAL 자료조회와 SERVER 자료조회 중 선택된 곳에서 자료를 조회한다.
		저장	LOCAL 자료조회로 조회 한 경우 검색내역 중 Alias를 수정할 때 사용한다. SERVER 자료조회로 조회한 경우는 Disable 되어서 사용한다.
		삭제	LOCAL 자료조회로 조회한 경우 LOCAL DB에서 자료를 삭제할 때 사용한다. SERVER 자료조회로 조회한 경우는 Disable 되어서 사용할 수 없다.
		개인코드	LOCAL 데이터베이스에서 검색조건에 맞는 자료를 조회한다.
		이동	서버코드 자료조회 후 조회한 경우 검색내역 자료 중 개인코드로 사용하고 싶은 자료를 내려받는다.
		SERVER 자료조회	SERVER에서 검색조건에 맞는 자료를 조회한다.
		첫 행의 값 이전 자료 조회	검색조건에 맞는 자료를 조회 개수만큼 보여줄 때 조회 개수만큼 이전 자료를 보여준다.
		마지막 행의 값 이후 자료 조회	검색조건에 맞는 자료를 조회 개수만큼 보여줄 때 조회 개수만큼 다음 자료를 보여준다.
	OK	선택	검색내역 중 원하는 자료를 선택한다.

[코드도움 창 툴바 기능]

코드 검색과 관련한 화면 항목들은 아래와 같은 기능을 제공한다.

검색	검색조건	검색조건에는 명칭순과 코드순이 있으며 명칭 또는 코드로 검색할지 선택한다.
	검색 오퍼레이터	검색 오퍼레이터에는 =와 〉=가 있으며 검색조건이 명칭순이면 =는 검색조건 값으로 시작하는 자료를 검색하고, 〉=는 검색조건 값을 아스키코드 값으로 비교를 했을 때 크기가 같은 자료를 검색한다.
	검색조건 값	검색하고자 하는 자료의 일부 또는 전체 문자열을 입력한다.
	하부검색조건	K시스템 G&I 운영의 메뉴 중 코드도움(CodeHelp)의 서브메뉴 코드도움 Minor 등록에서 입력한 해당 대분류의 Sub 분류명이 하부검색조건 콤보박스 리스트에 나타난다. 하부검색조건을 선택하면 Sub 분류 SQL에서 정의한 조건이 자료조회 시 검색조건으로 사용된다.
	조회개수	조건에 맞는 자료를 검색할 때 보여지는 자료의 개수를 제한한다. DP를 들어 조건에 맞는 자료의 건수가 100건이라 하고 보여지는 자료의 개수를 10건이라 했다면 처음에 조회를 할 때 보여지는 자료는 10건만 보여진다. 자료를 보고자 한다면 첫 행의 값 이전자료 조회 또는 마지막 행의 값 이후 자료 조회 버튼을 눌러 계속해서 검색할 수 있다.
	정렬조건	칼럼별로 조회된 내용을 내림차순으로 정렬한다.

[코드 검색 기능]

실제 K.System 코드도움 기능을 사용하는 절차 및 방법은 아래와 같다.

기능	설명
개인대체코드의 등록	코드도움을 통해 입력 가능한 항목란에서 F9를 누르거나 마우스로 더블클릭을 한다. 서버 자료조회로 조회한다. 필요한 자료를 선택하고 DOWN LOAD 버튼을 눌러서 서버의 자료를 LOCAL DB로 내려받는다. 필요한 자료를 선택할 때는 검색내역에서 시트의 행 헤더를 마우스로 클릭하면 해당 행이 검은색으로 반전되면서 선택된다. 필요한 자료를 LOCAL DB로 내려 받았으면 LOCAL 자료조회로 조회한다. 검색내역의 Alias 부분을 개인의 취향에 따라 코드로' 바꾸고 저장한다.
개인대체코드의 사용	코드도움을 통해 입력 가능한 항목란에서 개인대체 코드등록에서 등록한 Alias를 입력한다. 별도의 코드도움이 활성화되지 않고 명칭과 코드를 가져온다. 자주 사용하는 자료는 LOCAL DB로 다운로드받아서 개인 취향에 맞게 Alias를 사용하면 유용하게 코드성 자료를 입력할 수 있다.
자료의 선택	검색내역에서 시트의 행 헤더를 마우스로 클릭하면 해당 행이 검은색으로 반전된다. 그 상태에서 툴바의 선택 버튼을 눌러서 코드성 자료를 입력할 수 있다. 검색내역에서 입력하고자 하는 시트의 행을 마우스로 더블클릭하면 코드성 자료를 입력할 수 있다.
자료의 조회	코드도움을 통해 입력 가능한 항목란에서 기입한 내용이 있으면 그 값으로 시작하는 자료가 조회된다. 공란인 경우는 등록되어 있는 모든 내역이 보여진다. 공란인 경우 검색자료가 많은 경우 느려질 수 있으므로 가까운 범위의 값을 입력하고 검색하는 것이 빠르고 편리하다. 조회조건이 명칭순이면서 조회 OPERATROR가 =이면 조회조건 값으로 시작하는 모든 자료를 검색해준다. 예를 들어 부서조회에서 조회조건 값을 '영'이라고 한다면 '영'으로 시작하는 모든 자료를 검색한다. 조회조건이)=는 조회조건 값을 아스키코드 값으로 비교해서 크기가 같은 값을 갖는 모든 자료를 검색한다.
코드도움 취소	코드도움 화면에서 툴바의 종료 버튼을 누르면 자료의 선택 없이 코드도움 화면이 종료된다.

[코드도움 사용방법]

ERP 정보관리사

Enterprise Resource Planning

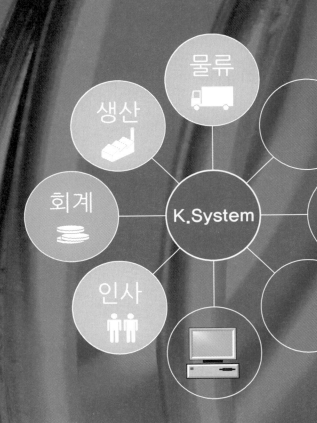

2부 회계편

회계/인사

Enterprise Resource Planning

4장 K.Sysem 회계관리

영림원소프트랩 K.System

ERP 정보관리사

4.1 회계의 정의와 기능

회계란 기업의 활동내역인 재무상태와 경영성과 등을 적절한 정보전달방식을 통하여 이해관계자들에게 정보를 제공함으로써, 자원배분에 관한 합리적인 의사결정을 할 수 있도록 하는 정보전달시스템이다. 효율적인 정보의 전달을 위해서는 누가, 언제, 어디에서든 동일한 기준에 의해 현상을 파악하고, 대책을 수립할 수 있도록 공통의 언어로 작성되어야 한다. 공통의 언어로 작성된 재무보고서 및 해석기준을 회계기준이라 한다. 이러한 회계기준이 필요한 이유는 다음과 같다.

■ 통일된 보고 양식을 위하여

똑같은 사건에 대해서도 사람들은 해석을 달리 할 수 있다. 기업에서 일어난 다양한 사건들을 기록하는데 기록자마다 다른 해석을 한다면 보고서를 접하는 사람은 무척 혼란스러울 것이다. 따라서 일정한 기준에 의한 통일된 기록은 누구에게나 똑같은 형태의 정보를 제공하게 될 것이다. 그래서 상법, 증권거래법, 기업회계기준, 법인세법, 연결재무제표준칙, 기업집단결합재무제표준칙, 업종별 회계처리준칙 등 기록을 위한 통일된 회계기준이 필요하다.

■ 재무보고서의 작성을 위하여

회사의 입장에서는 기획, 생산, 자재/구매, 판매, 인사, 투자, 자금, 세무 등의 업무를 정량적으로 정리하고 요약하는 데 필요하다. 이러한 보고서는 이해관계자들인 주주와 임원, 투자자, 종업원, 노동조합, 금융기관, 거래처, 협회, 국세청, 해외거래처 등에 업무 성적표로서 사용되어진다.

4.2 재무제표(Balance Sheet)

일정기간(사업연도) 동안의 경영성적과 특정 시점의 자산, 부채, 자본 등의 내용과 금액을 체계적으로 기록한 재정보고서를 대차대조표라 한다. 대차대조표는 자산, 부채, 자본으로 구성되며, 이들의 관계식은 다음과 같다.

$$자산 = 부채 + 자본$$

자산은 기업이 영업활동을 위하여 보유하고 있는 자원이다. 자산의 주요항목으로는 현금, 예금, 유가증권, 외상매출금, 받을어음, 상품, 대여금, 건물, 토지, 차량운반구, 비품 등을 말하며, 현금화의 정도에 따라 유동자산(결산일로부터 1년 이내에 현금화가 가능한 자산–당좌자산, 재고자산 등)과 고정자산(결산일로부터 1년 이후에나 현금화가 가능한 자산–투자자산, 유형자산, 무형자산 등)으로 나뉜다.

유동자산	현금, 예금, 단기금융상품, 유가증권, 상품, 제품, 반제품, 재공품, 원재료, 저장품, 소모품 등
고정자산	장기금융상품, 장기대여금, 투자부동산, 보증금, 이연법인세차 등
	토지, 건물과 구축물, 기계장치, 선박, 차량운반구, 건설중인자사, 영업권, 산업재산권, 광업권, 어업권, 자치권 등

[자산의 분류]

부채는 다른 사람으로부터 빌린 자금을 의미하며, 현재 또는 미래에 빌린 사람에게 지급할 의무가 있다. 부채의 주요항목으로는 차입금, 선수금, 예수금, 미지급금, 외상매입금, 지급어음 등이 있다. 부채에도 1년 이내에 갚아야 하는 유동부채와 1년 이후 장기간에 걸쳐 상환해도 되는 고정부채로 구분된다.

유동부채	외상매입금, 지급어음, 단기차입금
	미지급금, 미지급비용, 미지급법인세, 선수금, 예수금, 선수수익, 유동성 장기부채 등.
고정부채	사채와 사채발행비, 장기차입금, 퇴직급여충당금, 이연법인세대, 판매보증충당금, 수선충당금, 공사보증충당금 등.

[부채의 분류]

자본은 기업주 또는 주주가 사업을 위해 회사에 출자한 자금을 의미하며, 부채와 달리 갚아야 할 의무는 없다. 자본에는 자본금(투자자가 출자한 투자금), 자본잉여금(주식발행초과금, 합병차익금, 감자차익금, 기타 자본잉여금 등), 이익잉여금(이익준비금, 기타 법정적립금, 임의적립금, 차기이월이익잉여금 등), 자본조정(주식할인발행차금, 배당건설이자, 자기주식, 전환권대가, 신주인수권대가 등)으로 구분된다.

자본금	사업을 시작할 때 기업이 투자한 자본의 총액. 자산에서 부채를 제외한 금액.
자본잉여금	영업활동 외의 자본거래에 의한 잉여금, 합병차익, 감자차익, 보험차익, 자기주식처분이익, 주식발행초과금, 국고보조금 등.
이익잉여금	영업활동으로 인하여 얻은 잉여금, 이익준비금, 임의적립금, 이월이익금 등.
자본조정	최종확정이 되기 전 자본구성 항목 중 어느 것을 가감해야 할지 알 수 없어 자본총계에서 가감하는 것.

[자본의 분류]

4.2.1 재무제표의 종류

재무제표에는 대차대조표, 손익계산서, 이익잉여금처분계산서(또는 결손금처분계산서), 현금흐름표 등이 있다.

대차대조표는 일정시점의 재산상태를 표시한 표이다. 다음 대차대조표 예에서 '제12기'는 재무정보의 기준일로서 기업의 결산일이다. 필요에 따라 반기 또는 분기별로 작성하기도 한다. 대차대조표에 나타난 기간의 현재 기업의 자산, 부채, 자본총계와 과목별 내역을 알 수 있다. 즉, 유동자산 과목은 당좌자산과 재고자산으로 구성되어 있으며, 고정자산은 투자자산, 유형자산, 무형자산 등의 내역을 나타낸다. 세부내역을 들여다보면 당좌자산은 현금 및 현금등가물, 외상매출금, 유가증권 등의 정보를 담고 있음을 알 수 있다.

가나무역   (단위 : 원)

자산	금액	부채 및 자본	금액
I. 유동자산	(12,000,000)	부채 :	
(1) 당좌자산		I. 유동부채	15,000,000
1. 현금 및 현금등가물	5,000,000	1. 외상매입금	
2. 외상매출금		2. 지급어음	
3. 유가증권		3. 단기차입금	
(2) 재고자산			
1. 상품	7,000,000	II. 고정부채	18,300,000
		1. 사채	
		2. 장기차입금	
		3. 장기성매입채무	
		부채총계	(33,300,000)
		자본	(37,000,000)
		I. 자본금	27,000,000
		1.보통주 자본금	
		2. 우선주 자본금	
II. 고정자산	(58,300,000)	II. 자본잉여금	
(1) 투자자산		1. 주식발행초과금	5,000,000
(2) 유형자산		2. 감자차익	
1. 소모품	800,000	3. 기타자본잉여금	5,000,000
2. 비품	2,500,000		
감가상각누계액		III. 이익잉여금	
3. 토지	20,000,000	1. 이익준비금	
4. 건물	35,000,000	2. 기업합리화자금	
(3) 무형자산		3. 재무구조개선적립금	
1. 영업권		4. 차기이월이익잉여금	
2. 산업재산권		(당기순이익(손실))	
3. 광업권			
4. 어업권		IV. 자본조정	
5. 개발비		1. 주식발행차금	
6.		2. 배당건설이자	
		3. 자기주식	
		4. 투자유가증권평가	
		이익(또는 평가손실)	
		5.	
합계	70,300,000	부채와 자본총계	70,300,000

[대차대조표 예]

손익계산서는 기업의 경영성과를 보다 쉽게 알아보기 위해서 일정기간 동안 벌어들인 수익과 지출된 비용을 요약 정리한 재무보고서다. 회계기간 동안 기업이 흑자경영을 했는지, 적자경영을 했는지를 알아볼 수 있다.

일반적으로 손익계산서에 나타난 수익과 비용을 더하고 빼서 당기순이익(또는 손실)을 나타내는데 이를 통하여, 적자인지 흑자인지를 판단할 수 있다. 하지만 경우에 따라 영업이익이 손실(−)이더라도 특별이익(고정자산 매각 등)의 발생으로 당기순이익이 순익(+)으로 나타날 수 있으므로 경상이익을 세밀히 살펴봐야 한다. 경상이익에는 영업 외 이익이 포함되므로 손익계산서를 통한 기업경영상태를 확인할 때는, 매출액, 매출총이익, 영업이익, 경상이익, 당기순이익 등 모든 요소를 살펴보고 기업의 경영활동을 평가해야 한다.

제 12기: 2007년 1월 1일 ~ 2007년 12월 31일

제 11기: 2006년 1월 1일 ~ 2006년 12월 31일

가나무역 (단위: 원)

과목	제12기		제11기	
	금액		금액	
I. 매출액		5,000,000		8,000,000
II. 매출원가	700,000	4,500,000	2,000,000	7,000,000
1. 기초상품재고액				
2. 당기매입액	4,800,000		6,200,000	
3. 기말상품재고액				
III. 매출총이익	1,000,000	500,000	1,000,000	800,000
IV. 판매비와 관리비		(260,000)		(400,000)
1. 급여		100,000		200,000
2. 광고선전비		50,000		70,000
3. 보료		20,000		30,000
4. 감가상각비		50,000		50,000
5. 대손상각비		30,000		30,000
6. 잡비		10,000		20,000
V. 영업이익(손실)		240,000		400,000
VI. 영업외수익		(70,000)		
1. 이자수익		40,000		
2. 단기매매증권처분이익		30,000		
VII. 영업외비용		(80,000)		(150,000)
1. 이자비용		80,000		150,000
VIII. 경상이익(손실)		230,000		250,000
IX. 특별이익		(60,000)		
1. 자산수증이익		60,000		
X. 특별손실		(50,000)		
1. 재해손실		50,000		
XI. 법인세차감전순이익(손실)		240,000		250,000
XII. 법인세비용		48,000		50,000
XIII. 당기순이익(손실)		192,000		200,000

[손익계산서 예]

이익잉여금처분계산서는 벌어들인 이익을 사외로 유출할 것인가, 사내에 유보할 것인가를 보여주는 재무제표이다. 즉 회계기간 동안 이월이익잉여금의 총변동을 표시한다. 대차대조표상에 나타난 이월이익잉여금의 처분 및 변동 등에 대한 정보를 제공한다. 이익잉여금처분계산서에서는 다음 내용을 알 수 있도록 정보를 제공한다.

- 이익잉여금 처분에 대한 내용을 알 수 있다. 배당금을 지급했는가, 준비금이나 적립금의 형태로 회사에 자금을 유보시켰는가 등등의 정보를 제공한다.
- 전기의 이익과 당기의 이익을 알 수 있다
- 기업 내에 남아 있는 자금과 외부로 유출되는 자금의 양을 알 수 있다
- 기업의 배당금 지불여력을 평가할 수 있다.

제12기: 2007년 1월 1일 ~ 2007년 12월 31일

가나무역　　　　　　처분확정일 : 2008년 3월 31일　　　　　　　　　　　(단위 : 원)

과목	제12기		제11기	
	금액		금액	
I. 처분전이익잉여금		292,000		200,000
1. 전기이월이익잉여금	100,000			
2. 회계변경의 누적효과				
3. 전기오류 수정이익				
4. 중간배당액				
5. 당기순손실	192,000			
(또는 당기순이익)				
II. 임의적립금 이입액		(110,000)		
III. 이익잉여금처분액				(100,000)
1. 이익준비금	50,000		60,000	
2. 기업합리화적립금	20,000		20,000	
3. 배당금	40,000		20,000	
4. 기타법정적립금				
III. 차기이월이익잉여금		182,000		100,000

[이익잉여금처분계산서 예]

결손금처리계산서는 이익보다 손실이 더 많이 생긴 경우에 손실처리를 어떻게 할 것인가를 보여주는 표이다. 결손금처분계산서는 결손금이 생긴 경우 이를 어떤 순서에 따라 처리하는가 하는 것을 나타낸다. 일반적으로 ①임의적립금 ②기타 ③법적적립금 ④자본잉여금 등의 순서에 따라 처리한다.

제12기 : 2007년 1월 1일 ~ 2007년 12월 31일

가나무역　　　　처분확정일 : 2008년 3월 31일　　　　　　　　　　　(단위 : 원)

과목	제12기	제11기
	금액	금액
I. 처분전결손금	(118,000)	xxxx
1. 전기이월이익잉여금	182,000	
(또는 전기이월결손금)		
2. 회계변경의 누적효과		
3. 전기오류 수정이익		
(또는 전기오류 수정손실)		
4. 중간배당액		
5. 당기순손실	300,000	
(또는 당기순이익)		
II. 결손금처분액	88,000	xxxx
1. 임의적립금 이입액	30,000	
2. 기타법정적립금 이입액	20,000	
3. 이익준비금 이입액	25,000	
4. 자본잉여금 이입액	13,000	
III. 차기이월 결손금	(30,000)	xxxx

[결손금처분계산서 예]

현금흐름표는 현금의 이동으로 인하여 발생하는 수익 혹은 비용의 발생내역을 원천별로, 용도별로 표시하는 보고서이다. 현금흐름표에서는 다음의 정보를 제공한다.

- 기업의 영업활동으로 인한 현금흐름을 알 수 있다. 매출 등 수익활동으로 인하여 얼마의 자금유입이 있었으며 매입이나 종업원 등에 얼마나 자금이 유출되었는지 등의 정보를 알 수 있다.
- 기업의 투자활동으로 인한 현금흐름을 알 수 있다. 단기금융상품을 처분하여 자금유입이 생겼는지, 토지의 취득으로 인하여 자금의 유출이 생겼는지 등의 정보를 알 수 있다.
- 기업의 재무활동으로 인한 현금흐름을 알 수 있다. 사채를 발행하거나 보통주 발행 등으로 현금의 유입, 사채상환, 유상감자 등으로 인한 현금의 유출 등의 정보를 알 수 있다.

제 12기 : 2007년 1월 1일 ~ 2007년 12월 31일

가나무역 (단위 : 천원)

항목	2007.12
영업활동현금흐름	70,000,000
당기순이익(손실)	33,000,000
비현금수익비용가감	12,000,000
유무형자산감가상각	4,000,000
순이자비용	1,000,000
외화환산손익	
지분법손익	
운전자본증감	6,000,000
매출채권	3,400,000
재고자산	1,600,000
매입채무	23,000,000
기타	−14,000,000
투자활동현금흐름	−250,000,000
유형자산취득	−342,000,000
유형자산처분	80,000,000
무형자산증감	
투자자산증감	−12,000,000
기타	24,000,000
재무활동현금흐름	240,000,000
차입금증가	210,000,000
사채증가	50,000,000
자본증가	10,000,000
배당금지급	30,000,000
기타	
기타현금흐름	
순현금흐름	60,000,000
기초현금	100,000,000
기말현금	160,000,000

[현금흐름표(직접법) 예]

4.3 회계거래의 기록

기업은 이익창출을 위하여 다양한 영업활동을 하고, 이에 따른 재무상태의 변화를 구분하여 기록한다. 즉 자산, 부채, 자본, 수익, 비용 등의 증감의 결과를 항목별로 기록하는데, 이를 계정이라 한다. 계정에 기록된 내용은 재무상태에 미치는 영향을 파악하기 위하여 활용되며, 재무상태에 영향을 미치는 다양한 경제활동의 결과를 회계거래라 한다. 상품매매계약, 부동산임대차계약 등은 일상거래이기는 하지만, 회계거래로 간주하지 않는다. 계약만으로는 자산, 부채, 자본의 증감이 일어나지 않았기 때문이다. 따라서 회계거래는 반드시 경제활동의 결과가 기업의 재무상태에 어떤 결과로 나타나야 회계거래로 인정되는 것이다.

회계거래에 대한 기록은 회계상 거래가 발생하면 아래 그림과 같이 해당 계정장부에 복식으로 차변(왼쪽)과 대변(오른쪽)에 기입한다. 하나의 거래에 대해 차변과 대변의 금액은 반드시 일치되어야 한다. 계정에 기입할 때는 마음대로 기록하는 것이 아니라, 반드시 지켜야 할 계정기입의 원칙이 있다.

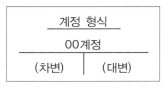

[회계 기록]

모든 거래는 원인과 결과를 수반한다. 물건을 구매(원인)하고 대가를 지불(결과)하는 거래를 우리는 '거래의 이중성'이라 한다. 회계는 이런 양면적인 거래의 속성을 차변과 대변으로 구분하여 기록하는 것이다. 자산, 부채, 자본, 손익, 비용 등의 증감 가운데 한 가지만 발생하는 거래란 존재하지 않으며, 자산의 증가가 일어나면 그와 관련하여 자산의 감소 또는 부채의 증가, 자본의 증가, 수익의 발생 등의 상대적인 결과가 생긴다. 이러한 거래관계를 기록할 때 누구나 동일한 원칙으로 기록하여 동일한 판단을 할 수 있게 해야 한다. 자산의 증감, 부채의 증감, 자본의 증감, 수익과 비용발생 등 8개의 요소로 여러 가지 조합을 이루는데, 이를 '거래의 8요소'라 한다. 일반적으로 계정에 회계거래를 기록할 때, 페이지를 절반으로 나누어 좌측(차변 : Debit)과 우측(대변 : Credit)으로 구분하여 기록한다.

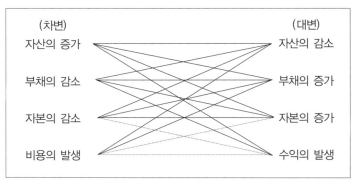

[거래의 8요소 조합]

    기업의 모든 거래는 거래의 이중성에 따라 차변과 대변으로 나누어 기록하는데 이를 '분개'라 한다. 분개를 할 때, 거래가 회계상 거래인지를 먼저 파악하고, 거래의 8요소에 따라 차변과 대변을 결정한다. 그리고 해당 계정과목이 무엇인가를 파악한 후, 거래 발생에 따른 금액을 기록한다. 예를 들면 9월 15일 상품을 100만 원에 구매하고 현금으로 결제를 했다면, 아래와 같이 거래의 분개를 한다.

        (차)   상품 1,000,000   (대)   현금 1,000,000

분개한 내용을 해당 계정의 차변 혹은 대변으로 옮겨 기록하는 절차를 '전기'라 한다.

    전표란 거래의 내용을 기록한 영수증 같은 것으로 거래의 종류나 회사의 형태에 따라 양식이 조금씩 차이가 나지만, 대체로 입금전표, 출금전표, 대체전표 등 3종류의 전표를 많이 사용한

다. 전표의 사용은 이중작업을 제거하여 업무를 간편하게 하며 업무효율을 제고하므로 분개장 대신 널리 이용된다.

분개를 할 때는 거래에 따른 적절한 계정의 선택(자산, 부채, 자본, 수익, 비용 계정) 이후 세부적인 계정과목을 찾아야 한다. 일례로 "9월분 종업원 급여를 현금으로 1,800,000원을 지급하다"라는 거래를 분개한다면, 아마도 대변의 계정과목은 현금이라는 자산의 감소이므로 현금계정으로, 차변은 급여계정과목을 정하여 분개할 것이다. 한편 식대, 접대비, 판공비 등 상황 판단에 따라 계정과목을 정해야 하는데 어떤 계정과목이 합당한지 판단이 잘 안 되는 경우가 있다. 이럴 때를 대비하여 기업에서는 일반적으로 거래에서 가장 많이 사용되는 계정과목을 미리 정하여 사용하므로 일관성을 유지한다.

전표를 작성할 때는 먼저 '일자'란에는 거래가 발생한 연월일을 기입한다. '적요'란에는 거래의 내용을 간략하게 적고 다음에 '차변'과 '대변'란에 적절한 계정과목을 기입한다. 이때 대변의 계정과목은 차변보다 한 줄 내려쓴다. 또 다른 내용의 거래가 발생하면 발생한 모든 거래들을 일자별로 발생 순서에 따라 기록한다. 여기에서 '원면'은 총계정원장에서 해당 계정이 나타나고 있는 원장의 쪽 번호를 의미한다. 예를 들어 2009년 9월 10일에 종업원 급여로 현금 1,000,000을 지급한 거래의 분개를 분개장에 기록한다면 다음 표와 같다.

일자		적요	원면	차변	대변
9	10	급여 현금 종업원급여지급	5 10	1,000,000	1,000,000

[분개장의 예]

거래에 따른 분개를 자산, 부채, 자본계정별로 설명하면 다음과 같다.

■ 자산계정

- **(차)자산의 증가   (대)자산의 감소**

  인덕상사는 9/10 책상을 250,000에 현금으로 매입하다.

9/10 비품 ₩250,000	현금 ₩250,000

- (차)자산의 증가 (대)부채의 증가

  인덕상사는 9/20 책상(250,000)을 외상으로 매입하다.

9/20	비품 ₩250,000	외상매입금 ₩250,000

- (차)자산증가 (대)자본의 증가

  인덕상사는 6/30 현금 10,000,000을 출자하여 사업을 시작하였다.

6/30	현금 ₩10,000,000	자본금 ₩10,000,000

- (차)자산증가 (대)수익발생

  인덕상사는 12/31 투자배당수익 1,000,000을 현금으로 받다.

12/31	현금 ₩1,000,000	배당수익 ₩1,000,000

■ 부채계정

- (차)부채의 감소 (대)자산의 감소

  인덕상사는 10/5 외상매입금 250,000을 현금으로 갚다.

10/5	외상매입금 ₩250,000	현금 ₩250,000

- (차)부채의 감소 (대)부채의 증가

  인덕상사는 10/10 월계상사에 대한 외상매입금 100,000을 약속어음으로 발행하여 갚다.

10/10	외상매입금 ₩100,000	지급어음 ₩100,000

- (차)부채의 감소 (대)자본의 증가

  인덕상사는 11/20 전환사채(convertible bond) 1,000,000을 자본금으로 전환하여 주다.

11/20	전환사채 ₩1,000,000	자본금 ₩1,000,000

- (차)부채의 감소 (대)수익의 발생

  인덕상사는 10/15 월계상사와 맺은 계약이 파기되어 (계약금 ₩500,000)을 잡수익으로 처리하다.

10/15	선수금 ₩500,000	잡수익 ₩500,000

■ 자본계정

- (차)자본의 감소 (대)자산의 감소

  인덕상사는 10/20 자본금 중 절반(₩10,000,000)을 감자하기로 이사회에서 결의하고 그에 따른 주금을 주주들에게 현금으로 반환하기로 하다.

10/20	자본금 ₩10,000,000	현금 ₩10,000,000

- (차)자본의 감소 (대)자본의 증가

  인덕상사는 12/20 주식발행초과금(₩1,000,000)을 자본금으로 전입하다.

12/20	주식발행초과금 ₩1,000,000	자본금 ₩1,000,000

■ 비용계정

- (차)비용의 발생 (대)자산의 감소

  인덕상사는 관리과 직원 김길동의 건강보험료(₩200,000)를 10/5 건강보험관리공단에 현금으로 납부하다.

10/5	복리후생비 ₩200,000	현금 ₩200,000

- (차)비용의 발생 (대)부채의 증가

  인덕상사는 7/31 단기차입금에 대한 당월의 이자 ₩300,000을 추후 지급하기로 하다.

7/31	이자비용 ₩300,000	미지급비용 ₩300,000

  기타의 거래의 경우는 거의 발생하지 않는 특별한 사례이므로 더 이상의 설명은 생략한다.

이와 같이 회계에서는 공통적인 회계정보인 재무제표를 작성할 때에는 일반적인 규칙을 정하여 사용하는데, 이러한 규칙을 기업회계기준서 또는 기업회계기준이라 한다. 기업회계기준에서는 거래에서 가장 많이 공통으로 사용되는 계정과목의 이름을 정하여 사용한다. 실제 기업활동에서 발생하는 많은 종류의 거래들을 기록하기 위해서 가장 빈번하게 사용하고 있는 계정과목들 또는 재무제표항목들은 아래와 같이 정리해 볼 수 있다.

구분		계정과목
대차대조표계정	자산계정	현금 및 현금성자산, 매출채권, 재고자산, 대여금, 미수금, 토지, 건물, 기계장치 및 비품
	부채계정	매입채무, 차입금, 미지급금, 사채
	자본계정	자본금, 자본잉여금, 이익잉여금
손익계산서계정	수익계정	매출액, 임대료, 수입수수료, 이자수익
	비용계정	매출원가, 임차료, 급여, 여비교통비, 광고선전비, 수도광열비, 수선비, 이자

[대차대조표와 손익계산서의 계정과목]

4.4.1 자산의 주요 계정과목

장차 기업에 경제적 효익을 제공할 것이라고 기대되는 경제적 자원을 '자산'이라고 한다.

■ **현금 및 현금성자산**: 통화 및 타인발행수표 등 통화대용증권과 당좌예금, 보통예금 및 큰 거래비용 없이 현금으로 전환이 용이하고 이자율 변동에 따른 가치변동의 위험이 중요하지 않은 금융상품으로서 취득 당시 만기일(또는 상환일)이 3개월 이내인 것을 말한다.

■ **매출채권**: 기업회계기준에서는 외상매출금과 받을어음을 통합하여 매출채권으로 대차대조표에 표시한다.

■ **재고자산**: 기업은 판매를 목적으로 다양한 자산을 보유하고 있다. 상기업인 경우에는 단순히 상품으로 기록하면 되나 제조기업인 경우에는 원재료, 반제품, 재공품, 완제품으로 제품의 가공수준에 따라 세분하여 분류한다.

■ **대여금** : 회사에서 여유자금이 있을 경우 거래처나 금융기관, 임직원 등에게 자금을 대여하는 거래로서 1년 이내의 기간 동안 빌려주는 경우를 단기대여금, 1년 이상을 대여하는 경우는 장기대여금이라 한다.

■ **미수금** : 재고자산이 아닌 자산을 외상으로 매각한 대금, 즉 기업의 주된 영업활동 이외(유가증권이나 고정자산의 처분 등)에 발생한 채권을 매출채권과 구분하여 미수금으로 처리한다.

■ **토지** : 영업용으로 기업이 소유하고 있는 공장, 본사나 지사의 사무실을 근거로 하는 땅. 대지, 임야, 전답, 잡종지 등을 포함한다.

■ **건물** : 영업용으로 사용되는 공장, 본사 및 지사의 사무실, 창고, 차고 등 기업의 건물을 의미한다.

■ **기계장치 및 비품** : 회사에서 사용하는 여러 가지 기계와 장치 및 부속설비나 물품 등을 의미한다.

4.4.2 부채의 주요 계정과목

기업이 미래에 상품이나 용역을 제공해야 하거나 현금을 지불해야 하는 것과 같은 경제적 의무를 지고 있을 때, 이러한 기업의 경제적 의무를 '부채'라고 한다. 부채는 비교적 소수의 항목으로 통합하는 것이 가능하기 때문에 부채계정은 일반적으로 자산계정보다 계정과목의 수가 적다.

■ **매입채무** : 매출채권에 대응되는 부채로, 회계기준에서는 외상매입금과 지급어음을 통합하여 매입채무로 대차대조표에 표시한다.

■ **차입금** : 외부로부터 차입한 자금을 기록한 계정으로 1년 이내에 상환하느냐, 1년 이상 장기에 걸쳐 상환하느냐에 따라 단기차입금과 장기차입금으로 구분한다.

■ **미지급금** : 재고자산(상품 등)이 아닌 자산을 외상으로 구입한 대금, 즉 기업의 일반 상거래 이외의 거래나 계약에 의해 확정된 채무 중 아직 지불이 완료되지 않은 1년 이내에 상환해야 되는 부채를 말한다.

- **사채** : 기업이 채권을 발행하여 일반 대중으로부터 자금을 차입한 장기성 채무로 발행일, 만기일, 액면금액, 이자율, 이자지급시기 등이 표시된다.

4.4.3 자본의 주요 계정과목

자본계정은 자본금, 자본잉여금, 이익잉여금 등으로 구분된다.

- **자본금** : 기업의 소유주가 출자한 돈으로 자기자본(출자자 지분)과 타인자본(채권자 지분)으로 구성된다. 상법에서 요구하는 법정자본금으로서 회사가 유지해야 할 최소한의 재산이다.

- **자본잉여금** : 증자활동, 감자활동 등 기업의 자본활동의 결과로 얻어진 잉여금으로 영업활동과 관련하여 발생한 이익잉여금과는 구별된다. 주식발행초과금, 감자차익, 기타자본잉여금 등이 있다.

- **이익잉여금** : 기업이 경영활동을 통해 벌어들인 순이익 중 일부를 주주에게 배당하지 않고 기업 내부에 쌓아둔 것으로 처분이익잉여금(특정 용도로 처분하기 위하여 적립된 것)과 미처분이익잉여금(아직 그 용도가 결정되지 못한 것)으로 구분된다.

4.4.4 수익의 주요 계정과목

수익계정은 비용과 함께 자본계정의 변화를 가져온 영업활동의 구체적 내용을 기록하는 것으로서, 상품이나 용역을 판매함으로써 자본(소유자 지분)을 증가시키는 것이다.

- **매출액** : 기업의 영업활동에서 상품을 판매하고 얻는 수익으로서 본래 영업활동의 결과로서 얻게 된 것이다.

- **임대료** : 사무실, 비품, 기타 다른 자산 등을 임대하고 그 대가로 받는 수익을 의미한다.

- **수입수수료** : 기업이 동산 또는 부동산을 제공하고 받는 사용대가로 토지사용료, 건물임대료, 기타사용료 등이 있다.

■ **이자수익** : 기업 외부에 유휴자금을 일시적으로 대여하고 받는 경우의 이자 수령액으로, 예금이자, 대여금이자, 유가증권 등이 있다.

4.4.5 비용의 주요 계정과목

비용이란 기업이 영업활동을 수행하는 과정에서 발생하는 자산의 사용액을 말한다. 자본(소유자 지분)을 감소시킴으로써 기업에 대하여 수익과 반대의 영향을 미친다.

■ **매출원가** : 매출액에 대응되는 비용으로 기업의 영업활동에서 매출을 창출하기 위해 사용되는 직접비용으로, 상품매매업에서의 매출원가와 제조업에서의 매출원가 등으로 구분한다.

■ **임차료** : 토지, 건물, 기계장치, 차량운반구, 사무실, 비품, 기타 다른 자산 등을 임차하여 사용할 경우 그 소유자에게 지불하는 비용을 말한다.

■ **급여** : 영업활동을 위해 고용한 종업원들의 노동의 대가로 임원급여, 급여, 임금 및 제수당을 말한다.

■ **여비교통비** : 업무를 수행할 때 소요되는 여비(먼 지방의 출장에 소요되는 제경비)와 교통비(가까운 거리의 출장에 소요되는 제경비)로 기업회계기준에서는 일반적으로 하나의 계정으로 묶어서 처리한다.

■ **광고선전비** : 신문이나 방송 등 각종 매체를 통한 광고를 할 때 지불하는 비용으로 불특정다수를 상대로 한 비용지출을 말한다.

■ **수도광열비** : 전기료, 수도료, 가스요금 등으로 판매 및 관리부문의 비용과 제조 및 건설부문의 비용으로 나누어 배부하므로 판매원가로 산정할지 제조원가로 산정할지 명확한 판단이 필요하다.

■ **수선비** : 건물, 기계장치, 차량운반구 등을 고치거나 보수하는 데 소요되는 비용을 말한다.

■ **이자** : 차입금에 대한 자금의 사용대가를 지불하는 비용을 말한다.

4.5　결산과 재무제표 작성

4.5.1　결산의 의미와 절차

　기업은 반영구적으로 사업을 운영한다는 전제하에 경영을 하기 때문에 어느 시점에서 기업의 재무상태나 경영성적을 나타내어, 이해관계자에게 보고하도록 해야 한다. 시점이 불분명하면 상당한 혼란을 초래할 수 있으므로, 법으로 결산보고서를 작성하는 시점을 미리 정하도록 하고 있다. 따라서 기업은 인위적으로 기간을 정해서(회계기간), 회계기간 말에 각종 장부를 마감하여 자산, 부채, 자본의 상태를 정리(재무제표의 작성)하는데 이것을 '결산'이라 한다. 회계연도의 마지막 날을 결산일이라 한다.

　결산을 진행하는 순서를 결산절차라 하며, 결산 예비절차, 결산 본절차, 결산보고서 작성 등의 세 단계로 구분된다.

1) 결산 예비절차

■ **시산표(trial balance)의 작성**: 각 계정과목의 분개장에 기입된 모든 거래의 분개가 총계정원장에 정확하게 전기되었는가를 조사하기 위하여 작성하는 표이다. 시산표는 작성시기에 따라 일계표, 월계표, 수정후시산표, 이월시산표 등으로 분류하며, 형식에 따라 합계시산표, 잔액시산표, 합계잔액시산표 등으로 구분한다.

- **합계시산표**: 총계정원장[2]의 각 계정 차변 합계액은 시산표 차변에 기입하고, 대변 합계액은 시산표 대변에 기입하여 작성한 표이다.

---

2) 거래를 계정과목별로 기입하는 장부를 말함. 원장(ledger)이라고도 함.

합계시산표

가나무역   20××년 9월 30일

차변	원면	계정과목	대변
32,000,000	1	현금 및 현금등가물	15,000,000
5,000,000	2	외상매출금	18,000,000
8,000,000	3	비품	
5,000,000	4	상 품	25,000,000
6,000,000	5	외상매입금	14,000,000
	6	자본금	20,000,000
10,000,000	7	광고료	
7,000,000	8	임차료	
20,000,000	9	급여	
5,000,000	10	이자비용	
1,000,000	11	통신비	
	12	상품매출이익	7,000,000
99,000,000			99,000,000

[합계시산표]

- **잔액시산표**: 총계정원장을 구성하는 각 계정과목이 잔액만을 모아서 작성한 표이다. 잔액
  시산표의 차변에는 자산의 잔액과 비용발생액을, 대변에는 부채, 자본의 잔액 및 수익발생
  액을 기록한다. 이를 시산표 등식으로 나타내면 다음과 같다.

$$자산 + 비용 = 부채 + 자본 + 수익$$

잔액시산표

가나무역   20××년 9월 30일

차변	원면	계정과목	대변
17,000,000	1	현금 및 현금등가물	
	2	외상매출금	13,000,000
8,000,000	3	비품	
	4	상품	20,000,000
	5	외상매입금	8,000,000
	6	자본금	20,000,000
	7	광고료	
10,000,000	8	임차료	
7,000,000	9	급여	
20,000,000	10	이자비용	
5,000,000	11	통신비	
1,000,000	12	상품매출이익	7,000,000
68,000,000			68,000,000

[잔액시산표]

합계잔액시산표

가나무역　　　　　　　　　　　　　　　　　　　　　　　　　　　　　　20××년 9월 30일

차변		원면	계정과목	대변	
잔액	합계			합계	잔액
17,000,000	32,000,000	1	현금 및 현금등가물	15,000,000	
8,000,000	5,000,000	2	외상매출금	18,000,000	13,000,000
	8,000,000	3	비품		
	5,000,000	4	상품	25,000,000	20,000,000
	6,000,000	5	외상매입금	14,000,000	8,000,000
		6	자본금	20,000,000	20,000,000
10,000,000	10,000,000	7	광고료		
7,000,000	7,000,000	8	임차료		
20,000,000	20,000,000	9	급여		
5,000,000	5,000,000	10	이자비용		
1,000,000	1,000,000	11	통신비		
		12	상품매출이익	7,000,000	7,000,000
68,000,000	99,000,000			99,000,000	68,000,000

[합계잔액시산표]

● **결산정리** : 회계발생주의에 근거하여 회계처리를 하기 때문에 현금의 수입과 지출을 근거로 기중에 발생한 회계처리는 기말에 수정을 해야 한다. 예를 들어 2008년 10월 1일 1년치의 임차료를 한꺼번에 1,200,000원을 지불했다고 가정하자. 10월, 11월, 12월 3개월분의 임차료 300,000원은 2008년도분의 비용이지만, 나머지 90만원은 2009년도 분의 비용이므로 2009년 도의 비용으로 처리되어야 한다. 만약 이러한 요소들에 대한 수정분개를 기말에 하지 않는 다면, 그 기업의 재무상태와 경영성과를 정확히 파악할 수 없다. 이와 같이 기말에 관련항 목들을 수정하는 것을 '결산정리'라 한다.

● **정산표(Work Sheet : W/S)의 작성** : 잔액시산표를 통하여 대차대조표와 손익계산서를 작 성하기 위한 예비작업으로, 수정분개를 분개장에서 하고 그것을 각 계정원장에 전기(posting) 하는 절차를 정산표상에서 결산절차를 예비적으로 수행하여 정리한 작업표이다.

가나무역   20××년 9월 30일

계정 과목	잔액시산표		손익계산서		대차대조표	
	차변	대변	차변	대변	차변	대변
현금 및 현금등가물	17,000,000				17,000,000	
외상매출금		13,000,000				
비품	8,000,000				8,000,000	
상품		20,000,000				
외상매입금		8,000,000				13,000,000
자본금		20,000,000				
광고료	10,000,000		10,000,000			20,000,000
임차료	7,000,000		7,000,000			8,000,000
급여	20,000,000		20,000,000			20,000,000
이자비용	5,000,000		5,000,000			
통신비	1,000,000		1,000,000			
상품매출이익		7,000,000		7,000,000		
당기순이익(손실)				(36,000,000)	36,000,000	
	68,000,000	68,000,000	43,000,000	43,000,000	61,000,000	61,000,000

[정산표]

2) 결산 본절차

■ **손익계산서계정의 마감** : 비용과 수익 계정은 회계연도가 끝나면 잔액을 0원으로 만들어서 다음 회계연도에 0원에서 출발하도록 해야 한다. 한 계정에서 다른 계정으로 금액 변동없이 옮기는 대체분개를 통하여 총계정원장에 (집합)손익계정을 새로 만든다.

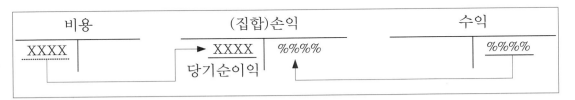

[손익계산서계정의 마감절차]

예를 들어 수익(30,000)−비용(20,000)>0이면 당기순이익(10,000)이 발생하여 (집합)손익계정의 차변에 기록하며, 반대로 수익(20,000)−비용(30,000)<0이면 단기순손실(−10,000)이 발생하여 (집합)손익계정의 대변에 기록한다.

	자본	
	당기순이익 10,000	

처럼 (집합)손익계정을 자본계정에 대체한다.

■ **대차대조표계정의 마감**: 대차대조표계정은 비용계정이나 수익계정과는 달리 회계기간이 끝나더라도 잔액이 0원이 되지는 않는다. 각 계정에 남은 잔액은 다음 회기의 회계계정으로 이월시켜야 한다. 이를 차기이월이라 한다. 또한 회기가 시작될 때 지난 회기에서 이월되어 온 것은 전기이월이라 한다. 자산의 전기이월은 자산의 증가이므로 차변에, 차기이월은 자산의 감소이므로 대변에 기입한다. 부채와 자본은 이와 반대로 차기이월은 차변에, 전기이월은 대변에 기입한다. 아래 표는 각각 자산, 부채, 자본에 대한 마감을 나타낸다.

자산의 증가	xxxx	자산의 감소	xxxx
		차기이월	<u>xxxx</u>
	<u>xxxx</u>		<u>xxxx</u>
전기이월	xxxx		

[자산계정의 마감]

부채의 감소	xxxx	부채의 증가	xxxx
차기이월	xxxx		
	<u>xxxx</u>	전기이월	<u>xxxx</u>
			xxxx

[부채계정의 마감]

자본의 감소	xxxx	자본의 증가	xxxx
차기이월	xxxx		
	<u>xxxx</u>		<u>xxxx</u>
		전기이월	xxxx

[자본계정의 마감]

■ 결산보고서의 작성

결산 예비절차가 끝난 시점에서 각 장부를 결산하여 당해 회계연도의 기업 재정상태와 경영 성적을 이해당사자에게 보고하기 위한 재무제표의 작성을 위한 절차를 말한다.

- 손익계산서의 작성: 수익과 비용발생 내역에 대한 세부적인 내용을 보여주는 경영실적보 고서로서, 기업의 활동결과를 상세히 보여준다. 즉, 매출액에서 매출원가를 차감하여 매출 총이익을, 매출총이익에서 판관비를 차감하여 영업이익을, 영업이익에 영업외수익을 더(+) 하고 영업외비용을 제(−)하여 경상이익을 표시한다. 경상이익에서 특별손익을 더하거나 빼 서 법인세비용차감 전 순이익을 구하며, 법인세를 감안하여 당기순이익을 구한다. 이와 같 이 기업 활동을 생산부문이나 영업부문, 재무부문 등으로 구분하여 각각의 수익력을 보여 주는 형태로 손익계산서는 작성(83쪽 [손익계산서 예] 참조)된다.

- 대차대조표의 작성: 일정시점에서 기업의 자산과 부채 및 자본상태를 표시하는 재정 상태 를 알려주는 보고서이다. 대차대조표의 구성은 유동자산(I)과 고정자산(II)을 합하여 자산 (I+II)으로 표기한다. 유동자산(I = (1)+(2))은 당좌자산((1))과 재고자산((2))을 합한 것으로 표시하며, 고정자산은 투자자산(1)과 유형자산(2) 및 무형자산(3)을 합하여 표시한다.
  또한 자산은 부채와 자본을 더하여 구성하며, 자산은 유동자산[3]과 고정자산[4]으로 구분한 다. 그리고 부채는 유동부채[5]와 고정부채[6]로 구분한다.
  자본은 자본금[7], 자본잉여금[8], 이익잉여금[9], 자본조정[10]으로 구분한다.

- 이익잉여금처분(결손금처분)계산서의 작성: 이익잉여금의 처분사항을 표시한 보고서로서, 차기이월이익잉여금의 총변동사항을 표시한다. 처분전이익잉여금은 처분하기 전의 이익잉 여금을 확정시킨다. 내용을 보면 전기이월이익잉여금, 회계변경으로 인한 누적효과, 전기오 류사항을 수정한 전기오류수정이익, 중간배당액, 당기순(손)익 등을 더하거나 빼서 계산한

---

3) 결산일로부터 1년 이내에 현금화될 수 있는 자산으로서 당좌자산과 재고자산 등.
4) 결산일로부터 1년 이내에 현금화될 수 있는 자산으로서 투자자산, 유형자산, 무형자산 등.
5) 결산일로부터 1년 이내에 갚아야 할 부채.
6) 결산일로부터 1년 이후에 갚아할 부채.
7) 소유자나 주주들이 기업에 투자한 원금과 자본잉여금.
8) 자본거래에서 발생한 잉여금−주식발행초과금, 감자차익, 기타자본잉여금 등.
9) 경영활동을 통해 벌어들인 수익금 중 배당을 하지 않고 사내에 쌓아 둔 잉여금− 이익준비금, 기업합리화자금, 재무구조개선적립금, 차기이월이익잉여금 등.
10) 일시적 자본으로 자본거래를 통해 발생한 손익이나 최종결과가 확정되지 않아 별도로 관리해야 하는 자본− 주식발행차금, 배당건설이자, 자기주식, 투자유가증권평가(손)익 등.

다. 임의적립금은 전기까지 회사가 임의로 적립한 잉여금으로 당기에 이를 이입하여 자유로 이 처분할 수 있다. 이익잉여금은 여러 가지 유형으로 처분이 가능하며 그 내용은 다음과 같다. 이익준비금[11], 기업합리화적립금[12], 배당금[13], 기타법정적립금[14] 등이 있다.

결손금처분계산서는 비용이 수익을 초과한 경우 결손금처분 사항을 표시한 보고서이다. 처분 전결손금은 전기이월이익잉여금(또는 전기이월결손금), 회계처리기준 변경으로 인한 누적효 과, 전기오류수정이익(또는 손실), 중간배당액, 당기순손실 등으로 구분한다. 결손금의 처리순 서는 임의적립금 이입액, 기타법정적립금 이입액, 이익준비금 이입액, 자본준비금 이입액 등 의 순서로 처리한다. 처분전결손금에서 결손금처분액을 뺀 금액이 차기이월결손금이 된다.

- **현금흐름표의 작성** : 현금흐름표는 현금자산의 변동상황을 유입과 유출로 구분하여, 일정기 간 동안 현금자산의 변동에 대하여 용도별로 세분하여 표시한다. 현금흐름표는 손익계산서 와 함께 향후 기업의 영업활동 수행능력을 판단을 할 수 있게 도와주는 재무보고서로서 기업의 영업, 투자, 재무 활동에 대한 자금흐름에 대한 전반적인 정보를 제공해준다. 즉, 매출 등 수익활동능력, 차입금상환능력, 배당금지급능력 등 기업의 재무건전성을 판단하는 정보를 제공한다. 현금흐름은 영업활동, 투자활동 및 재무활동으로 인해 발생하는데 각각 을 살펴보면 다음과 같다.

- **영업활동으로 인한 현금흐름(영업현금흐름)**
  영업활동으로 인한 현금흐름은 기업의 일상적인 활동, 즉 제품생산, 상품 및 용역의 구매 나 판매 활동 등을 통하여 현금이 유입되거나 유출되는 경우를 말한다. 예를 들면 현금의 유입은 당기순이익, 이자수익, 배당수익, 기타 투자활동이나 재무활동에 속하지 않는 거래 를 통한 현금유입 등을 들 수 있다. 반면에 영업활동에 의한 현금유출은 원재료, 상품 등 의 매입에 따른 현금유출, 기타 상품과 용역 공급자 및 종업원에 대한 현금지출, 이자비용, 미지급법인세의 지급 등을 들 수 있다.

- **투자활동으로 인한 현금흐름(투자현금흐름)**
  투자활동으로 인한 현금흐름은 회사의 설비투자나 현금 대여와 회수 활동, 유가증권이나

---

11) 상법상 배당금의 10%를 의무적으로 적립해야 하는 법정적립금으로 자본금의 50%까지는 의무적으로 적립해 야 함.
12) 세법에 의해 회사가 공제, 감면받는 세액만큼 사내에 적립하는 금액—자본 전입이나 결손보전 목적으로 사용 가능.
13) 주주들에게 납입한 자분에 대한 대가로 지급하는 사외유출 항목.
14) 법률에 규정한 사내 적립금.

무형자산 등의 취득과 처분에 관련된 활동을 말한다. 투자활동으로 인한 현금의 유입은 대여금의 회수, 단기금융상품, 유·무형자산의 처분, 설비자산의 매각 등을 들 수 있다. 반면에 투자활동으로 인한 현금의 유출은 현금의 대여, 단기금융상품, 무형자산의 취득, 기계나 시설투자로 인한 현금유출 등을 들 수 있다.

- 재무활동으로 인한 현금흐름(재무현금흐름)

  재무활동으로 인한 현금흐름은 현금의 차입 및 상환활동, 신주발행이나 배당금 지급활동 등과 같이 부채 및 자본계정에 영향을 미치는 거래를 말한다. 재무활동으로 인한 현금의 유입은 장·단기차입금 차입, 어음 및 사채발행, 주식발행, 자기주식매각 등이 있다. 반면에 재무활동으로 인한 현금의 유출은 장·단기차입금 상환, 사채상환, 배당금지급, 자산취득에 따른 부채상환 등을 들 수 있다.

4.5.2 대차대조표의 작성기준

대차대조표는 기업의 일정시점(통상은 결산일)에서의 재무상태를 표시한 회계보고서이다. 이러한 기업의 재무상태를 명확히 보고하기 위해 대차대조표일 현재의 모든 자산, 부채 및 자본을 적정하게 표시하여야 한다. 대차대조표는 차변에 자산을, 대변에 자본 및 부채를 기재하며, 자산은 기업자금의 구체적인 운용형태를 나타내고 부채 및 자본은 원천형태를 나타내고 있다. 각각을 구분하는 방법은 아래와 같다.

- 대차대조표는 자산, 부채 및 자본으로 구분
- 자산은 유동자산과 고정자산으로 구분
- 부채는 유동부채와 고정부채로 구분
- 자본은 자본금, 자본잉여금, 이익잉여금 및 자본 조정으로 구분

대차대조표 작성기준은 아래와 같다.

■ 총액 표시

자산, 부채 및 자본은 총액에 의하여 기재함을 원칙으로 하고, 자산항목과 부채 또는 자본항목을 상계함으로써 그 전부 또는 일부를 대차대조표에서 제외하여서는 아니 된다.

■ 1년 기준

자산과 부채는 1년을 기준으로 하여 유동자산과 고정자산, 유동부채와 고정부채로 구분하는 것을 원칙으로 한다.

■ 유동성 배열

대차대조표에 기재하는 자산과 부채 항목의 배열에 있어 유동성이 빠른 것부터 순차적으로 배열하는 것으로, 자산은 환금성이 빠른 순서로 기록하고, 부채는 지급기일이 빠른 순서로 기록한다는 원칙으로 한다.

■ 잉여분구분

자본 거래에서 발생한 자본잉여금과 손익 거래에서 발생한 이익잉여금은 혼동하여 표시해서는 아니 된다.

■ 가계정의 정리

가지급금[15] 또는 가수금[16] 등의 가계정 항목은 그 내용을 나타내는 적절한 과목으로 표시하고, 각각 해당 과목으로 대체한다.

4.5.3 대차대조표의 한계

■ 대차대조표상의 자산에 나타나는 장부가치는 그 자산을 취득할 때의 역사적 취득원가를 나타내고 있으며, 시간이 지날수록 가치가 하락하는 자산의 경우에는 감가상각충당금을 차감한 금액일 뿐, 그 자산의 현재시점에 있어서 경제적 가치 또는 대체원가를 나타내지 않을 수 있다.

■ 회계정보는 객관적인 화폐가치로 측정될 수 있는 것만 보고하기 때문에 객관적 화폐측정치로 나타내기가 어려운 정보는 재무제표상에서 제외된다. 예를 들면 종업원의 자질 및 사기, 기업의 명성 등이 있다.

---

15) 가지급금 계정 : 현금이 지출되었지만 처리계정과목이 미결정 되었거나, 계정과목은 결정되었지만 금액이 확정되지 않은 경우에 한시적으로 처리하는 가계정.
16) 가수금 계정 : 현금유입이 있었지만 처리계정과목의 미결정 또는 계정과목은 결정 되었지만 금액이 미확정 상태인 경우 한시적으로 처리하는 가계정.

■ 대차대조표는 어느 특정일 기준으로 작성된 것이기 때문에 결산일에 맞추어 분포될 여지가 많으므로 가급적 평균자료를 이용하는 것이 바람직하다.

■ 재무제표를 작성하는 회계처리방법이 다양하게 선정되므로 인해 기업 간 회계정보의 비교 가능성이 저하될 수 있다.

4.5.4 손익계산서의 작성기준

손익계산서는 일정기간 동안 경영성과를 나타내는 동태적 보고서로, 기업의 잠재적 수익성, 미래 현금흐름에 대한 정보를 제공하고, 기업의 이익계획과 배당계획의 수립, 과세소득의 기초자료가 된다. 손익계산서의 작성기준은 아래와 같다.

■ 발생주의 기준
모든 수익과 비용은 그것이 발생한 기간에 정당하게 배분되도록 처리하여야 한다. 다만, 수익은 실현시기를 기준으로 계상하고 미실현 수익은 당기의 손익계산에 산입하지 아니함을 원칙으로 한다.

■ 수익비용대응의 원칙
수익과 비용은 그 발생원천에 따라 명확하게 분류하고 각 수익항목과 이에 관련되는 비용항목을 대응 표시해야 한다.

■ 총액주의 원칙
수익과 비용은 총액에 의하여 기재함을 원칙으로 하고 수익항목과 비용항목을 직접 상계함으로써 그 전부 또는 일부를 손익계산서에서 제외하여서는 안 된다.

■ 구분표시의 원칙
손익계산서는 매출총손익, 영업손익, 경상손익, 법인세비용차감전순손익과 당기순손익으로 구분표시 하여야 한다. 다만, 제조업, 판매업 및 건설업 이외의 기업에 있어서는 매출총손익의 구분표시를 생략할 수 있다.

손익계산서의 각 계정들은 다음과 같은 방법으로 만들어진다.

- **매출액** : 제품 및 상품의 매출액으로 부가가치세는 제외된다.
- **매출원가** : 제품이나 상품의 수불에 의하여 원가가 계산된다.
- **매출총이익** : 매출액에서 매출원가를 제외한 금액이다.
- **판매비와 관리비** : 판매와 관련된 판매비와 일반관리비이다.
- **영업이익** : 매출총이익에서 판매비와 관리비를 제외한 금액이다.
- **영업외수익** : 영업과 관련 없는 수익으로, 수입이자, 잡이익 등이 해당된다.
- **영업외비용** : 영업과 관련 없는 비용으로, 지급이자, 잡손실 등이 해당된다.
- **법인세비용차감전순이익** : 영업이익에 영업외수익을 더하고 영업외비용을 제외한 금액이다.
- **법인세비용** : 부담해야 할 법인세 등의 비용이다. 이연법인세도 감안해야 한다.
- **당기순이익** : 법인세비용차감전순이익에서 법인세비용을 차감한 금액이다.

4.6　K.System ERP 기본정보

　기본정보는 K.System ERP 회계모듈을 운영할 수 있도록 기본 값을 설정하고 정의하는 운영체제로서, 관련 프로세스는 아래와 같이 도식화할 수 있다. 이러한 기본정보 프로세스를 설정하고 정의하는 것은 회계모듈을 운영할 수 있는 토대를 만드는 것이다.

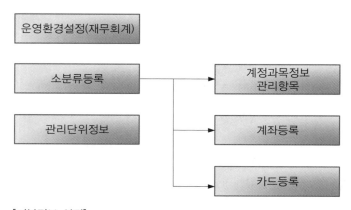

[기본정보 설정]

4.6.1 운영환경관리(재무회계)-초기

화면 위치　마스터 및 운영관리 ▶ 운영환경관리 ▶ 공통 ▶ [운영환경관리(재무회계)-초기]

　　K.System ERP 회계관리모듈을 운영하기 위한 기초환경을 정의하는 화면은 [운영환경관리(재무회계)-초기]와 [운영환경관리(재무회계)-진행]으로 구성된다. [운영환경관리(재무회계)-초기]는 회계모듈 내에서 이루어지는 특정 계정의 회계처리 시, 자동분개 계정을 정의하는 화면이다. 예를 들어 [재무회계]-[자금]-[받을어음]-[받을어음결제입력] 화면에서 '받을어음'을 금융기관에 '할인'을 하는 경우, 받을어음 할인에 대한 전표를 자동분개처리 할 수 있다. 이때 매출채권(받을어음)의 양도가 '매각거래' 조건이라면, '할인'에 대한 회계처리 계정은 '매출채권처분손실'이라는 계정으로 인식이 되어야 한다.

[운영환경관리(재무회계)-초기]

■ 계정구분

　　회계모듈 내에서 자동분개 계정이 이루어지는 구분으로, K.System ERP에서 기본적으로 제공되는 시스템 계정에 해당한다.

■ 적요

계정구분이 이루어지는 주요 회계처리 유형에 대한 설명으로, K.System ERP에서 기본적으로 제공된다. '적요'는 text로서 고객사가 직접 수정하여 관리할 수 있다.

■ 계정과목

K.System ERP에서 기본적으로 제공이 된 '계정구분'에 대해서, 실제로 회계모듈 내에서 자동 분개처리가 되는 계정에 대해서는 회사의 회계처리 유형에 따라 직접 정의한다. 매출채권처분손실 계정으로 자동으로 분개처리가 되기 위해서는 '계정구분'에 대한 '계정과목'이 매출채권처분손실 계정으로 연결이 되어야 한다.

■ 건별반제계정/관리항목 설정완료

채권/채무 계정에 대하여 발생한 계정 건별로 회계 계정처리(건별반제)를 하고자 하는 경우, [계정과목정보] 화면에서 채권/채무 계정에 대하여 건별반제에 대한 정의를 선행해야 한다. 채권/채무 계정에 대해서 건별반제 항목에 대한 설정을 모두 한 다음에, 동 화면에서 건별반제계정/관리항목 설정완료에 반드시 체크를 한다.

■ 가수금 거래처

영업팀에서 매출이 발생하고, 매출에 대한 입금이 영업담당자가 아닌 회계팀의 보통예금으로 입금이 되는 경우, 회계팀이 해당 입금에 대한 거래처를 확인할 수 없다면, 가수금 계정으로 회계처리를 한 이때, 회계팀은 [입금통보입력] 화면을 통해 가수금 회계처리를 자동으로 수행하며, 가수금 계정에 대한 관리항목인 '거래처'를 정의하고, 가수금 거래처를 기본적으로 표시하게 된다. 영업팀은 [세금계산서발행현황] 화면에서 '입금통보조회'를 통해, 매출 건과 입금통보 건을 서로 확인하여 실제적인 입금회계처리를 한다.

🔊 **알아두세요**　　매출채권처분손실

- 매출채권의 양도에는 제3자(금융기관)에게 채권에 대한 권리마저 양도하는 '매각거래'와 매출채권을 제3자에게 담보로 제공하고, 채권에 대한 권리는 계속 유지 하는 '차입거래' 형태로 구분된다. 매출채권의 양도가 '매각거래'인 경우, 매출채권 할인에 따른 회계처리 계정은 매출채권을 처분한 것으로 보아, '매출채권처분손실' 계정으로 인식해야 하며, '차입거래'인 경우에는 매출채권을 담보로 제공하고 차입을 한 형태이므로, '이자비용' 계정으로 회계처리를 해야 한다.

4.6.2   운영환경관리(재무회계)-진행

화면 위치   재무회계 ▶ 기본정보 ▶ [운영환경관리(재무회계)-진행]

[운영환경관리(재무회계)-진행]은 회계모듈을 운영하기 위해 여러 가지 옵션 값을 정의하는 화면으로서, '전표 관련', '진행상통제', '예산 관련', '상각 관련', 'SuperUser'로 구성된다.

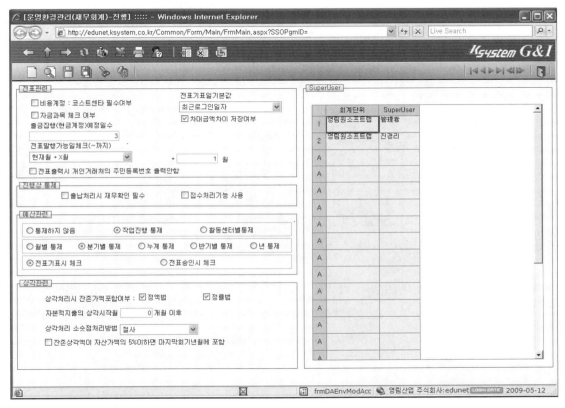

[운영환경관리(재무회계)-진행]

[전표 관련]

■ 비용계정

관리회계모듈을 사용하는 회사는 '비용계정'에 체크를 해야 한다. '비용계정'에 체크를 하게 되면, [분개전표입력] 화면에서 원가계정을 입력하면, 활동센터가 필수항목(빨간색)으로 표시된다. 관리회계모듈을 도입하지 않는 회사는 체크를 하지 않는다.

▣ 자금과목 체크 여부

[현금흐름표]를 '직접법'에 의한 방법으로 작성하고자 하는 경우 '자금과목 체크 여부' 항목을 체크한다. 자금과목에 체크를 하면 '계정과목별 자금과목 연결'이 설정되어 있는 계정을 [분개전표입력] 화면에서 입력 시 '자금과목'이 필수항목(빨간색)으로 표시가 된다. [현금흐름표]를 '간접법'으로 작성하는 회사는 체크를 하지 않는다.

▣ 차대금액차이 저장 여부

- 체크 : [분개전표입력] 화면에서 차변계정금액과 대변계정금액이 같지 않아도 저장이 된다.
- 미체크 : [분개전표입력] 화면에서 차변계정금액과 대변계정금액이 같지 않으면 저장이 되지 않는다.

계정구분에 대한 '계정과목'이 매출채권처분손실 계정으로 연결이 되어야 한다.

[진행상 통제]

▣ 출납처리 시 재무확인 필수

- 체크 : [출납입력] 화면에서 출납계정으로 자동전표 발행 시, 출납집행 전에 '재무확인'이라는 확정작업을 거친 후 전표를 발행하고자 한다면 체크를 한다.
- 미체크 : 확정작업 없이 출납전표를 자동으로 발행하고자 한다면 체크를 하지 않는다.

▣ 접수처리기능 사용

- 체크 : 현업부서에서 전표를 입력하고 출력하여 부서장 결재를 받은 다음, 회계팀에 제출을 하면, 회계팀에서는 승인을 매 회계전표건별로 승인을 해야 하나, 현실적으로 그렇지 못하는 경우도 발생할 수 있다. 이런 경우 전표접수처리 기능을 사용하여, 접수된 전표는 수정/삭제할 수 없도록 하고, [전표승인처리]에서 접수된 전표를 대상으로 일괄로 회계승인처리를 할 수 있다.
- 미체크 : 순차적인 접수처리 기능을 사용하지 않는다는 것을 의미하게 된다.

[예산 관련]

▣ 작업진행 통제

경비성 계정에 대해서 예산을 통제하고자 하는 경우 체크를 한다.

▣ 활동센터별 통제

관리회계모듈을 사용하는 회사의 경우, 부서별 예산이 아닌, 활동센터별로 예산을 통제하고자 하는 경우 체크를 한다. 관리회계모듈을 사용하지 않는 회사는 관련이 없다.

예산관리를 위해 예산통제를 하고자 의사결정을 하였다면, 예산통제에 대한 금액 및 시점(방법)을 정의해야 한다. 예산금액통제에 대한 방법으로는 '월별통제', '분기별통제', '누계통제', '반기별통제', '연통제'가 있다. 예산통제 시점은 전표를 입력하는 순간 부서(활동센터)에 할당된 예산을 초과하면, 바로 예산초과에 대한 통제를 하는 '전표기표시체크'가 있으며, 전표기표는 허용하며, 승인 시점에 통제를 하는 '전표승인시체크'로 구성된다.

[상각 관련]

고정자산에 업무처리를 위해 설정하는 옵션에 해당된다.

■ 상각처리시 잔존가액 포함 여부

감가상각 대상 금액을 산출하기 위한 공식에서, 잔존가액을 포함해서 계산할 것인지 잔존가액을 포함하지 않고 계산할 것인지에 대해서 정의를 한다.

예) 감가상각 대상 금액 산출
- 정액법 : (취득원가－잔존액)/내용연수
- 정률법 : 기초장부금액(취득원가－기초감가상각누계액) × 상각률

■ 자본적지출의 상각시작월 (　　)개월 이후

자본적지출이 일어난 경우 자본적지출을 포함한 상각처리를 언제부터 적용할 것인지를 회사회계 시스템적으로 정의할 수 있다. '0'을 입력하면, 자본적지출이 일어난 연월부터 자본적지출에 대한 상각처리가 되며, 특정 숫자를 입력하면, 자본적지출 월부터 특정 숫자를 입력한 월 이후부터 자본적지출에 대한 금액이 반영된 상각액이 계상된다.

일반적으로 자본적지출이 일어난 연월부터 자본적지출에 대한 상각처리 금액이 계상되어야한다. 따라서 '0'으로 입력하는 것이 바람직하며, K.System ERP 재무회계모듈도 기본적으로 '0'으로 설정되어 있다.

[SuperUser]

회계전표에 대한 수정/삭제는 원칙적으로 회계전표를 발의한 입력담당자가 직접 수정해야 하며, 삭제를 하는 것이 바람직하다. 다만, 현실적으로 회계전표 발의자에게 회계전표를 다시 수정/삭제를 요구하는 것이 어려운 경우가 발생하기도 한다.

SuperUser란에 입력된 회계팀원은 타부서의 전표를 수정/삭제할 수 있는 권한이 부여 되며, 직접 타부서의 전표를 수정/삭제할 수 있게 된다.

4.6.3 계정과목정보

화면 위치　재무회계 ▶ 기본정보 ▶ [계정과목정보]

　[계정과목정보]는 K.System ERP 회계모듈의 계정과 관련한 모든 프로그램에 직/간접적으로 영향을 주는 가장 기본적이며 중요한 화면이다. 일반적인 계정과목과 그에 따른 관리항목은 '기업회계기준'에 의한 유동성 배열법에 따라 기본적으로 등록이 되어 있다. 그리고 계정에 대한 시스템적 속성 역시 기본적으로 정의가 되어 있어, 회계담당자는 이미 설정되어 있는 계정과목을 확인하면 된다. 회사의 특성에 따라 추가/변경/삭제를 통해서 계정과목과 관리항목을 회사의 상황에 맞도록 새롭게 정의할 수 있다.

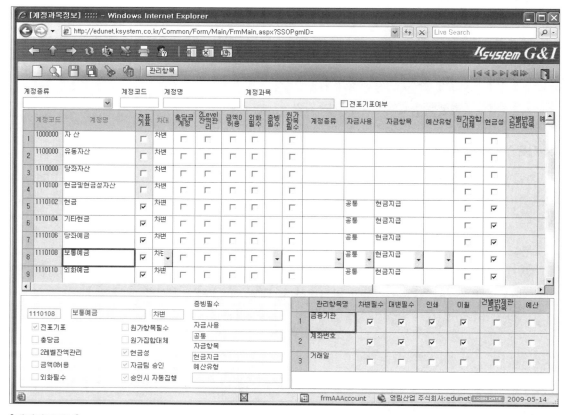

[계정과목정보]

■ 계정코드

　계정코드는 계정분류 체계를 구성하기 위해서 구분한 시스템 코드로서 7자리로 구성이 되며,

대차계정과 손익계정으로 다음과 같이 이루어져 있다.

- 대차계정: 관(1자리) + 항(1자리) + 목(1자리) + 절(2자리) + 세(2자리)

  관: 1000000 자산, 2 부채, 3 자본

  항: 1100000 유동자산

  목: 1110000 당좌자산

  절: 1110100 현금 및 현금성 자산

  세: 1110102 현금

관-항-목-절까지의 구분은 합계잔액시산표에 집계하기 위한 계정분류에 따른 집계계정에 해당하며, 실제 전표기표 계정은 '세'의 2자리 구분에 따라 기표계정이 결정된다.

- 손익계정: 항(2자리) + 목(1자리) + 절(2자리) + 세(2자리)

  항: 41~매출액 계정 4100000

  목: 4110000 매출액

  절: 4110100 제품매출

  세: 4110102 제품매출

  45~ 매출원가계정

  55~ 판관비계정

  61~ 영업외수익계정

  65~ 영업외비용계정

  85~ 법인세계정

항-목-절까지의 구분은 합계잔액시산표에 집계하기 위한 계정분류에 따른 집계계정에 해당하며, 실제 전표기표 계정은 '세'의 2자리 구분에 따라 기표계정이 결정된다.

계정과목을 추가하고자 하는 경우, 대차계정이든 손익계정이든 7자리 구분코드 체계를 유지하여 계정코드를 직접 입력하면 된다.

■ 계정명

기본적으로 제공된 계정명을 확인하여, 회사 상황에 맞도록 직접 수정/입력할 수 있다.

■ 전표기표

'절' 계정까지는 집계계정으로, 회색으로 반전되어 있어 체크 대상이 아니며, '세' 계정은 '전표기표'에 기본적으로 체크되어 표시된다. 새로운 계정을 추가하는 경우 계정코드, 계정명을 입력 한 다음, 전표기표에 체크 표시를 해야만 계정 관련 코드도움 화면에서 등록한 계정을 찾아서, 회계처리를 할 수 있게 된다. 더 이상 해당 계정을 사용하지 않으며, 계정 관련 코드도움에서도 이미 등록되어 있는 계정을 찾지 않고자 한다면, 체크를 풀면 해당 '세' 계정은 더 이상 검색이 되지 않는다.

■ 차대

계정의 발생유형(성질)에 따라 기본적으로 차변, 대변으로 정의가 되어 표시가 된다. 새로운 계정을 추가하는 경우 계정코드, 계정명을 입력하고 전표기표에 체크를 한 다음, 추가하는 계정의 유형에 따라 '차대'의 콤보박스에서 차변과 대변을 선택하여 결정해야 한다. 예를 들어 만기보유증권 계정을 추가한다면 계정코드, 계정명, 전표기표에 대한 내용을 입력하고 난 다음 '차대'의 콤보박스에서 '차변'을 선택해야 한다. 만기보유증권은 자산계정에 해당하므로, 자산계정의 최초 발생유형은 '차변'이므로 '차변'으로 정의를 해야 한다.

■ 충당금계정

차감적 평가 계정 등은 재무제표 상에 본 계정의 (−)형태로 표기할 수 있도록 회계처리를 할 수 있다. 차감적 평가 계정의 예로는 외상매출금계정에 대한 외상매출금 충당금계정인 충당금계정, 감가상각누계액 관련 계정 등이 있다. 기본적으로 충당금계정에 대하여 정의가 되어 있으며, 해당 내용을 확인하면 된다.

■ 2레벨 잔액관리

계정에 대한 관리항목별 잔액관리는 최대 6가지 형태를 설정하여 관리할 수 있으며, 6가지 관리항목은 시스템에서 기본적으로 제공하는 관리항목과 User 회사 특성에 따라 직접 설정하여 사용할 수 있다. 관리항목이 레벨의 형태, 즉 계층구조를 이루는 관리항목이라면, 관련 장부(조회) 화면에서 레벨별 관리항목 잔액을 한번에 확인할 수 있다.

예를 들어 '가지급금' 계정의 관리항목으로 '가지급구분'과 '개인'으로 정의되어 있고

가지급구분 : 업무가불, 개인가불
개인 : 홍길동, 김길동

으로 설정되어 있다면, 2레벨 잔액관리를 하지 않는 경우에는 관련 조회 화면에서 다음과 같이 나타난다.

```
홍길동 – 2,010,000   개인가불 – 34,010,000
김길동 – 34,900,000  업무가불 – 2,900,000
```

2레벨 잔액관리를 하는 경우에는 관련 조회 화면에서 다음과 같이 나타난다.

```
홍길동 – 개인가불 – 10,000
홍길동 – 업무가불 – 2,000,000
김길동 – 개인가불 – 34,000,000
김길동 – 업무가불 – 900,000
```

 알아두세요　　2레벨 잔액관리

● 2레벨 잔액관리를 모든 계정에 다 설정하는 것은 무의미하며, 관리항목이 서로 관련이 있는 계층구조를 이룰 수 있는 계정에 한해서 설정하는 것이 바람직하다. 예를 들어 보통예금에 대한 관리항목으로 '금융기관'과 '계좌번호'를 설정하였다면, '보통예금'계정은 2레벨 잔액관리를 하게 되면, 계정별, 금융기관별, 계좌번호별로 잔액을 한번에 확인할 수 있다.

■ 금액 0 허용

K.System ERP 부가세신고의 집계방법(원천)은 전표화면(일반분개전표, 매출전표, 매입전표 등)에서 발생되는 '부가세계정'과 연결되어 있는 '증빙'의 구분에 의해 자동으로 집계가 된다. 즉, 매입, 매출 분개 시 '부가세계정'이 반드시 존재해야 하며, '증빙'을 해당 거래에 대한 올바른 증빙으로 선택해야 한다. 예를 들어 영세 매출과 관련해서 실무적 분개에서는 부가세계정이 나타날 필요는 없으나, K.System ERP으로 부가세신고서를 자동집계 하여, '부가세신고서'상 세금계산서(영세율) 교부분 난에 자동집계 하기 위해서는 다음과 같이 분개처리가 되어야 한다.

```
외상매출금xxx
                제품매출xxx
                부가세예수금0       –증빙 : 세금계산서(영세율)
```

이와 같이 부가세예수금 계정이 발생해야 하며, 그 금액은 '0'으로 존재해야 하기 때문에, '금액 0 허용'이라는 설정이 필요하게 된다. '금액 0 허용'은 부가세대급금, 부가세예수금 등 부가세 계정에 대해서만 체크가 기본적으로 되어 있으며, 다른 계정은 사용하지 않는 것이 바람직하다.

■ 외화필수

KRW(원화)가 아닌 통화별 외화금액관리를 해야 하는 외화계정에 대해서 외화필수 여부가 기본적으로 체크되어 있다. 외화계정을 전표입력 화면에서 선택하는 순간 '화폐코드', '환율', '외화금액'이 필수항목(빨간색)으로 나타나게 된다. 외화계정을 전표입력 화면에서 선택하였으나 관련 항목이 필수항목으로 나타나지 않았다면, [계정과목정보]에서 '외화필수 여부'를 확인해야 한다.

■ 증빙필수

'모두필수', '차변필수', '대변필수'가 있다. '증빙필수'의 3가지 콤보 값 중 하나로 지정된 계정은, 해당 계정을 전표 화면에서 선택하는 순간, '증빙'이 필수항목(빨간색)으로 나타나게 된다. 증빙필수와 직접적 관련이 있는 계정은 '부가세계정'으로 부가세예수금 계정은 '대변필수', 부가세대급금계정은 '차변필수'로 기본적으로 설정되어 있다.

[매출전표], [매입전표] 등 타 시스템 전표, 즉 [영업관리]-[세금계산서]-매출자동전표와 [구매관리]-[구매입고정산처리]-매입자동전표는 자동분개전표처리가 되는 화면에서는 부가세계정에 대해서 '증빙필수'와 함께 해당 증빙도 [타 시스템 회계처리 환경설정] 화면에서 기본설정에 의해 자동으로 가져오게 된다.

■ 원가항목필수

제조원가 구성요소 중 제조경비는 일반적으로 합리적인 배부기준에 따라 제품에 배부가 되어야 하는 금액이다. 그러나 제조경비 중 특정 제품 생산을 위해 발생한 제조경비는 해당 제품에 직접 배부되는 것이 바람직하다. 이러한 경우, 특정 제조경비 계정에 대해서 '원가항목필수'를 체크하면, 전표입력 화면에서 해당 계정을 선택하면, 원가항목이 필수사항(빨간색)으로 나타나며, 해당 원가항목을 선택할 수 있는 상태가 된다.

■ 계정종류

계정에 대한 속성을 의미하며, 이 속성에 따라 회계모듈의 각 하위메뉴 화면들에서 해당 계정 업무 처리를 할 수 있게 된다. 기본적으로는 계정에 대한 '계정종류'가 정의되어 있으며, 계정과목을 신규로 추가하는 경우, '계정종류'의 속성을 확인하여 정의해야 한다. 계정종류의 콤보 값으로는 다음과 같이 존재한다.

자산취득계정, 무형자산계정, 자산상각계정, 어음성계정, 차입, 채권, 주식, 구매카드, 건설중인자산, VAT계정, 수표계정, 환차계정, 국고보조금계정

무형자산인 '산업재산권'에 대해서 K.System ERP 고정자산모듈에서 무형자산상각처리를 자동으로 계상하고자 한다면, '산업재산권'계정에 대한 '계정종류'를 무형자산계정(또는 자산취득계정)으로 설정을 하면, [고정자산]-[자산세부관리] 화면에서 무형자산인 '산업재산권'도 관리할 수 있으며, 이를 토대로 무형자산상각비를 자동으로 계산하여, 자동분개전표처리를 할 수 있게 된다([자산세부관리] 참고).

■ 자금사용/자금항목

자금성 출납계정에 대해서, 자금사용과 자금항목을 기본적으로 정의하여 전표입력 화면에서 해당 계정을 선택하는 경우, '출납예정일', '출납방법', '입출구분'을 필수항목(빨간색)으로 나타낸다([분개전표입력], [출납입력] 화면 참고).

■ 예산유형

예산유형은 '계정과목', '관리항목'으로 나누어지며, 예산편성을 계정과목 단위로 할 것인지, 관리항목 단위로 할 것인지를 정의할 수 있다. 계정과목은 해당 계정과목으로 설정한 금액 전체에 대해서 예산통제를 하게 되는 것을 의미한다.

관리항목은 최대 6개 관리항목 중 코드성 관리항목 하나를 선택하여, 해당 관리항목의 금액으로 예산통제를 하게 되는 것을 의미한다.

예) 소모품비계정과목 통제
    여비교통비관리항목 통제,
    관리항목(여비교통비 세목 : 국외출장비, 해외출장비, 시내교통비)

소모품비계정은 계정과목으로 통제한다면, 소모품비계정 전체 하나로 예산금액이 편성이 되며, 그 편성된 금액을 초과하는 경우 예산통제를 하게 된다. 여비교통비계정은 관리항목으로 통제하면, 관리항목별로 예산금액을 각각 편성할 수 있고 그 관리항목별로 예산통제를 하게 된다.

■ 원가집합대체

제조원가 관련 분개에서는 재공품계정을 이용한 분개가 이루어진다. 제조원가의 구성요소인 재료비, 노무비, 제조경비의 발생 비용을 재공품계정으로 대체하고 재공품계정으로 대체된 금액을 제품으로 대체하게 된다. 따라서 재료비, 노무비, 제조경비의 발생 계정들에 대해서, [재료비집합] 계정, [노무비집합] 계정, [제조경비집합] 계정을 설정하고 해당 계정에 대해서 '원가집합대체'를 체크 한다. [제조원가 대체전표]에서 자동분개전표로 처리가 된다.

4.6.4 소분류등록

소분류등록은 회계모듈의 주요 하위메뉴에서 사용되는 속성 값을 정의해 놓은 코드로서, 소분류등록(계정관리항목), 소분류등록(재무회계관리)으로 나누어진다.

1) 소분류등록(계정관리항목)

화면 위치	재무회계 ▶ 기본정보 ▶ [소분류등록(계정관리항목)]

[계정과목정보]에서 계정과목을 확인 및 추가할 수 있는 것과 같이 '계정관리항목' 역시 K.System ERP에서 기본적으로 제공을 하며, 회사의 상황에 맞도록 소분류등록(계정관리항목)에서 수정/추가할 수가 있다. 소분류등록(계정관리항목) 화면은 다음 그림과 같다.

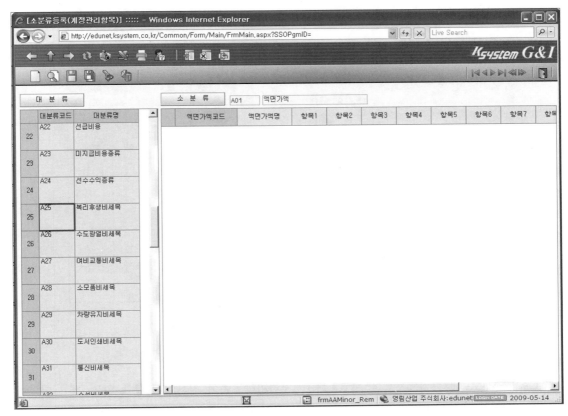

[소분류등록(계정관리항목)]

　　왼쪽 시트에는 K.System ERP에서 기본적으로 제공된 계정관리항목의 명칭에 해당하는 대분류명이 나타나며, 해당 행을 더블클릭하면 오른쪽 시트에 소분류코드 값이 나타난다. 예를 들어 왼쪽 시트에서 '복리후생비세목'을 더블클릭하면, 오른쪽 시트에는 복리후생비 세목명에 대한 실제 코드 값이 나타나게 된다.

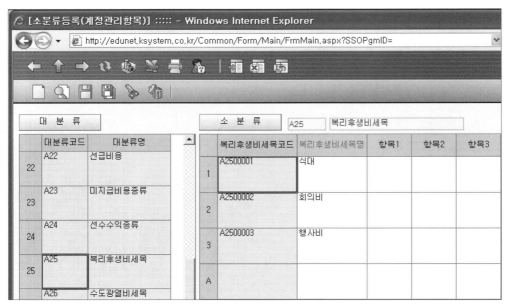

[소분류등록(계정관리항목)]

■ 대분류코드 대분류명

K.System ERP에서 기본적으로 제공된다. 계정관리항목명이 회사의 상황에 맞는 것이 없다면, [대분류등록(계정관리항목)]에서 대분류 명칭을 추가하여 등록한다.

[대분류등록(계정관리항목)]에서 추가한 대분류명이 [소분류등록(계정관리항목)] 화면의 왼쪽 시트의 '대분류명'에 나타나게 된다.

> **⊗ 주의! 입고수량의 수정**
>
> K.System ERP에서 제공되는 [대분류코드]는 'A'로 시작되며, 신규로 추가 등록하게 되면 'B'로 시작하는 3자리로 표기된다. 관리항목명을 신규로 추가하는 경우, [대분류등록(계정관리항목)], [소분류등록(계정관리항목)]에서 먼저 정의가 되어야 [계정과목정보]에서 계정에 대한 관리항목을 연결하여 설정할 수가 있다.

■ 복리후생비세목

복리후생비세목을 더블클릭했다면 오른쪽 시트에 복리후생비세목명에 대해 이미 정의된 실제 코드 값이 나타난다. 이미 등록되어 있는 '식대'를 '식대비용'으로 직접 수정하여 저장할 수 있으며, 식대, 회의비, 행사비 외에 '회식비'를 추가하고자 한다면 4번째 행의 '복리후생비세목명'

란에 '회식비'를 입력하고, 저장을 하면 'A2500004회식비'라는 새로운 복리후생비 세목명이 생성된다. 복리후생비 세목코드는 복리후생비 세목명이 입력/저장되는 시점에 자동으로 채번이 된다. 다른 소분류(계정관리항목)코드 값 확인 및 추가 생성은 위와 같은 방법과 동일하다.

2) 소분류등록(재무회계관리)

화면 위치　재무회계 ▶ 기본정보 ▶ [소분류등록(재무회계관리)]

[소분류등록(재무회계관리)]는 재무회계모듈의 각 하위메뉴에서 사용되는 속성 값, 분류 값 등을 정의하는 화면으로 주로 '콤보박스'와 '코드도움'의 형태로 구성이 된다. [소분류등록(계정관리항목)]과 마찬가지로, 왼쪽 시트에는 K.System ERP에서 기본적으로 제공된 대분류명이 나타나며, 해당 행을 더블클릭하면 오른쪽 시트에 소분류 코드 값이 나타난다.

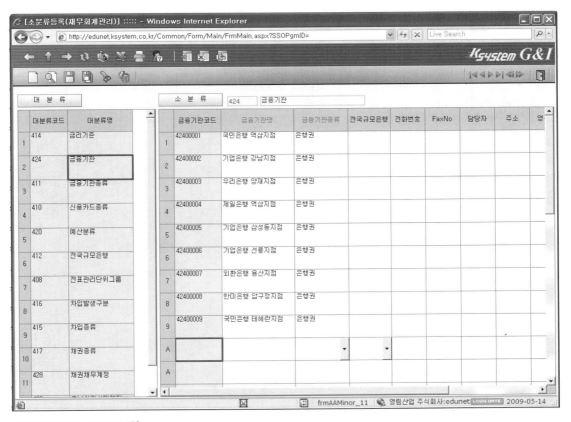

[소분류등록(재무회계관리)]

■ **대분류코드/대분류명**

K.System ERP에서 기본적으로 제공된다.

■ **소분류-금융기관명**

왼쪽 시트에서 금융기관을 더블클릭했다면 오른쪽 시트에는 금융기관명을 입력할 수 있는 상태가 된다. 금융기관은 회사마다 모두 다르기 때문에 기본적으로 제공하지는 않으며 주거래 금융기관을 직접 입력한다. '금융기관명'란에 직접 입력하고 저장을 하면 '금융기관코드'는 '424XXXXX'로 자동채번이 된다.

'금융기관종류'는 입력한 금융기관이 어느 범주에 속하는가를 정의하는 것으로서 정보성에 해당한다. 다른 소분류(재무회계관리) 코드 값 확인 및 추가 생성은 위와 같은 방법과 동일하다.

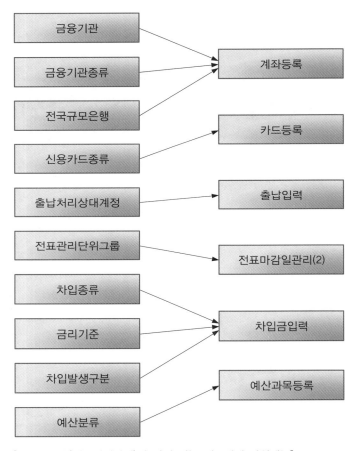

[소분류등록(재무회계관리)과 관련 있는 재무회계 하위메뉴]

4.6.5 계정과목정보–관리항목

| 화면 위치 | 재무회계 ▶ 기본정보 ▶ [계정과목정보] |

계정에 대한 잔액관리와는 별개로 계정에 대한 관리항목별 잔액관리가 필요하다. 관리항목은 계정에 대한 주요 관리 대상으로서 예를 들어 보통예금 계정은 금융기관, 계좌번호별로 잔액관리가 이루어져야 한다. 금융기관, 계좌번호 같은 항목이 관리항목에 해당하며, K.System ERP 회계관리모듈에서는 [계정과목정보]에서 계정에 대한 주요 관리항목을 기본적으로 제공하고 있다. 실무담당자는 계정에 대한 해당 관리항목을 회사의 상황에 맞는지 확인하여 추가/변경/삭제에 대한 관리를 할 수 있다.

[계정과목정보] 화면을 열어 조회를 하면 다음 그림과 같이 나타난다.

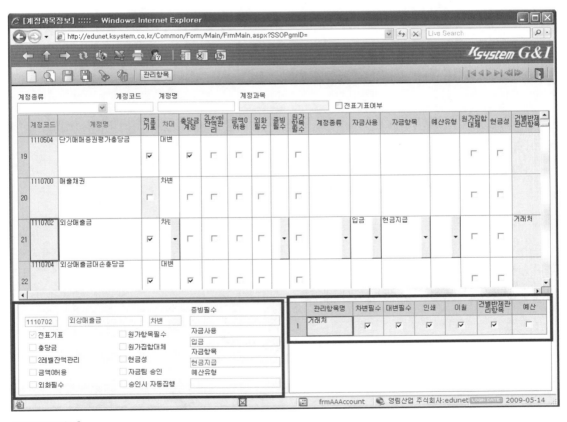

[계정과목정보]

관리항목을 확인하고자 하는 해당 계정을 더블클릭하면, 하단 시트에 더블클릭한 계정의 상태가 표시된다. 현재 외상매출금 계정을 더블클릭한 상태를 나타내고 있다. '외상매출금' 계정의 경우 현재 '관리항목'으로 거래처가 설정되어 있음을 확인할 수 있다.

■ 관리항목명

소분류등록(계정관리항목)을 통해 K.System ERP에서 기본적으로 제공하는 소분류 코드 값이 설정되어 있다. 새로운 관리항목을 설정할 수도 있다.

■ 차변필수

전표처리 시 계정이 차변에 발생할 때 해당 관리항목을 필수(빨간색)로 표시하게 된다.

■ 대변필수

전표처리 시 계정이 대변에 발생할 때 해당 관리항목을 필수(빨간색)로 표시하게 된다.

■ 인쇄

회계전표 출력물이나 장부상 출력물에 해당 관리항목을 인쇄해야 하는 경우 체크를 해야 한다.

■ 이월

관리항목을 이월잔액 관리를 해야 하는 경우 체크를 해야 한다.

■ 건별반제관리항목

건별로 반제관리를 하고자 하는 채권/채무 계정에 대해서는 건별반제관리항목에 체크를 해야 한다. 계정별로 건별반제관리항목을 설정하고 나면 [운영환경관리(재무회계)−초기] 화면의 '건별반제계정/관리항목 설정완료'에 반드시 체크를 해야 한다.

관리항목을 추가하고자 하는 경우는 다음과 같은 방법으로 설정한다.

작업방법은 다음과 같다.

예) '외상매출금' 계정의 관리항목으로 '사원'을 추가하고자 한다.

① 아래 그림과 같이 [계정과목정보] 화면을 오픈하여 조회를 한다.

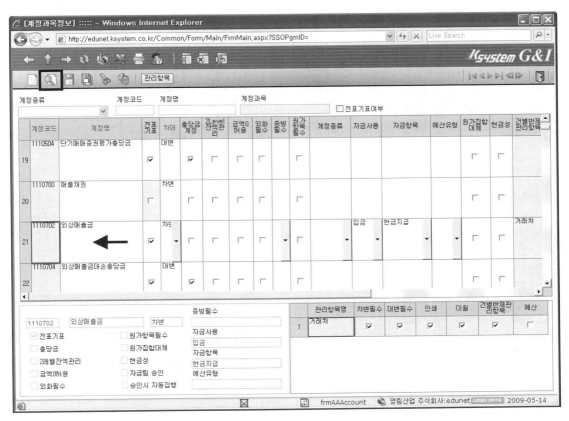

[계정과목정보 화면]

② 외상매출금 계정을 더블클릭한다. 외상매출금 계정을 더블클릭하여 외상매출금 계정이 설정
된 속성이 하위시트에 나타나도록 해야 한다.

③ 외상매출금 계정을 더블클릭한 상태에서 헤더의 <관리항목> 버튼을 클릭하면, '계정관리 항목정보'라는 새로운 창이 그림과 같이 나타난다.

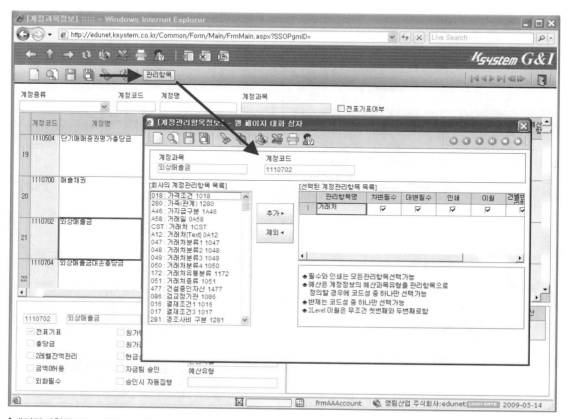

[계정관리항목정보 화면 열기]

외상매출금에 대해서 이미 설정되어 있는 관리항목명 '거래처'가 설정되어 있음을 알 수 있다.

④ 새롭게 나타난 [계정관리항목정보]의 팝업 메뉴의 왼쪽, '회사의 계정관리항목 목록'에서 '사원'을 스크롤바를 통해 찾은 다음 '사원'을 더블클릭하거나 <추가> 버튼을 클릭하면 왼쪽 시트에서 오른쪽 시트로 '사원'이 자동으로 추가등록이 된다. 차변필수, 대변필수, 인쇄, 이월 등 추가하는 관리항목의 속성을 정의하고 저장한다.

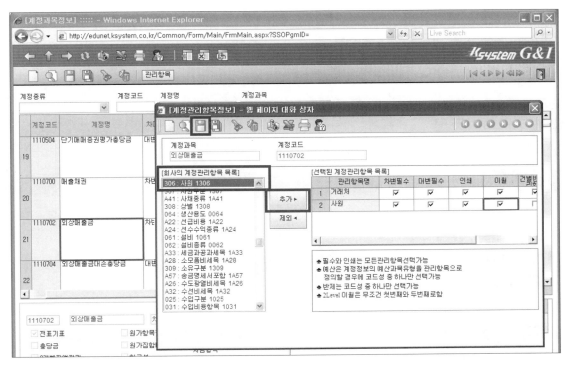

[계정관리항목 추가]

4.6.6 관리단위정보

| 화면 위치 | 재무회계 ▶ 기본정보 ▶ [관리단위정보] |

　　회계결산 주체인 회계단위와는 별개로, 사업장이 2개 이상으로 구성되어 있고, 회계업무담당
자가 사업장별로 각각 존재한다면, 전표관리를 해당 사업장별로 할 수가 있다.

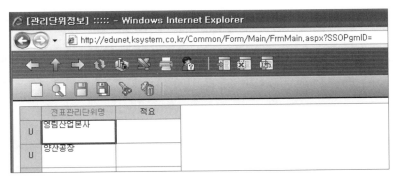

[관리단위정보]

이러한 경우 '전표관리단위명'을 구분하여 전표처리 시, 전표관리단위별로 전표입력을 하면 '전표관리단위'별로 일계표 등을 확인할 수 있다. 기본적으로는 '전사'라고 하는 관리단위명으로 설정되어 있다.

4.6.7 계좌등록

화면 위치	재무회계 ▶ 기본정보 ▶ [계좌등록]

금융기관별 계좌정보에 대한 내역을 등록하는 화면으로, 회계전표 처리 시 예/적금 계정 등에 대한 관리항목으로 금융기관, 계좌번호에 대한 코드 값을 [계좌등록]에서 등록한 내용을 사용하게 된다.

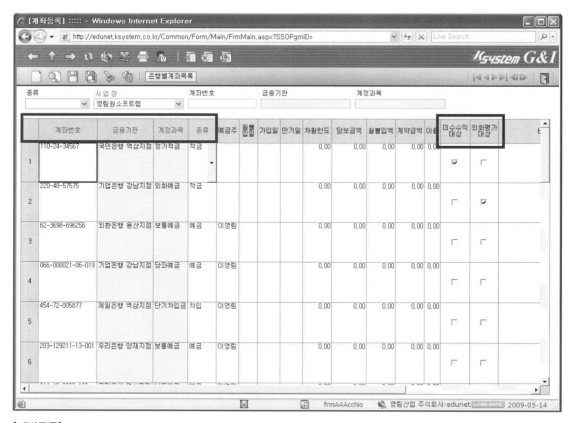

[계좌등록]

■ 계좌번호(텍스트)

계좌번호를 직접 입력한다.

■ 금융기관(코드도움)

[소분류등록(재무회계관리)] 금융기관에서 입력한 금융기관을 코드도움을 이용하여 직접 입력한다.

■ 계정과목

[계정과목정보]에서 정의한 계좌관리 계정을 코드도움을 이용하여 직접 입력한다.

■ 종류

예금/적금/차입/수탁/위탁계좌번호별 계정과목에 대한 계좌 종류를 선택한다.

■ 미수수익대상

예금/적금 계정에 대해서 미실현이자수익인 미수수익에 대해서 결산대체처리 [미수수익계상입력]에서 자동분개 전표처리를 하기 위해서 체크를 해야 한다.

■ 외화평가대상

외화관리 계좌인 경우 결산처리 시점의 원화 환율 차이에 대한 외환차손익 및 외화환산손익을 인식해야 하는데, 결산처리의 [외화평가], [외화예금평가] 자동분개 전표처리를 하기 위해서는 해당 외화계좌에 대해서 외화평가 대상에 체크를 해야 한다. 나머지 항목은 계좌번호에 대한 정보성 항목에 해당한다.

> **◀) 알아두세요   미수수익계상입력**
>
> • 예금/적금 계정에 대한 이자수익 발생분에 대한 회계처리가 정상적으로 이루어졌으나 [미수수익계상입력] 화면에서 '결산대체 미처리건'에 해당하는 내역을 조회 시, 대상 건들이 나타나지 않는다면, [계좌등록] 화면에서 해당 계좌에 대한 '미수수익대상'에 체크가 되어 있는지를 제일 먼저 확인한다.

4.6.8 카드등록

화면 위치 | 재무회계 ▶ 기본정보 ▶ [카드정보]

법인카드에 대한 내역을 등록하고 관리하는 화면으로, 미지급비용 계정에 대한 관리항목으로 '카드'를 설정하는 경우 카드의 코드 값은 [카드등록]에서 입력한 법인카드번호를 사용하게 된다.

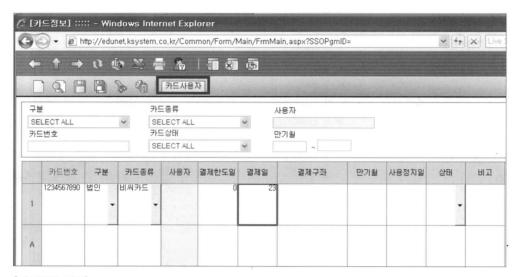

[카드등록 화면]

■ 카드번호(텍스트)

법인카드번호를 직접 입력한다.

■ 구분(콤보)

법인, 개인

■ 카드종류(콤보)

등록한 법인카드의 카드회사를 정의하는 값으로 [소분류등록(재무회계관리)]의 '신용카드종류'에서 입력한 카드회사를 사용하게 된다.

■ 사용자(코드도움)

법인카드를 소지 및 사용하고 있는 사람을 입력하는 난으로, 헤더의 <카드사용자> 버튼을 이용하여 직접 입력한다. 카드사용자는 [인사모듈]의 사원정보를 코드도움으로 이용하게 된다.

■ **결제일(텍스트)**

카드결제일로서, 미지급비용 계정 처리 시 관리항목으로 '카드번호'를 선택하는 순간, '출납예정일'에 자동으로 출납예정일을 계산하는 근거가 된다. 예를 들어 2009-03-16 전표를 입력하고, 결제일이 23이라면, 출납예정일은 '2009-04-23' 이 자동으로 나타나게 된다.

4.7 K.System ERP 전표

K.System ERP 회계모듈의 전표입력은 회사의 거래나 사건에 대하여, 프로그램 형식에 맞추어 입력하고 관리하는 화면으로, 회계정보를 처리함에 있어 가장 기본적이고 핵심적인 화면에 해당한다. 회계정보의 분류, 정리, 계산, 집계, 출력 등의 처리는 전표처리 업무가 정상적으로 이루어지기만 하면, 자동으로 수행이 된다.

K.System ERP 회계전표 처리업무를 다음 그림과 같이 도식화할 수 있다.

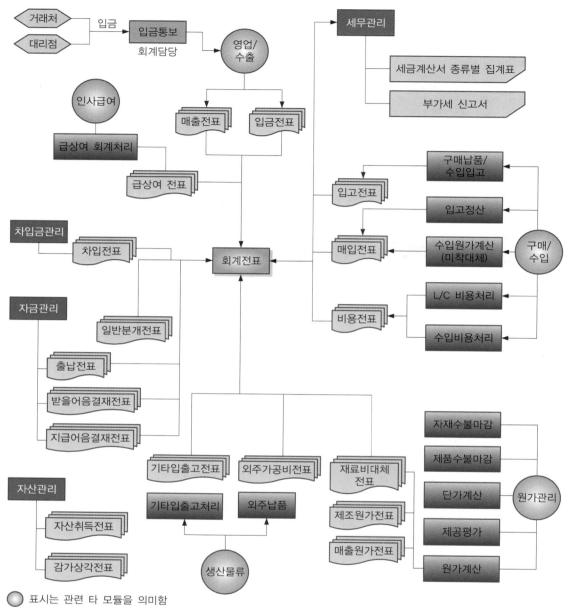

○ 표시는 관련 타 모듈을 의미함

[회계전표처리 업무]

　　회계모듈 내에서 처리가 되는 일반비용전표, 차입금 관련 전표, 자금 관련 전표, 자산 관련
전표, 그리고 타 모듈에서 자동으로 분개처리가 되는 영업/수출모듈의 매출 관련 전표, 구매/수
입모듈의 매입 관련 전표, 생산(원가)모듈의 외주비정산 및 원가 관련 전표가 집계되어 결산처리
를 할 수 있는 기본적인 토대가 된다.

4.7.1 분개전표입력

화면 위치 재무회계 ▶ 전표 ▶ 전표처리 ▶ [분개전표입력]

자동으로 분개처리가 되는 전표, 즉 매출전표, 매입전표 등을 제외한 모든 거래를 입력하고 관리하는 프로그램으로 화면을 오픈하면 다음과 같이 나타난다.

[분개전표입력]

'회계단위', '관리단위'는 기본적으로 나타난다. '기표일'은 화면을 오픈하면 로그인한 일자를 보여준다. 기표일은 전표를 발행하는 날짜를 의미하며, 실제 거래일자가 다른 경우 기표일을 직접 수정하여 입력할 수 있다. '귀속부서', '예산부서'는 로그인 시 해당 사원이 소속되어 있는 부서를 자동으로 나타내어준다. 화면에서 빨간색으로 표시되어 있는 항목은 최소 필수입력사항으로 해당 내용에 맞게 반드시 입력해야 저장이 된다.

분개처리 유형별 예시를 통해 [분개전표입력]에 대한 작업방법을 설명하도록 한다.

[Case 1] 일반비용전표 입력

5/18 생산1팀인 이재동 사원이 외근 시 점심 식대 ₩65,000이 발생하였다.

[분개전표입력] 화면에 다음과 같이 입력하도록 한다.

행	계정과목	차변금액	대변금액	적요		증빙
		관리항목 1	관리항목 2	원가항목	출납정보	출납예정
001	복리후생비(제)	65, 000	0	05/18 외근 시 점심 식대		
		식대				
002	현금	0	65, 000	05/18 외근 시 점심 식대		

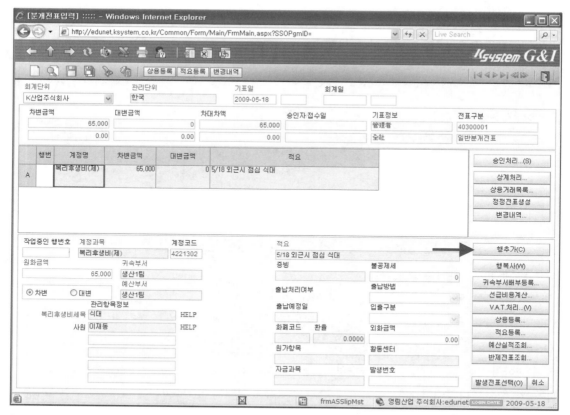

[일반비용전표 입력]

작업방법은 다음과 같다.

■ '계정과목'란은 코드도움 입력형태이다. 계정과목은 [계정과목정보]에서 정의된 계정명을 '코드도움' 형태로 이용한다. '복리후생비(제)' 계정을 정확히 알고 있다면 text 형태로 입력하기만 하면 되며, 계정명을 정확히 알고 있지 않은 경우, '계정과목'란을 더블클릭하면 아래 그림과 같이 [계정과목] 코드도움이 생성된다.

	계정명	한문명	alias	계정코드	略称	차대구분
1	복리후생비(공)	福利厚生費(功)	4421302	4421302	복리후생비(공)	1
2	복리후생비(용)	福利厚生費(用)	4321302	4321302	복리후생비(용)	1
3	복리후생비(제)	福利厚生費(制)	4221302	4221302	복리후생비(제)	1
4	복리후생비(판)	福利厚生費(販)	5511102	5511102	복리후생비(판)	1

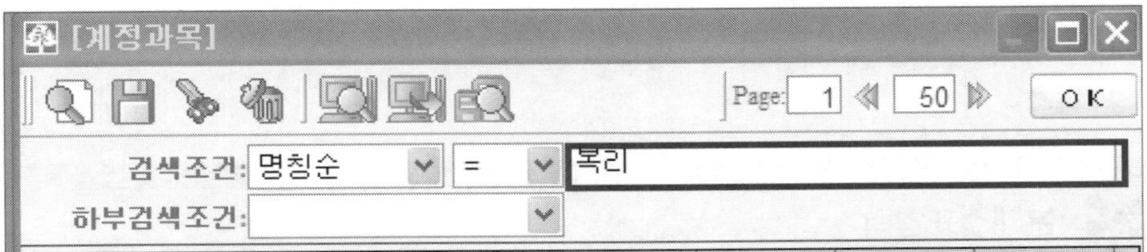

[코드도움 화면]

'검색조건' 명칭 입력란에 '복리'라고 입력하면 '복리' 이후에 해당하는 관련 계정명칭은 모두 조회된다. 시트에 조회된 입력하고자 하는 계정, 즉 '복리후생비(제) 계정' 행을 더블클릭하면 분개전표입력 화면의 '계정과목'란에 입력이 된다. '계정과목'란에 해당 계정이 입력이 되면 계정코드는 자동으로 나타난다. 복리후생비(제) 계정은 기본적으로 차변발생 계정과목에 해당하므로 복리후생비(제) 계정을 선택하면 '차변'으로 표시가 된다.

■ '원화금액'란은 text 입력형태로, 해당 금액(₩65, 000)을 직접 입력한다.

■ '관리항목정보'는 계정과목란에 입력이 되는 계정명에 따라 관리항목 타이틀이 자동으로 나타나게 된다. 복리후생비(제) 계정의 경우 [계정과목정보] 화면에서 관리항목으로 '복리후생비세목(차변필수체크)' '사원'이 정의가 되어 있기 때문에, 복리후생비(제) 계정을 입력하는 순간 다음 그림과 같이 복리후생비세목과 사원 타이틀이 나타나게 된다.

복리후생비 세목란에 코드도움을 이용하여 '식대'를 입력하고, 사원란에 '이재동'을 코드도움을 이용하여 입력한다. 복리후생비세목은 [소분류(계정관리항목)]에서 정의가 되어 있는 항목을 이용하게 되며, 사원은 [인사모듈]의 사원등록에 입력된 사원을 이용하게 된다.

■ '적요'란은 text 입력형태로, 해당 계정이 발생하게 된 사유(원인)를 간략하게 입력한다. 적요란은 텍스트를 직접 입력해도 되지만, 자주 발생하는 비용계정에 대해서 빈번한 적요사항을 그림과 같이 [적요등록] 화면을 통해 미리 입력해 둔 내용을 '적요'란 입력 시 코드도움의 형태로 이용할 수도 있다. [분개전표입력] 화면의 <적요등록> 버튼을 클릭하면 [적요등록]이라는 대화상자가 나타나며, 해당 계정에 대한 '적요'를 미리 입력하여, 해당 계정 발생 시 적요란에 코드도움으로 미리 등록한 적요를 사용할 수 있다.

> 🔊 **알아두세요** 　분개전표입력
>
> • 분개전표입력 화면의 상용등록 버튼 : 발생빈도가 높은 일반 경비성 전표분개 유형을 '상용등록'으로 입력한 다음, 해당 유형의 분개처리가 발생할 때, 상용등록에서 찾아서 [분개전표입력]에 직접 입력하는 것과 마찬 가지로 전표처리 유형을 가져다 활용할 수 있다.

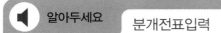

[적요등록]

■ <행추가> 버튼을 클릭하면, 최초 입력한 계정, 즉 복리후생비(제) 계정에 대한 내용이 시트에 나타나며, 다음 발생 계정을 입력할 수 있는 상태가 된다. '현금' 계정을 입력하면 출납처리 여부, 출납예정일, 출납방법, 입출방법에 대한 내용이 필수입력 형태로 반전이 되는데, 이것은 [계정과목정보]에서 해당 계정에 대한 자금사용과 관련한 설정에 의해서 자동으로 가져오게

된다[계정과목정보] 화면 설명 참고). 현금 계정을 입력하는 순간 차변, 대변 표시 형태에서 현금은 차변발생계정이므로 차변으로 표기가 된다. 따라서 반드시 아래 그림과 같이 대변에 체크해야 한다.

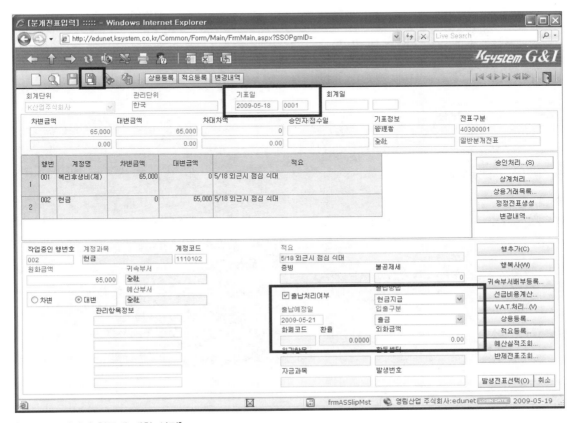

[분개전표입력의 현금에 대한 설정]

K.System ERP [계정과목정보]에서 계정명을 추가 입력하면서, '차대' 구분을 User가 직접 구분해 주어야 하는 이유는 다음과 같다.

분개체제는 일반적으로 3분개체제와 1분개체제로 나뉘며, 3분개체제는 입금전표, 출금전표, 입출금공통전표로 구분이 된다. 3분개체제에서는 분개형태에 따라 해당 계정의 차/대변 발생유형이 정의가 되어 있어, 차/대변 여부를 User가 분개 시마다 정의할 필요가 없다. K.System ERP 회계모듈에서도 타 모듈에서 발생되는 자동전표인 매출전표, 입금전표, 구매전표, 외주가공비전표 등 타 시스템 회계전표에서는 [타 시스템 환경설정]에 의해 차/대변 발생 계정에 이미 설정되어 있기 때문에, User가 구분할 필요가 없는 것이다. 다만 [분개전표입력] 화면은 1분개체제 개념을 이용하기 때문에, 즉 하나의 분개처리 화면에서 입금, 출금, 입출금 공통 등 차/대변이 모두 발생하기 때문에, 기본 계정의 속성이 차변이라도 반대의 계정으로 발생 시에는 '대변'에 체크를 해야 하는 것이다.

■ 저장을 하게 되면, 기표일란 기표일자 뒤에 번호가 자동채번이 되어 생성이 된다.

　전표구분은 K.System ERP에서 정의하는 전표유형으로서, [전표구분등록] 화면에서 정의가 되며 주요 전표구분을 예시하면 다음과 같다.

모듈	화면명	전표구분명
회계모듈	분개전표입력	일반분개전표
인사(급여)모듈	급상여회계처리	급상여회계전표
영업모듈	세금계산서발행	매출전표
영업모듈	입금처리	입금전표
구매모듈	구매입고정산처리	구매전표
생산(원가)모듈	외주납품/반품현황	외주가공비전표
생산(원가)모듈	제조원가재료비대체	제조원가재료비대체전표
생산(원가)모듈	제조원가전표처리	제조원가전표
생산(원가)모듈	제품/상품매출원가처리	제상품매출전표

[전표구분]

[Case 2] 부가세 계정 발생 일반비용 전표

　Case 2에서는 분개전표입력 화면에서 매입 부가세 발생에 대한 유형 분개를 처리하도록 한다. 매출, 매입과 관련하여 자동분개처리 되어 매출/매입 부가세가 집계되는 것은 사례를 달리하여 설명하도록 한다.

5/19 컴퓨터 사무용품을 (주)레디코리아로부터 구매하고, 매입세금계산서를 받았다.

[분개전표입력] 화면에 다음 그림과 같이 입력하도록 한다.

재무회계 – 기본정보 – [소분류등록(계정관리항목)]에서 소모품비(제) 시트에서 '소모품비세목' 칼럼에
입력.

행	계정과목	차변금액		대변금액		적요		증빙
		관리항목 1		관리항목 2		원가항목	출납정보	출납예정
001	소모품비(제)	50, 000		0		5/19 컴퓨터사무용품 등 구입		
		(주)레디코리아		사무용품				
002	부가세대급금	5, 000						세금계산서 (일반과세)
		(주)레디코리아		5, 000		영림산업주식회사		
003	미지급비용	0		55, 000		05/19 컴퓨터사무용품 등 구입		
							현금지급 −출금	2009-05-29

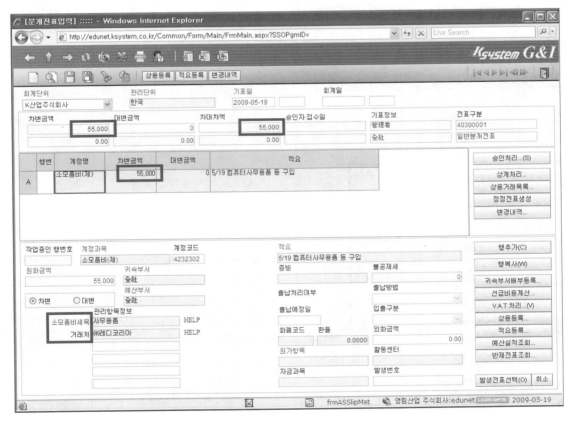

[소모품비 등록]

작업방법은 다음과 같다.

■ 계정과목란에 '소모품비(제)' 계정을 코드도움을 이용하여 입력하고, 발생금액\50, 000을 직접 입력한다. 관리항목정보 '소모품비세목'과 '거래처'에 대하여 '사무용품'과 '㈜레디코리아'를 각각 코드도움을 이용하여 입력한다. '적요'란에 해당 계정의 분개 사유(원인)를 직접 입력한다.

■ <VAT처리> 버튼을 클릭하면, 소모품비(제)계정금액과 관리항목 '거래처'에 대해서 '부가세 대급금'계정 및 금액을 자동적으로 생성하며, 관련 내용을 자동으로 가져오게 된다.

즉, 부가세계정에 대해서는 거래처 관리항목과 '공급가액'이 중요한데, <VAT처리> 버튼을 클릭 하는 순간, 먼저 입력한 발생계정에 대한 정보를 참조하여 해당 내역을 아래 그림과 같이 자동으로 나타낸다.

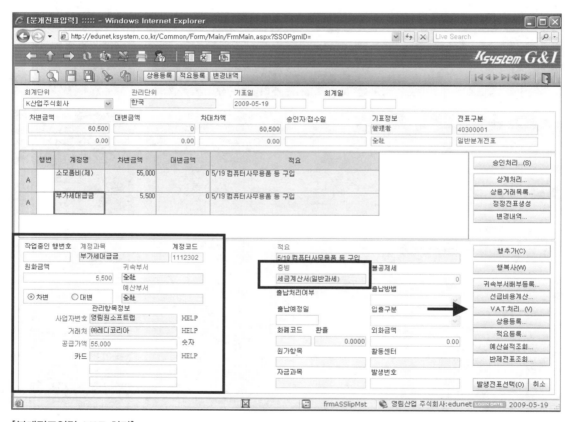

[분개전표입력-VAT 처리]

K.System ERP 회계모듈은 부가세 행 계정에 대한 '증빙'의 코드 값으로 부가세 집계가 자동으로 처리된다고 [계정과목정보]에서 설명한 바 있다. 위 그림과 같이 부가세대급금 계정에 대한

'증빙'의 코드 값인 '세금계산서(일반과세)'가 <VAT처리> 버튼 클릭과 동시에 자동으로 입력되며, 이 증빙의 코드 값에 의해 매입처별세금계산서집계표에 자동으로 집계가 된다. 증빙 코드 값에 대한 내용은 '부가세' 편에서 설명하도록 한다.

부가세 계정을 생성할 때 무조건 <VAT처리> 버튼을 눌러서 부가세 계정을 생성해야 하는 것은 아니며, 일반 계정을 코드도움으로 선택하는 것과 마찬가지로 부가세대급금, 부가세예수금 계정을 코드도움을 이용하여 선택하고, 해당 관리항목, 공급가액, 증빙을 상황에 맞도록 입력하면 된다. 매출전표, 매입전표 등 타 시스템에서 자동으로 생성되는 부가세 관련 계정 및 증빙은 이미 등록되어 있는 설정에 의해 자동으로 처리가 됨을 부언해 둔다.

■ <행추가> 버튼을 클릭 하여, '미지급비용' 계정을 코드도움으로 입력한다. 출납예정일을 5/29로 입력하고 저장한다. 출납예정일이 5/29로 설정된 미지급비용 계정은 [자금]-[출납입력] 화면에서 해당 자금일을 조회조건으로 하여, 해당 자금일에 미지급비용 전표에 대한 출금전표를 자동으로 반제(상계)처리하게 된다(출납입력 참고).

[미지급비용 입력]

[Case 3] 타 시스템 회계전표 : 매출전표

여러 타 시스템 회계전표 중[영업관리]-[세금계산서발행]에서 매출을 등록하고, 매출회계처리가 자동으로 분개처리 되는 과정을 설명하도록 한다.

5/15 거래처 '하나상사'에 RAM 수량 50EA를 단가 ₩15, 000에 판매하였다.

동 거래에 대하여 [세금계산서발행] 화면에서는 아래 그림과 같이 등록이 된다.

세무회계 – 기본정보 – 사업자번호등록

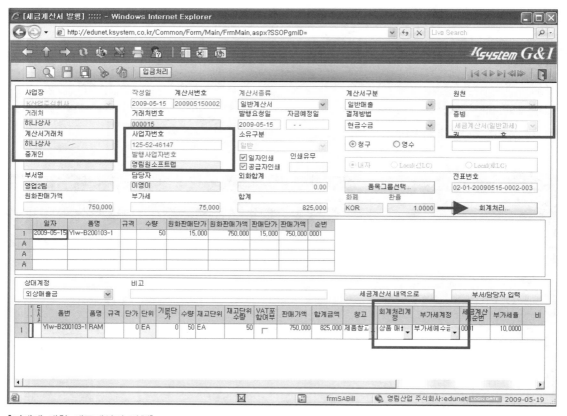

[거래에 대한 세금계산서 발행]

<회계처리> 버튼을 클릭하면 [타 시스템 전표입력]이라는 대화상자가 나타난다. [세금계산서발행] 화면에서 정의되어 있는 '거래처', 발생사업자번호', '증빙', '회계처리계정', '부가세계정'의 주요 항목 설정 값들이 [타 시스템 회계처리 환경설정]에서 설정된 내용과 맞물려 <회계처리> 버튼을 클릭하는 순간, [타 시스템 전표입력] 화면에 자동으로 가져오게 된다.

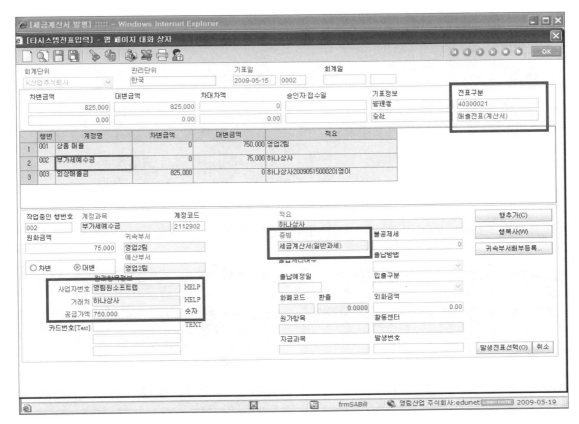

[타 시스템 전표입력]

세금계산서를 발행하고 회계처리를 한 전표는 '전표구분'이 매출전표가 되며, [타 시스템 전표입력] 화면에서는 계정을 비롯한 관련 내용을 [타 시스템 환경설정]에 의해 자동으로 가져오므로 해당 내역을 확인하고 저장만 하면 된다. 부가세예수금 계정에 대한 증빙으로 '세금계산서(일반과세)'가 자동으로 매핑이 되므로, 부가세 신고서 등 '부가세 관련 서류'에 자동으로 집계된다.

매출 부가세 집계과정을 도식화하면 다음과 같다.

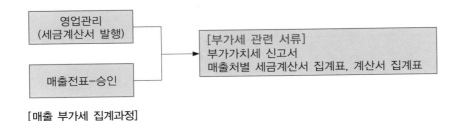

[매출 부가세 집계과정]

4.7.2 전표승인처리

화면 위치	재무회계 ▶ 전표 ▶ 전표처리 ▶ [전표승인처리]

전표를 발생하여 기표를 한 다음에는 승인처리를 하여 장부 및 재무제표에 반영을 해야 한다. '승인'에 대한 권한을 부여받은 담당자가 [분개전표입력] 화면에서 발생전표 건마다 승인처리를 바로 바로 할 수 있으나, 실제적으로는 승인처리를 해야 하는 전표를 찾아서 해당 전표만을 승인처리하거나, 일괄적으로 승인을 해야 하는 경우가 더 많다. 전표를 승인하고자 할 경우 승인해야 할 전표를 찾아서 [전표승인처리]에서 업무를 수행하면 된다.

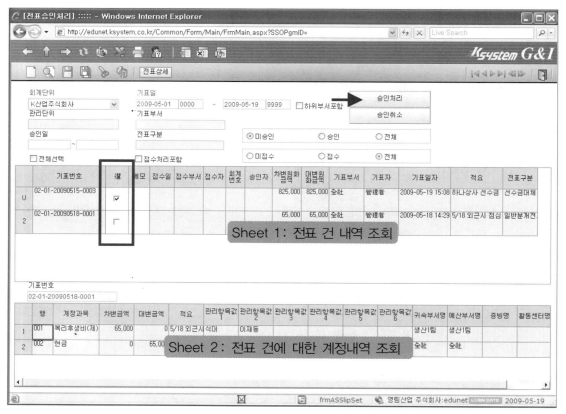

[전표승인처리]

작업방법은 다음과 같다.

■ 기표일

승인처리를 하고자 하는 전표의 기표일을 조회조건으로 입력한다. 기표일은 From~to의 조회조건 행태로, 기표일 From~to란에 특정 일자를 부여하면 입력한 기표일자에 해당하는 전표만 나타나게 된다.

■ 관리단위/기표부서/승인일/전표구분

전표를 검색하고자 하는 조회조건으로 해당란에 입력하고 조회를 하면, 해당 조회조건에 만족하는 전표만 찾을 수 있다.

■ 전표를 조회하면, 전표내역이 시트 1과 시트 2에 나타나는데, 승인처리를 하고자 하는 전표내역을 확인하고, <승인처리> 버튼을 클릭한다. <승인처리> 버튼을 클릭하는 순간 [일자] 대화 상자가 나타나며 <처리> 버튼을 클릭하면 대화상자에 나타난 일자가 해당 회계처리 승인일자가 된다. 이 일자에 대한 일련번호가 자동으로 부여되며 회계번호로 생성된다.

[회계처리 승인일자]

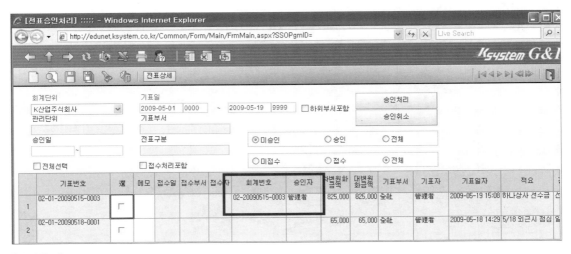

[승인취소]

■ 승인처리한 건을 '취소'하고자 하는 경우에는 조회조건에 따라 취소하고자 하는 전표를 찾은 다음, 해당 전표를 선택하고 <승인취소> 버튼을 클릭하면 자동으로 승인취소가 된다. 위 그림에서 접수일, 접수부서, 접수자는 [운영환경관리(재무회계)–진행]에서 설명한 바와 같이, 접수처리 기능을 사용하는 경우, [전표접수처리입력] 화면에서 접수처리에 의한 내역이 [전표승인처리] 화면에 그 내역을 표시하여 준다.

4.7.3 전표마감일관리

화면 위치 재무회계 ▶ 전표 ▶ 전표처리 ▶ [전표마감일관리]

전표마감일관리는 전표입력이 특정일에 되지 못하도록 정의하는 화면에 해당한다. 월업무마감 시점에 더 이상 전표처리를 발생하지 못하도록 통제 목적상 해당월, 모든 일자에 전표마감처리를 할 수도 있고, 특정일(휴일, 공휴일)에 전표처리가 되지 않도록 통제할 수도 있다.

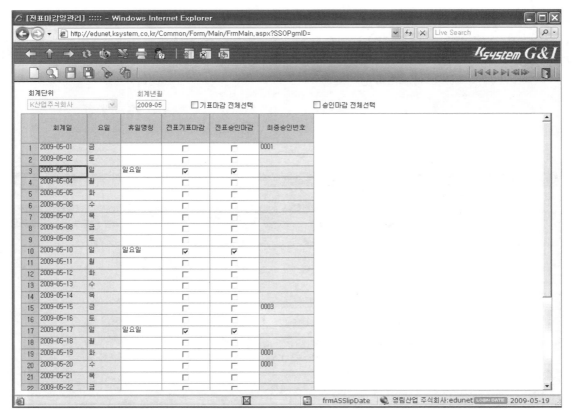

[전표마감일관리]

■ **기표마감 전체선택**

'기표마감 전체선택'을 클릭하면 해당 회계연월의 '전표기표마감'란의 모든 일자에 체크가 되며, 모든 일자에 대해서 전표기표가 되지 않는다.

■ **전표승인 전체선택**

'승인마감 전체선택'을 클릭하면 해당 회계연월의 '전표승인마감'란의 모든 일자에 체크가 되며, 모든 일자에 대해서 전표승인 시 전표승인이 되지 않는다. 전표기표마감에는 체크를 하지 않고 전표승인마감에만 체크를 한다면, 해당 일자에 대해서 전표승인마감처리는 이루어지나 전표승인처리 시 승인이 되지 않는다.

■ **전표기표마감**

기본적으로 해당월의 일요일에 전표기표마감과 전표승인마감에 체크가 되어서 제공이 된다. 특정 일자를 체크해두면 해당 일자에는 전표기표를 할 수 없다.

■ **전표승인마감**

기본적으로 해당월의 일요일에 전표기표마감과 전표승인마감에 체크가 되어서 제공이 된다. 특정 일자에 체크를 하면 해당 일자에는 전표승인처리를 할 수 없다.

4.7.4 월별재집계처리

화면 위치 재무회계 ▶ 전표 ▶ 전표처리 ▶ [월별재집계처리]

전표처리가 시스템적으로 정상적 처리가 되면 전표발생금액은 DB(데이터베이스)상으로 집계하며, 차변집계금액과 대변집계금액은 항상 일치해야 한다. 정상적으로 전표처리 된 금액이 각종 장부에서 차/대변 집계금액이 틀리게 나타나는 경우 [월별재집계처리] 화면에서 집계처리를 새로하여 차대변집계금액이 일치하도록 한다.

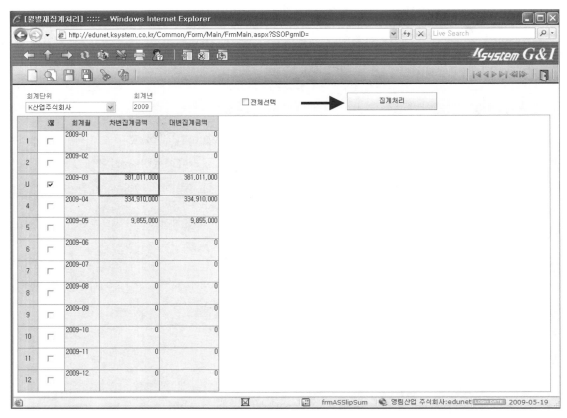

[월별재집계처리]

■ 회계연도별로 조회한다. 해당 연도에 대해 1월~12월까지의 차변집계금액, 대변집계금액이 나타난다.

■ 재집계처리를 하고자 하는 회계월을 선택한다.

■ 회계월을 선택하고 <집계처리> 버튼을 클릭하면 내부적으로 자동집계 하여 차변집계금액과 대변집계금액을 일치시켜 준다.

4.8   K.System ERP 장부

K.System ERP 회계모듈의 '장부' 관련 프로그램은 전표처리가 정상적으로 이루어져 승인처리가 되면 자동으로 집계가 되어 다양하게 분류, 정리, 집계, 조회할 수 있는 화면들로 구성되었다. 장부 관련 메뉴는 크게 총계정원장 등 출력해서 보관 및 관리해야 하는 [출력물모음], [계정별 잔액현황], [관리항목별 잔액현황], [계정별 관리항목별 잔액현황] 등 장부의 잔액을 확인할 수 있는 [부서별 계정별 비용], [월별 귀속부서별 비용/수익현황] 등 귀속부서별 비용처리현황을 확인할 수 있는 화면으로 다양하게 구성이 되어 있다. 그리고 대부분 '잔액' 관련 현황 화면에서 해당 내역을 더블클릭하면, 전표발생 원천 화면까지 추적하여 확인할 수가 있다.

본 절에서는 여러 가지 다양한 장부 관련 프로그램들 중 몇 가지 주요한 화면에 대해서 알아보기로 한다.

4.8.1   출력물모음

화면 위치	재무회계 ▶ 장부 ▶ 기본 ▶ [출력물모음]

총계정원장, 계정별 보조원장, 관리항목별 보조원장 등 출력해서 보관해야 하는 장부를 [출력물모음]이라는 메뉴에서 출력할 수 있도록 모아 놓은 화면이다.

> 🔊 **알아두세요**   장부 관련 메뉴
>
> • 현금출납장, 총계정원장 등 주요 장부 역시 각 '장부' 관련 하위메뉴에 있으며, 부가세 관련 장부는 세무회계모듈의 부가세 부분에서 별도로 관리된다.

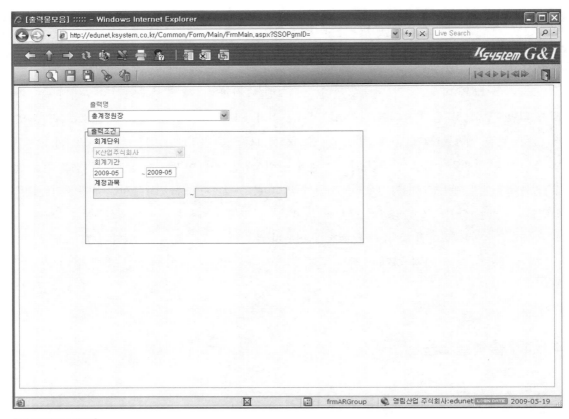

[출력물모음 화면]

■ '출력명'에는 총계정원장, 보조원장1(계정), 보조원장2(계정), 보조원장1(관리항목), 보조원장2(관리항목)으로 구분이 되며, 출력물 형태를 선택하여 조회할 수 있다.

■ '회계기간'은 기본적으로 로그인한 연월을 from~to로 나타내며 출력하고자 하는 출력물의 조회 기간을 정의하게 된다.

■ '계정과목' 역시 from ~ to의 조회 구분을 가지며 from~to 계정과목을 지정하지 않으면 전 계정에 대한 총계정원장이 모두 조회가 되며, 특정 계정을 조회/출력하고자 한다면, 계정과목명을 from ~ to에 의해 범위를 지정하면 된다.

■ [출력물] 버튼을 클릭하면 다음 그림과 같이 해당 조건에 대한 '총계정원장'을 출력할 수 있는 '리포트디자이너뷰어'가 생성이 되고 '리포트디자이너뷰어'의 헤더에 있는 [프린트] 버튼을 클릭하여 출력한다.

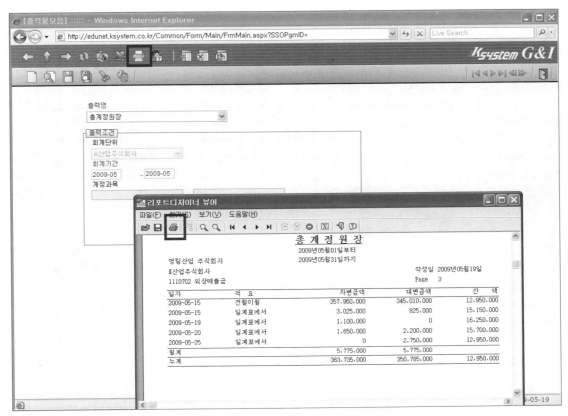

[출력물모음에서 총계정원장 미리보기]

4.8.2 일/월계표

화면 위치 재무회계 ▶ 장부 ▶ 기본 ▶ [일계표]

일계표는 매일의 거래사건에 대한 분개를 계정과목별로 집계한 집계표이며, 월계표는 월단위로 집계한 집계표이다. 특히 현금 및 현금성 계정에 대하여 일자별 잔고내역을 확인할 수 있다.

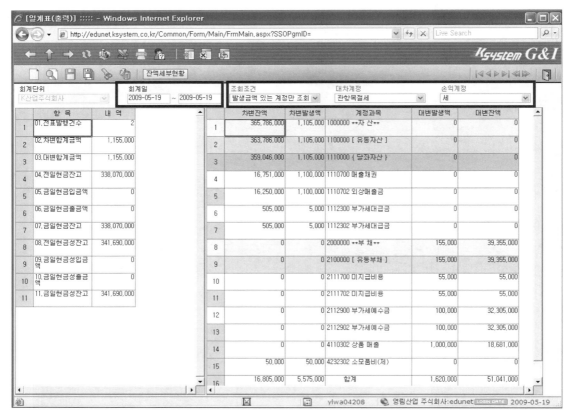

[일계표 출력]

■ **회계일** : 일(월)계는 전표를 기표한 후 승인이 이루어진 이후에 집계/조회/출력 업무에 해당하므로, 회계일은 승인일을 의미한다. 화면을 오픈하면 회계일은 로그인한 일자를 기본으로 from~to 형태로 나타낸다. 특정일의 일계표를 확인하고자 한다면 직접 일자를 수정하여 입력하면 된다. 회계일 from~to를 당일에서 당일이 아닌 일자, 즉 하루 이상의 일자를 지정하여 조회를 하면 일계표가 아닌 월계표가 된다.

■ **조회조건** : '발생금액 있는 계정만 조회', '금액이 있으면 조회'로 구분되며, '발생금액 있는 계정만 조회'는 일계표 해당 일자에 분개처리 된 계정금액만을 조회할 경우 선택 하면 된다. '금액이 있으면 조회'는 해당 일자에 계정 발생과는 상관없이 이월된 금액이 있는 등 해당 일자에 금액이 존재하면 모든 계정을 조회한다.

■ **대차계정/손익계정** : [계정과목정보]에서 대차계정과 손익계정의 계정코드 체계에서 설명한 바와 같이 대차계정은 '관항목절세', 손익계정은 '항목절세'로 구분이 되는데, 조회하는 형태를

이러한 구분에 따라 조회할 수 있도록 정의한다.

■ 툴바의 [프린트] 아이콘을 클릭하면 일계표가 다음 그림과 같이 나타난다.

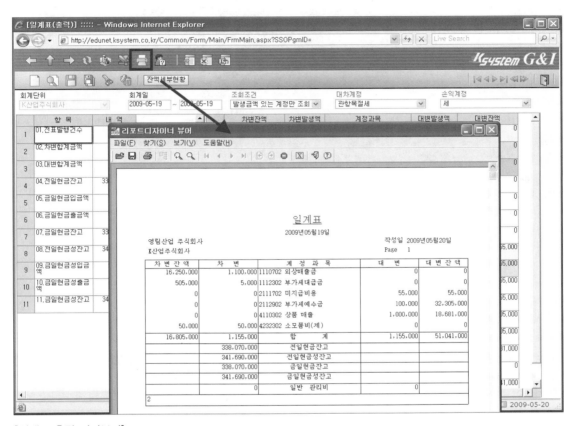

[일계표 출력 미리보기]

■ 리포트디자이너 뷰어 상태에서 [프린트] 아이콘을 클릭하여 출력을 한다.

4.8.3 계정별 잔액현황

| 화면 위치 | 재무회계 ▶ 장부 ▶ 잔액 ▶ [계정별 잔액현황] |

　계정별 잔액현황 관련 화면들은 각 계정의 거래내역을 상세히 기록한 장부로서 총계정원장의 보조장부 역할을 한다. 계정별 잔액현황에서 내역을 확인하고자 하는 계정을 더블클릭해 나가면,

drag & drop 방식에 의해 하위전표 발생(전표입력)까지 추적하여 확인할 수 있다.

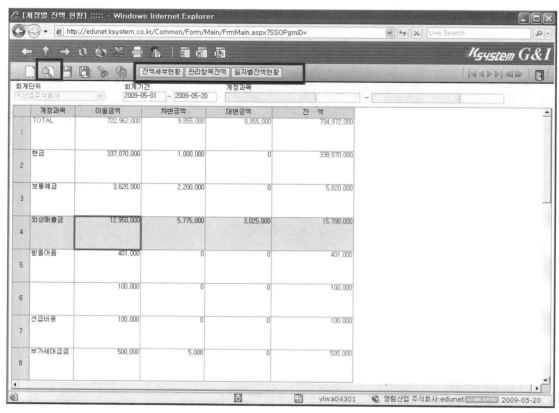

[계정별 잔액현황]

■ **회계기간** : 회계 승인을 한 기간으로 해당 기간에 대해서 내역을 조회할 수 있다.

■ **계정과목** : from ~ to의 조회조건으로 계정과목을 지정하여 조회할 수 있으며, 계정과목을 지정하지 않고 조회를 하면 전 계정이 모두 조회가 된다.

■ 특정 계정, 예를 들어 외상매출금 계정을 더블클릭하게 되면, 계정별 잔액현황, 관리항목별 잔액현황, 잔액세부현황 분개전표입력 화면으로 순차적으로 이동하면서 그 상세내역을 다음 그림과 같이 확인할 수 있다.

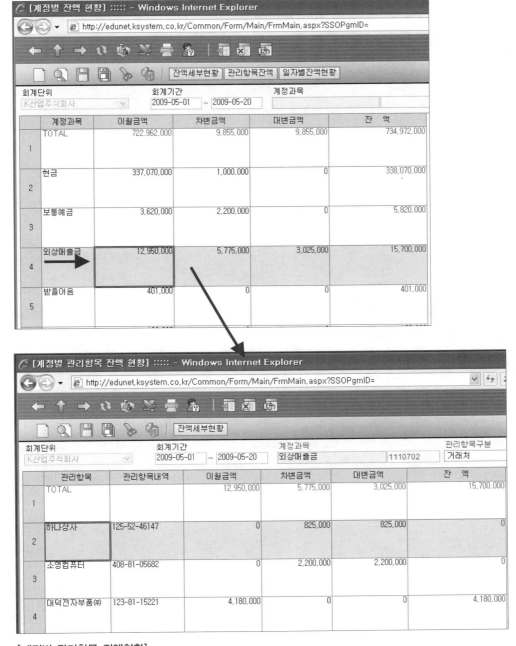

[계정별 관리항목 잔액현황]

■ [계정별 관리항목 잔액현황]은 해당 계정(외상매출금)에 대한 관리항목별 거래내역을 회계기
간별로 조회 및 확인할 수 있다.

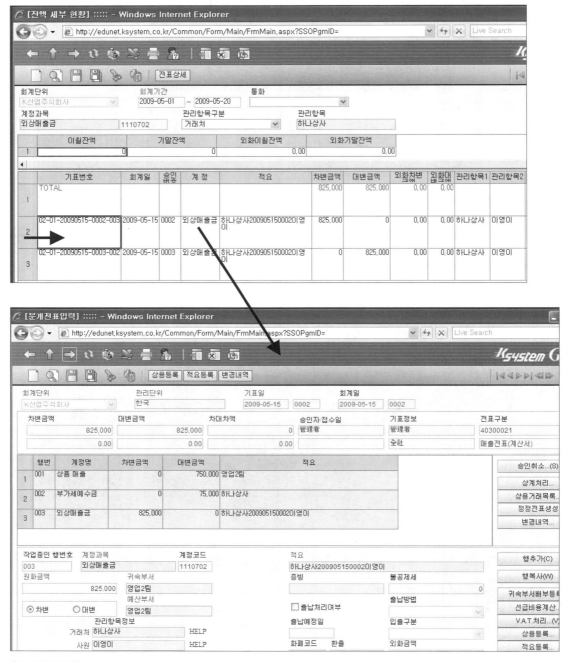

[분개전표입력]

■ 잔액 세부현황은 해당 계정에 대한 관리항목별 일자별 거래내역을 회계기간별로 조회할 수
있으며, 해당 일자를 더블클릭하면 발생 전표까지 그 내역을 확인할 수 있다.

4.8.4 부서별 계정별 비용(귀속부서)

화면 위치 재무회계 ▶ 장부 ▶ 발생 ▶ [부서별 계정별 비용]

거래나 사건에 대한 분개에서 발생되는 금액은 '계정/관리항목'으로 집계/분류/조회할 수 있지만, [분개전표입력] 등 전표 화면에서 계정발생금액이 귀속부서로 정의가 되므로, 귀속부서로 집계/분류/조회할 수 있다.

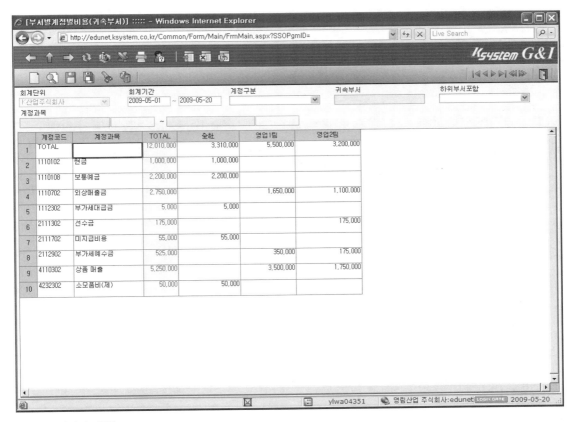

[부서별 계정별 비용]

■ **회계기간** : 회계 승인을 한 기간으로 해당 기간에 대해서 내역을 조회할 수 있다.

■ **계정구분** : 비용계정, 수익계정으로 나뉘며 해당 계정구분별로 조회하고자 하는 경우 선택을 한다. 계정구분을 선택하지 않고 전체로 두고 조회를 하면 전 계정에 대하여 조회가 된다.

■ **귀속부서** : 특정 부서에 대한 계정별 액을 확인하고자 하는 경우, 코드도움을 이용하여 선택한다.

■ **하위부서포함** : [인사모듈]의 조직도에서 정의된 조직도 레벨에 따라, 상위부서에서 발생된 전표 외에 자신의 하위부서의 발생 금액까지 확인하고자 하는 경우 선택한다.

4.8.5 월별 귀속부서별 비용/수익현황

화면 위치 재무회계 ▶ 장부 ▶ 발생 ▶ [월별 귀속부서별 비용/수익현황]

귀속부서별 계정발생 금액을 해당연도의 월별로 조회 및 확인하는 화면이다.

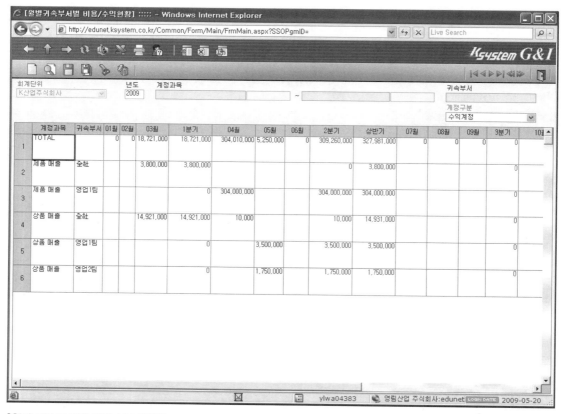

[월별 귀속부서별 비용/수익현황]

■ **연도** : 화면을 오픈하면, 로그인한 일자에 해당하는 연도를 기본적으로 나타낸다.

■ **계정과목** : from ~ to의 조회조건으로 계정과목을 지정하여 조회할 수 있으며 계정과목을 지정하지 않고 조회를 하면 전 계정이 모두 조회가 된다.

■ **귀속부서** : 특정 부서에 대한 계정별 금액을 확인하고자 하는 경우, 코드도움을 이용하여 선택 한다.

■ **계정구분** : 원가계정, 판관비계정, 비용계정, 수익계정, 손익계정으로 구분되며, 해당 계정 구분별로 조회하고자 하는 경우 선택한다. 화면 오픈 시에는 기본적으로 원가계정을 나타낸다.

4.9   K.System ERP 자금관리

K.System ERP 회계모듈의 '자금' 관련 프로그램을 주요 업무별로 구분해 보면 '출납관리', '입금통보', '받을어음관리', '지급어음관리', '차입금관리'로 구분된다. 현금 및 현금성계정, 예적금계정, 등 계정과목정보에서 정의된 자금 관련 계정들이 전표발생 시 계정과목이 입력되고, 차입금 계정의 차입금관리 등을 통해, 자금현황, 자금집행현황, 예적금현황 등 자금의 흐름을 일자별, 시점별 실시간으로 파악할 수 있다.

4.9.1 출납입력

화면 위치   재무회계 ▶ 자금 ▶ 출납 ▶ [출납입력]

[분개전표입력] 화면 등 전표입력 화면에서 '미지급금' 계정이나, '미지급비용' 계정 등의 계정이 발생된 다음, 해당 계정에 대한 완결거래를 위해 실제 자금 집행이 이루어지는 일자에 자동으로 분개처리를 하고자 하는 화면이다.

[분개전표입력]에서 설명한 [Case 1]에서 발생한 거래가 다음과 같이 전표처리가 되었을 것이다.

[Case 1] 5/19 컴퓨터사무용품을 (주)레디코리아로부터 구매하고, 매입세금계산서를 받았다.

행	계정과목	차변금액	대변금액	적요		증빙
		관리항목1	관리항목2	원가항목	출납정보	출납예정
001	소모품비(제)	50, 000	0	5/19 컴퓨터사무용품 등 구입		
		(주)레디코리아	사무용품			
002	부가세대급금	5, 000				세금계산서(일반과세)
		(주)레디코리아	5, 000	영림산업주식회사		
003	미지급비용	0	55, 000	05/19 컴퓨터사무용품 등 구입		
					현금지급-출금	2009-05-29

[Case 1의 분개전표입력]

'미지급비용'에 대한 계정이 발생되면서 '출납예정일'이 2009-05-29로 정의되고 2009-05-29

실제로 미지급비용에 대한 계정의 출금집행이 이루어진다면 [출납입력] 화면에서 다음과 같이 자동으로 분개전표처리가 된다.

행	계정과목	차변금액	대변금액	적요		증빙
		관리항목1	관리항목2	관리항목3	출납정보	출납예정
001	미지급비용	55, 000	0	컴퓨터사무용품 등 구입		
		(주)레디코리아				
002	보통예금	0	55, 000	컴퓨터사무용품 등 구입		
		국민은행역삼지점	814-42-0002-133			

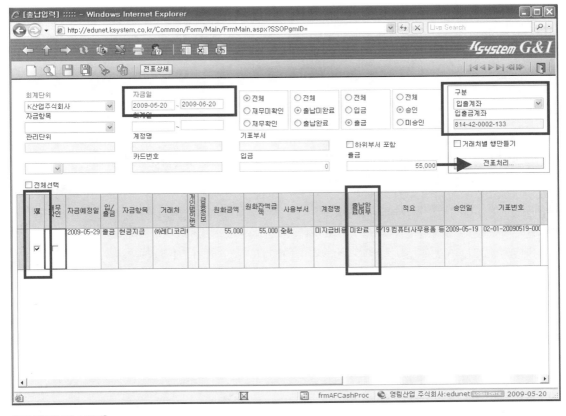

[출납입력 전표처리]

■ **자금일**: 분개전표입력 화면 등 전표입력 화면에서 미지급비용 등 채무계정 발생 시, 출납예정일에 정의된 일자로, 발생전표를 조회하는 조건이 된다. 화면을 오픈하면 로그인한 일자

(from)로 해서 향후 한 달 뒤 일자(to)로 해서 기본적으로 나타낸다.

■ '지금일' 등 컨트롤에 있는 사항은 조회조건에 해당한다.

■ '조회'를 하면 시트에 발생전표의 내역이 나타난다.

■ **출납완료 여부** : 조회조건에 따라 조회를 한 경우, 출납완료 여부는 '미완료'로 나타나며, 출납입력에 따라 전표처리를 하고 난 다음, 조회를 하게 되면 출납 여부가 '완료' 상태가 된다.

■ **재무확인** : [운영환경관리(재무회계)-진행]에서 설명한 바와 같이, 재무확인 체크 여부는 옵션 값으로, 출납전표 발생 전 재무팀의 확인에 의해 출납전표를 발행하라는 통제의 의미를 가지게 된다. 재무팀과 자금팀이 별도로 구분이 되고, 재무팀 확인하에 출금전표처리를 수행하는 것이 회사의 업무규정이면 활용하는 것이 바람직하나, 재무담당과 출금담당이 같다면 재무확인 필수 여부를 확인하는 것은 효율적이지 못할 수도 있다.

■ **選** : 출금전표를 자동으로 발행하고자 하는 전표 건을 선택한다.

■ **구분** : '지급어음', '받을어음', '현금', '입출계좌'로 정의되며, [소분류등록(재무회계관리)]의 '출납처리상대계정'에서 회사의 상황에 맞도록 User가 설정할 수 있다. 이때 출납처리상대 계정명과 실제 계정과목이 서로 연결이 되어, '구분'의 콤보 값을 선택하고, <전표처리> 버튼을 클릭하면 회계계정과목을 내부적으로 자동으로 가져오게 된다. '입출계좌'를 선택하고, '입출금계좌'란에 국민은행 역삼지점 계좌를 코드도움을 이용하여 선택하고 <전표처리> 버튼을 클릭하면, 다음 그림과 같이 [타 시스템 전표입력]이 나타나게 된다.

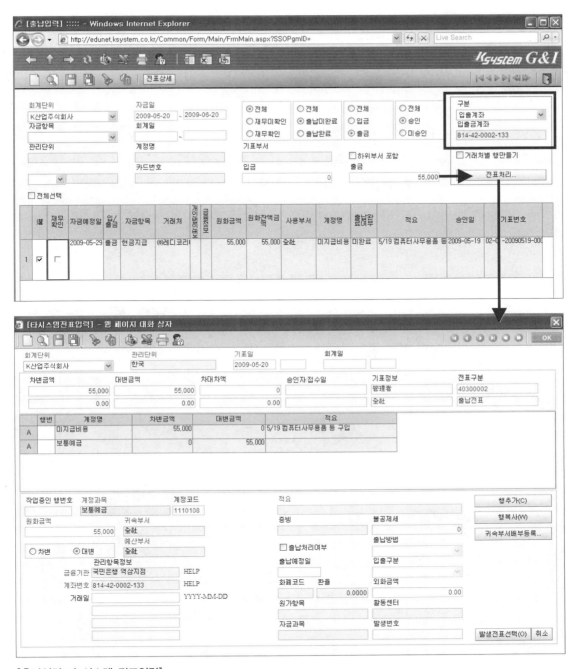

[출납입력 타 시스템 전표입력]

■ 미지급비용의 출금집행 전표가, '출납전표'라는 전표구분으로 타 시스템 자동전표가 생성이 된다. [출납입력] 화면에서 정의된 출납처리 구분에 의해 상대 계정인 보통예금 계정과 해당관리항목이 자동으로 나타난다.

4.9.2 자금현황

화면 위치　재무회계 ▶ 자금 ▶ 출납 ▶ [자금현황]

　　[계정과목정보]에서 현금성 계정으로 정의한 계정, 어음성 계정, 차입계정에 대해서 정상적으로 전표처리 및 승인이 되었다면, 특정 기간 동안의 자금성 계정의 변동내역, 잔액 그리고 변동 후 잔액을 실시간으로 확인할 수 있다. 조회하고자 하는 기준일을 from ~ to로 지정하고 조회를 하면 해당 기간 내의 전일 잔고에서부터 기간 내 입출금내역, 잔고를 확인 및 관리할 수 있다.

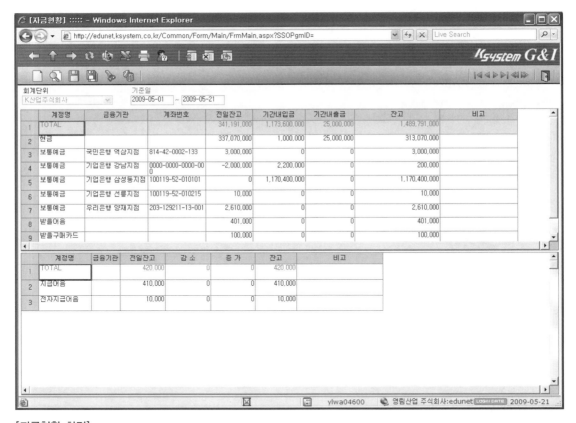

[자금현황 화면]

4.9.3 입금통보입력

화면 위치 재무회계 ▶ 자금 ▶ 입금통보 ▶ [입금통보입력]

영업팀에서 매출이 발생하고, 매출에 대한 입금이 영업담당자가 아닌 회계팀의 보통예금으로 입금이 되는 경우, 회계팀이 해당 입금에 대한 거래처를 확인할 수 없다면 가수금 계정으로 회계 처리를 해야 한다. 이때 회계팀은 영업팀에 '입금통보'를 하여 해당 가수금이 어느 거래처의 외상 매출금 입금 건인지를 확인하도록 하여, 영업팀에서 입금회계처리를 할 수 있도록 해야 한다.

영업팀은 [세금계산서발행현황] 화면에서 '입금통보조회'를 통해 매출 건과 입금통보 건을 서로 확인하여 실제적인 입금회계처리를 하게 된다.

다음 사례에 따라 '입금통보' 처리를 설명하고자 한다.

입금일	거래처	송금원화금액	입금계좌
2009-05-20	영림산업	1, 170, 400, 000	100119-52-010101(기업은행삼성동지점)

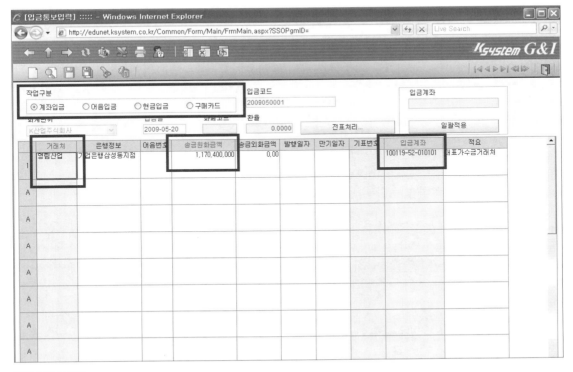

[입금통보입력]

■ **작업구분** : '계좌입금', '어음입금', '현금입금', '구매카드'로 구분되며, 입금된 유형에 따라 선택한다. 사례에 계좌로 입금이 되었으므로 '계좌입금'을 선택한다. 작업구분의 선택에 따라 시트상의 필수항목 칼럼이 다르게 나타난다.

계좌입금 송금원화금액일 경우 입금계좌 필수어음입금어음번호, 송금원화금액, 만기일자 현금입금 송금원화금액일 경우, 구매카드어음번호, 송금원화금액, 만기일자 형식으로 칼럼이 설정된다.

■ **입금일**

입금일은 로그인한 일자를 기본적으로 나타낸다. 실제 입금된 일자를 직접 수정하여 입력할 수 있다.

■ **거래처**

작업구분에 따라 거래처를 정확하게 알 수 있다면 해당 거래처를 직접 코드도움을 이용하여 입력하고, 거래처를 알 수 없다면 [운영환경관리(재무회계)-초기]의 '가수금거래처'에 설정한 거래처를 선택한다.

■ **송금원화금액** : 입금된 금액을 직접 입력한다.

■ **입금계좌**

계좌입금일 경우 입금계좌는 코드도움을 이용하여 선택한다. 작업구분에 따라 시트의 필수항목 입력란이 달라지므로, 입금유형 구분에 따라 입력한다.

■ **입금코드**

시트의 내용을 정확히 입력한 다음 저장을 하면 입금코드가 자동으로 채번이 된다.

■ **전표처리**

<전표처리> 버튼을 클릭하면 전표구분이 '입금통보전표'라는 타 시스템 전표가 생성된다.

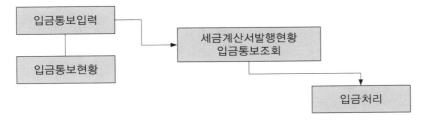

[입금통보 전표 입력]

입금통보프로세스는 다음과 같이 도식화할 수 있다.

```
┌──────────────┐
│  입금통보입력  │────┐
└──────────────┘    │      ┌────────────────────┐
                    ├─────▶│ 세금계산서발행현황   │
┌──────────────┐    │      │  입금통보조회       │
│  입금통보현황  │────┘      └────────────────────┘
└──────────────┘                      │
                                      ▼
                            ┌──────────────┐
                            │   입금처리    │
                            └──────────────┘
```

[입금통보 처리절차]

■ 입금통보 입력된 내역은 [영업관리]-[세금계산서발행현황] 화면에서 '입금통보조회'를 통해서 확인할 수 있으며, 영업담당자는 입금통보내역 건과 세금계산서발행내역 건을 확인하여 입금처리를 하게 된다.

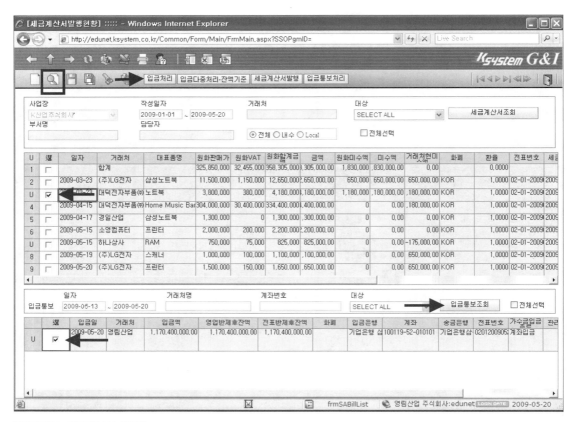

[입금통보 세금계산서 발행]

■ [세금계산서발행현황] 화면에서 '작성일자' 등 조회조건에 따라 조회를 하면 세금계산서발행내역이 Sheet1에 나타난다. <입금통보조회> 버튼을 클릭하면 Sheet 2에 있는 조회조건에 따라 [입금통보입력]에서 입력된 입금내역이 나타난다.

■ Sheet 1 세금계산서내역 건과 Sheet 2 입금통보조회내역 건을 서로 확인하여 선택한 다음 '입금처리'로 점프 이동하여 입금처리 및 입금회계전표 처리를 자동으로 수행하게 된다.

4.9.4 받을어음결제입력

화면 위치 재무회계 ▶ 자금 ▶ 받을어음 ▶ [받을어음결제입력]

받을어음은 약속어음, 환어음 등 어음채권을 계정처리 하는 경우 사용하는 계정과목에 해당한다. 일반적으로 약속어음이란 어음 발행인이 만기에 일정한 금액을 수취인 또는 그 지시인에 지급할 것을 무조건적으로 약속하는 지급약속증권이다. 거래당사자가 특정 거래처에 물품을 판매하고, 해당 매출거래처로부터 '어음'을 수령하면 '받을어음' 계정으로 인식하게 된다. 물품을 판매한 회사는 '받을어음'에 대해서 만기일까지 어음을 보유하고 있다가, 어음발행인 혹은 어음 배서인에게 만기 추심의뢰를 할 수 있다. 또는 만기가 도래하기 전 제3자인 '금융기관' 팩토링으로 어음을 할인하여 자금을 조달할 수 있다. 이러한 받을어음 결제에 대한 업무를 [받을어음결제입력] 화면에서 수행하게 된다.

받을어음 할인에 대한 '받을어음결제입력' 업무 처리를 하기 전에 [영업모듈]에서 이미 받을어음에 대한 입금회계처리는 다음과 같이 선행처리 된다.

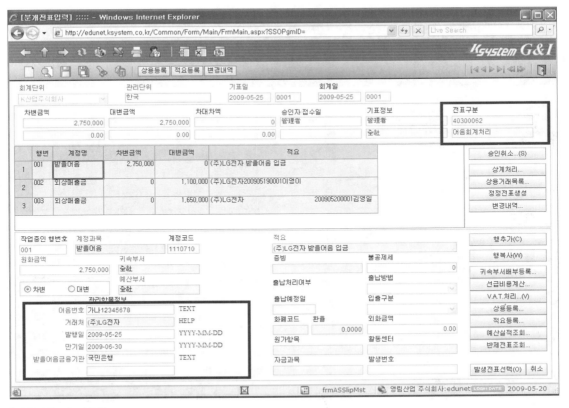

[받을어음 전표입력]

받을어음 계정에 대해서 중요한 관리항목으로는 '어음번호', '발행일', '만기일', '받을어음금융기관'에 해당한다. 다음 사례에 따라 '받을어음결제입력'에서 할인에 대한 회계처리를 설명하고자 한다.

사례 : 금융기관 국민은행, 할인율 10%, 입출계좌 814-420002-133

행	계정과목	차변금액	대변금액	적요		증빙
		관리항목1	관리항목2	관리항목3	관리항목4	출납예정
001	보통예금	2, 475, 000	0	받을어음 할인		
		국민은행역삼지점	814-42-0002-133			
002	매출채권처분손실	275, 000				
003	받을어음	0	2, 750, 000	받을어음 할인, 할인율 10%		
		가나12345678	2009-05-25	2009-06-30	국민은행	

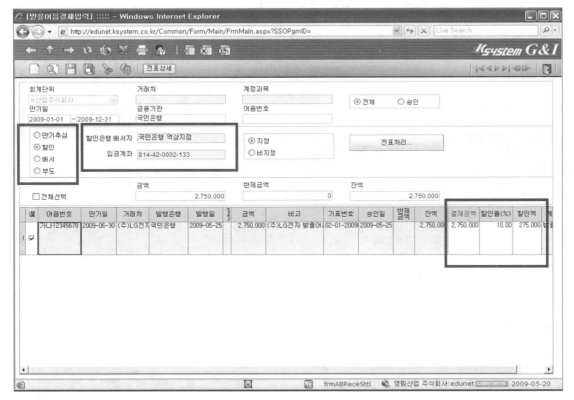

[받을어음결제입력]

■ 만기일

받을어음 계정의 중요한 관리항목은 '만기일'에 해당한다. 만기일을 조회조건으로 받을어음 발생전표를 찾을 수 있다. 화면을 오픈하면 만기일은 로그인한 일자를 기준으로 하여 해당 로그인 일자의 매월 1일부터~매월 말일까지를 기본적으로 나타낸다. 찾고자 하는 받을어음 발생전표의 만기일을 직접 수정하여 조회할 수 있다.

■ 거래처, 계정과목, 금융기관, 어음번호는 받을어음 발생전표를 찾고자 하는 조회조건에 해당한다. 만기일 등 조회조건에 따라 해당 받을어음 발생전표를 조회한다.

■ 조회를 하면 시트에 받을어음 입금전표(발생전표)내역이 나타난다. 받을어음을 할인해야 하므로 '할인'에 체크를 한다.

■ 받을어음을 할인하는 경우에는 '할인은행'과 해당 은행에서 예금계좌로 입금을 시켰다면 입금계좌가 중요하다. 따라서 할인은행과 입금계좌는 코드도움을 이용하여 입력한다.

■ **결제금액** : 조회되는 순간 결제금액은 받을어음이 입금회계처리 된 금액을 그대로 보여주게 된다.

■ **할인율(%)** : 할인율을 직접 입력하면, '할인액'이 결제금액 × 할인율에 의해 자동으로 계산된다.

■ **選** : 받을어음 할인결제처리를 하고자 하는 건을 선택하고 <전표처리> 버튼을 클릭하면 타 시스템 전표입력, 즉 '받을어음 결제전표'가 그림과 같이 자동으로 생성이 된다.

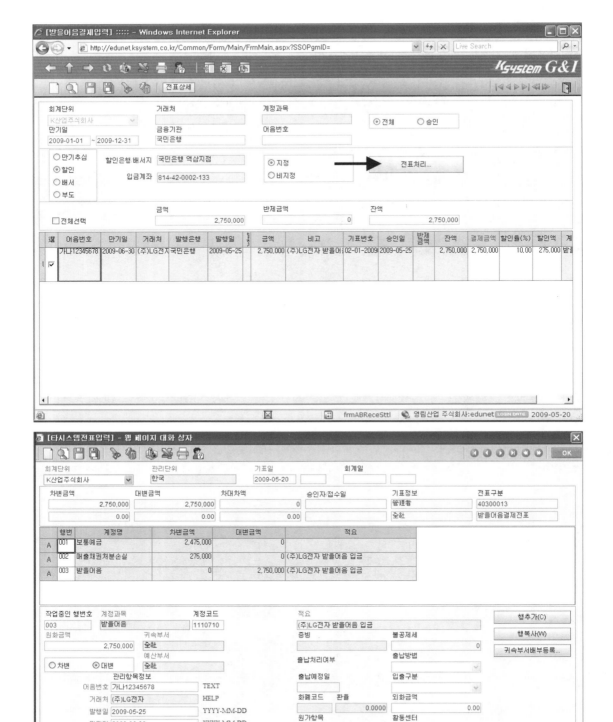

[받음어음 전표입력]

■ 받을어음 계정이 대변에 계상되면서, 받을어음 할인에 대한 자동분개처리가 이루어진다. 받을어음 할인에서 할인금액에 대한 회계처리 인식은, [운영환경관리(재무회계)-초기]에서 언급한 바와 같이, 매출채권을 제3자에게 양도하는 거래 속성에 따라 다르게 계상이 된다.

즉, 매출채권의 양도에는 제3자(금융기관)에게 채권에 대한 권리마저 양도하는 '매각거래'와 매출채권을 제3자에게 담보로 제공하고, 채권에 대한 권리는 계속 유지하는 '차입거래' 형태로 구분된다. 매출채권의 양도가 '매각거래'인 경우, 매출채권 할인에 따른 회계처리 계정은 매출채권을 처분한 것으로 보아 '매출채권처분손실' 계정으로 인식해야 하며, '차입거래'인 경우에는 매출채권을 담보로 제공하고 차입을 한 형태이므로 '이자비용' 계정으로 회계처리를 해야 한다.

K.System ERP [받을어음결제입력] 화면에서는 어음 할인의 경우, 할인율을 직접 입력하여 할인액을 계산하고, 동 금액을 '매출채권처분손실'로 회계처리 하고 있다. 어음을 할인받을 경우 어음의 할인으로 인하여 수취할 금액은 엄밀히 말하자면 다음과 같이 계산된다. 즉, 어음의 만기금액에서할인료(만기금액 × 할인율 × 할인기간)를 차감하게 된다. 다시 말해서, 어음의 할인이란 어음의 만기금액을 할인받은 시점에서 은행으로부터 차입하는 것이므로, 어음의 할인으로 인하여 수취할 금액은 어음의 만기금액에서 할인받은 시점부터 만기까지의 이자(할인료)를 차감한 금액이다. 할인받은 시점에서 어음의 장부금액과 현금수령액의 차액을 매출채권처분손실로 처리하게 된다.

매출채권처분손실(또는 이자비용)
어음장부금액(만기금액)(액면금액+보유기간이자발생액)
(-)현금수령액(만기금액-만기금액 × 할인율 × 할인기간)

우리나라의 약속어음은 모두 무이자부 어음이며, 상법상 상환청구권이 부여되어 있다.

4.9.5 받을어음-받을어음현황

화면 위치 재무회계 ▶ 자금 ▶ 받을어음 ▶ [받을어음현황]

받을어음 계정과 관련한 회계처리가 이루어진 경우, 받을어음 계정에 대한 조회, 집계 분류를 장부 메뉴가 아닌 별도의 화면에서 조회 및 확인 할 수 있다. 즉, 받을어음현황, 받을어음만기월별현황, 받을어음명세서, 할인/결제현황 등 다양한 조회/집계 화면으로 구성이 된다. 여러 조회 화면들 중 [받을어음현황] 화면에 대해서 살펴보기로 한다.

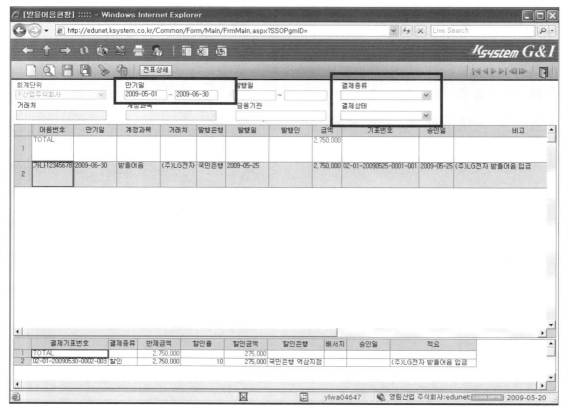

[받을어음현황]

■ **만기일** : 조회조건으로, 받을어음 계정 처리내역에 대해 조회하고자 하는 받을어음의 만기일
자를 직접 수정하여 입력할 수 있다.

■ **발행일, 거래처, 계정과목, 금융기관** : 조회하고자 하는 조건에 해당한다.

■ **결제종류** : 만기추심, 할인, 배서, 양도로 구분된다.

■ **결제상태** : '결제 전', '결제 중', '결제완료' 중에서 선택할 수 있다. 결제 전은 받을어음결
제입력을 위해 조회한 상태를 의미한다. 결제 중은 받을어음결제입력 화면에서 선택을 하고 결
제처리를 하고자 하는 상태를 나타내며, 결제완료는 전표처리를 한 상태를 의미한다.

■ Sheet 1에는 받을어음 발생(입금)전표의 내역이 조회되고, 결제가 안 되었다면 더블클릭하면

Sheet 2에 받을어음 결제에 대한 내역이 나타나게 된다.

K.System ERP 재무회계모듈의 지급어음/받을어음의 어음관리프로세스를 도식화화면 다음 그림과 같다. '어음초기잔액이월입력'은 시스템 오픈(사용) 전 이미 발생한 지급어음, 받을어음에 대한 내역을 등록하여, 어음에 대한 기초데이터로 생성하여 지급어음결제처리, 받을어음결제처리에 대한 이후 처리를 K.System ERP에서 업무수행 할 수 있도록 하는 기초가 된다.

지급어음에 대한 상세한 설명은 절을 달리하여 설명하도록 한다.

[어음관리]

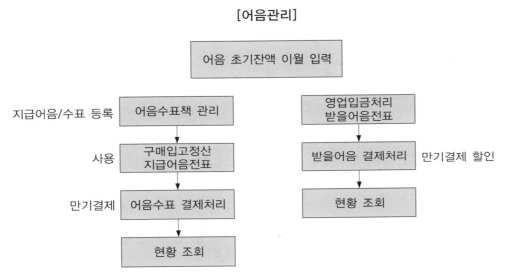

[지급어음/받을어음의 어음관리프로세스]

4.9.6 지급어음-어음수표책관리

화면 위치	재무회계 ▶ 자금 ▶ 지급어음 ▶ [어음수표책관리]

기업은 물품대금의 지급이나 결제수단으로 (약속)어음을 발행할 수 있다. 기업이 약속어음을 발행하려면 은행으로부터 약속어음용지를 수령하여 어음관리번호별로 작성/관리하였다가 실제 지급 시 지급어음 계정으로 회계처리를 하게 된다.

약속어음용지를 수령하여 관리하는 프로그램은 '어음수표책관리'화면으로 다음 사례를 가지고 설명하도록 한다.

사례: 국민은행 역삼지점에서 어음번호 '자가123451~자가123460' 10매를 수령하였다.

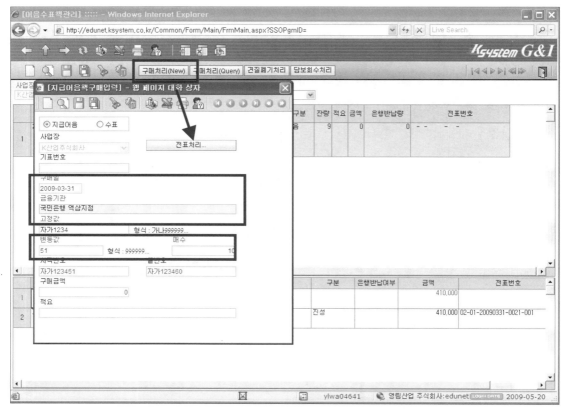

[어음수표책관리 구매관리]

■ [어음수표책관리] 화면을 오픈하여 <구매처리(New)> 점프 버튼을 클릭하면 [지급어음책구매입력]이라는 대화상자가 나타난다.

■ 지급어음인지, 수표인지를 선택하고, '구매일'은 실제 수령한 일자를 입력한다.

■ **금융기관**: 어음수표책을 구매한 금융기간을 코드도움을 이용하여 입력한다.

■ **고정값**: 어음관리번호가 '자가123451~자가123460'에 해당하는 어음책을 입력하고자 한다면 '자가1234'는 변하지 않는 고정 숫자에 해당한다. 따라서 '고정값'란에 자가1234를 입력한다.

■ **변동값**: 자가1234는 고정값에 해당하고, 5부터 10매가 변동하는 어음번호이므로, 변동값란

에 51를 입력하고, 매수에는 10을 입력한다.

■ **시작번호/끝번호** : 고정값, 변동값 입력에 의해 어음 시작번호와 끝번호를 자동으로 부여한다.

■ 〈**전표처리**〉 : 구매금액을 입력하고 전표처리를 하면 '지급어음수수료전표'를 자동으로 생성할 수 있다.

■ [지급어음책구매입력]을 하고 난 다음 [어음수표책관리] 화면을 조회하면 다음 그림과 같이 나타난다.

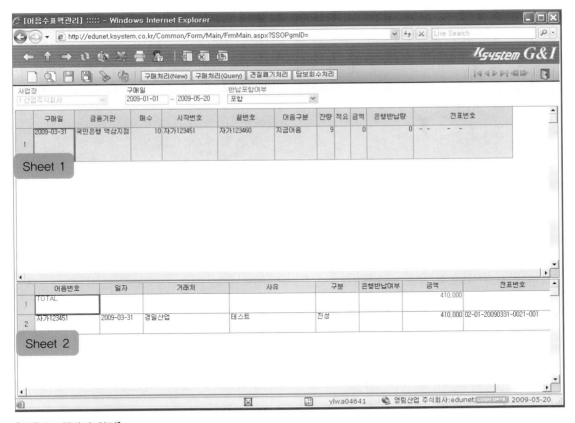

[어음수표책관리 화면]

■ '구매일' 등 조회조건에 따라 조회를 하면, Sheet 1에는 [지급어음수표책구매입력]을 통해 입력된 어음수표책 관련 내역이 나타난다. 물품대금 지급 시에 특정 어음번호의 '지급어음'을

사용하여 전표처리를 하였다면 그 내역이 Sheet 2에 나타나게 된다.

■ Sheet 2의 전표내역 행을 더블클릭하면, 지급어음 발생전표에 해당하는 전표입력 화면으로 이동하여 그 내역을 확인할 수 있다.

■ 지급어음이 '견질', '폐기', '담보', '분실'의 업무형태가 발생하여 지급어음 상태나 그 사용내역을 관리하고자 하는 경우, <견질폐기처리> 화면 버튼을 클릭하여 해당 내역을 입력하고 저장한다. 어음수표책관리, 어음수표현황 등 관련 현황 화면에서 그 내역을 확인 및 관리할 수 있다.

어음수표책을 은행으로부터 구매하면서 발생하는 수수료 금액을 [어음수표책입력] 화면에서 자동으로 분개전표 처리할 수 있으나, 일반적으로 금융기관과 거래 시 하나의 수수료 계정으로만 분개처리를 하는 경우가 드물기 때문에 [분개전표입력] 화면에서 수수료 계정에 대한 계정처리를 별도로 해도 된다. 그러나 지급어음 계정에 대해서 [어음수표결제처리입력]과 지급어음 관련 화면에서 그 처리내역을 파악하고자 한다면 [어음수표책입력]은 반드시 해야 한다. 다만, 실물어음이 아닌 '전자어음'의 경우에는 상거래상 어음번호가 필수 주요 관리 대상이 아니므로, [어음수표책입력] 화면에서 전자어음 번호에 대한 관리를 할 필요가 없다. 즉 전자어음의 경우에는 물품대금 지급 시에 바로 전자어음 계정으로 발생해도 무방하다

4.9.7 지급어음-어음수표결제입력

화면 위치 재무회계 ▶ 자금 ▶ 지급어음 ▶ [어음수표결제입력]

지급어음 사용에 대한 전표처리 후 어음만기도래일 전에 지급어음에 대한 대금결제 업무를 수행해야 한다. [어음수표결제입력] 화면을 통해 전표를 발행하게 되면 지급어음 발생전표에 대한 내역을 자동으로 반제하여 지급어음에 대한 관리를 원활하게 할 수가 있다. 지급어음결제입력에서 어음결제전표를 자동으로 발생하기 전에, 이미 지급어음에 대한 사용전표가 전표 화면에서 다음과 같이 선행처리 된다.

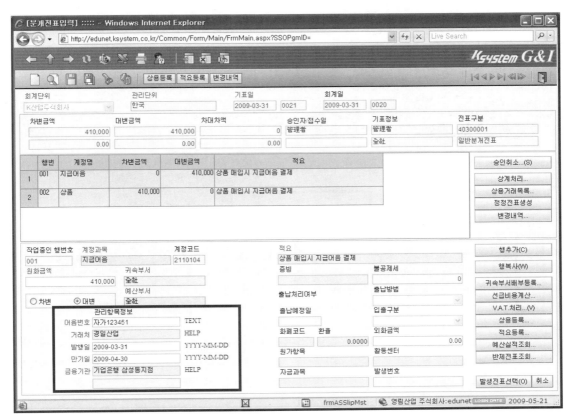

[지급어음 분개전표입력]

지급어음에 대한 관리항목 역시 '어음번호', '발행일', '만기일'이 중요하며, '어음번호'의 경우, [어음수표책관리]에서 등록한 어음번호를 입력해야 하며, 어음번호를 다르게 입력하는 경우 "어음번호가 다르다"는 메시지를 나타낸다. 또한 같은 어음번호를 입력하는 경우에도 어음번호 중복체크를 관리한다. 그림과 같이 상품매입에 대한 지급방법으로 '지급어음' 계정을 발생하였다면 만기일 이전에 지급어음에 대한 결제전표를 처리해야 한다. 다음의 사례에 따라 어음수표 결제입력에 대한 방법을 설명하도록 한다.

사례 : 경일산업에 발행하였던 약속어음(No.자가123451)이 만기가 되어 지급계좌 814-42-0002-133에서
지급처리 되었다.

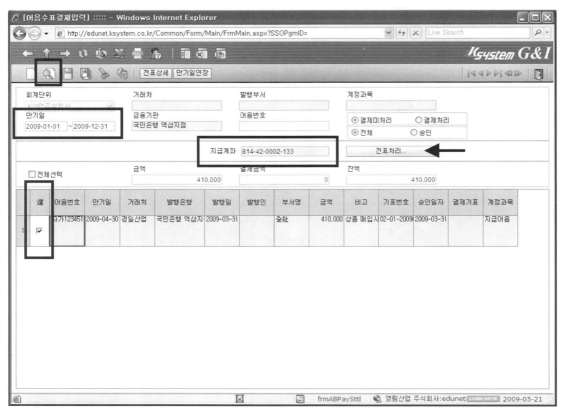

[어음수표결제입력 예]

■ **만기일** : 지급어음의 만기일자를 조회조건으로, 지급어음 발생전표 내역을 조회할 수 있다.
만기일을 직접 수정하여 조회한다.

■ **거래처/금융기관/어음번호** : 지급어음 발생전표 내역을 조회하는 조회조건으로, 해당 내역을
입력하고 조회를 하면 전체 여러 건 중에서 해당 건이 시트에 나타나게 된다.

■ **지급계좌** : 지급어음에 대한 결제계좌를 코드도움을 이용하여 직접 입력한다. 지급계좌는
'계좌등록'에서 계좌번호에 대한 계정과목으로 연결이 되어 있으며, 전표처리 시 해당 지급계
좌에 연결되어 있는 계정과목이 지급어음에 대한 상대계정으로 자동으로 나타난다. 지급계좌를
입력하지 않으면 지급어음에 대한 상대 계정이 자동으로 나타나지 않는다.

■ 選: 지급어음 결제처리를 하고자 하는 해당 건을 선택하고, <전표처리> 버튼을 클릭한다. 전표처리 버튼을 클릭하는 순간 [타 시스템 전표입력]인 '어음수표결제전표'가 자동으로 생성된다.

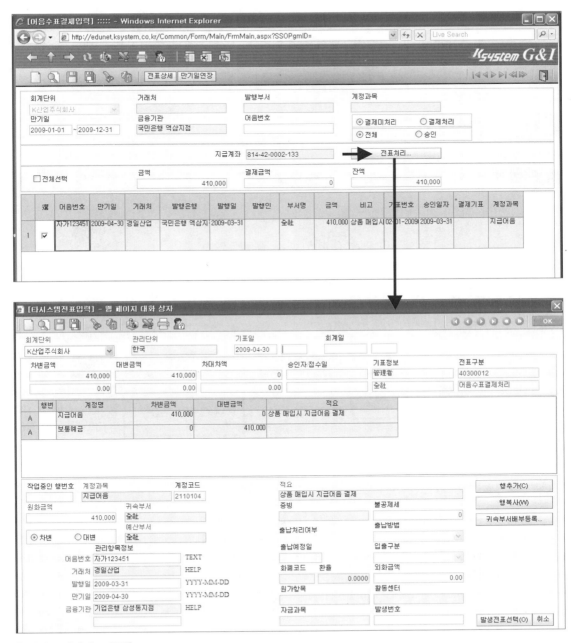

[어음수표결제전표 입력]

■ 지급계좌의 계좌번호에 대한 계정과목이 '보통예금'으로 설정이 되어 있기 때문에, 지급어음 상대계정으로 '보통예금' 계정이 자동으로 나타난다. 지급어음 대변 발생전표 시 입력된 주요 관리항목에 대한 내역이 어음수표결제처리 자동전표상에서 지급어음이 차변으로 계정처리되면서 자동으로 그 내역을 가져오게 된다.

■ 어음수표 결제처리 타 시스템 전표내역을 확인하고 저장을 하면 지급어음에 대한 결제전표 처리업무가 완료된다.

4.9.8　지급어음-어음수표현황

화면 위치　재무회계 ▶ 자금 ▶ 지급어음 ▶ [어음수표현황]

　지급어음 발생전표와 지급어음 결제처리와 관련한 회계처리가 이루어진 경우, 지급어음 계정에 대한 조회, 집계 분류를 장부 메뉴가 아닌 별도의 화면에서 조회 및 확인할 수 있다. 즉 어음수표현황, 어음수표사용현황, 지급어음명세서, 어음수표만기월별현황 등 다양한 조회/집계 화면으로 구성이 된다. 여러 조회 화면들 중 어음수표현황 화면에 대해서 살펴보기로 한다.

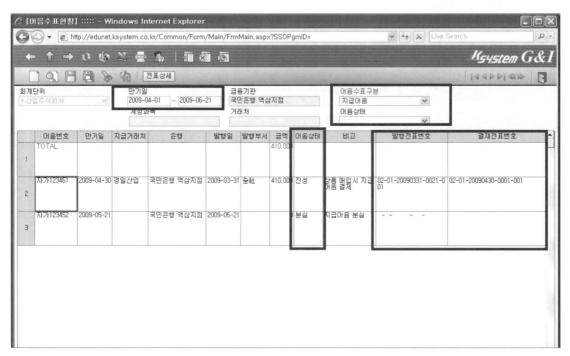

[어음수표현황 화면]

■ **만기일** : 조회하고자 하는 지급어음을 만기일자를 조회조건으로 하여, 직접 수정하여 입력할 수 있다.

■ **금융기관, 거래처** : 조회하고자 하는 조건에 해당한다.

■ **어음수표구분** : 어음, 수표로 구분되며 지급어음이 아닌 당좌수표인 경우에도 지급어음과 같은 프로세스에 따라 전표처리 업무를 수행할 수 있다.

■ **어음상태** : 진성, 견질, 폐기, 부도, 담보, 분실로 구분되며, [어음수표책관리]에서 어음이 정상적으로 등록이 되면 '진성'으로 나타난다. 어음의 현재 상태에 대한 내용을 각 상황에 따라 처리하였다면, 그에 해당하는 어음 상태별로 나타난다.

　예를 들어 어음번호 자가123452가 분실되었다면 [어음수표책관리]에서 <견질폐기처리> 메뉴를 통해 분실처리를 입력한다. 그 내역이 [어음수표현황]에서 나타나게 된다.

■ **발생전표번호** : 지급어음 사용에 대한 발생전표(대변)번호를 조회 시 자동으로 보여준다.

■ **결제전표번호** : 지급어음 발생전표에 대해서 [어음수표결제입력]을 통해 결제전표처리를 하였다면 그 전표번호를 나타낸다. 조회 시 발생전표번호는 있으나, 결제전표번호가 없다면 아직 결제처리를 하지 않은 것을 의미한다.

4.9.9 차입금입력

화면 위치 재무회계 ▶ 자금 ▶ 차입금 ▶ [차입금입력]

　기업의 자금조달 방법 중 하나인 차입금관리는 K.System ERP 회계모듈에서 다음과 같은 프로세스에 의해 운영이 된다.

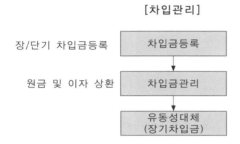

[차입관리]

장/단기 차입금등록 → 차입금등록

원금 및 이자 상환 → 차입금관리

유동성대체
(장기차입금)

[차입금관리프로세스]

차입금에 대한 내역을 입력하고 관리하는 '차입금등록', 원금과 이자상환 스케줄에 따라 원금과 이자상환 자동전표를 처리하는 '지급일관리', 그리고 장기차입금의 경우 원금상환이 1년 이내로 도래하는 경우 결산처리에서 유동성대체를 자동으로 처리하는 것으로 구성된다.

차입금관리에 대해서 다음의 사례를 이용하여 설명하도록 한다.

항목명		입력사항
차입내역	차입일	2009-03-31
	차입명	기업자금
	차입계정	장기차입금
	유동성차입계정	단기차입금
	차입계좌	454-72-005877
	차입종류	구매자금대출
	금융기관	국민은행 역삼지점
	차입구분	신규
	원화금액	3, 000, 000
상황조건	거치연수	1년 0개월
	개월마다	3
	상환횟수	6
	상환개시일	2010-03-31
	최종상환일	2011-06-30
	자투리 조정회	1
	자투리금액단위	1
이자조건	납입방법	후납
	납입주기	1개월
	이자율	6.00 %
	기간	2010-03-31 ～ 2011-06-30
	이자계산방법	잔액 × 이자율 × 이자기간/연간일수

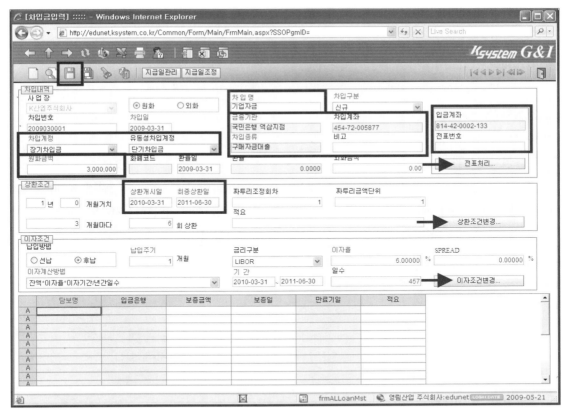

[차입금입력 화면]

■ 차입명

차입용도에 따른 차입금 명칭을 직접 입력한다.

■ 차입구분

'신규', '연장', '차환', '대환'으로 구분되며 차입금을 처음 입력 시 '신규'가 기본적으로 나타난다. 신규 차입 이후 차입에 대한 상태가 달라지면 그에 따라 차입구분을 새롭게 정의한다.

■ 차입일

실제 차입을 한 일자를 직접 수정하여 입력한다. 처음 화면 오픈 시에는 로그인 한 일자를 기본적으로 보여준다.

■ 차입번호

차입금을 관리하고자 하는 관리번호로서 직접 입력하지 않고 저장을 하면 연-월-일련번호로 자동으로 채번된다. 회사의 상황에 따라 차입번호를 부여하여 직접 입력할 수 있다.

■ 차입계정

[계정과목정보]에서 차입계정에 체크되어 있는 계정들이 콤보박스에 나타난다. 해당 차입계정을 직접 선택한다.

■ 유동성차입계정

장기차입금계정을 차입계정으로 선택하였다면 장기차입금이 1년 내 상환기일이 도래하면 결산시점에서 장기차입금을 유동성대체 분개처리를 해야 한다. 이때 유동성장기차입 계정 콤보박스에서 해당 계정을 설정해 놓으면, [결산처리]-[차입금유동성대체처리] 화면에서 자동분개처리 시 여기에 설정한 계정을 자동으로 가져오게 된다.

■ 원화금액

차입금 금액을 직접 입력한다. 원화가 아닌 외화를 차입한다면 '외화'에 체크를 한다. '외화'에 체크를 하는 순간 '화폐코드', '환율일', '환율'이 필수항목으로 반전이 된다.

■ 금융기관, 차입계좌

금융기관은 차입을 하는 은행을 의미하며, 차입계좌 역시 차입을 차입금에 대한 계좌에 해당한다. [계좌등록]에서 입력한 금융기관과 계좌번호를 사용하게 된다.

■ 상환개시일, 최종상환일

상환조건에 따라, 예를 들어 거치상환 조건이라면 해당 거치기간을 입력하면 상환개시일과 최종상환일을 자동으로 계산하여 나타낸다.

■ 납입주기

이자조건에 따라, 선납인지 후납인지를 등록하고 납입주기 개월 수를 직접 입력한다.

■ 이자계산방법

잔액 × 이자율 × 이자기간/연간일수, 잔액 × 이자율/이자지급횟수 2가지 종류가 있으며, 이자조건에 따른 이자계산방법을 선택한다.

■ 기간

이자지급기간을 직접 입력한다.

■ 저장

툴바의 [저장] 아이콘을 클릭하면, 차입금에 대한 차입과 관련한 내역이 등록되고 그에 대한 내역을 [차입현황] 등 관련 화면에서 조회 및 확인할 수 있다.

■ 차입금등록에 대한 전표처리를 [차입금등록] 화면의 <전표처리> 버튼에 의해 자동으로 차입금 분개처리를 할 수 있다. '입금계좌'에 차입금이 실제 입금되는 계좌번호를 입력하면 [계좌등록]의 계좌번호에 따른 계정과목이 연결되어 있어, 타 시스템 전표입력인 차입금전표에서는 해당 계정과목을 자동으로 가져 온다. '입금계좌'를 선택하지 않으면 장기차입금에 대한 상대계정을 차입금전표 화면에서 직접 입력해야 한다.

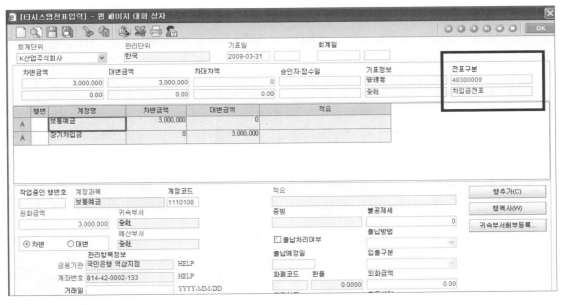

[차입금전표입력]

■ 상환조건변경, 이자조건변경

상환조건과 이자조건이 변경이 발생하는 경우 상환조건과 이자조건에 대한 내역을 수정하고, <상환조건변경>, <이자조건변경> 버튼을 통해 이력관리를 할 수 있다.

> **◀ 알아두세요   차입금분개처리**
>
> • [차입금등록] 화면에서 차입금에 대한 발생전표를 자동으로 꼭 분개처리를 해야 하는 것은 아니며, 회사의 상황에 따라 [분개전표입력] 화면에서 일반분개전표로 처리를 해도 무방하다. 다만, 차입금에 대한 관리를 K.System ERP상에서 관리를 하고자 한다면 [차입금등록] 화면은 반드시 사용해야 한다.

4.9.10 차입금 지급일 조정

화면 위치 재무회계 ▶ 자금 ▶ 차입금 ▶ [차입금입력]

[차입금등록] 화면에서 차입에 대한 내역이 입력이 되면 상환조건과 이자조건에 따라 원금상환과 이자지급상환에 대한 지급스케줄을 자동으로 계산해준다. 이렇게 시스템이 자동으로 계산한 원금상환과 이자상환 스케줄에 따라 원금과 이자를 [지급일관리] 화면에서 조회하여, 차입금 상환에 대한 자동전표를 발의할 수 있다.

그런데 시스템상으로는 이자지급방법이 잔액 × 이자율 × 이자기간/연간일수, 잔액 × 이자율/이자지급횟수 등과 같이 2가지 형태가 있다. 차입금에 대한 이자지급방법이 은행과 회사의 차입거래 약정 시 다르거나 고정금리가 아닌 변동금리 등 이자율이 바뀌는 경우, 차입금등록에 따른 원금과 이자지급 스케줄 및 금액은 실무와 다를 수 있다. 따라서 [지급일조정] 화면을 통해 이미 자동으로 계산된 이자와 원금에 대한 지급일자와 금액까지 직접 수정하여 관리할 수 있다.

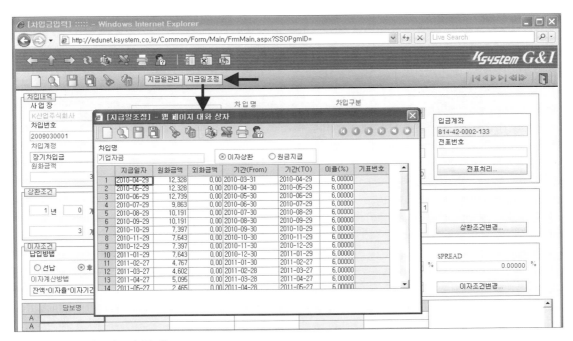

[차입금입력의 지급일조정 화면]

■ [차입금현황] 화면에서 이미 등록한 차입금을 조회하여 [차입금등록] 화면으로 이동한다.

■ 툴바에 있는 <지급일조정> 버튼을 클릭하면, [지급일조정]이라는 대화상자가 나타난다.

■ 지급일조정에 나타나는 이자상환, 원금지급에 대한 지급일자 및 금액에 대한 내용은 [차입금등록]과 동시에 시스템적으로 자동 계산되어진 내역이 나타나는 것이다. 이자상환과 원금지급에 대한 실제적인 내용을 직접 수정하여 입력하고 저장한다. 수정된 지급조건이 [지급일관리] 화면에서 조회가 되어 자동분개 전표처리를 할 수 있는 토대가 된다.

4.9.11 차입금 지급일 관리

화면 위치   재무회계 ▶ 자금 ▶ 차입금 ▶ [지급일관리]

차입금 입력 이후 상환조건과 이자조건에 따라 원금상환 및 이자상환에 지급스케줄이 자동으로 편성된다. 상황에 따라 [지급일조정]을 통하여 조정된 원금 및 이자상환 스케줄에 따라 차입금상환에 대한 전표처리를 한다.

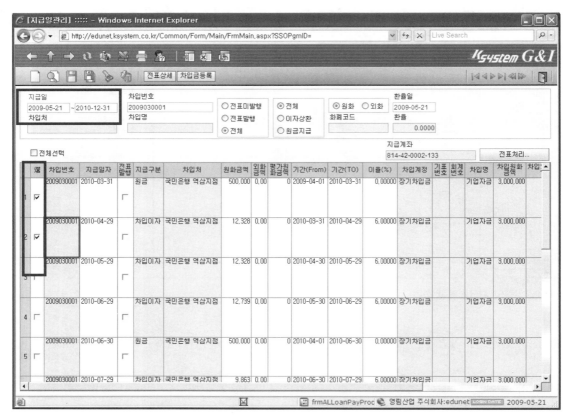

[차입금 지급일 관리 화면]

■ **지급일**: 차입금등록에서 등록한 상환조건 상환개시일, 최종상환일, 이자조건 기간에 따라 스케줄된원금/이자 지급일을 의미한다. 지급일을 직접 수정 입력하여 조회를 하면 지급일 조회 기간에 해당하는 원금과 이자에 대한 상환스케줄(지급일자, 금액)이 시트에 나타난다.

■ 차입금상환에 대한 전표처리가 되어야 하는 건을 선택하여 <전표처리> 버튼을 클릭한다.

■ **지급계좌**: 지급계좌는 원금과 이자를 실제 은행에 지급하도록 연결되어 있는 계좌로서 [계좌등록]에서 계좌번호와 그에 따른 계정과목이 연결되어 있다. 지급계좌를 입력하고 전표처리를 하게 되면 다음과 같이 차입금상환전표가 자동으로 생성된다.

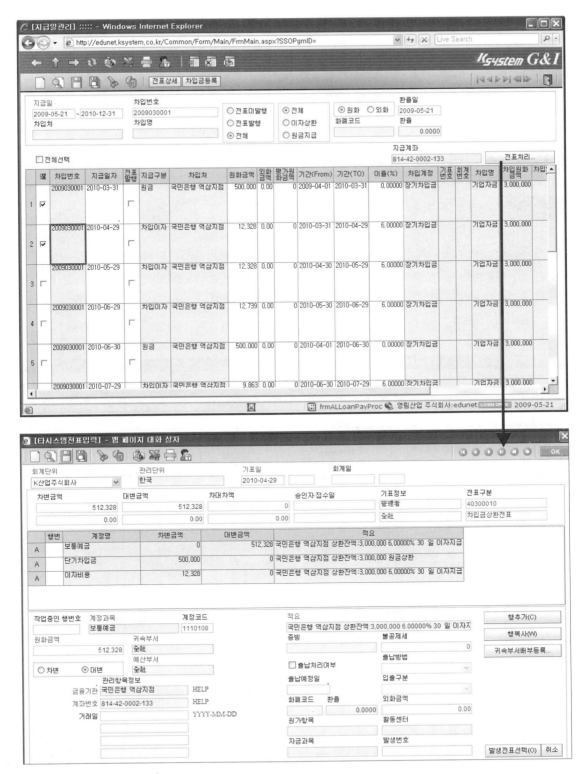

[차입급 지급일관리 및 전표]

[지급일관리] 화면에서 차입금상환전표를 자동으로 꼭 분개처리를 해야 하는 것은 아니며 회사의 상황에 따라 [분개전표입력] 화면에서 일반분개전표로 처리를 해도 무방하다. 다만, 일반분개전표로 처리를 하게 되면 차입금상환에 대한 내역을 관리하는 [차입금 건별 상환내역]에서 그 내역을 조회 및 확인을 할 수가 없게 된다.

4.9.12 차입금현황

화면 위치 재무회계 ▶ 자금 ▶ 차입금 ▶ [차입금현황]

차입금이 등록이 되고, 지급일 조정 및 원금과 이자 상환과 관련된 회계처리가 이루어진 경우, 차입금 계정에 대한 조회, 집계 분류를 장부 메뉴가 아닌 별도의 화면에서 조회 및 확인할 수 있다. 차입금현황, 차입금예적금현황, 차입금증감현황, 차입금 건별 상환내역 등 다양한 조회/집계 화면으로 구성이 된다. 여러 조회 화면들 중 차입금현황 화면에 대해서 살펴보기로 한다.

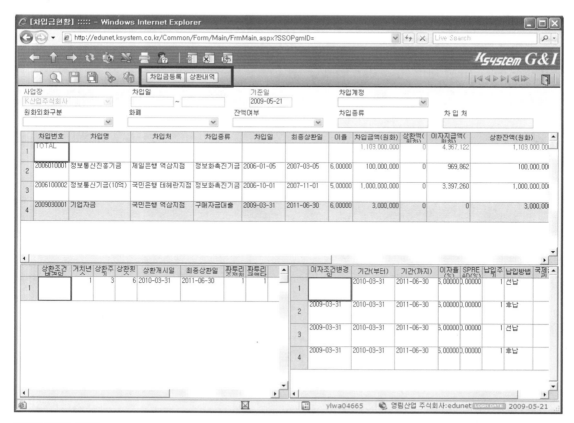

[차입금현황 화면]

■ **기준일** : 현 기준일 시점의 차입금등록에 대한 내역을 조회할 수 있다.

■ 조회조건에 따라 조회를 하면 Sheet 1에는 차입금 건에 대한 상환내역이 나타난다. Sheet 2 와 Sheet 3에는 차입금등록 화면의 상환조건과 이자조건에 대한 내용이 보여지는데, 상환조건 변경, 이자조건변경을 하였다면 그 일자별 변경내역까지 표시한다.

※ 차입금상환전표를 [지급일관리]에서 자동전표로 발행하지 않으면, 동 화면에서도 그 상환 내역을 확인할 수가 없다.

4.10 　 K.System ERP 예산관리

예산이란 기업이 일정기간 동안 업무를 수행하는 데 필요한 경비를 금액적으로 표현한 것을 의미한다. 예산관리는 이러한 예산을 부서별로 편성하고, 예산관리(통제)부서가 조정하여 월별, 연간 예산을 수립한 뒤, 전표발행 시 실행예산과 집행예산을 비교하여 예산을 통제하고 조정하 는 일련의 과정을 말한다. K.System ERP 예산관리 프로세스를 도식화하면 그림과 같다.

[예산관리]

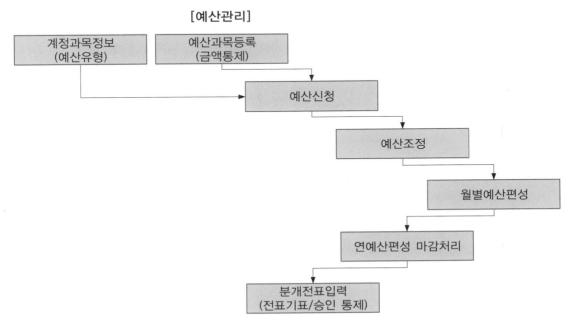

[예산관리프로세스]

4.10.1 예산과목등록

화면 위치 재무회계 ▶ 예산 ▶ 기본 ▶ [예산과목등록]

예산관리를 위한 기본설정은 [계정과목정보]에서 계정에 대한 '예산유형'이 정의가 되어야 한다. 예산유형은 [계정과목정보]의 예산유형에서 설명한 바와 같이 계정과목과 관리항목으로 구분된다. 계정과목에 대한 예산유형이 다음과 같이 [계정과목정보]에서 정의된 사례를 가지고 예산관리프로세스에 대한 설명을 한다.

계정과목	예산유형
접대비(판)	계정과목
복리후생비(판)	관리항목(복리후생비세목)

[계정과목정보 예산유형]

K.System ERP 예산관리의 예산편성은 기본적으로 부서별로 예산을 직접 신청하는 것으로 가정한다. 즉 회계팀이 아닌 타 현업부서는 회계계정과목에 대한 개념이 부족하다는 가정하에 부서별로 자주 쓰는 용어를 '예산과목'이라는 명칭으로 사용하게 된다. 따라서 예산과목등록이란 회계계정과목명이 아닌 현업부서에서 흔히 쓰는 명칭을 예산명으로 입력하면 된다. 이렇게 등록한 예산명과 실제 전표발생 시의 회계계정과목을 연결하는 화면이 별도로 존재하게 된다.

예산과목등록을 다음의 사례에 따라 설명하고자 한다.

사례 :

예산명	예산분류	금액통제
접대비(판)	예산그룹1	체크
복리후생비(판)-회의비	예산그룹1	체크
복리후생비(판)-행사비	예산그룹1	체크

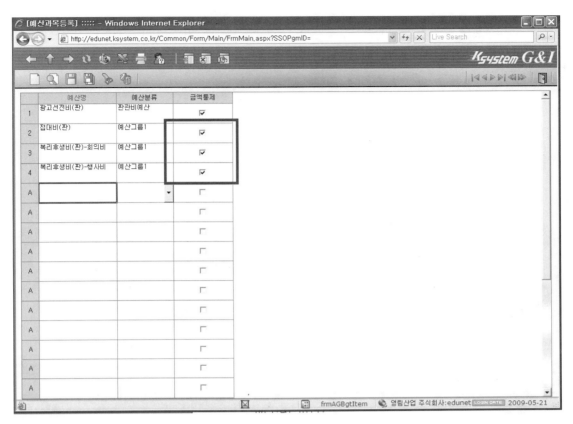

[예산과목등록]

■ **예산명** : 예산과목명으로 사용하고자 하는 '명칭'을 직접 입력한다.

■ **예산분류** : 예산을 편성하고 난 뒤 예산 관련 조회 화면에서 예산분류별로 조회 및 확인하는 조건으로 활용하게 된다. [소분류등록(재무회계)]에서 예산분류의 명칭을 사용자가 직접 정의하여 동 화면에서 콤보박스의 값으로 이용할 수 있다.

■ **금액통제** : 해당 예산명에 대해서 체크를 한다. 예산편성프로세스의 시발점이다.

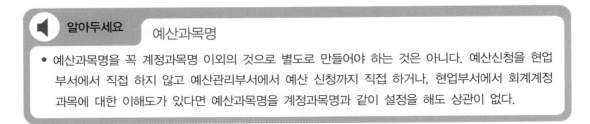

알아두세요 예산과목명

• 예산과목명을 꼭 계정과목명 이외의 것으로 별도로 만들어야 하는 것은 아니다. 예산신청을 현업부서에서 직접 하지 않고 예산관리부서에서 예산 신청까지 직접 하거나, 현업부서에서 회계계정과목에 대한 이해도가 있다면 예산과목명을 계정과목명과 같이 설정을 해도 상관이 없다.

4.10.2 계정−예산과목등록

화면 위치 재무회계 ▶ 예산 ▶ 기본 ▶ [계정−예산과목등록]

[예산과목등록]에서 등록한 예산명과 전표에서 실제 발생되어질 계정과목을 서로 연결시켜 주어야 한다. 다음 사례와 같이 계정과 예산과목명을 서로 연결시키도록 한다.

사례 :

계정과목	관리항목	예산과목
접대비(판)		접대비(판)
복리후생비(판)	회의비	복리후생비(판)−회의비
복리후생비(판)	행사비	복리후생비(판)−행사비

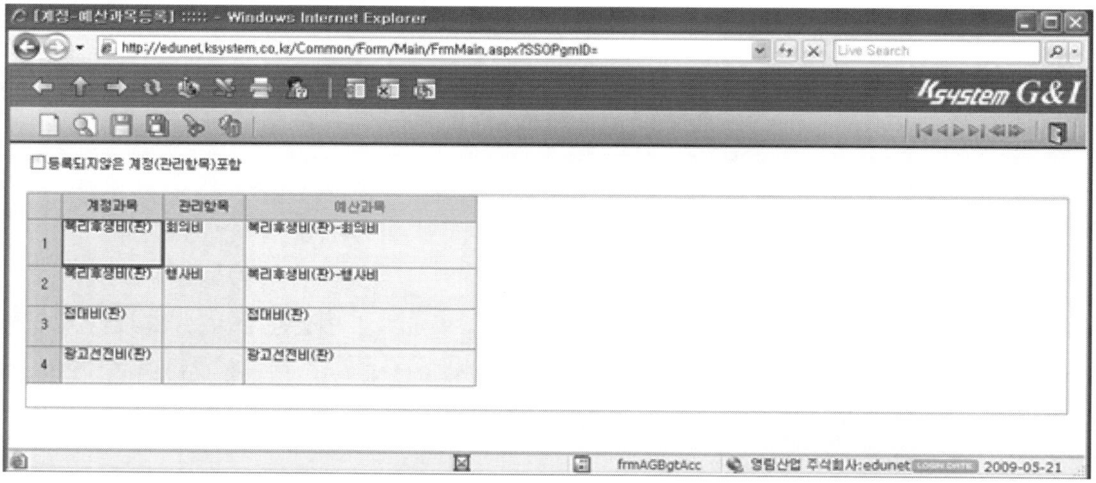

[계정−예산과목등록]

■ 계정과목, 관리항목

[계정과목정보]의 예산유형 설정에 따라 계정과목과 관리항목 칼럼에 각각 항목이 나타난다. [계정과목정보]에서 예산유형이 '계정과목'이면 위 그림과 같이 '접대비(판)'이 자동으로 나타난다. 예산유형이 '관리항목'이면 계정과목 칼럼과 관리항목 칼럼에 그림과 같이 복리후생비(판), 회의비, 복리후생비(판), 행사비가 자동으로 나타난다.

■ 예산과목

[예산과목등록]에서 입력한 예산명을 왼쪽에 나타난 계정과 서로 연결시킨다.

■ 등록되지 않은 계정(관리항목)포함

체크를 하고 조회를 하면 아직 계정–예산과목명을 연결하지 않는 항목들이 조회된다. 계정–
예산과목 연결이 되지 않으면 해당 계정이 전표발생처리 되어 통제 예상금액을 초과하더라도 예
산통제를 할 수가 없게 된다.

계정과 예산과목명이 제대로 연결되어 있는지를 확인할 수 있는 화면은 [예산집]에 해당한
다. 예산과목과 계정이 서로 어떻게 연결되어 있는지에 대한 상태를 다음 그림과 같이 확인할
수 있다.

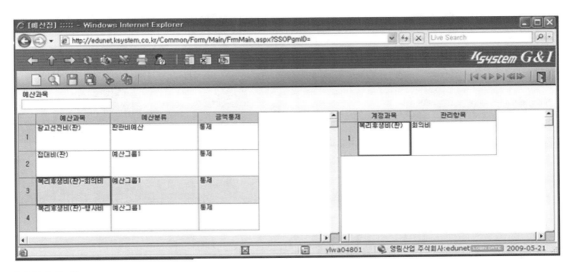

[예산집 화면]

4.10.3 예산신청

화면 위치 재무회계 ▶ 예산 ▶ 예산편성 ▶ [예산신청]

　　[예산과목등록], [계정-예산과목등록]이 정의가 되면 예산신청을 할 수 있는 기본적인 작업
이 이루어진 상태가 된다. 다음의 사례를 바탕으로 예산관리의 일련의 프로세스에 해당하는 [예
산신청]-[예산조정]-[월별예산편성]-[연예산마감처리]에 대해서 설명한다.

사례 :

예산부서	예산과목	예산신청	산출내역	예산조정
감사	접대비(판)	2, 000, 000	전년도 예산참고	2, 000, 000
감사	복리후생비(판)-행사비	1, 000, 000	전년도 예산참고	1, 000, 000

[예산신청]

▨ 예산부서

　　예산신청부서를 직접 입력한다.

■ **신청일**

화면 오픈 시에는 로그인한 일자를 기본적으로 나타낸다. 예산신청일자를 직접 수정하여 입력한다.

■ **예산과목**

예산과목을 코드도움을 이용하여 직접 입력한다.

■ **당기신청금액**

예산신청금액을 직접 입력한다.

■ **산출내역**

예산신청금액에 대한 근거를 직접 입력한다. 정보성에 해당한다.

■ **신청확정**

예산신청에 대한 내역을 입력하고 저장을 한 다음 확정을 하고자 한다면 '신청확정'에 체크를 하여 해당 부서의 예산신청을 확정한다.

4.10.4 예산조정

화면 위치	재무회계 ▶ 예산 ▶ 예산편성 ▶ [예산조정]

현업부서에서 부서별로 예산신청을 하였다면 예산관리(통제)부서에는 신청한 예산에 대하여 인정할 것인지 아니면 조정을 할 것인지에 대한 판단을 하게 된다. 이러한 판단을 [예산조정] 화면을 통해서 수행하게 된다.

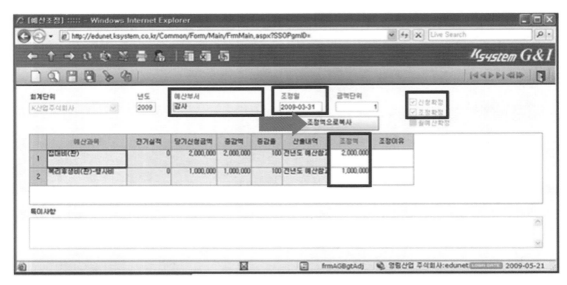

[예산조정 화면]

■ 예산부서

예산을 조정하고자 하는 부서를 코드도움을 이용하여 입력한다. 예산부서를 입력하고 조회를 하면 해당 부서의 '예산신청'에서 입력한 예산신청내역이 시트에 나타난다.

■ 조정액

당기신청금액에 대해서 조정할 필요가 있다면 조정액에 직접 입력한다. 당기신청금액을 인정 하여 그대로 조정액으로 한다면, <조정액으로 복사>를 클릭하면 당기신청금액이 모두 조정액 금액으로 자동으로 입력된다.

■ 조정확정

예산조정 사항을 입력하고 저장을 한 다음 확정을 하고자 한다면, '조정확정'에 체크를 하여 해당 부서의 예산조정을 확정한다.

4.10.5 월별예산

화면 위치	재무회계 ▶ 예산 ▶ 예산편성 ▶ [월별예산]

예산신청, 예산조정이 이루어지고 나면 부서별 예산을 월별로 편성 및 확정하게 된다.

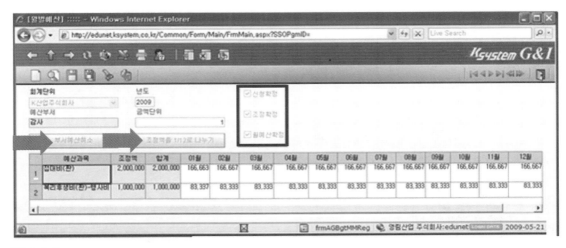

[월별예산]

■ 예산부서

월별예산편성을 하고자 하는 부서를 코드도움을 이용하여 입력한다. 예산부서를 입력하고 조회를 하면 [예산조정]에서 반영된 금액이 시트에 나타난다.

■ 조정액을 1/12로 나누기

월별로 예산금액을 동일한 금액으로 편성하고자 한다면, <조정액을 1/12로 나누기> 버튼을 클릭하면 월별로 동일한 금액이 자동으로 편성된다. 특정 월별로 다르게 금액을 편성하고자 한다면, 월별란에 직접 금액을 입력한다.

■ 부서예산확정

부서별 월별예산을 입력하고 저장을 한 다음, 확정을 하고자 한다면 <부서예산확정> 버튼을 클릭하면 해당 부서의 '월예산'이 확정된다.

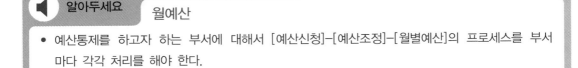

알아두세요 **월예산**

* 예산통제를 하고자 하는 부서에 대해서 [예산신청]–[예산조정]–[월별예산]의 프로세스를 부서마다 각각 처리를 해야 한다.

4.10.6 예산편성마감처리

| 화면 위치 | 재무회계 ▶ 예산 ▶ 예산편성 ▶ [연예산마감처리] |

　　부서별 월별예산편성이 모두 이루어졌다면 연예산에 대한 전체 마감처리를 하여 예산을 확정
시킨다. [연예산마감처리]에서는 부서별 월별예산상황을 확인하여 전체 마감처리 업무를 수행하
게 된다.

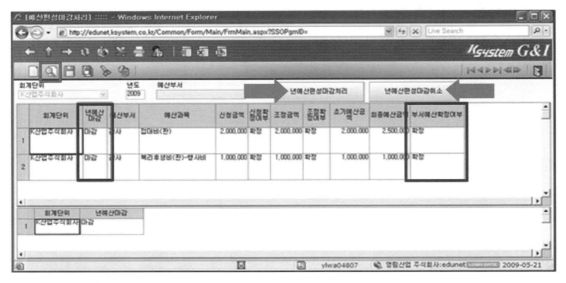

[예산편성마감처리]

■ 조회를 하면 부서별 예산편성사항이 시트에 나타난다. '예산부서'를 선택하여 조회를 하면
해당 부서의 예산편성내역이 나타나며, 부서 조회조건 없이 조회를 하면 전체 부서의 예산편성
사항이 보여지게 된다.

■ 부서예산확정이 되어 있는지를 확인하고, 부서예산확정이 되어 있지 않으면 [월별예산] 화
면에서 월별 부서예산확정을 먼저 수행한다.

■ **연예산편성마감처리** : 부서예산확정이 모두 되었다면 <연예산편성마감처리> 버튼을 클릭하
면 "처리가 되었습니다"라는 메시지와 함께 회사 전체의 예산편성이 마감된다.

■ **연예산편성마감취소** : 수정사항이나 혹은 확인사항이 발생하여 마감취소를 하고자 하는 경
우 <연예산편성마감취소> 버튼을 클릭하면 된다.

예산편성을 마감하였더라도 특정 부서의 예산편성을 새롭게 해야 하거나 혹은 전체 부서의 예산 편성을 재검토해야 하는 상황이 발생할 수 있다. 이러한 경우 예산관리프로세스의 역순으로 예산편성을 취소하고 다시 예산관리프로세스를 밟아야 한다. 예산관리취소 프로세스는 다음과 같다.

[예산관리취소 프로세스]

① [연예산편성마감처리] : 연예산편성마감취소
② [월별예산] : 부서예산취소 월별예산 삭제
③ [예산조정] : 월예산확정취소 예산조정 삭제
④ [예산신청] : 신청확정취소 예산신청 삭제

4.10.7 예산변경입력

| 화면 위치 | 재무회계 ▶ 예산 ▶ 예산조정 ▶ [예산변경입력] |

연예산편성이 마감이 되어 실행예산이 진행되는 회계연도 기중에도 예산은 추가 경정이 발생할 수 있다. 이러한 경우 예산편성을 취소해서 다시 예산을 수립하는 것이 아니라 [예산변경입력]을 통해서 추경예산에 대한 업무처리를 할 수 있다.

[예산변경입력]

■ **삭감부서**

　　예산을 삭감(감액)하고자 하는 부서를 코드도움을 이용하여 직접 입력한다.

■ **삭감과목**

　　삭감(감액)하고자 하는 예산과목을 코드도움을 이용하여 직접 입력한다.

■ **삭감월도**

　　예산을 삭감(감액)하고자 하는 해당월을 직접 입력한다.

■ **변경예산**

　　예산변경이 일어나는 금액, 즉 삭감(감액)하고자 금액이나 추가(증액)하고자 하는 금액을 직접
입력한다.

■ **삭감 후 예산**

　　변경예산 입력에 따라 삭감(감액)예산을 자동으로 보여준다.

■ **추가부서**

　　예산을 추가(증액)하고자 하는 부서를 코드도움을 이용하여 직접 입력한다.

■ **추가과목**

　　추가(증액)하고자 하는 예산과목을 코드도움을 이용하여 직접 입력한다.

■ **추가월도**

　　예산을 추가(증액)하고자 하는 해당월을 직접 입력한다.

■ **추가 후 예산**

　　변경예산 입력에 따라 추가(증액)예산을 자동으로 보여준다.

　　특정부서(A)의 예산을 다른 부서(B)로 예산을 전용하여 사용할 수 있도록 '예산전용'이 발생
하는 경우에는 '삭감부서'와 '추가부서'를 동시에 입력한다. 즉 A는 '삭감부서'에 입력하고 B는
'추가부서'에 입력한다. 삭감과목, 추가과목 역시 A부서의 삭감하고자 하는 예산과목을 삭감과목
에 입력하고, B부서에 추가하고자 하는 예산과목을 추가과목에 입력한다.

4.10.8 예산과목별 실적 상세현황

화면 위치 재무회계 ▶ 예산 ▶ 예산조회 ▶ [예산과목별 실적 상세현황]

예산편성을 하고 실행예산이 발생하면 예산 관련 내역들을 조회하고 확인을 해야 한다.

예산 관련 현황 화면으로는 [예산과목별 실적 상세현황], [예산과목별 예실현황], [월별예산현황], [기간별 예실현황], [전사예실현황] 등으로 구성되어 있다. 여러 예산 관련 현황 화면들 중에서 [예산과목별 실적 상세현황]에 대해서 살펴보기로 한다. 예산과목별 실적 상세현황은 예산부서별, 예산과목별로 초기예산, 최종예산, 실적, 잔액에 대한 내용을 확인하고, 실행예산 실제 발생전표 상세내역을 확인할 수 있는 화면이다.

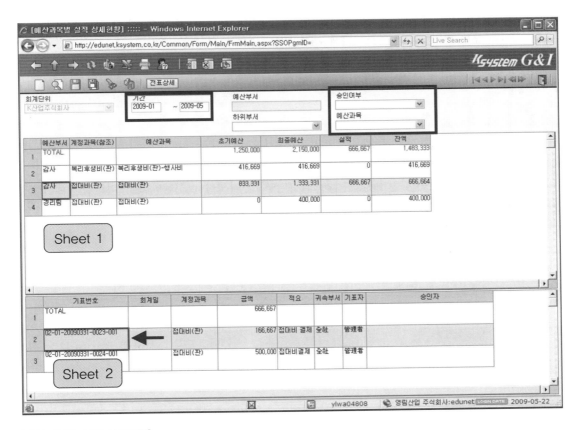

[예산과목별 실적 상세현황]

■ **기간**

회계기간(예산편성기간)을 의미하며 로그인한 일자의 해당월을 from ~ to로 기본적으로 보여준다. 조회하고자 하는 해당 기간을 직접 수정하여 입력한다.

■ 예산부서, 하위부서

조회조건에 해당한다. 특히 '하위부서'는 콤보박스 형태로 '포함'이라는 코드 값을 가진다. 하위부서 포함은 [인사모듈]의 조직도와 연계하여 예산부서의 하위부서에서 발생한 전표내역도 확인할 수 있게 된다.

■ 승인 여부

'승인', '미승인' 콤보 값을 가진다. 조회조건에 따라 조회를 하면, Sheet 1에서는 예산편성 내역이 나타나고, Sheet 1의 해당 부서의 행을 더블클릭하면 Sheet 2에 실행예산이 발생한 전표 내역 건이 나타난다. 이때 승인을 선택하면 실행예산전표가 발생은 되었으나 회계승인이 되지 않았다면 조회가 되지 않는다. '미승인'은 실행예산전표가 아직 회계승인이 이루어지지 않았더라 도 그 내역을 조회할 수 있는 조회조건에 해당한다.

■ 초기예산

초기예산은 최초 예산편성 시 부서별, 예산과목별로 편성된 예산금액이다.

■ 최종예산

예산편성마감 후 [예산변경입력]을 통해 삭감/추가가 발생한 예산금액을 의미한다. [예산변경 입력]이 없으면 초기예산 = 최종예산이 된다.

■ 실적

부서별, 예산과목별로 실제 전표발의 된 금액을 보여준다.

■ 잔액

예산금액에서 실행예산이 실제 발생하여 전표발의 된 이후의 금액을 보여준다.

즉, 최종예산-실적이 된다. Sheet 2를 더블클릭하면 실행예산이 실제 전표발생 된 전표내역 까지 다음과 같이 확인할 수 있다.

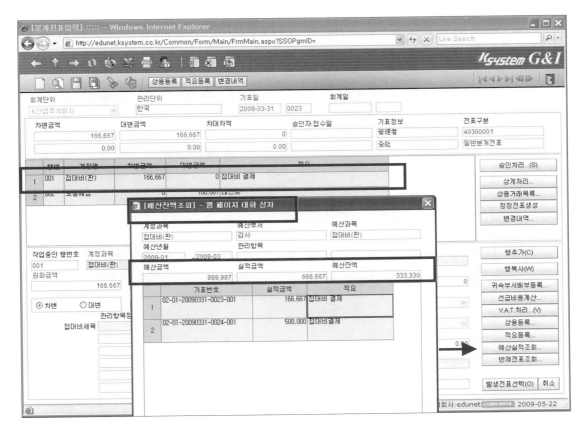

[예산 분개전표입력]

전표 화면에서 <예산실적조회> 버튼을 클릭하면, 예산과목에 대한 예산금액, 실적금액, 예산잔액을 확인할 수 있다. 해당 예산과목에 대해서 다음 번 실행예산전표를 발생할 때, 남아 있는 예산잔액을 초과하여 실적금액이 발생하면 예산통제에 의하여 "예산을 초과했다는" 메시지와 함께 전표처리가 되지 않게 된다.

※ 예산통제 옵션에 대한 사항은 [운영환경관리(재무회계)-진행]을 참고하기 바란다.

　　결산이란 기업의 회계기간이 종료됨에 따라 기간의 경영성과를 측정하고 기말의 재무상태를 명백히 하며, 장부의 기입내용을 당기와 차기로 명료하게 구별하기 위하여 행하는 일련의 절차이다. 즉, 일정시점에서 장부를 마감하여 재무 상태를 파악하고 경영성과를 명확히 계산하는 절차를 의미한다. K.System ERP 회계모듈에서의 결산은 분개전표작성 및 승인처리절차에 의해 자동으로 분류, 집계된 '합계잔액시산표'를 검토하고, 기말수정분개 전표를 입력하여 재무제표를 확정하게 된다. 기업에서 일반적으로 수행하는 기말수정분개를 위한 결산정리사항은 다음과 같다.

- 재고자산 기말재고 평가
- 제조원가계산 및 매출원가 대체
- 매출채권 대손상각비 계산 및 대손충당금 설정
- 유가증권의 평가
- 고정자산 감가상각비 처리
- 퇴직급여충당금계상
- 외화자산 및 외화부채의 환산
- 미수수익, 미지급비용 등의 이연 및 계상
- 미지급 법인세 계상

　　이러한 결산정리사항 중 K.System ERP 회계모듈에서 자동분개전표를 통해 결산정리를 할 수 있는 업무유형과 일반분개전표로 결산정리를 할 수밖에 없는 업무유형을 구분하면 다음과 같다.

구분	결산대체를 통한 자동분개사항	일반분개전표를 통한 결산정리사항
결산정리사항	감가상각비 계상	유가증권의 평가
	제조원가계산 및 매출원가 대체	퇴직급여충당금 계상
	외화평가	대손상각비 계산 및 대손충당금 설정
	외화채무평가	미지급법인세 계상
	외화예금평가	…
	차입금유동성대체	
	미수수익계상/미수수익경과분 대체	
	미지급비용계상/미지급비용경과분 대체	
	선급비용 계상	

'감가상각비계상'과 관련해서는 절을 달리 하여 '고정자산' 모듈에서 설명하기로 한다.

'제조원가계산 및 매출원가 대체'는 [생산(원가)]모듈 교재를 참고하기 바란다. 이번 절에서는 결산대체를 통한 결산정리 자동분개사항 중 주요 항목에 대해서 알아보기로 한다.

4.11.1 외화평가

화면 위치 ▶ 재무회계 ▶ 결산 ▶ 결산대체 ▶ [외화평가]

외화거래의 경우 거래시점의 환율로 환산하여 회계처리를 하고, 기말시점의 외화평가는 B/S일 현재의 환률로 환산해야 한다. 즉 기말시점의 환율을 적용하여 환산차손익을 인식해야 한다. K.System ERP 회계모듈에서는 [외화평가] 화면을 통해 외화환산에 대한 자동전표처리를 할 수 있다. 예를 들어 수출에 의한 외화거래가 발생하였다면 K.System ERP 영업/수출모듈의 [수출BL 입력] 화면에서 수출에 대한 매출전표가 입력되면 아래 그림과 같이 자동분개전표처리가 된다.

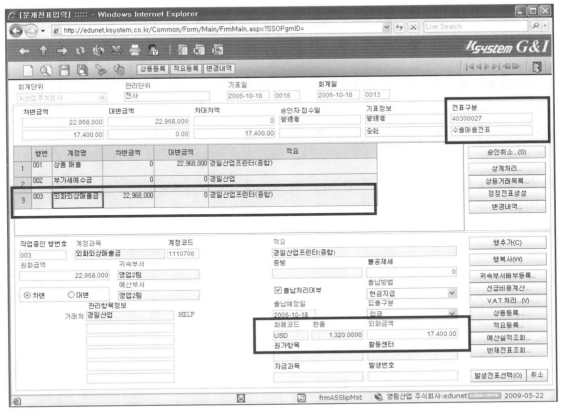

[외화거래 분개전표]

'외화외상매출금' 계정이 발생할 때, 화폐코드와 거래일의 환율에 의해 외화금액이 원화금액으로 환산이 된 것이다. 이러한 외화외상매출금에 대하여 기말시점에 B/S일 기준 환율을 적용하여 외화외상매출금에 대한 기말평가를 다음과 같이 처리하게 된다.

■ **기준월**: 기말평가 연월을 직접 선택한다.

■ '결산대체처리 여부'에서 '결산대체 미처리 건'으로 조회를 한다.

■ **화폐코드, 평가환율**: 환산 대상 화폐와 기말시점 기준환율을 직접 입력한다.

■ '조회'를 하게 되면 시트상에 [수출BL 입력]에서 자동분개처리 된 수출매출전표의 내역이 자동으로 나타난다.

■ **발생전표기표번호**: 외화거래를 계상한 회계전표의 회계전표번호를 보여준다.

■ **발생외화금액**: 외화거래 발생전표의 외화금액을 보여준다.

■ **발생원화금액**: 외화거래 발생전표의 원화금액을 보여준다.

■ **평가원화금액**: 평가환율에 의해 평가원화금액을 자동으로 계산하여 보여준다.

■ **평가차액**: 원화잔액과 평가원화금액을 비교하여 평가차액을 계산해준다.
평가차액이 (+)금액이면 외화환산이익 계정으로, (−)금액이면 외화환산손실 계정으로 인식되게 된다.

■ **選**: 외화환산평가를 하고자 하는 건을 선택하고 <전표처리> 버튼을 클릭하면 외화환산평가에 대한 자동분개전표가 다음 그림과 같이 나타나게 된다.

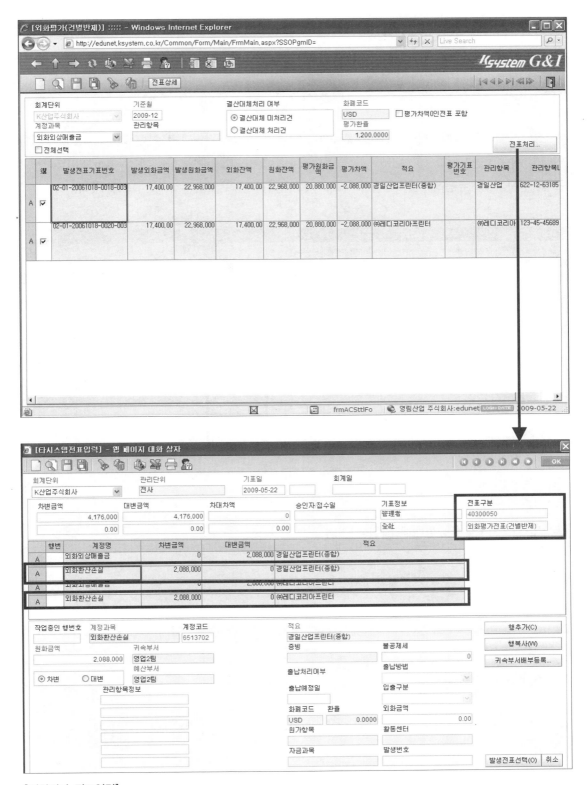

[외화평가 전표입력]

4.11.2 차입금유동성대체

화면 위치 | 재무회계 ▶ 결산 ▶ 결산대체 ▶ [차입금유동성대체]

　　장기차입금으로 차입하여 자금을 운용하다가, 남은 차입기간이 1년 이내로 하는 경우 장기차
입금을 유동성장기차입으로 대체하여 대차대조표상에 표시를 해야 한다. K.System ERP 회계모
듈에서는 [차입금유동성대체] 화면을 통해 다음 그림과 같이 자동분개처리 할 수 있다.

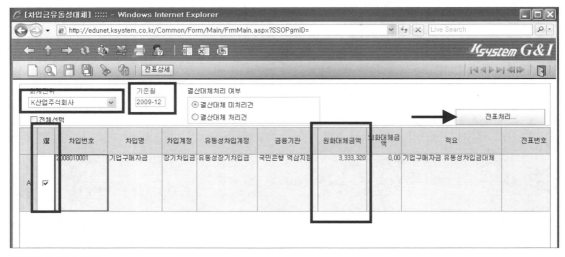

[차입금유동성대체]

● **기준월**: 차입금유동성대체 연월을 직접 선택한다.

● '결산대체처리 여부'에서 '결산대체 미처리건'으로 조회를 한다.

● '조회'를 하게 되면 [차입금입력]에서 등록된 장기차입금내역이 나타난다.

● **차입번호**: [차입금입력]에서 등록된 차입번호를 보여준다.

● **유동성차입계정**: [차입금입력]에서 '차입계정'에 대한 '유동성차입계정'을 설정한 계정이 나
타난다.

■ **원화대체금액** : 장기차입금액 중에서 유동성대체가 될 금액을 자동으로 보여준다.

■ **選** : 유동성대체 할 건을 선택하고 <전표처리> 버튼을 클릭하면 유동성대체 자동분개전표가 다음 그림과 같이 나타난다.

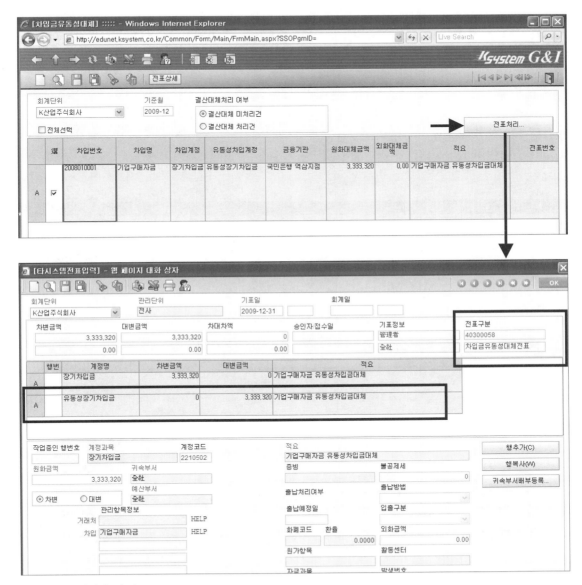

[차입금유동성대체 전표]

4.11.3 선급비용계상입력

화면 위치 재무회계 ▶ 결산 ▶ 결산대체 ▶ [차입금유동성대체]

　　선급비용이란 당해 결산기 또는 전기에 지출된 비용 중 그 비용에 대한 해당 기간이 경과하지 아니함으로 인해 차기 이후의 비용으로 이연되는 부분을 말한다. 즉, 계속적으로 용역을 제공받기로 하는 계약을 체결하고 비용을 지출한 경우, 그 지출액에 상당하는 용역 중에서 결산일에 이르기까지 아직 제공받지 아니한 용역에 해당하는 부분을 일컫는다. 해당되는 예로서는 이자비용, 보험료, 선급임차료 등이 있다. 만약 보험가입기간이 2009-11-01 ～ 2010-10-30인 산재보험료를 가입하였다면, 선급비용의 발생시점에서는 [분개전표입력] 화면에서 일반분개전표로 처리하여 선급비용 발생에 대한 전표는 다음과 같이 분개처리 된다.

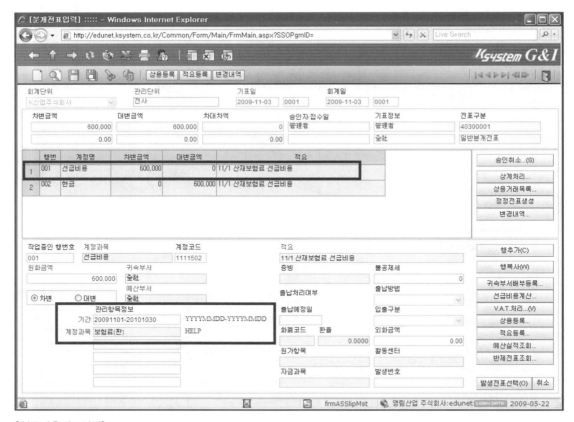

[선급비용전표입력]

즉, 선급비용계정에 대한 관리항목으로 기간과 계정과목이 [분개전표입력] 화면에서 정의가 된다. 이러한 선급비용을 결산 시점에서 당해연도의 비용분으로 계상해야 하는데, K.System ERP 회계모듈에서는 [선급비용계상입력] 화면에서 다음과 같이 분개처리 할 수 있다.

■ 회계기간

조회조건으로 선급비용전표가 발생된 기간을 의미, 발생전표를 조회하기 위해 직접 수정하여 입력한다.

■ '결산대체처리 여부'에서 '결산대체미처리 건'으로 조회한다.

■ '조회'를 하게 되면 [분개전표입력] 화면에서 전표처리한 선급비용 발생전표 내역이 시트에 나타난다.

■ 선급비용기표번호

선급비용 발생전표 기표번호가 나타난다.

■ 비용계정

선급비용계정에 대한 관리항목인 계정과목에 대하여 선급비용 계정을 발생시키면서 지정한 계정과목이 나타난다.

■ 시작일, 종료일

선급비용 발생전표의 기간, 즉 보험료 가입기간이 나타난다.

■ 계상시작일, 계상종료일

당 회계연도 선급비용 대체계상기간을 보여준다.

■ 계상액

총금액 × 계상일수(미경과일수)/365, 당 회계연도 선급비용 대체계상금액에 해당한다.

■ 잔액

차기연도에 계상될 선급비용 계정 잔액을 나타낸다.

■ 選

선급비용계상 건을 선택하고 <전표처리> 버튼을 클릭하면 다음과 같이 선급비용계상전표가 나타난다.

유형자산이란 재화나 용역의 생산이나 제공, 타인에 대한 임대 또는 관리활동에 사용할 목적으로 보유하는 물리적 형태가 있는 자산으로 한 회계기간을 초과하여 사용할 것으로 예상되는 자산을 말한다. 기업이 영업활동에 사용할 목적으로 보유하고 있는 유형자산은 일반적으로 토지, 건물, 구축물, 기계장치, 차량운반구, 건설중인자산, 기타의 유형자산 등으로 분류된다.

유형자산은 기업이 이를 사용하거나 시간의 경과에 따라 또는 그 수요의 변동이나 기술적 진보 등 여러 가지 원인으로 인하여 물리적으로나 경제적으로 그 가치가 감소되어 가는데, 이러한 현상을 측정하여 기업의 재무상태와 재무성과에 반영시키는 절차를 '감가상각'이라고 한다.

이러한 유형자산에 대해서 K.System ERP 고정자산모듈에서는 유형자산의 취득, 감가상각자동상각, 감가상각자동전표처리 등 일련의 유형자산 관리에 대한 프로세스를 그림과 같이 운영한다.

[자산관리]

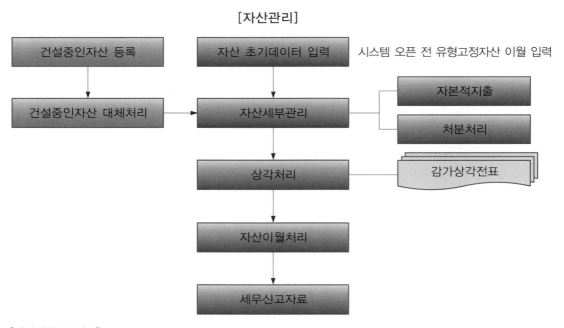

[자산관리프로세스]

특히 기업이 필요로 하는 유형자산을 외부로부터 구입하지 않고 기업 스스로 자가건설하는 경우가 있다. 이러한 자가건설 자산의 관리, 즉 '건설중인자산'에 대한 관리도 K.System ERP 고정자산모듈에서 업무를 수행할 수 있다.

4.12.1 자산세부관리-고정자산입력

화면 위치 ┃ 고정자산 ▶ 자산등록 ▶ [자산세부관리]

고정자산 취득 시 고정자산에 대한 세부적인 내용을 등록하고 관리를 해야 한다. 즉, 고정자산번호, 취득수량, 취득가액, 내용연수, 상각방법 등을 정의하여 고정자산관리를 해야 한다. 이러한 기초 정보를 토대로 감가상각처리, 감가상각 자동분개전표 처리를 수행할 수 있는 것이다. 감가상각처리와 감가상각자동분개전표에 대한 프로세스는 절을 달리하여 설명하기로 하고, 본절에는 다음의 사례를 이용하여 자산취득, 그 이후의 지출, 그리고 자산처분에 대한 프로세스를 각각 살펴보기로 한다.

[사례]

자산번호	자산명	취득일/ 상각 시작일	상각 방법	취득 수량	취득가액	내용연수	취득계정	상각계정	사용부서	잔존가액
K0001	컴퓨터 본체	현재일	정액법 (월할)	1	700,000	6	비품	유형감가 상각비(판)	관리부	1,000

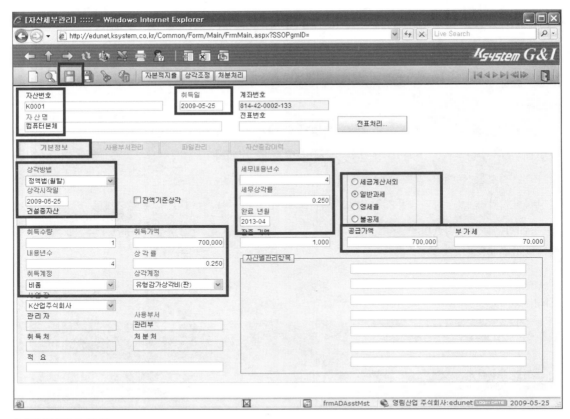

[자산세부관리 화면]

■ 자산명

취득한 고정자산의 명칭을 직접 입력한다.

■ 취득일

고정자산 취득일자를 직접 입력한다.

■ 상각방법

상각안함, 정액법, 정률법, 정액법(월할), 정률법(월할)이 콤보박스로 존재하여 취득한 고정자산의 해당 상각방법을 직접 선택한다.

■ 취득수량, 취득가액

수량과 금액을 직접 입력한다.

■ 내용연수, 상각률

내용연수를 직접 입력하면 '상각률'이 자동으로 계산되어 나타난다.

■ 세무내용연수, 세무상각률, 완료연월

내용연수를 입력하면 세무내용 연수와 세무상각률, 완료연월이 자동으로 나타난다.

■ 취득계정, 상각계정

취득계정은 취득한 고정자산의 범주를 정의하는 것이며, 상각계정은 '감가상각자동전표' 처리 시 자동으로 계상하기 위한 상각계정에 해당한다. 취득계정과 상각계정은 [계정과목정보]에서 고정자산과 관련한 계정에 대해서 정의한 내역을 콤보 값 형태로 사용하게 된다.

※ 고정자산을 [자산세부관리]에서 등록하면서 상각계정을 잘못 선택하면, 감가상각자동전표 처리 시 잘못된 계정을 가져오게 된다. 상각계정에 유형자산감가상각비(판)으로 설정해야 하는데, 유형자산감가상각비(제) 계정으로 설정을 하였다면, 감가상각 전표처리에서 판관비인 유형자산감가상각비(판)으로 분개가 되지 않고, 유형자산감가상각비(제) 분개처리가 된다.

> **◀)) 알아두세요** 취득계정
>
> • '취득계정'을 무형자산 계정으로 설정하고 '상각계정'을 무형자산상각비 계정으로 설정하면 무형자산에 대한 자산관리, 상각처리, 그리고 상각자동전표처리도 할 수 있다. 무형자산의 경우 직접 상각법으로 상각비가 자동으로 계상된다.

■ 사용부서

취득한 고정자산의 사용부서는 직접 코드도움을 이용하여 입력한다. 여기에서 정의된 사용부서가 '사용부서관리 탭'의 '귀속부서'로 자동으로 입력이 된다. 감가상각 전표처리 시 계상된 감가상각비가 해당 귀속부서의 비용으로 자동집계처리가 된다. 고정자산을 공동으로 사용하여 감가상각대상금액을 사용부서별로 배분하여 감각상각비를 계상하고자 한다면 '사용부서관리 탭'에서 등록해야 한다.

	귀속부서	귀속비율	상각계정	활동센터	적요
U	관리부	60	유형감가상각비(판)		
A	경리팀	40	유형감가상각비(판) ▼		
A					
A					

[고정자산 귀속부서 등록]

고정자산을 공동으로 사용하는 부서를 '귀속부서'란에 직접 코드도움을 이용하여 입력하고, 해당 사용비율은 '귀속비율'란에 직접 입력한다. 상각계정에 대해서도 각각 입력을 해놓으면 감가상각 전표처리 시 정의된 내역대로 자동으로 감가상각비 금액을 계산한다.

■ 세금계산서외, 일반과세, 영세율, 불공제세

고정자산 취득 거래 시 부가세처리에 대한 설정 값에 해당한다. 매입세금계산서 처리를 할 필요가 없는 경우에는 '세금계산서외'를 선택한다. 이 경우 공급가액과 부가세는 모두 '0'이 된다. '일반과세'는 매입세금계산서가 발생하는 경우 선택하며, 이때 취득가액에 따라 공급가액과 부가세가 자동으로 계산된다. 고정자산 매입 불공제인 경우에는 '불공제'를 선택한다. 이 경우에도 공급가액과 부가세를 자동으로 계산해준다.

■ '저장'을 하고 <전표처리> 버튼을 클릭하면 '고정자산취득전표'가 자동으로 생성이 된다 (일반과세인 경우, 불공제세인 경우).

– 일반과세인 경우

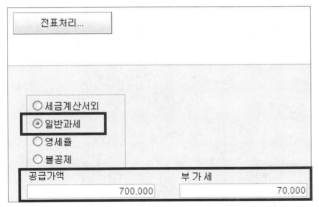

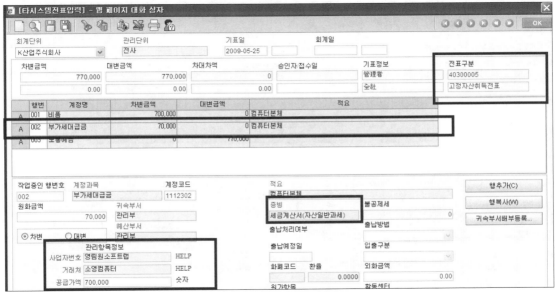

[고정자산취득전표(일반과세)]

일반과세 설정에 의해 ‘공급가액’과 ‘부가세’ [자산세부관리] 화면에서 자동으로 계산하고 이에 따라 전표처리 시 ‘부가세대급금’ 계정의 관리항목으로 자동으로 가져오게 된다. 또한 ‘부가세대급금’ 계정의 ‘증빙’에 대해서도 ‘세금계산서(자산일반과세)’로 자동으로 가져와서 ‘부가세신고서’상 ‘세금계산서고정자산매입’ 부분으로 집계하게 된다.

– 불공제세인 경우

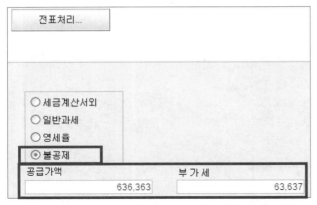

[고정자산취득전표(불공제세)]

　　고정자산 취득 시 자산매입세액불공제인 거래에 해당하면 불공제를 선택한다. 공급가액(취득가액 × 10/11)과 부가세(취득가액−공급가액)가 자동으로 계산되고, 이에 따라 전표처리 시 '부가세대급금' 계정의 관리항목으로 자동으로 가져오게 된다. 또한 '부가세대급금' 계정의 '증빙'에 대해서도 '세금계산서(자산세액불공제)'로 자동으로 집계한다.

　　고정자산 취득에 대한 내역을 [자산세부관리] 화면에 입력하고, 반드시 <전표처리>를 동 화면에서 자동전표로 발생해야 하는 것은 아니다. 실무적으로는 자산을 일괄구입하면서 매입세금계산서를 하나로 처리하는 등, 전표 분개처리 유형은 다양하게 발생할 수 있으므로 <분개전표입력>

화면에서 처리하는 것이 더 편리할 수 있다. 다만, 감가상각 자동계산과 감가상각자동전표처리를 위해서는 [자산세부관리] 화면에서 고정자산 취득에 대한 내역은 반드시 등록해야 한다.

4.12.2 자산세부관리–자본적지출

화면 위치 고정자산 ▶ 자산등록 ▶ [자산세부관리]

자산을 취득한 이후에 자산을 사용하는 기간 동안에도 그 자산과 관련된 여러 가지 지출이 발생한다. 일반적으로 유형자산의 내용연수를 증가시키거나 유형자산이 미래에 제공할 서비스의 양이나 질을 증대시키는 지출이면 '자본적지출'로 처리한다. 이러한 자본적지출이 발생하는 경우 [자산세부관리]에서 '자본적지출'에 대한 관리를 다음과 같이 수행하게 된다.

■ 자본적지출이 발생한 자산에 대해서 [자산세부관리] 화면의 툴바에 있는 <자본적지출> 점프 버튼을 클릭하면 [자본적지출]이라는 대화상자가 나타난다.

■ **일자**

자본적지출이 발생한 일자를 직접 입력한다.

■ **증감**

+, −콤보 값으로 존재하며, +를 직접 선택한다.

■ **금액**

자본적지출이 발생한 해당 금액을 직접 입력한다.

■ '저장'을 하면 해당 일자의 발생금액으로 자본적지출이 발생되고, '자산증감이력 탭'에 그 내역이 반영된다. [자본적지출현황]에서 자본적지출에 대한 내역을 조회하여 확인할 수 있다.

> 🔊 **알아두세요**   자본적지출
>
> * [자본적지출] 화면에서 〈전표처리〉 버튼을 클릭하면 '고정자산자본적지출전표'가 자동으로 생성된다. 동 화면에서 자본적지출전표를 자동으로 생성할 수도 있고 [분개전표입력] 화면에서 직접 전표처리를 할 수도 있으나, 자본적지출을 포함하여 계속하여 상각처리를 자동으로 하고자 한다면 [자본적지출] 화면에 그 내역은 반드시 등록해야 한다.

4.12.3 자산세부관리-처분처리

고정자산을 매각하는 경우에는 [자산세부관리]에서 매각에 대한 처분처리를 다음과 같이 수행한다.

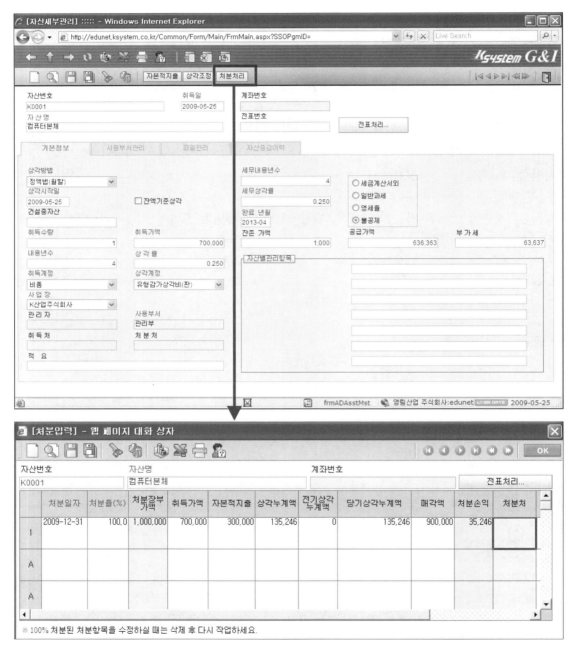

[자산처분입력]

■ 처분하고자 하는 자산에 대해서 [자산세부관리] 화면의 툴바에 있는 <처분처리> 점프 버튼을 클릭하면 [처분입력]이라는 대화상자가 나타난다.

■ **일자**

처분일자를 직접 입력한다.

■ **처분율(%)**

하나의 자산에 대해서는 처분율이 100%이면 100%로 직접 입력하면 된다. 일괄 구매하여 등록한 자산에 대해서 부분적으로 처분한다면, 해당 처분율을 직접 입력한다. 처분율을 입력하는 순간 처분장부가액, 취득가액, 자본적지출, 상각누계액, 전기상각누계액, 당기상각누계액은 자동으로 나타난다. 상각처리, 자본적지출, 상각누계액, 전기상각누계액 당기상각누계액은 자동으로 나타난다. 상각처리, 자본적지출 등 관련 프로세스에 의해 계상된 내역이 자동으로 나타나게 되는 것이다.

■ **매각액**

처분금액을 직접 입력한다.

■ **처분손익**

저장을 하고 조회를 하면 처분손익을 자동으로 계산하여 나타낸다.

4.13 상각처리

4.13.1 상각처리

화면 위치 고정자산 ▶ 상각처리 ▶ [상각처리]

감가상각비를 결정하는 요소에는 감가상각대상금액, 상각기간, 감가상각방법이 있다. 고정자산을 취득하면 [자산세부관리]에서 감가상각비 결정요소 3가지를 모두 정의하게 된다. 감가상각처리를 위해 [상각처리] 화면에서는 자산세부관리에서 정의된 감가상각 대상 자산을 불러와서 자동으로 상각처리를 수행하게 된다.

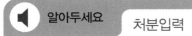
알아두세요 처분입력

• [처분처리] 화면에서 〈전표처리〉 버튼을 클릭하면 '고정자산처분전표'가 자동으로 생성된다. 동
  화면에서 고정자산처분전표를 자동으로 생성할 수도 있고 [분개전표입력] 화면에서 직접 전표처
  리를 할 수도 있으나, 자산처분에 대한 내역을 [자산처분현황]에서 확인하고자 한다면 반드시
  [처분처리] 내역은 입력해야 한다.

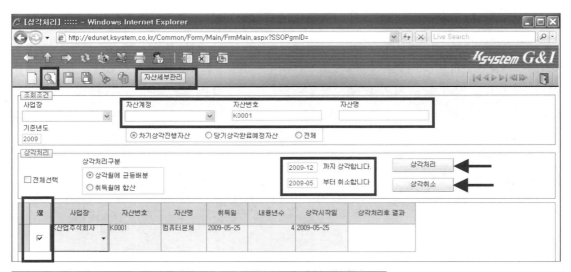

[자산상각처리 화면]

■ **조회조건**

자산계정, 자산번호, 자산명 등 상각처리를 하고자 하는 자산을 조회하기 위해 해당 조회조건을 직접 선택하거나 입력한다. 조회를 하면 [자산세부관리]에 입력한 감가상각대상 자산내역이 시트에 나타난다.

■ **~까지 상각합니다**

[자산세부관리]를 입력하고 상각처리를 하고자 하는 월을 직접 입력한다. 매월 상각처리를 한 번씩 하고자 한다면 해당월을 직접 입력하고, 12개월을 한 번에 상각처리 하고자 한다면 "2009-12까지 상각합니다"라고 하면 된다.

■ **~부터 취소합니다**

상각처리를 한 다음 취소하고자 하는 경우 해당월을 직접 입력하여 상각처리 취소를 한다.

■ **選**

상각처리를 하고자 하는 건을 선택하고 <상각처리> 버튼을 클릭하면 '상각처리 후 결과'에 "상각처리가 되었습니다"라는 메시지와 함께 자동으로 상각처리가 된다. 상각처리가 된 내역은 [자산세부관리]의 '자산증감이력 탭'에 자동으로 반영된다.

■ [상각처리] 화면의 툴바에 있는 <자산세부관리> 버튼을 클릭하거나 시트의 해당 행을 더블클릭하면 동 자산의 [자산세부관리] 화면으로 이동되며, 자산증감이력에서 그 내역을 확인할 수 있다.

※ 상각처리 이후의 관련 내역은 [자산별상각현황], [계정별상각현황], [부서별상각집계현황] 등 화면에서 조회 및 확인할 수 있다.

4.13.2 감가상각 전표처리

화면 위치　고정자산 ▶ 상각처리 ▶ [감가상각 전표처리]

고정자산 감가상각처리를 자동으로 처리한 다음 산출된 감가상각대상금액을 감가상각비로 계상하기 위해 [감가상각 전표처리] 화면에서 다음과 같이 업무를 수행하게 된다.

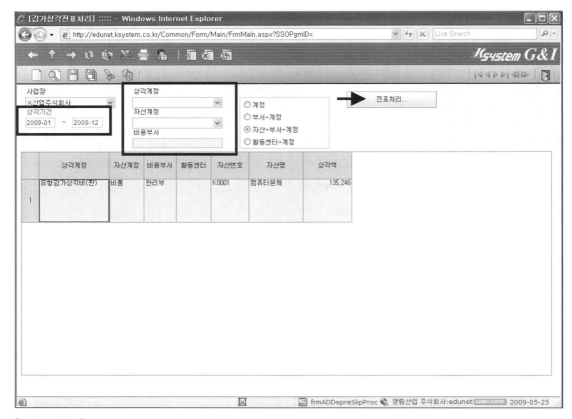

[감가상각처리]

■ **상각기간**

'상각기간'은 감가상각처리를 한 기간으로, 상각처리 한 내역을 조회하고자 하는 조회조건에 해당한다. 월차결산을 위해 감가상각전표를 월별로 처리하고자 한다면 상각기간의 from ~ to는 해당월 ~ 해당월로 수정하여 입력하면 된다.

■ **상각계정, 자산계정, 비용부서**

상각처리 건을 찾는 조회조건에 해당한다.

■ **계정, 부서+계정, 자산+부서+계정, 활동센터+계정**

선택에 따라 시트에 해당 내역이 각각 나타나게 된다.

■ '조회'를 하면 상각기간 등 조회조건에 해당하는 감가상각처리내역이 나타난다.

■ <전표처리> 버튼을 클릭하면 감가상각비 자동전표가 다음과 같이 자동으로 생성된다.

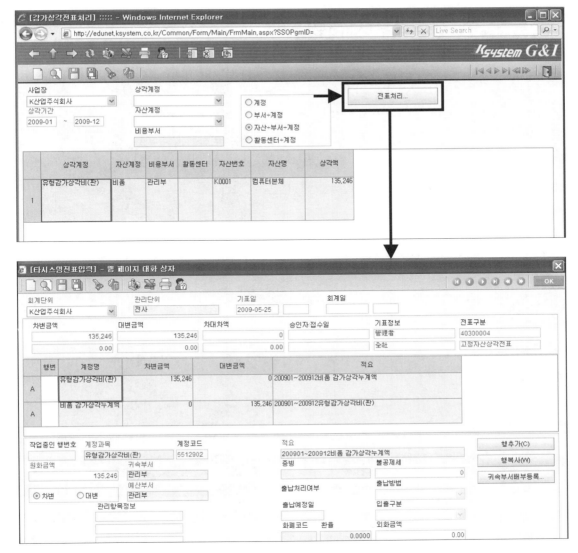

[감가상각 전표처리]

　　공동사용 자산에 대해서 사용부서별로 각각 상각비를 계상하고자 [자산세부관리] 화면의 '사
용부서관리 탭'에서 사용부서가 둘 이상의 귀속부서로 등록하였다면, 등록된 부서로 감가상각비
대상 금액이 비율에 의해서 자동으로 전표처리가 된다.

　　자산에 대한 감가상각 전표처리까지 완료하여 연 결산을 하였다면, 고정자산에 대한 차기이
월처리를 반드시 해야 한다. 시스템적으로 고정자산과 관련한 내역들을 별도 테이블로 관리하기
때문에, 계정금액의 이월처리와는 별개로 [자산이월처리]를 연도별로 반드시 수행하여, 차기연도
의 기초상각대상금액으로 인식할 수 있도록 해야 한다.

4.14 건설중인자산관리

유형자산을 외부에서 구입하지 않고 자가 건설(제조)을 하게 되는 경우, 자가 건설(제조)에 따른 재료비, 노무비, 경비 등이 발생하게 된다. 이러한 자가 건설을 위하여 지출한 금액은 건설중인자산으로 계상하게 된다. 건설중인자산은 유형자산의 취득을 위하여 취득완료 시까지 지출한 금액을 처리하는 임시계정으로서 취득완료 시에 해당 유형자산 계정을 대체처리를 해야 한다.

이러한 건설중인자산을 관리하는 방법을 살펴보도록 한다.

4.14.1 건설중인자산등록

화면 위치   고정자산 ▶ 건설가계정 ▶ [건설중인자산등록]

자가 건설(제조)를 위해 관리하고자 하는 건설중인자산을 [건설중인자산등록] 화면을 통해서 업무수행을 한다.

[건설중인자산등록]

■ 건설중자산

건설중인자산 명칭을 직접 입력한다. 실제 건설중인자산의 이름에 해당한다. 건설중인자산 계정의 관리항목으로 사용하게 되며, 건설중인자산 대체처리 이후 [자산세부관리] 화면의 '건설중인자산'으로 자동으로 입력이 되어 나타난다.

■ **건설중인자산 계정**

건설중인자산에 대한 회계처리 계정으로, [계정과목정보]에서 정의한 건설중인자산 계정이 콤보 값으로 나타나게 된다. 건설중인자산이 건물 이외, 기계장치 등이 있다면 [계정과목정보]에서 건설중인자산 계정을 세부화해서 등록해야 한다.

■ **사업장, 부서**

관리 사업장과 관리부서를 직접 입력한다.

건설중인자산 명칭에 대한 것은 [건설중인자산등록] 화면에서 입력하여 관리하지만, 실제 건설중인자산을 위해 지출된 비용에 대해서는 [분개전표입력] 화면을 통해 전표처리를 하게 된다.

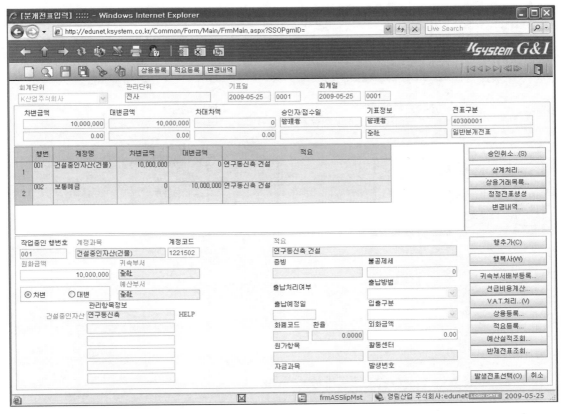

[건설중인자산 분개전표입력]

건설중인자산 계정이 발생할 때 [건설중인자산등록]에서 입력한 '건설중자산'을 관리항목으로 입력한다. 이러한 건설중인자산 발생전표를 가지고, [건설중인자산 대체처리]에서 해당 전표 건을 자동으로 가져와서 자산대체처리가 이루어진다.

4.14.2 건설중인자산 대체처리

화면 위치 고정자산 ▶ 건설가계정 ▶ [건설중인자산 대체처리]

건설중인자산이 완료가 되면 건설중인자산 계정으로 계상한 금액을 취득 완료시점에 유형자산 계정으로 대체처리를 해야 한다. 이러한 경우 [건설중인자산 대체처리] 화면에서 업무를 수행하게 된다.

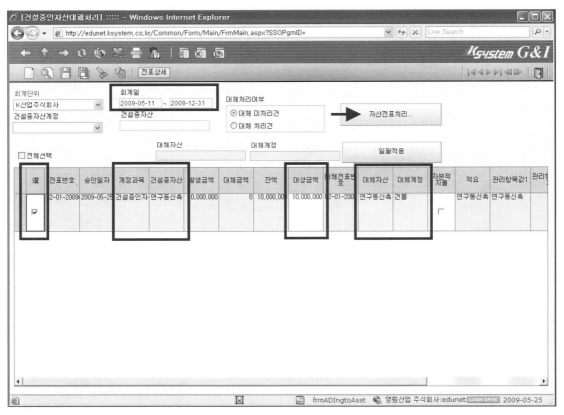

[건설중인자산 대체처리]

■ **회계일**

건설중인자산 대체처리를 하고자 건설중인자산을 찾는 조회조건에 해당한다. 건설중인자산 발생전표가 처리된 기간으로, 직접 수정하여 조회한다.

■ **'대체처리 여부'에서 대체 미처리 건을 대상으로 조회한다.**

■ **'조회'를 하면 분개전표입력 화면에서 처리한 건설중인자산의 발생전표 내역이 시트에 나타난다.** '계정과목'은 건설중인자산 발생전표 시의 계정이며, 건설중자산은 건설중인자산 계정의 관리항목으로 지정한 건설중자산이 나타난다.

■ **대체자산**

'건설중인자산'이 유형자산으로 대체되는 자산명칭을 코드도움을 이용하여 입력한다. 대체자산은 건설중인자산 대체처리를 하기 전에 [자산세부관리] 화면에서 자산을 신규취득할 때와 같은 방법으로 대체될 자산의 내역에 대해서 먼저 등록해야 한다. 즉, 자산명, 내용연수, 감가상각 방법 등을 먼저 정의해서 등록해 두어야 한다. 이렇게 등록한 자산명칭을 '대체자산' 코드도움으로 이용하게 된다.

■ **대체계정**

건설중인자산 계정이 실제로 대체되는 자산 계정을 코드도움을 이용하여 직접 입력한다.

■ **選**

대체처리를 하고자 하는 건설중인자산 건을 선택하고 <자산전표처리> 버튼을 클릭하면 다음과 같이 '자산전환전표'가 자동으로 생성이 된다.

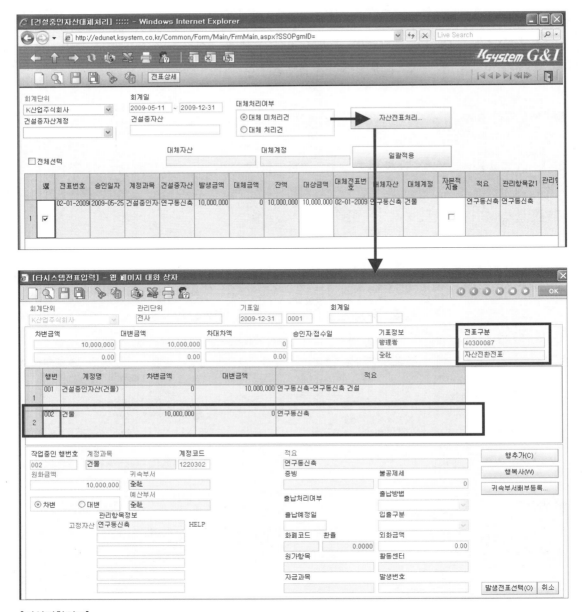

[자산전환전표]

　　※ 건설중인자산 대체처리 이후의 관련 내역은 [건설중인자산 대체처리현황(발생기준)], [건설
중인자산 대체처리현황(자산기준)] 화면에서 조회 및 확인할 수 있다.

01 계정체계변경 화면에 대한 설명이다. 다음 중 옳지 않은 것은?　　　〈15회 실무 기출문제〉

① 구조코드는 연도별로 관리가 가능하다.

② 대차대조표는 연도별로 변경된 구조코드에 맞게 출력된다.

③ 부문별손익계산서는 연도별로 변경된 구조코드에 맞게 출력되지 않는다.

④ 계정체계변경을 하지 않은 연도는 해당 연도 이전의 최종 변경된 연도의 계정구조코드
　　가 적용된다.

★ 풀이 & 보충학습

부문별손익계산서를 포함한 재무제표는 모두 구조코드에 따라 출력된다.

정답　　③

전표마감일관리에 대한 설명이다. 옳지 않은 것은? 〈15회 실무 기출문제〉

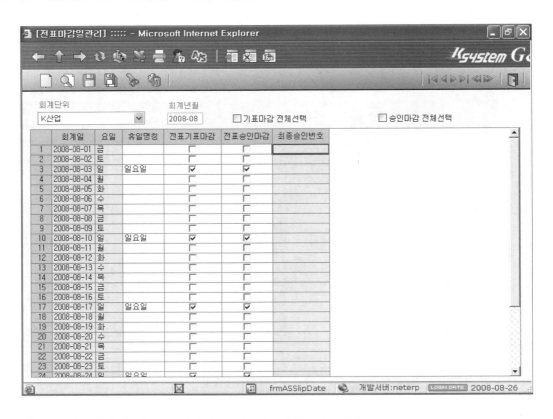

① 전표기표마감에 체크된 일자에는 전표를 발행할 수 없다.

② 전표승인마감에 체크된 일자에는 전표를 승인할 수 없다.

③ 매년 최초로 일자관리화면에서 조회 시 365일 데이터가 생성된다.

④ 전표마감일이 생성되어 있지 않으면 전표를 발행할 수 없다.

★ 풀이 & 보충학습

전표마감일관리는 전표기표와 승인을 더 이상 할 수 없도록 전표를 마감하는 기능이기 때문에, 전표마감일을 설정하면 전표를 발행할 수 없다.

정답 ④

03 계좌등록에 대한 설명이다. 옳지 않은 것은? 〈15회 실무 기출문제〉

① 계좌번호는 반드시 유일해야 한다.

② 계좌번호 별로 금융기관과 계정과목을 설정하고, 입금통보 전표처리 등에서 계좌번호 만의 입력으로 분개 시 계좌 행의 계정과목을 자동으로 생성할 수 있다.

③ 결산대체의 외화평가 대상 계좌를 설정할 수 있다.

④ 한 계좌번호에 여러 개의 계정과목 등록이 가능하다.

★ 풀이 & 보충학습

계좌번호는 사용하는 계정과목과 연결하기 때문에 하나의 계좌번호에 여러 개의 계정과목을 등록할 수 있다.

정답 ①

04 출납처리에 대한 설명이다. 옳지 않은 것은? 〈15회 실무 기출문제〉

① 거래처별 송금계좌는 계좌등록에서 설정한 기본 송금계좌가 들어간다.

② 출납처리 화면에서 거래처 송금계좌를 바꿀 수 있다.

③ 출납처리 화면에서 자금예정일을 바꿀 수 있다.

④ 승인처리 안 된 건은 출납처리가 불가능하다.

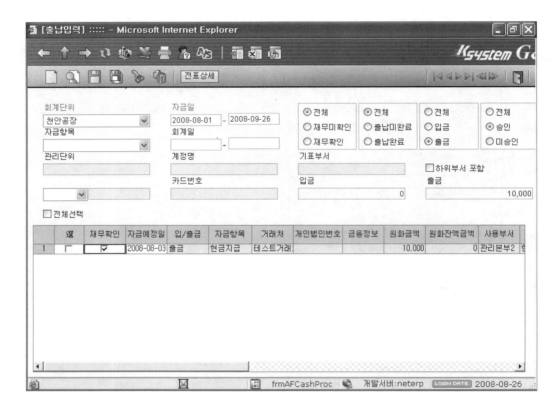

★ 풀이 & 보충학습

출납입력에서 조회되는 송금계좌를 거래처 등록 시 지출정보에 입력한 기본은행 정보이다.

| 정답 | ① |

05 다음은 K.System ERP에 있는 '예산집' 메뉴이다. 이 화면을 보고 설명이 옳지 않은 것은?

〈15회 실무 기출문제〉

① '경상연구개발비(제)'는 금액통제 대상이다.

② 예산과목 : 계정과목 = 1 : N도 가능하다.

③ 예산과목과 계정과목은 같은 것이므로 따로 설정하는 것이 아니다.

④ '견본비(판)'은 판관비예산으로 책정되어 있다.

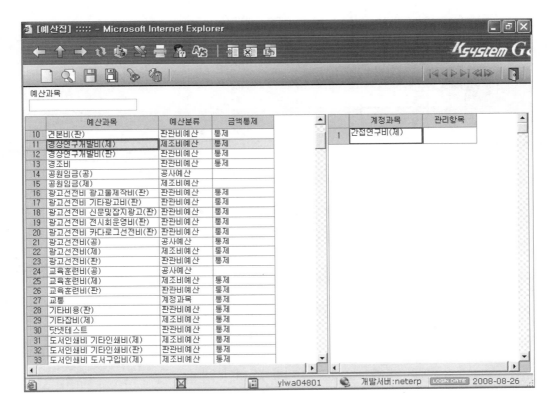

★ 풀이 & 보충학습

예산과목은 예산모듈에 관리하는 과목으로 예산과목등록에서 관리할 예산과목을 등록하여 계정과목과 연결한다.

정답 ③

① '금액0허용' 체크는 부가세에서 영세율처리를 위해 분개전표처리에서 금액이 0이어도 전표저장이 되도록 하기 위해 체크하는 곳이다.

② 기표명은 계정명과 같이 쓰며, 계정과목 코드도움을 띄웠을 때는 계정명을 가져온다.

③ 예산유형에는 계정과목유형과 관리항목유형이 있다.

④ 외화계정과목에 대해서는 외화필수를 체크해야 분개전표처리에서 외화금액이 필수로 바뀌게 된다.

★ 풀이 & 보충학습

기표명은 재무제표에서 표시되는 명칭으로만 사용되고, 코드도움이나 장부 등에서는 계정명이 표시된다.

정답   ②

07 오픈 전 계정별 집계금액에 대한 설명이다. 옳은 것은? 〈15회 실무 기출문제〉

① 회계시스템 사용 시작연월의 전년도 데이터의 입력이 가능하다.
② 회기 중에 시스템을 오픈할 경우 회기 시작월부터 오픈 전월까지의 대차대조표 금액은 잔액으로 입력한다.
③ 관리항목별 금액으로 입력이 가능하다.
④ 부서별 입력이 가능하다.

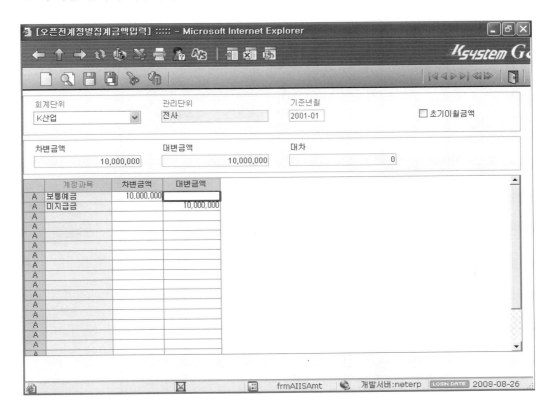

★ **풀이 & 보충학습**

회기 중에 시스템을 오픈 할 경우에는 회기 시작월부터 오픈 전월까지의 대차대조표 금액은 발생금액으로 입력한다. 금액은 회계단위별 계정별 금액만 입력 가능하다.

정답 ①

08 예산통제에 대한 설명이다. 옳지 않은 것은? 〈15회 실무 기출문제〉

① 월별통제는 월예산금액을 초과하는 경우를 체크한다.
② 누계통제와 연통제의 차이점은 누계통제는 해당월까지의 예산금액 합으로, 연통제는 회기종료연월까지의 예산금액 합으로 전표 발행을 통제한다.
③ 전표승인 시 체크일 경우 기준월은 전표기표일의 월로 한다.
④ 비용에 대한 예산통제는 '차변－대변' 금액으로 실적금액을 계산한다.

★ 풀이 & 보충학습

전표승인 시 체크는 승인월을 기준으로 예산을 체크한다.

정답 ③

09 현금흐름표(직접법)에 대한 설명이다. 옳지 않은 것은? 〈15회 실무 기출문제〉

① 현금과 현금등가물 계정에 등록된 자금과목을 승인처리 시 집계하여 현금흐름표를 조회한다.
② 자산에 대한 계정은 차변만 자금과목을 입력한다.
③ 부서별 등록 가능한 자금항목을 설정하면 등록된 부서만 부서별 자금항목을 사용할 수 있다.
④ 집계현금흐름 과목은 하위자금과목 연산으로 세팅한 후 연산공식을 등록한다.

10 다음 중 K.System ERP 결산대체에서 처리할 수 없는 계정은? 〈15회 실무 기출문제〉

① 선급비용계상입력
② 외화예금평가
③ 차입금유동성대체
④ 선수수익계상입력

11 2006년 9월 10일 설립된 K산업(주)은 2008년 1월 K.System ERP를 도입하였다. K산업(주)은 천안공장과 안산공장이 있으며, 결산은 본사에서 총괄하여 관리하고 있다. 회계모듈을 사용하기 위한 기본등록에 대한 설명으로 옳지 않은 것은? 〈15회 실무 기출문제〉

① [회계단위정보]에서 K산업을 사업장으로 등록한다.
② [회계단위정보]에서 천안공장과 안산공장을 사업장으로 등록한다.
③ 모든 사업장에 '회계단위로 사용'을 체크한다.
④ [회계단위단위사업장연결]에서 K산업과 천안공장, 안산공장을 연결시켜준다.

12 결산월이 12월인 K산업은 결산작업 마감 후 2007년에서 2008년으로 '차기이월처리'를 하였다. 2008년 [합계잔액시산표]에서 보통예금에 대한 이월잔액 ₩5,000,000을 조회할 수 있는데, [계정별 관리항목 잔액현황]에서 이월금액이 조회가 되지 않을 때 처리하는 작업으로 옳은 것은? 〈15회 실무 기출문제〉

① [전표마감일관리]에서 승인마감 처리를 한다.
② [계정관리항목정보]에서 관리항목 '계좌번호'에 이월 체크한다.
③ 초기이월잔액입력에서 입력한다.
④ 월별재집계처리를 한다.

★ 풀이 & 보충학습

[계정관리항목정보]에서 해당 관리항목에 이월 체크를 해야 차기이월 시 관리항목별 금액도 이월된다.

정답 ②

13 천안공장에서는 차입금에 대한 이자를 아래와 같이 [지급일관리] 화면에서 전표처리를 하고 있다. K.SYSTEM ERP에서 차입금이 발생하였을 때 처리하는 화면 또는 업무처리 순서로 가장 옳은 것을 고르시오. 〈15회 실무 기출문제〉

① 차입금등록 → 차입금전표발생 → 일반분개전표에서 지급이자 지급
② 차입금등록 → 일반분개전표에서 차입금전표 등록
③ 차입금등록 → 차입금전표발생 → 지급일관리 → 차입금상환전표 발생
④ 일반분개전표 → 차입금전표발생 → 지급일관리 → 차입금상환전표 발생

★ 풀이 & 보충학습

[지급일관리]를 사용하려면 반드시 [차입금등록]이 먼저 되어 있어야 하며, 차입금내역에 따라서 이자/원금 지급내역이 자동 생성된다. [지급일관리]에서 차입금상환전표를 작성할 수 있다.

정답 ③

14 첫 번째 첨부 그림과 같이 외상매출금의 발생전표를 작성하고, 두 번째 첨부 그림과 같이 반제
   전표를 작성하기 위해서 대변으로 작성하고 발생전표 선택 버튼을 눌러 발생전표를 연결하려고
   하는데, 작성한 발생전표가 조회되지 않고 있다. 발생전표가 조회되지 않는 이유로 가장 옳은
   것은? 〈15회 실무 기출문제〉

   ① 전표에서 거래처를 입력하지 않은 상태로 발생전표를 조회했기 때문에 조회되지 못했다.
   ② 상계전표선택 창에서 기표부서를 영업본부1로 했기 때문에 조회되지 못했다.
   ③ 상계전표선택 창에서 '완료 포함'을 체크하여 조회해야 조회된다.
   ④ 외상매출금의 발생전표 작성 시에 거래처에 대해서 건별반제 설정이 되어 있지 않은
      상태로 전표가 작성되어 발생전표로 인식되지 못했다.

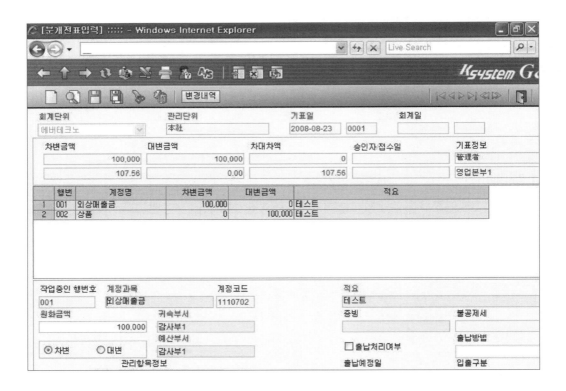

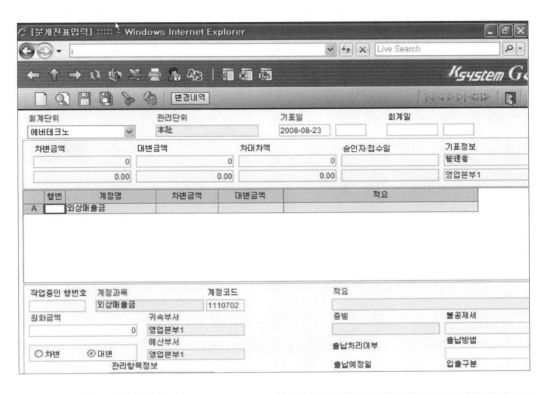

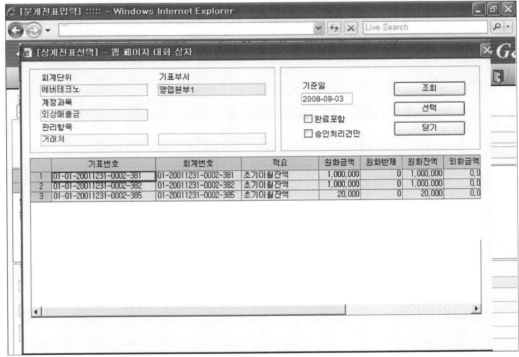

발생전표 작성 시에 건별반제 설정이 되어 있지 않은 상태로 전표가 작성되면 발생
전표로 인식되지 못하기 때문에, 이후 건별반제 설정을 하더라도 발생전표로 조회되
지 않는다.

정답 ④

15 차입금유동성대체 화면은 차입금등록에서 장기차입금으로 등록된 차입 건 중에서 1년간 상환되
어질 금액을 유동성 차입계정으로 대체처리 하는 기능을 한다. 차입금유동성대체에서 조회하여
대체처리하기 위해서 차입금등록 시 설정해야 하는 것으로 옳은 것은?   〈15회 실무 기출문제〉

① 차입금등록 시 유동성차입계정을 설정해야 한다.
② 차입금등록 시 차입계정을 단기차입금으로 설정해야 한다.
③ 유동성대체처리 시점에 차입구분을 연장으로 설정해야 한다.
④ 유동성대체처리 시 기준월을 원금의 최종상환일로 설정해야 한다.

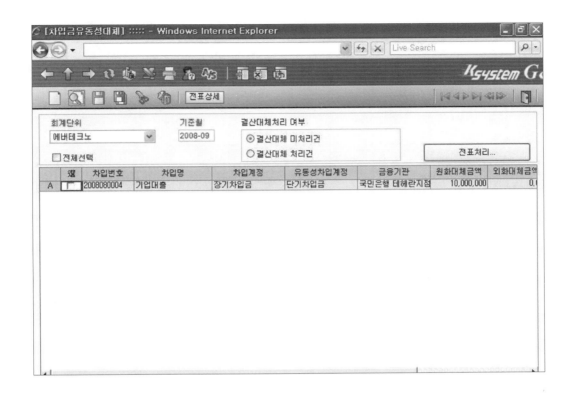

★ 풀이 & 보충학습

차입금등록 시 유동성차입계정을 설정하지 않으면 차입금유동성대체에서 조회되지 않는다.

정답   ①

16 부문손익계산서를 보기 위해 다음 그림과 같이 설정하였다. 다음 보기의 설명 중 옳지 않은 것은?   〈15회 실무 기출문제〉

① 사업공통부문은 부문별손익계산서에 각 부문별로 금액이 있는 경우 조회된다.

② LGT부문의 금액은 LGHS, 전자공통, LGT공통 부문에 배부되었다.

③ LGT부문의 금액은 연결된 부서에서 전표발생 된 금액이 집계된다.

④ 8월에는 현재 제품매출과 복리후생비(판)의 금액만 전표발생 하였다.

사업공통부문은 사업부문에 금액을 배부하는 부문이기 때문에 부문별손익계산서에는
조회되지 않는다.

정답   ①

17 어음수표책관리에서는 어음수표책에 대하여 구매처리, 견질폐기처리, 담보회수처리가 가능하다.
각 화면에 대한 설명 중 옳지 않은 것은?   〈15회 실무 기출문제〉

① 지급어음책 구매입력 시 끝번호는 자가12568190이다.
② 견질폐기 입력에서는 구매책 중에서 사용되지 않은 어음 중에서 처리가 가능하다.
③ 견질, 폐기, 담보, 분실 처리된 어음은 전표에서 사용할 수 없다.
④ 담보회수입력에서는 모든 어음책의 모든 어음이 조회된다.

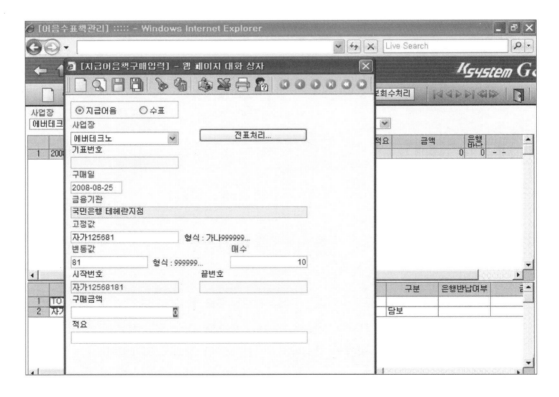

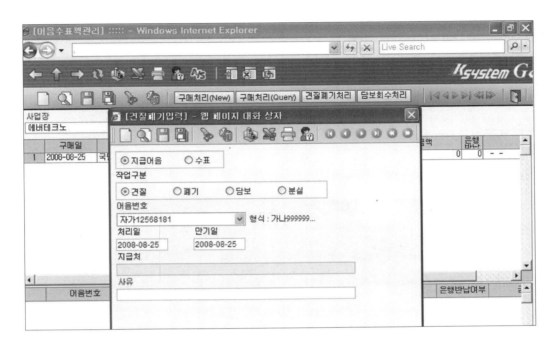

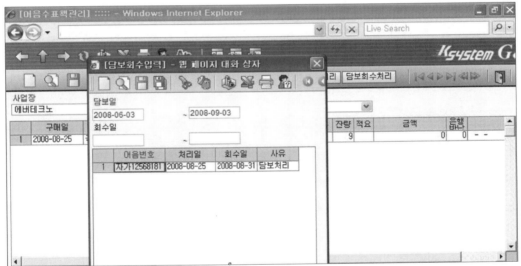

담보회수입력은 담보처리 된 어음을 회수처리 하는 화면이므로, 견질폐기 입력에서
담보처리 된 어음만 조회된다.

정답 ④

18 첨부그림과 같이 전표처리를 하여 이 금액이 부가세신고서의 '(영세율)기타'에 집계하려고 한다. 부가세예수금 계정에 설정해야 하는 증빙으로 옳은 것은? 〈15회 실무 기출문제〉

① 세금계산서(일반과세)
② 세금계산서(영세율)
③ 계산서(면세)
④ 기타영세율

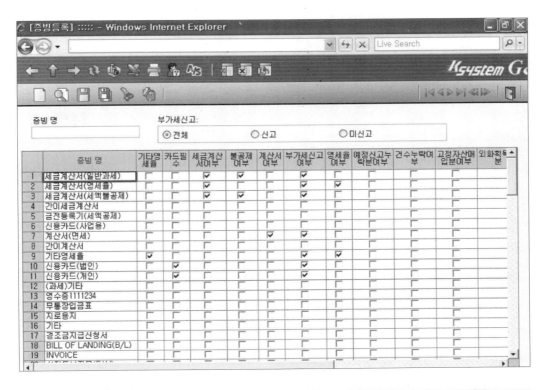

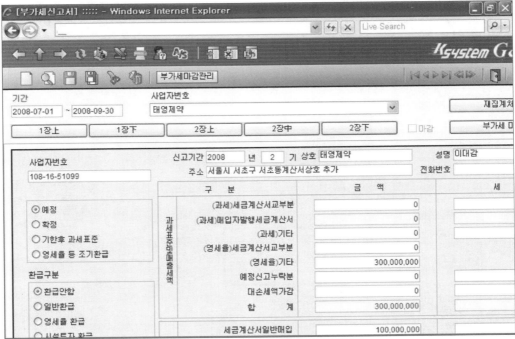

부가세신고서의 '(영세율)기타'에는 영세율 여부가 체크되어 있고, 세금계산서가 체크되지 않은 증빙을 모두 집계한다.

정답 ④

19 K산업은 2008년 9월 1일 컴퓨터를 구입하여 자산으로 등록하였다. 운영환경관리에서 '상각 관련' 설정이 첨부그림과 같이 되어 있을 때 2008년 9월 컴퓨터의 상각금액으로 옳은 것은?

〈15회 실무 기출문제〉

① 240,000

② 200,000

③ 24,000

④ 20,000

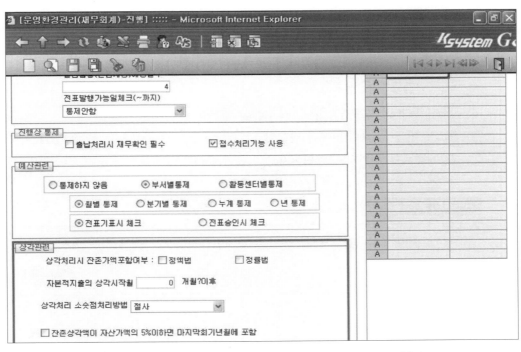

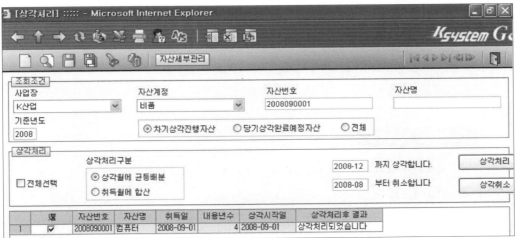

★ 풀이 & 보충학습

- 취득금액 × 상각률/개월수(12)

- 960,000 × 0.25/12 = 20,000

- 운영환경관리에서 '상각처리 시 잔존가액 포함 여부'에 체크가 되어 있지 않기 때문에 취득금액은 (960,000 − 1,000)이 아니라 960,000으로 상각금액을 계산한다.

| 정답 | ④ |

20 다음 중 K.System ERP의 분개전표에 대한 설명으로 옳지 않은 것은? 〈16회 실무 기출문제〉

① 귀속부서는 기본으로 기표부서가 보여지며, 원가모듈을 사용할 경우 귀속부서를 기준으로 원가를 계산한다.

② 차변금액과 대변금액이 일치하지 않아도 출력은 가능하다.

③ 전표가 어느 업무(화면)에서 발행이 되어졌는지는 전표구분으로 알 수 있다.

④ 상용등록으로 빈번히 발행되어지는 전표의 유형을 등록해서 사용할 수 있다.

★ 풀이 & 보충학습

K.System ERP에서 전표출력과 승인은 차대변금액이 일치해야 가능하다.

정답 ②

21 다음 중 영업팀에서 영업매출을 올려 거래처에서 자금이 자금팀으로 바로 입금될 경우 자금팀에서는 해당 자금이 어떤 매출에 대한 자금인지 알지 못하므로 가수금 계정으로 입금내역을 전표처리를 할 수 있는 화면으로 옳은 것은? 〈16회 실무 기출문제〉

① 입금다중입력-건별반제 ② 선수금입금

③ 입금처리 ④ 입금통보

★ 풀이 & 보충학습

자금팀에서 통장으로 입금된 내역이 정확하지 않을 때, 입금통보에서 가수금 계정으로 전표처리를 하여 입금처리에서 실제 계정으로 처리할 수 있도록 한다.

정답 ④

22 다음 중 손익계산서에 대한 설명으로 옳지 않은 것은? 〈16회 실무 기출문제〉

① 손익계산서 표시는 해당 연도로 설정한 구조코드로 보여진다.

② 주당순이익을 표시하기 위해서는 월별 주당순이익 등록화면에서 주식 수를 등록해야 한다.

③ 손익계산서 환경설정에서 여러 개의 매출원가를 설정할 수 있다.

④ 손익계산서에 표시되는 관세환급 계정은 따로 설정할 수 없다.

> 관세환급 계정은 손익계산서 환경설정에서 설정하면 매출원가 하위항목에 표시된다.
>
> **정답** ④

---

23 계정과목정보에 대한 설명이다. 다음 중 옳지 않은 것은? 〈16회 실무 기출문제〉

① 계정과목정보에서 증빙필수를 선택하게 되면 분개전표처리 시에 증빙 필드가 필수로 설정된다.

② 예산 사용할 계정과목은 예산유형을 계정과목, 관리항목 중 선택할 수 있다.

③ 외화계정과목에 대해서는 외화필수를 체크하게 되면 분개전표처리 시에 외화금액필드가 필수로 설정된다.

④ 계정과목정보에서 정의된 모든 계정은 코드도움에서 모두 조회할 수 있다.

> 계정과목정보에서 전표기표 설정한 계정만 계정과목 코드도움에서 조회할 수 있다.
>
> **정답** ④

---

24 전표승인처리에 대한 설명 중 옳지 않은 것은? 〈16회 실무 기출문제〉

① 전표승인처리 하게 되면 승인 시점에 장부, 재무제표에 반영된다.

② 반드시 접수처리 후 승인처리 단계를 거쳐야 한다.

③ 접수처리와 승인처리가 동시에 처리되도록 설정할 수 있다.

④ 전표승인처리 화면에서 기표일 기준으로 조회하여 일괄적으로 승인처리를 할 수 있다.

★ 풀이 & 보충학습

설정된 경우에만 승인처리 이전에 접수처리를 거쳐야 한다.

정답 ②

25 설정된 경우에만 승인처리 이전에 접수처리를 거쳐야 한다. 〈16회 실무 기출문제〉

① 승인처리 전 출납처리가 가능하다.
② 출납처리 화면에서 발생전표에서 기 입력된 자금예정일의 변경이 가능하다.
③ 거래처별 송금계좌는 거래처정보 화면에 설정된 계좌내역과 연계된다.
④ 출납전표는 자동전표처리가 가능하다.

★ 풀이 & 보충학습

출납처리는 반제전표를 작성하는 것이기 때문에 발생전표의 승인이 되어야 출납전표 생성이 가능하다.

정답 ①

26 다음 중 예산편성의 순서대로 올바르게 연결된 것은? 〈16회 실무 기출문제〉

① 예산신청–신청확정–예산조정–조정확정–월별예산–월예산확정–예산편성마감처리
② 월별예산–월예산확정–추가예산신청–예산조정–조정확정–예산편성마감처리
③ 예산신청–신청확정–예산조정–조정확정–예산편성마감처리–월별예산–월예산확정
④ 월별예산–월예산확정–예산조정–조정확정–예산편성마감처리

★ 풀이 & 보충학습

예산신청, 예산조정, 월별예산, 예산편성마감처리의 단계로 연예산을 편성한다.
추가예산신청은 예산편성마감처리로 연예산편성이 마감된 이후에 예산을 추가, 삭감
하는 것이다.

정답   ①

27 다음 중 타 시스템 환경설정에 정의되어야 하는 전표가 아닌 것은? 〈16회 실무 기출문제〉

① 매출전표
② 매입전표
③ 입금전표
④ 분개전표

★ 풀이 & 보충학습

분개전표를 포함한 재무회계와 고정자산모듈에서 작성되는 전표는 [타 시스템 환경
설정]으로 정의되지 않고, 내부적으로 분개유형이 정해져 있다.

정답   ④

28 다음은 [자산세부관리]에 대한 화면이다. [자산세부관리] 화면에 대한 설명 중 옳지 않은 것은?

〈16회 실무 기출문제〉

① 유형고정자산 취득 시 등록하는 화면으로 고정자산취득전표를 자동으로 생성할 수 있다.

② 빨간색으로 표시된 항목들은 필수등록항목으로 '상각률'은 등록담당자가 직접 입력해야 한다.

③ 감가상각처리를 한 다음 <상각조정> 점프 버튼을 통해서 월별로 상각금액을 조정할 수도 있다.

④ 유형고정자산을 처분하고자 하는 경우 <처분처리> 점프 버튼을 통해서 처분에 대한 내용을 등록하고, 유형고정자산처분전표도 자동으로 생성할 수 있다.

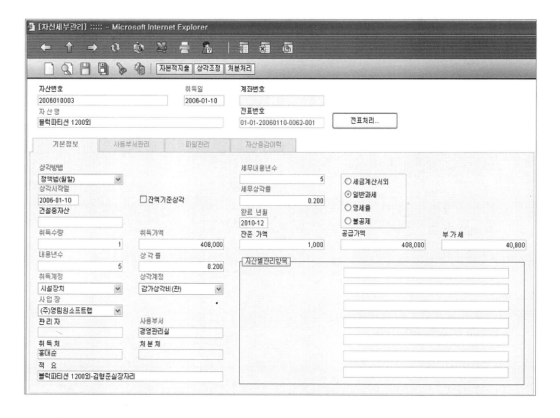

★ **풀이 & 보충학습**

상각률은 상각률표에 등록된 상각률이 내용연수에 따라 자동으로 입력된다.

| 정답 | ② |

29 [받을어음결제처리] 화면에 대한 설명이다. 현재 화면 상태에 대한 설명이나 [받을어음결제처리] 화면의 용도에 대한 설명 중 옳지 않은 것은? 〈16회 실무 기출문제〉

① 현재 사용자가 받을어음을 '할인'으로 결제처리를 하고자 한다.
② 받을어음결제처리 후 실제 금액은 계좌로 입금될 예정이다.
③ [받을어음 결제처리] 화면에서 조회가 되기 위해서는 받을어음 계정의 발생전표 반드시 '승인'이 되어야 한다.
④ 받을어음 결제전표가 자동으로 생성될 때, 할인금액에 대한 계정은 [운영환경설정(재무회계)-초기]의 계정구분에 대한 계정과목의 설정에 따라 달라진다.

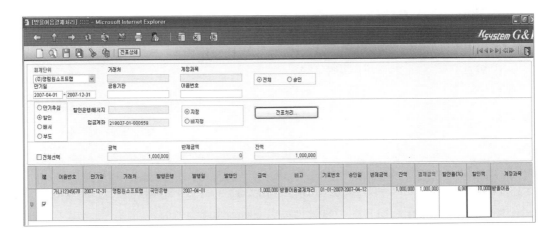

★ 풀이 & 보충학습

받을어음결제처리에서 조회되는 받을어음전표는 미승인전표를 포함한 전체와 승인된 전표를 나눠서 조회할 수 있다.

정답 ③

30 영림산업은 서울 본사와 청주공장이 있어, [사업장(회계단위)정보]에 청주공장을 등록한 상태였다. 20X8년부터 청주공장 사업장에서 직접 매출을 발생하고자 한다. 가장 먼저 등록해야 하는 작업은 무엇인가? 〈16회 실무 기출문제〉

① 부서등록에 청주공장을 등록해야 한다.
② 부문등록에 청주공장을 부문으로 등록해야 한다.
③ 사업자번호등록에서 청주공장 사업자번호를 등록해야 한다.
④ 회계 단위를 2개로 나누어야 한다.

★ 풀이 & 보충학습

매출에 대해서 세금계산서를 작성하고, 부가세전표를 작성해야 하기 때문에 사업자 번호가 등록되어야 매출처리를 할 수 있다.

정답 ③

31 (주)K.System에서는 냉동탑차를 아래와 같이 2008년 1월 15일에 취득하였다. 아래 자산에 대한 당기감가상각비로 계상할 금액을 계산한 것으로 옳은 것은? 〈16회 실무 기출문제〉

① 3,333,333
② 69,799,651
③ 39,999,800
④ 20,000,000

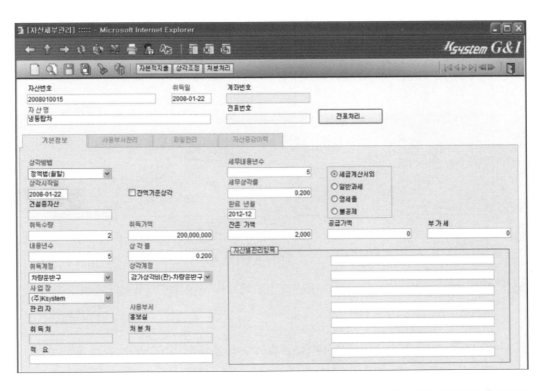

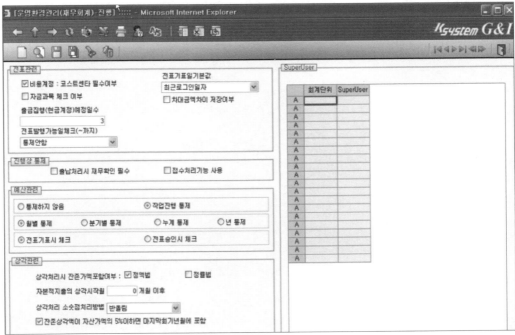

연상각액을 구하는 문제다.

운영환경관리(재무회계)−진행의 상각 관련 통제 값 중 '상각처리 시 잔존가액 포함
여부'에서 '정액법'이 체크되어 있으므로 상각금액계산 시 잔존가액을 취득가액에서
빼서 상각금액을 계산한다. 그러므로 취득가액(200,000,000−1,000) × 상각률0.200 =
39,999,800이다.

| 정답 | ③ |

---

32 아래 그림과 같이 가지급금의 사원관리 항목에 대해서 건별반제를 설정하려고 한다. 건별반제
설정에 대한 설명으로 옳지 않은 것은? 〈16회 실무 기출문제〉

① 건별반제계정/관리항목설정완료가 체크되어 있어서 건별반제 설정을 할 수 없다.

② 한 계정에 건별반제관리항목은 2개까지 설정 가능하다.

③ 건별반제를 설정하는 관리항목은 차변/대변필수로 설정해야 한다.

④ 시스템 구축 후 전표가 발생된 후에 건별반제를 설정하는 경우 이전에 작성된 전표는
발생 건으로 인식할 수 없다.

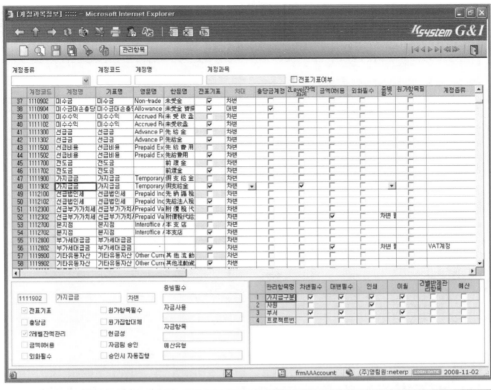

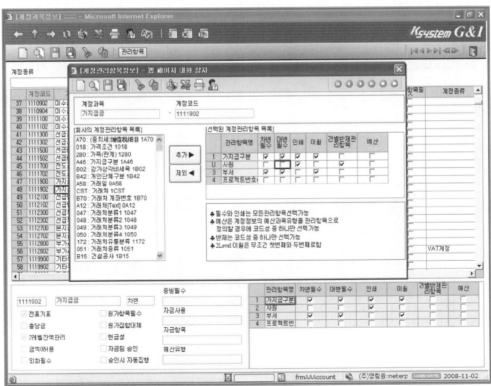

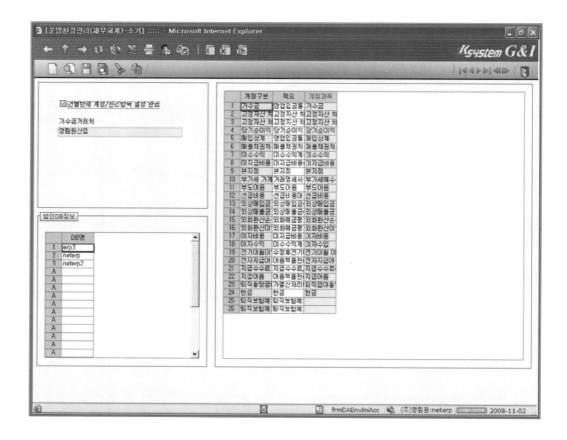

건별반제는 코드성 관리 항목으로 계정당 한 개만 설정이 가능하며 처음 K.System
ERP 도입 후 건별반제계정/관리항목설정완료 체크가 되면 건별반제 설정을 수정할
수 없다.

정답 ②

33 (주)K.System의 영업사원은 아래와 같이 비용전표를 입력하고 출력하고자 한다. 전표출력이
되지 않는 원인으로 옳은 것은?　　　　　　　　　　　　　　　　　　〈16회 실무 기출문제〉

① 승인처리가 안 되었다.

② 차대금액이 일치하지 않는다.

③ 기표일에 전표기표마감이 체크 되었다.

④ 기표일에 전표승인마감이 체크가 안 되었다.

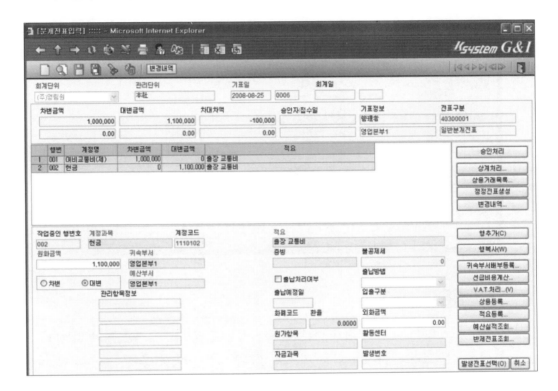

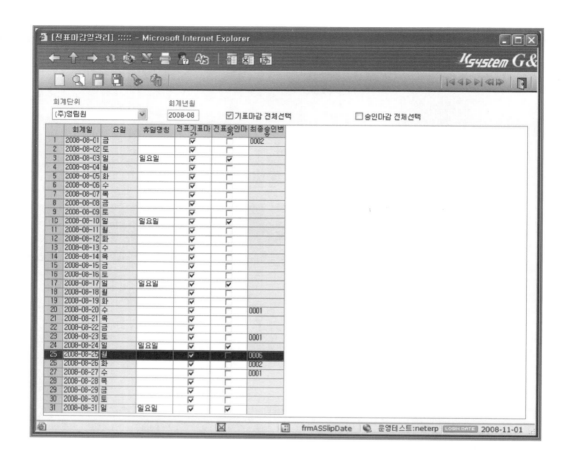

K.System ERP에서는 차대가 다른 전표가 저장은 되지만, 출력은 되지 않는다.

이는 실수로라도 차대가 다른 전표로 결제처리가 되어서 불이익을 당하지 않게 함이다.

출력과 승인은 차대가 일치해야 가능하다.

정답   ②

34 2007년 12월까지 합계잔액시산표에서 급여(판), 상여금(판) 순서로 조회되는 것을 2008년부터는 상여금(판), 급여(판) 순서로 조회하기를 원한다. 작업방법으로 옳은 것은?

〈16회 실무 기출문제〉

① 계정과목정보에서 계정코드를 수정해서 저장한다.
② 계정과목정보에서 계정코드는 그대로 두고 계정과목명을 서로 바꿔서 저장한다.
③ 계정체계변경에서 2008년도 기표계정 체크된 급여(판), 상여금(판) 구조코드만 순서를 변경한다.
④ 계정체계변경에서 2008년도 급여(판), 상여금(판) 계정과목의 집계계정, 기표계정의 구조코드 순서를 변경한다.

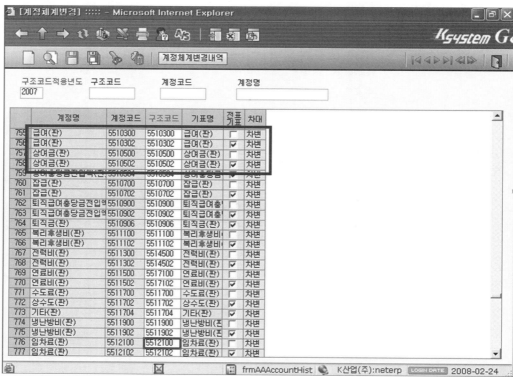

합계잔액시산표를 포함한 재무제표는 구조코드에 의해 체계가 결정된다.

계정코드는 수정이 불가능하고, 기표계정만 바꾸게 구조코드를 수정하면 재무제표에 표시되는 집계계정은 변경되지 않은 상태로 바뀌어서 조회된다.

정답   ④

---

35 선급비용이 발생한 건을 선급비용계상 입력 화면에서 조회 후 결산대체처리 하려고 한다. 옳지 않은 것은? 〈16회 실무 기출문제〉

① 선급비용의 비용계정은 보험료(제)이다.

② 선급비용계상입력에서 그림처럼 조회 시에 계상기간은 1개월이다.

③ 전표처리를 한 이후에도 '결산대체미처리건'으로 조회된다.

④ 전표처리 시에 보험료(제)/선급비용으로 전표처리가 된다.

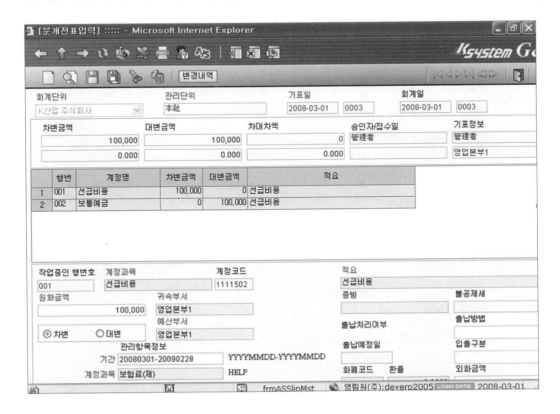

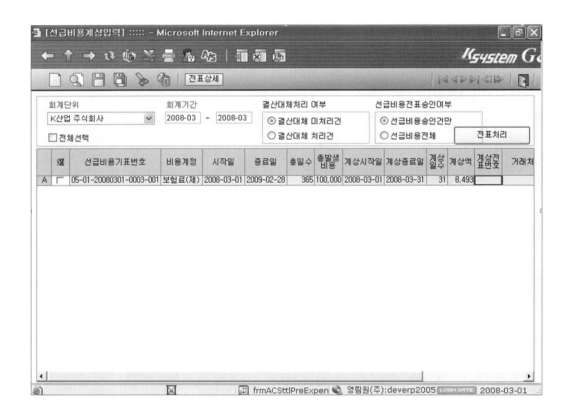

★ 풀이 & 보충학습

선급비용계상입력에서 전표처리를 한 경우는 '결산대체처리건'으로 조회된다.

정답 ③

36 첨부 그림은 K.System ERP 회계모듈을 사용하기 전 설정해야 하는 운영환경관리 화면이다. 해당 설정 항목에 대한 설명으로 옳지 않은 것은? 〈16회 실무 기출문제〉

① 분개전표결재를 전자결재로 올릴 경우에 [운영환경관리(공통)−초기]에 설정해야 한다.
② 회계모듈 내에서 자동전표처리 시 기표되는 계정과목은 [운영환경관리(재무회계)−초기]에서 설정한다.
③ [운영환경관리(재무회계)−초기]에 가수금 거래처는 '입금통보' 메뉴와 관련 있다.
④ [운영환경관리(재무회계)−진행]에 등록된 SuperUser는 메뉴를 통제할 수 있는 권한을 가진다.

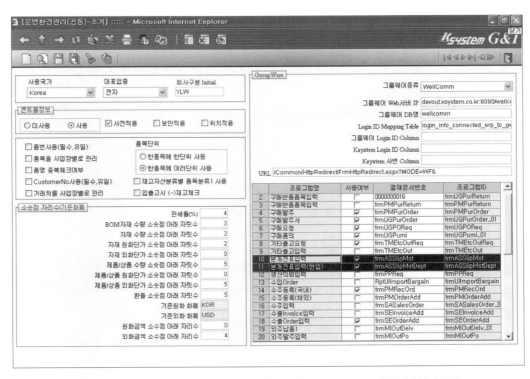

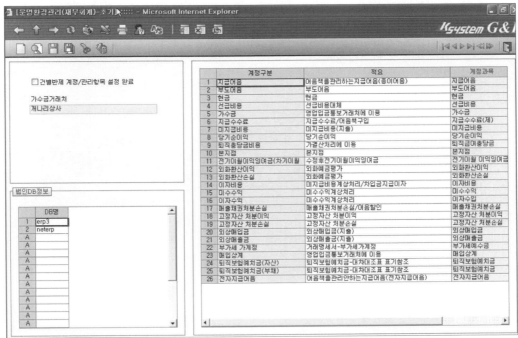

37 천안공장에서는 차입금에 대한 이자를 아래와 같이 [지급일관리] 화면에서 전표처리를 하고 있다. K.SYSTEM ERP에서 차입금이 발생하였을 때 처리하는 화면 또는 업무처리 순서로 가장 옳은 것을 고르시오. 〈16회 실무 기출문제〉

① 차입금등록 → 차입금전표발생 → 일반분개전표에서 지급이자 지급
② 차입금등록 → 일반분개전표에서 차입금전표 등록
③ 차입금등록 → 차입금전표발생 → 지급일관리 → 차입금상환전표발생
④ 일반분개전표 → 차입금전표발생 → 지급일관리 → 차입금상환전표발생

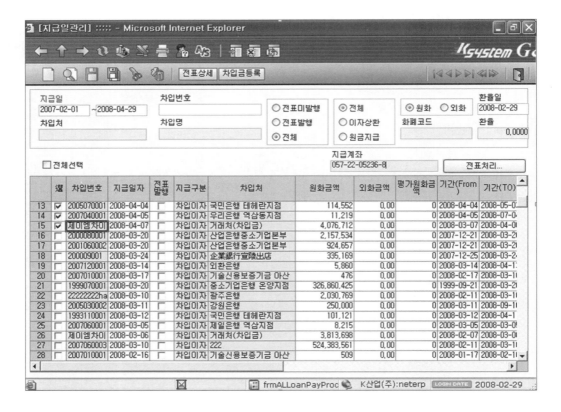

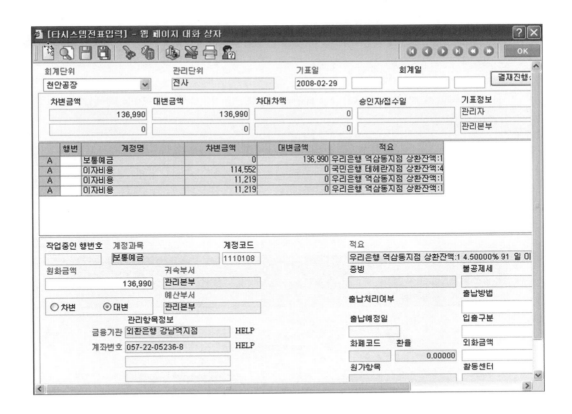

[지급일관리]를 사용하려면 반드시 [차입금등록]이 먼저 되어 있어야 하며, 차입금 내역에 따라서 이자/원금지급 내역이 자동생성 된다. [지급일관리]에서 차입금상환전 표를 작성할 수 있다.

정답 ③

38 다음은 건설가계정대체처리 화면이다. 건설가계정대체처리 하는 과정에 대한 설명으로 옳지 않은 것은? 〈8회 실무 기출문제〉

① 대체미처리 건으로 조회되는 내용은 대체전표가 작성되지 않은 건설가계정 계정으로 작성된 전표이다.
② 건설가계정대체처리는 한 건의 건설가계정 전표내역을 하나의 자산으로만 대체할 수 있다.
③ 대체자산으로 설정하기 위해서는 먼저 자산세부관리에서 등록해야 한다.
④ 대체처리 건의 합계금액이 자산의 취득금액으로 대체된다.

★ **풀이 & 보충학습**

건설가계정대체처리에서 여럿의 건설가계정 전표를 하나의 자산으로 대체할 수 있다.

정답 ②

39 2008년까지 상각처리가 된 자산에 대해서 2009년 상각처리 시 상각이 되지 않고, 자산별 상각현황에서 기초자산가액과 기초상각누계액이 조회되지 않고 있다. 이 문제를 해결하기 위해 해야 하는 작업은? 〈18회 실무 기출문제〉

① 2008년에서 2009년으로 차기이월처리를 한다.
② 2008년 전월에 대해 월별재집계처리를 한다.
③ 2008년에서 2009년으로 자산이월처리를 한다.
④ 2009년 상각취소 후에 상각처리를 다시 한다.

자산도 회기별로 자산이월처리를 해주어야 자산가액과 상각누계액이 이월되어 상각 금액을 계산할 수 있다.

정답 ③

40 [자산초기DATA입력]은 시스템을 사용하기 이전의 자산데이터를 일괄적으로 입력하는 메뉴이다. [자산초기DATA입력] 입력 화면에 대한 설명으로 옳지 않은 것은?(영림원 사업장의 회계시스템 시작연월은 2009년 1월, 12월 결산 법인) 〈18회 실무 기출문제〉

① 자산초기 DATA 입력은 엑셀로 업로드 가능하다.
② 상각누계액은 2008-12 시점의 상각누계액을 입력해야 한다.
③ 최종상각월은 2008-12로 입력해야 한다.
④ 잔존가액은 2008-12 시점의 미상각잔액을 입력한다.

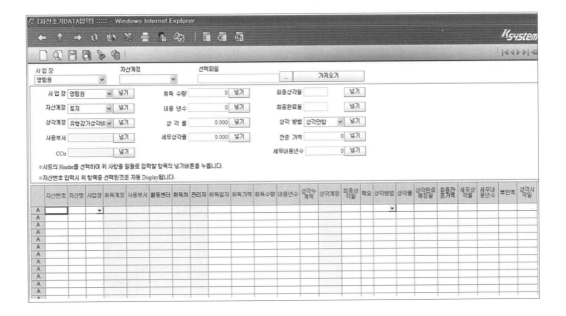

41 영림산업은 '지급수수료(판)' 계정에 대하여 코드성 관리항목으로 '지급수수료세목' 관리를 하고 있다. '안영림' 사원이 '지급수수료(판) 계정에 대한 '지급수수료세목'으로 '전산유지보수료'를, '전화유지보수료'로 잘못 선택하여 [분개전표처리]가 되었다. 회계승인이 난 상태에서 잘못 입력된 '지급수수료세목'을 바르게 수정하기 위한 가장 빠르고 효율적인 방법으로 옳은 것은?

〈18회 실무 기출문제〉

① [증빙 및 적요수정] 화면의 '적요'에서 '전산유지보수료'로 직접 수정하고 저장한다.

② [관리항목(비코드성)] 화면의 '관리항목값'에서 '전산유지보수료'로 직접 입력하여 수정하고 저장한다.

③ 회계승인을 취소하고 영업사원인 '안영림'에게 통보하여 '안영림' 사원으로 하여금 '지급수수료세목'을 직접 수정하도록 한다.

④ [관리항목(코드성)] 화면의 '관리항목값'에서 잘못 등록된 '전화유지보수료'를 '전산유지보수료'로 수정한다.

42 [받을어음결제입력] 화면이다. 영림산업은 2009년 1월부터 받을어음에 대한 할인결제처리 시, 할인금액에 대한 계정처리를 '이자비용'에서 '매출채권처분손실' 계정으로 인식하고자 한다. 이러한 경우 가장 옳은 방법은? 〈18회 실무 기출문제〉

① [받을어음결제입력]에서 전표처리 시 생성된 자동전표(받을어음 결제전표)에서 매번 '이자비용' 계정 대신 '매출채권처분손실' 계정으로 수정한다.

② [타 시스템 환경설정]에서 '받을어음 결제전표'로 찾아 '이자비용' 계정을 '매출채권처분손실' 계정으로 수정한다.

③ [운영환경관리(재무회계)-초기]에서 '계정구분'이 '매출채권처분손실'인 것에 대한 '계정과목'이 '이자비용'으로 설정되어 있는 것을 '매출채권처분손실' 계정으로 수정한다.

④ [계정과목정보]에서 '이자비용' 계정을 찾아서 '매출채권처분손실' 계정으로 수정한다.

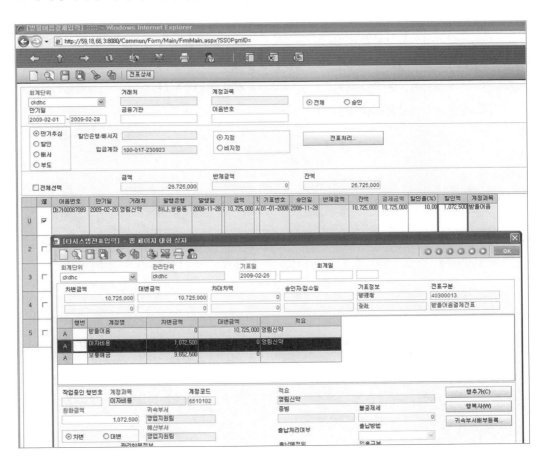

재무회계와 고정자산모듈에서 작성되는 전표는 타 시스템 회계처리 환경설정에 영향을 받지 않고, 내부적으로 정해진 분개에 따라 전표처리가 된다. 이때 특정 계정은 [운영환경관리(재무회계)-초기]에서 조회되는 계정구분에 한해서 연결되는 계정을 사용자가 원하는 대로 설정할 수 있다.

정답 ③

43 [초기잔액입력오류확인] 화면이다. 동 화면과 관련성이 가장 높은 화면으로 옳은 것은?

〈18회 실무 기출문제〉

① 계정초기이월잔액입력(원화), 어음초기 DATA 입력
② 관리항목초기잔액입력(원화), 적금납입입력
③ 계정초기이월잔액입력(원화), 관리항목초기잔액입력(원화)
④ 계정초기이월잔액입력(원화), (제품/상품)기초재고금액등록

[초기잔액입력오류확인] 화면은 계정별이나 관리항목별 잔액을 입력하는 계정 초기
이월잔액 입력 화면과 관리항목 초기잔액입력 화면에 입력한 금액을 비교하여 잘못
입력된 내역을 확인할 수 있는 화면이다 .

정답　③

44 [어음수표책관리] 화면의 [지급어음책구매입력] 화면이다. 아래 그림과 같이, 시작번호 : 자가 01266670, 끝번호 : 자가01266679로 자동생성 되기 위해서, ① 고정값, ② 변동값, ③ 매수에 입력해야 하는 값으로 옳은 것은? 〈18회 실무 기출문제〉

	① 고정값	② 변동값	③ 매수
①	자가 01266670	9	1
②	자가 0126667	0	10
③	자가 01266670	9	10
④	자가 0126667	9	9

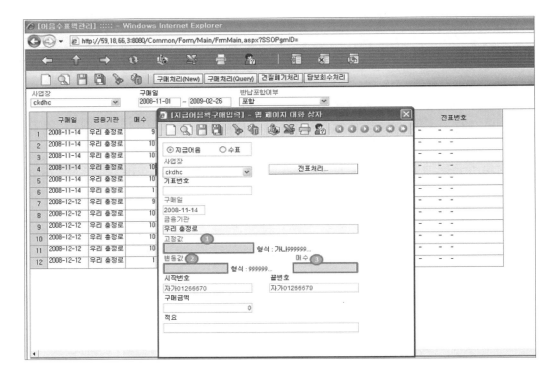

★ 풀이 & 보충학습

고정값은 어음책(자가01266670 ~ 자가01266679)에서 변하지 않는 값을 나타내므로 자가 0126667이고, 변동값은 값이 변하는 첫 번째 값인 0이고, 매수는 10장을 입력한다. 고정값, 변동값, 매수 입력으로 어음의 시작번호와 끝번호가 생성되면서 어음책이 등록된다.

정답   ②

45 [예산집] 화면이다. 현재의 [예산집] 화면 상태를 보고서 알 수 있는 사항으로 가장 옳지 않은 것은? 〈18회 실무 기출문제〉

① [예산과목등록] 화면에서 '예산명'으로 판관비예산만 등록이 되어 있다.

② [계정–예산과목] 화면이 설정(등록)이 되어 있다.

③ '복리후생비(판)' 계정에 대한 예산통제를 위해 [계정과목정보]의 화면에서 '예산유형' 이 '계정과목'으로 설정되어 있다.

④ 복리후생비(판)' 계정에 대한 예산통제를 위해 [계정과목정보]의 화면에서 '예산유형'이 '관리항목'으로 설정되어 있다.

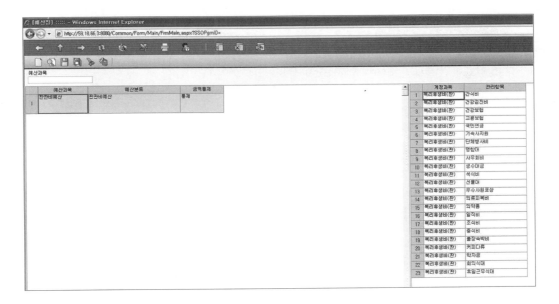

★ 풀이 & 보충학습

복리후생비(판) 계정의 관리항목이 모두 예산설정이 되어 있으므로 예산유형은 관리항목이다.

 정답 ③

46 다음은 K.System 재무회계모듈의 기본적인 화면들에 대한 내용들이다. 그 내용이 가장 옳지 않은 것은?

〈18회 실무 기출문제〉

① [관리단위정보] 화면에서 '전표관리단위명'을 2개 이상 나누어 등록하고, '전표처리' 시 관리단위별로 전표처리를 하면 '관리단위별'로 일계표를 확인할 수 있다.

② [전표마감일관리]에서는 월별로만 전표기표마감을 할 수 있다.

③ [전표조건검색] 화면에서는 계정의 관리항목이 '코드성'이 아닌 비코드성, 즉 text로 관리하는 계정들도 조회(검색)할 수 있다.

④ [부서별전표작성현황] 화면은 기본적으로 '부서권한'이 설정되어 있다.

★ 풀이 & 보충학습

전표마감일관리에서는 일자별로 전표기표, 승인마감을 할 수 있다.

정답 ②

---

47 [받을어음결제입력] 화면에서 매출 거래처인 '영림팜'으로부터 매출에 대한 대금결제로 받은 어음을 조회하여, 할인에 따른 회계전표처리를 하고자 한다. 어음번호가 '마가10998526'인 것을 선택하고 할인율 7.5%를 가정하는 경우, 〈전표처리〉 버튼 클릭 시 '받을어음 할인결제(자동분개전표)'의 계정금액 중 '보통예금'과 '매출채권처분손실' 계정에 인식되는 금액은 각각 얼마인가?

〈18회 실무 기출문제〉

	보통예금	매출채권처분손실
①	5,000,000	0
②	4,500,000	500,000
③	4,625,000	375,000
④	375,000	4,625,000

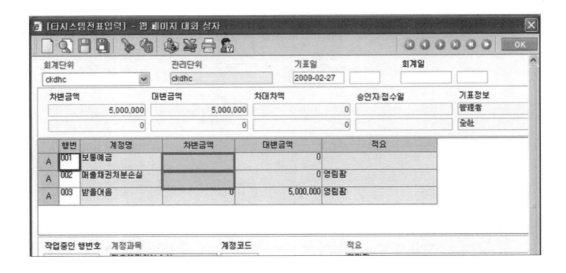

★ 풀이 & 보충학습

> 받을어음 5,000,000 금액에 대해 할인율이 7.5%이므로 매출채권처분손실은 375,000이
> 고, 보통예금 금액은 매출채권처분손실 금액을 제외한 5,000,000−375,000 = 4,625,000
> 이다.
>
> 정답   ③

48 [계정과목정보]에 대한 화면들이다. '계정명'에 대한 '계정종류'의 연결에 대한 설명 중 가장 옳
   지 않은 것은?   〈18회 실무 기출문제〉

① 받을어음 − 어음성계정 : K.System ERP 재무회계모듈의 [자금]−[받을어음] 관련 메뉴
   에서 받을어음에 대한 할인결제 등 업무처리를 할 수 있다.

② 건물 − 자산취득계정 : K.System 고정자산모듈의 [자산등록]−[자산세부관리] 화면에서
   건물에 대한 자산취득내역을 입력할 수 있다.

③ 특허권 − 설정 하지 않음 : 특허권과 같은 무형자산은 K.System ERP 고정자산모듈의 [자
   산등록]−[자산세부관리]에서 관리할 수 없으므로, '계정종류'를 설정하지 않아도 된다.

④ 감가상각비(제) − 자산상각계정 : K.System ERP 고정자산모듈의 [자산등록]−[자산세부관리]
   화면에서 취득자산을 입력하고, '상각계정'란에 해당 상각계정을 선택할 수 있다.

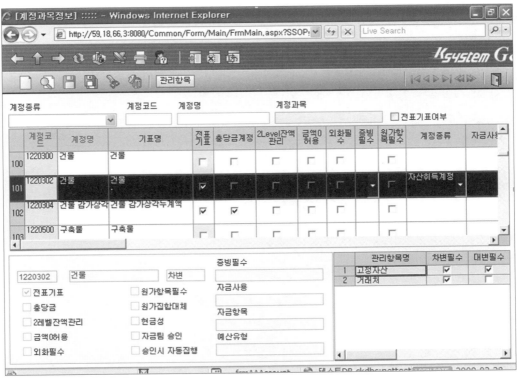

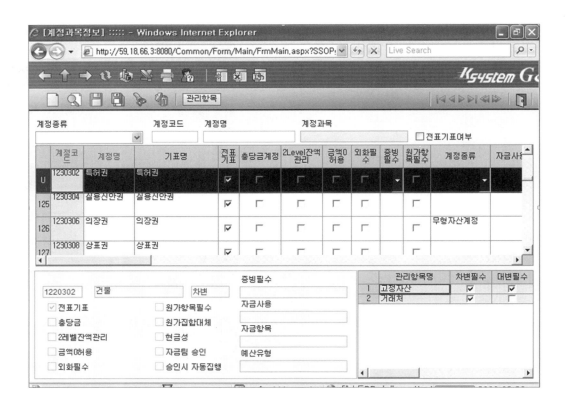

고정자산모듈에서 무형자산도 등록하여 관리할 수 있으므로, 계정종류를 자산취득
계정으로 설정하여 사용해야 한다.

정답   ③

49 [예산편성마감처리] 화면에서 2009년도 예산부서 '영업1팀'으로 조회한 내용이 그림과 같다면, '예산관리'담당자가 '영업1팀'의 2009년도 예산편성을 마무리하기 위해 추가적으로 더 수행해야 할 업무처리로 옳은 것은? 〈18회 실무 기출문제〉

① [예산편성마감처리] 화면에서 '부서예산확정 여부'가 '미확정' 상태이므로 [월별예산] 화면에서 '영업1팀'의 <부서예산확정>을 클릭해야 한다.

② [예산편성마감처리] 화면에서 '초기예산금액'과 '최종예산금액'은 일치가 되면 결코 안 되므로, [예산조정] 화면에서 '조정이유'를 입력하고 반드시 조정해야 한다.

③ [예산편성마감처리] 화면에서 '영업1팀'에 대한 <연예산편성마감처리>를 하면 부서예산확정이 자동으로 이루어진다.

④ [월별예산] 화면에서 <부서예산확정> 후 조정액으로 나누기를 반드시 해야 한다.

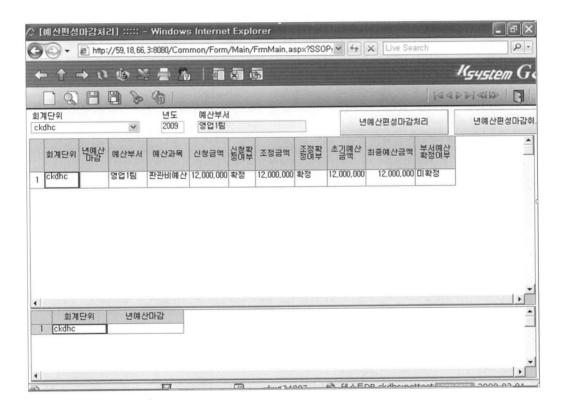

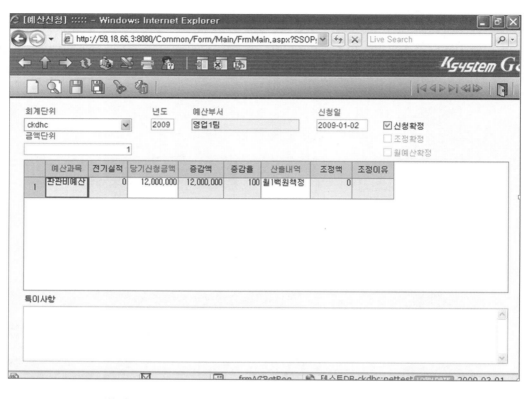

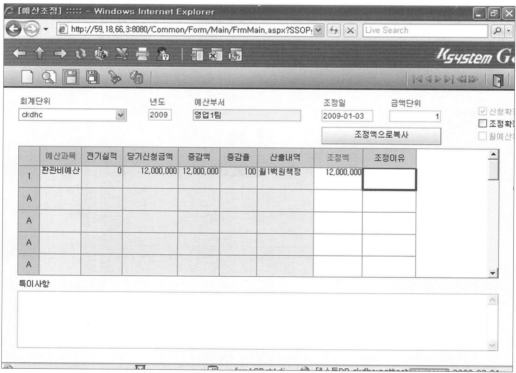

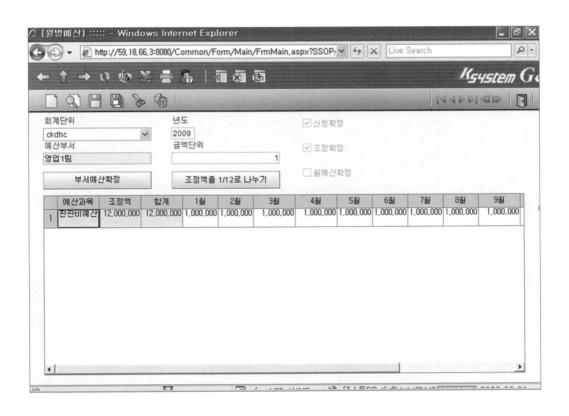

월별예산에서 부서예산확정을 해야 월예산확정처리가 되어, 연예산편성마감처리가 가능하다.

정답   ①

50 K.System 재무회계모듈에서는 특정 일자에 대해서 전표를 발의하지 못하도록 하는 [전표마감일관리]라는 화면이 있다. 이 화면은 특정 일자에 '전표기표마감'에 체크를 하게 되면 모든 '전표구분'에 상관없이 모든 전표를 기표하지 못하게 된다. 이와는 별개로 [전표마감일관리2]라는 화면은 '전표관리단위그룹'에 따라 전표마감일자를 각각 설정할 수 있다. [전표마감일관리(2)] 화면을 사용하기 위해 기본적으로 설정해야 하는 순서로 옳은 것은? 〈18회 실무 기출문제〉

① ① 메뉴등록 → ③ 소분류등록(재무회계) → ④ 전표구분등록 → ② 전표마감일관리(2)

② ① 메뉴등록 → ④ 전표구분등록 → ③ 소분류등록(재무회계) → ② 전표마감일관리(2)

③ ③ 소분류등록(재무회계) → ④ 전표구분등록 → ② 전표마감일관리(2) → ① 메뉴등록

④ ③ 소분류등록(재무회계) → ① 메뉴등록 → ④ 전표구분등록 → ② 전표마감일관리(2)

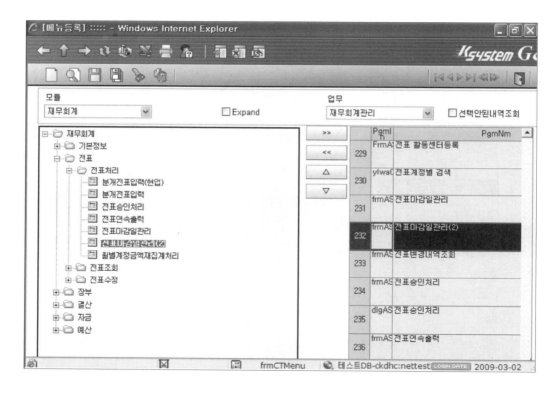

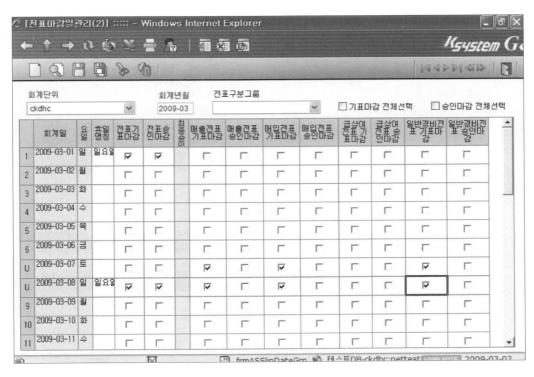

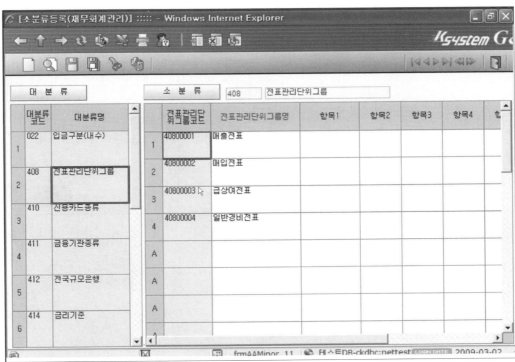

[전표마감일관리(2)] 화면이 메뉴로 구성되어 있지 않으므로 먼저 메뉴등록에서 메뉴를 구성하고, [소분류등록(재무회계)]에서 전표관리단위그룹의 소분류를 등록한다.
그리고 전표구분등록에서 전표구분별로 전표관리단위그룹을 설정하고, [전표마감일관리]에서 전표관리단위그룹별로 마감일 설정을 하면 전표관리단위그룹별로 마감일 관리가 가능하다.

정답 ①

51 천안공장에서는 차입금에 대한 이자를 아래와 같이 [지급일관리] 화면에서 전표처리를 하고 있다. K.SYSTEM ERP에서 차입금이 발생하였을 때 처리하는 화면 또는 업무처리 순서로 가장 옳은 것을 고르시오. 〈18회 실무 기출문제〉

① 차입금등록 → 차입금전표발생 → 일반분개전표에서 지급이자 지급
② 차입금등록 → 일반분개전표에서 차입금전표등록
③ 차입금등록 → 차입금전표발생 → 지급일관리 → 차입금상환전표 발생
④ 일반분개전표 → 차입금전표발생 → 지급일관리 → 차입금상환전표 발생

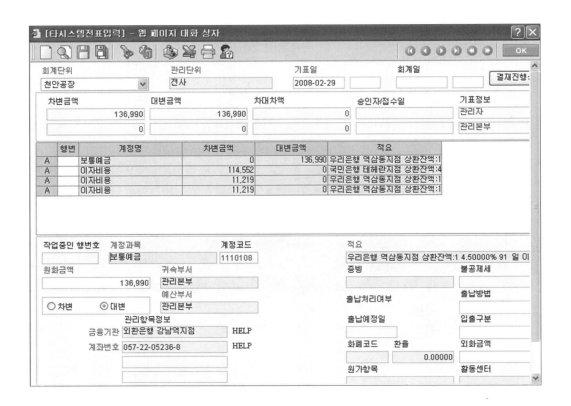

★ 풀이 & 보충학습

> [지급일관리]를 사용하려면 반드시 [차입금등록]이 먼저 되어 있어야 하며, 차입금내역
> 에 따라서 이자/원금 지급내역이 자동생성 된다.
>
> 정답   ③

52 부문손익계산서를 보기 위해 첨부 그림과 같이 설정하였다. 다음 보기의 설명 중 옳지 않은 것은?

〈18회 실무 기출문제〉

① 사업공통부문은 부문별손익계산서에 각 부문별로 금액이 있는 경우 조회된다.

② LGT 부문의 금액은 LGHS, 전자공통, LGT공통 부문에 배부되었다.

③ LGT 부문의 금액은 연결된 부서에서 전표발생 된 금액이 집계된다.

④ 8월에는 현재 제품매출과 복리후생비(판)의 금액만 전표발생 하였다.

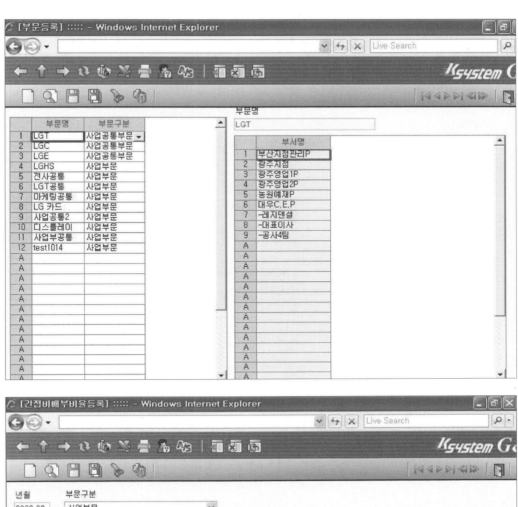

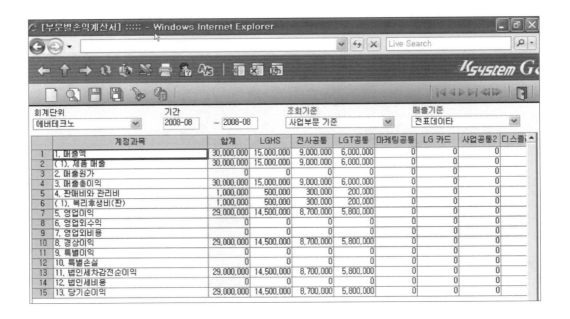

★ 풀이 & 보충학습

사업공통부문은 사업부문에 금액을 배부하는 부문이기 때문에 부문별손익계산서에는 조회되지 않는다.

정답   ①

53 다음은 선급비용계상처리와 관련된 화면이다. 선급비용계상처리 과정에 대한 설명으로 옳지 않은 것은?   〈18회 실무 기출문제〉

① 선급비용 계정에 기간과 계정과목 관리항목은 필수여야 한다.
② [분개전표처리]의 <선급비용계산> 버튼을 통해서만 선급비용 계정을 생성해야 한다.
③ [선급비용계상입력]에서 회계기간에 따라 자동으로 계상액이 계산된다.
④ [선급비용계상입력]에서 전표처리 된 내역은 결산대체처리 건에서 조회된다.

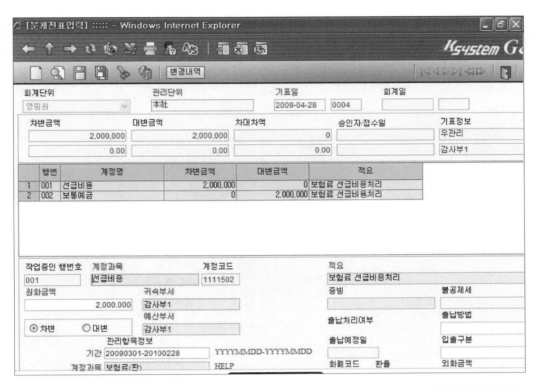

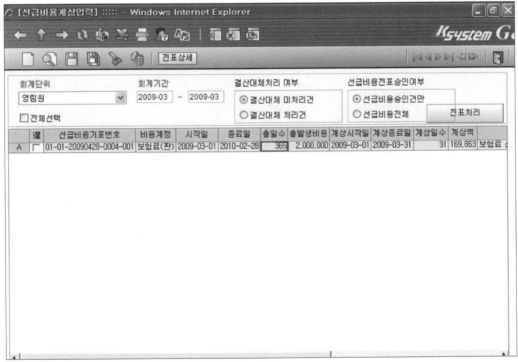

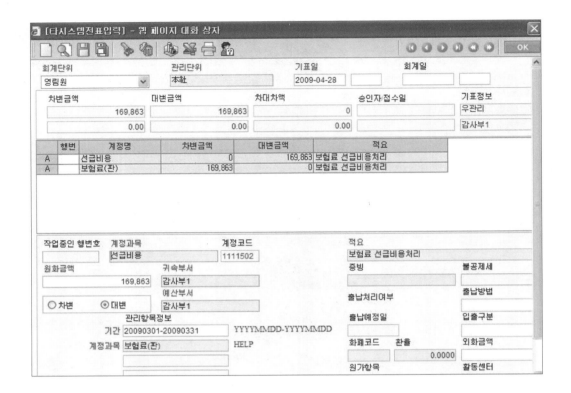

★ 풀이 & 보충학습

<선급비용계산> 버튼은 본 계정의 비용과 선급비용 금액을 쉽게 계산하여 분개하기 위한 기능이고, [선급비용계상처리]에서는 <선급비용계산> 버튼을 통해 생성된 선급비용 계정뿐만 아니라 전표로 작성된 선급비용 계정에 기간과 계정과목 관리항목 값이 입력되어 있으면 조회되어 계상처리 할 수 있다.

정답   ③

회계/인사

5장 K.System 세무회계관리

영림원소프트랩 K.System

ERP정보관리사

5.1 부가가치세

부가가치세는 제조업체이나 유통업체에서 재화의 생산·유통 과정에서 상품에 부가하는 가치에 대해 정부가 부과하는 조세제도이다. 부가가치세는 프랑스에서 최초로 시행하였다(1954년). 이후 많은 선진제국들이 조세체계의 조화를 이루기 위하여 도입하기 시작하여 전 세계적으로 확대 실시되고 있는 추세이다. 우리나라에서도 간접세 체제를 근대화하고 제4차 경제개발5개년계획을 지원하기 위해 1976년에 법률 제2934호로 부가가치세법을 제정하고, 1977년부터 물품세·섬유류세 등 8가지 간접세를 부가가치세로 통합하여 시행하고 있다.

K.System ERP 세무회계모듈은 부가가치세신고에 대한 관리를 주 수행 업무로 하고 있다. 부가가치세신고는 예정신고, 확정신고, 영세율 등 조기환급신고, 수정신고가 있으며, 각 신고기간에 대한 부가가치세과세표준과 납부세액 또는 환급세액 등을 기재하여 관할세무서에 신고하게 된다. 부가가치세 집계는 매입/매출과 관련한 전표처리 업무를 수행하면서, 부가세계정의 관리항목인 거래처, 공급가액과 증빙코드가 연계되어 부가가치세신고서와 부속서류에 자동으로 집계가 된다. 그리고 국세청 전자신고를 위한 파일 생성을 할 수 있도록 토대가 되어 있으며, 그 프로세스는 아래 그림과 같이 도식화할 수 있다.

[부가세관리]

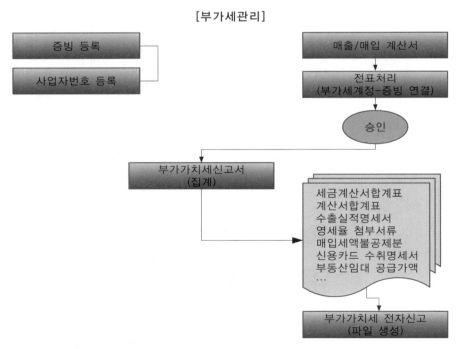

[부가가치세 신고절차]

우리나라의 현행 부가가치세법에 의하면 사업자에 의해 국내에서 공급되는 재화 또는 용역과 재화의 수입에 부가가치세를 부과한다. 납세의무자는 영리목적의 유무에 불구하고 사업상 독립적으로 재화 또는 용역을 공급하는 자와 재화를 수입하는 자 및 개인·법인(국가·지방자치단체와 지방자치단체조합을 포함한다)과 법인격이 없는 사단·재단 기타 단체를 포함한다. 부가가치세제에 있어서 이론적인 과세표준은 거래대상자로부터 받은 대금·요금·수수료 기타 명목여하에 불구하고 대가관계에 있는 모든 금전적 가치를 가진 것을 포함한다.

예를 들어 도매상 A가 생산업자로부터 물품을 100원에 구매(매입액)하여 150원에 판매(인건비, 세금과 공과, 감가상각비, 이윤 등 필요한 제반경비 모두 포함)한다면, 50원의 부가가치가 창출된 것이다. 창출된 부가가치액에 대하여 10%인 5원을 세금으로 국가에 납부해야 하는데 이것이 부가가치 납부세액이 된다. 부가가치세는 다단계 세금구조이므로 매입하면서 기납부한 세액을 제하고 나머지 금액에 대해서만 확정하여 신고–납부하면 된다. 납부세액의 산출식은 납부세액 = 매출액×세율−매입액×세율이다. 도매상 A가 150원에 판매할 때, 이미 구매액내역에는 100원에 대한 부가가치세 10원(구매대금의 10%)이 국가에 납부된 상태이므로 판매액 150원에 대한 세액 15원을 징수하여 10원을 제한 나머지 5원을 국가에 납부한다.

🔊 **알아두세요**   재화의 범위

- 부가세법에 의한 재화의 범위는 재산적 가치가 있는 모든 유체물과 무체물을 말한다. 유체물에는 상품·제품·원재료·기계장치·건물, 구축물 등 기타 모든 유형적 물건을 포함한다. 또한 무체물에는 동력, 열, 가스 등 기타 관리할 수 있는 자연력 및 권리로서 특허권, 실용신안권, 의장권, 상표권, 광업권, 어업권 등이 해당된다. 즉, 재산적 가치가 있는 유체물 이외의 모든 것을 포함한다. 그리고 물·흙·퇴비 등도 재화의 범위에 포함되며, 다만 재산적 가치가 없는 것은 재화의 범위에 포함하지 않는다.
재화의 공급이란 소유한 재화의 권리를 타인에게 양도하는 것을 말한다.

부가가치세는 사업장마다 신고·납부하여야 하며, 사업자에게 2개 이상의 사업장이 있는 경우에는 대통령령이 정하는 바에 따라 주된 사업장 관할세무서장에게 신청하여 그 승인을 얻은 때에는 대통령이 정하는 바에 의하여 주된 사업장에서 총괄하여 납부할 수 있다. 사업장이라 함은 사업자 또는 그 사용인이 상시 주재하여 거래의 전부 또는 일부를 행하는 장소를 말한다(부가가치세법 제4조 제1항). 일반적으로 재화의 공급이나 용역의 공급에 의한 거래 발생 시 그에 따르는 세금(부가가치세)을 일정액 납부하여야 하지만 예외적인 경우도 있다.

5.1.1 부가가치세율

부가가치세의 세율은 거래가액의 100분의 10으로 하며, 1년을 6개월 단위의 과세기간으로 나누어 당해 과세기간 종료일로부터 25일(외국법인의 경우에는 50일) 이내에 과세표준과 납부세액을 사업장 관할세무서장에게 확정신고·납부해야 한다.

- 제1기분 예정신고기간 : 1월 1일부터 3월 31일까지
- 제2기분 예정신고기간 : 7월 1일부터 9월 30일까지

그리고 재화를 국외에서 수입할 경우 납세의무자는 관세법에 따라 관세를 신고·납부하는 재화의 수입에 대해서는 부가가치세를 함께 신고·납부하여야 한다.

5.1.2 납부세액

납부세액이란 세법이 정하고 있는 바에 의하여 당해 세목(稅目)의 과세표준[17]의 신고와 함께 정부에 납부하여야 할 세액을 말한다. 법인세 또는 소득세의 경우는 총결정세액 등에서 기납부세액을 차감한 금액이 납부세액이 되나, 부가가치세의 경우에는 매출세액에서 매입세액을 차감한 금액이 납부세액이 된다.

5.1.3 익금과 손금

■ 익금이란 자본 또는 출자의 납입 및 법인세법에서 규정하는 것을 제외하고 그 법인의 순자산을 증가시키는 거래로 인하여 발생하는 수익의 금액을 말한다. 그 예는 아래와 같다.

- 상품이나 제품의 판매수익
- 투자수익
- 수입이자
- 잡수입 등에 의한 부수수익
- 고정자산의 매각처분 및 설비용 자산의 양도수익
- 전기(前期) 손익수정에 따르는 익금
- 채무의 면제이익 또는 시효소멸에 의한 순자산 증가 등이 있다.

■ 손금이란 자본 또는 지분의 환급, 잉여금의 처분 및 법인세법에서 규정하는 것을 제외하고 그 법인의 순자산을 감소시키는 거래로 인하여 발생하는 손비(損費)의 금액을 말한다.

- 판매한 상품 또는 제품에 대한 원료의 매입가액과 그 부대비용
- 양도한 자산의 양도 당시의 장부가액
- 인건비

---

17) 세금을 부과함에 있어서 그 기준이 되는 것을 말한다.

- 고정자산의 수선비와 감가상각비
- 자산의 임차료
- 차입금 이자
- 대손금
- 자산의 평가차손
- 제세공과금
- 조합 또는 협회비
- 업무와 관련 있는 해외시찰·훈련비
- 임원 또는 사용인을 위하여 지출한 복리후생비 등이 있다.

5.1.4 영세율

모든 거래 재화나 용역에 부가가치세를 부과하지는 않는다. 어떤 재화나 용역의 공급에 대하여는 영(zero)의 세율을 적용한다. 영세율이란 세액을 산출하기 위하여 과세표준에 곱하는 비율(세율)이 '영(zero)'인 것을 말한다. 부가가치세법상 영의 세율이 적용되는 재화 또는 용역을 공급하는 때에는 거래 상대방으로부터 거래징수 하여야 할 세액이 '0'이 되므로 실질적으로 거래징수할 금액은 없게 되며, 이에 의하여 거래상대방은 부가가치세의 부담이 전혀 없이 당해 재화 또는 용역을 사용하거나 소비할 수 있게 된다. 영세율은 세금을 안 낸다는 점에선 면세와 같지만 세금부과대상에 포함된다는 점에서 면세와 다르다. 영세율이 적용되는 예는 다음과 같다.

- 수출하는 재화
- 국외에서 제공하는 용역
- 선박 또는 항공기의 외국항행용역
- 그 외에 외화를 획득하는 재화 또는 용역으로서 대통령이 정하는 것

5.1.5 면세

모든 거래에서 세금을 부과하는 것이 과세의 원칙이지만, 경제에서 예외적인 거래를 인정함으로써 국민경제를 더욱 활성화하는 것이 정부의 정책목표이므로 다양한 부가가치세 부과정책에서 사회정책·산업정책 또는 그 밖의 이유로 조세를 부과할 사람의 납세의무를 면제하는 것이 면세제도이다. 면세의 경우 재화 또는 용역의 공급에 대한 매출세액과 매입세액의 공제가 없으므로, 면세사업자는 사업자등록과 세금계산서의 교부 의무도 없다. 다만, 부가가치세의 면세사업자라 할지라도 소득세법과 법인세법에 의한 사업자등록을 해야 한다. 면세는 사회적 고려나 과세기술상의 요청에 따라 특정의 소득 등을 과세표준으로부터 제외하는 비과세와 구별된다. 예를 들면 아래에서 설명하는 재화 또는 용역의 공급에 대하여는 부가가치세를 면제한다.

- 가공되지 아니한 식료품 등 우리나라에서 생산된 농산물·축산물·수산물과 임산물로서 기초생활필수품 등을 들 수 있다.
- 교육용역 등 대통령령이 정하는 것 등도 포함된다.

구분	영세율	면세
대상	수출 등 외화획득 재화, 용역	요소비용, 기초생활필수품 등
매출세액	영세율과세(면세와 같음)	면제
매입세액	완전면제	불공제(매입세액은 자기 부담)
납세의무	과세사업자	부가가치세법상 사업자가 아님
사업자등록	사업자등록을 요함	소득세, 법인세법에 의한 사업자등록
세금계산서 발행 의무	발행 의무 있지만 대부분 면제	발행 의무 없음
기타 의무	과세사업자로서의 각종 의무 면제	매입세액부담의무 및 매출(매입)처별세금계산서 합계표 제출 의무 있음

[영세율과 면세제도의 차이점] 출처 : 김명희 편저, 《전산세무회계》, 도서출판 OK Press, 2002, p.54.

5.1.6 신고와 납부

부가가치세는 예정신고기간에 대한 과세표준과 납부세액 또는 환급세액을 사업장 관할세무서장에게 신고하는 때에 확정된다. 납세의무는 과세기간의 종료 후 25일 이내에 신고하여야 한다. 부가가치세의 신고와 납부는 예정신고와 납부와 확정신고와 납부의 2가지로 나누어진다.

■ 예정신고와 납부

사업자는 각 과세기간 중 아래의 '예정신고기간'이 끝난 후 25일(외국법인의 경우에는 50일) 이내에 대통령령으로 정하는 바에 따라 각 예정신고기간에 대한 과세표준과 납부세액 또는 환급세액을 사업장 관할세무서장에게 신고하여야 한다(부가가치세법 제18조).

- 제1기분 예정신고기간: 1월 1일부터 3월 31일까지
- 제2기분 예정신고기간: 7월 1일부터 9월 30일까지

■ 확정신고와 납부

사업자는 각 과세기간에 대한 과세표준과 납부세액 또는 환급세액을 그 과세기간이 끝난 후 25일(외국법인의 경우에는 50일) 이내에 대통령령으로 정하는 바에 따라 사업장 관할세무서장에게 신고하여야 한다. 사업자는 '확정신고'와 함께 그 과세기간에 대한 납부세액을 대통령령으로 정하는 바에 따라 사업장 관할세무서장에게 납부하여야 한다(부가가치세법 제19조).

부가가치세는 사업장마다 신고·납부하여야 한다. 사업장의 범위는 대통령령으로 정한다.

사업자에게 둘 이상의 사업장이 있는 경우는 대통령령으로 정하는 바에 따라 주된 사업장 관할세무서장에게 신청한 때에는 주된 사업장에서 총괄하여 납부할 수 있다(부가가치세법 제4 조). 그러나 사업자 단위로 등록한 사업자는 그 사업자의 본점 또는 주사무소에서 총괄하여 신고·납부할 수 있다.

세금은 국세(내국세, 관세)와 지방세로 크게 대별된다.(이 책에서는 국세만·다루기로 한다.)

5.2.1 국세

국세란 국가가 부과하는 조세 중 다음 각 세목을 의미한다.

- 소득세
- 법인세
- 상속세와 증여세
- 부가가치세
- 개별소비세
- 주세
- 인지세
- 증권거래세
- 교육세
- 농어촌특별세
- 종합부동산세

5.2.2 과세

재화 또는 용역의 공급에 의한 거래 시 세금의 부과를 과세라고 한다. 과세는 국가가 정한 세법에 따라 과세표준에 의거하여 부과한다. 세법이란 국세의 종목과 세율을 정하고 있는 법률로서 「국세징수법」, 「조세특례제한법」, 「국제조세조정에 관한 법률」, 「조세범 처벌법」 및 「조세범 처벌절차법」을 말한다. 세법에 따라 원천징수의무자가 국세를 징수하는 것을 원천징수라 하며, '납세자'란 납세의무자와 세법에 따라 국세를 징수하여 납부할 의무를 지는 자를 말한다. 세금을 부과하고자 할 때는 '과세기간'을 정하고 부과한다. 과세기간이란 세법에 따라 국세의 과세표준계산의 기초가 되는 기간을 의미한다. 또한 과세의 대상이 되는 물건에 대해 세액·세율을 적용할 때의 기준을 '과세표준'이라 한다.

■ 소득세

소득세는 이자소득, 배당소득, 사업소득, 근로소득, 연금소득, 기타소득 등등 소득의 종류에 관계없이 개인의 연간소득을 합산하여 과세하는 종합과세이다. 또한 퇴직으로 발생하는 퇴직소득, 자산의 양도로 발생하는 양도소득 등 규정하는 법률에 의거하여 과세한다. 과세방법은 소득원천설에 의거 소득세법에 열거된 소득만을 과세한다. 소득세의 세율은 초과누진세율의 원칙에 따라 총수입금액에서 필요경비, 소득공제항목 등등을 반영하여 종합소득세과표를 산출하며, 과세금액의 표준에 따라 6~35%의 종합소득세율을 적용하여 과세하고 있다.

■ 법인세

법인세 대상은 법인의 각 사업연도소득(토지 등 양도소득 포함)과 청산으로 인하여 발생하는 소득에 대하여 과세한다. 과세방법은 각 사업연도의 총수입액에서 총비용액을 공제한 금액에 대해서, 또는 토지 등 양도소득의 경우는 양도가액에서 장부가액을 차감한 금액에 대해서 과세한다. 세액의 결정을 위한 계산의 절차는 다음과 같다.

각 사업 연도의 총수입에서 총비용을 빼면 소득액이 된다. 각 사업 연도의 소득액에서(10년 내 발생한 이월 결손금, 비과세소득, 소득공제액)의 합계액을 빼면 과세표준금액이 계산된다. 이 과세표준금액에 세율을 곱하여 산출세액을 결정한다. 결정된 산출세액에서 원천납부세액, 중간예납세액, 수시부과세액 등을 빼면 고지세액이 된다.

5.2.3 세금계산서

세금계산서란 부가가치세 일반과세자인 사업자가 부가가치세가 과세되는 재화나 용역을 공급한 후 부가가치세의 거래징수와 거래사실을 증명하기 위하여 교부하는 영수증을 말한다. 이러한 세금계산서는 매출세액 및 매입세액계산 등 부가가치세 과세자료로서 중요한 의미를 가질 뿐만 아니라 소득세와 법인세의 과세자료로도 활용된다. 세금계산서에 표시되어야 할 내용은 다음과 같다.

- 공급하는 자의 주소
- 공급받는 자의 상호·성명·주소
- 공급하는 자와 공급받는 자의 업태와 종목
- 공급품목
- 단가와 수량

- 공급연월일
- 거래의 종류
- 사업자단위과세사업자의 경우 실제로 재화 또는 용역을 공급하거나 공급받는 종된 사업장의 소재지 및 상호

세금계산서의 주요 기능은 다음과 같다.

- 과세근거로서의 기능을 가지며 매입세액을 공제받을 수 있다
- 세금계산서는 영수증 또는 청구서로서의 역할을 하며, 소요경비를 입증하는 서류로서, 매입세금계산서의 경우 부가가치세를 납부할 때 공제받는 자료로 활용되며, 공급의 경우 공급가는 경비로 인정받아 소득세나 법인세를 줄여주는 역할을 한다.
- 거래의 시기와 상대를 알 수 있다.
- 송장 및 거래의 증빙자료로서의 기능을 가진다.

5.3 　종합소득과세표준과 세액의 계산

　　종합소득세과세는 개인의 소득에 대하여 소득의 성격과 납세자의 부담능력 등에 따라 적정하게 과세함으로써 조세부담의 형평을 도모하고 재정수입의 원활한 조달에 이바지함을 목적으로 한다. 거주자에게는 세법에서 규정하는 모든 소득에 대해서 과세한다. 다만, 해당 과세기간 종료일 10년 전부터 국내에 주소나 거소를 둔 기간의 합계가 5년 이하인 외국인 거주자에게는 과세대상 소득 중 국외에서 발생한 소득의 경우 국내에서 지급되거나 국내로 송금된 소득에 대해서만 과세한다.

5.3.1 　소득의 구분

■ 거주자의 소득은 종합소득, 퇴직소득, 양도소득으로 구분한다.

- 종합소득 : 세법에 따라 과세되는 모든 소득으로서 다음 각 소득을 합산한 것이다.
  　　　　　　이자소득, 배당소득, 사업소득, 근로소득, 연금소득, 기타소득 등
- 퇴직소득 : 퇴직으로 발생하는 소득과 「국민연금법」 또는 「공무원연금법」 등에 따라 지급받는 일시금이다.
- 양도소득 : 자산의 양도로 발생하는 소득이다.

■ **납세지**
　　거주자의 소득세 납세지는 그 주소지로 한다. 다만, 주소지가 없는 경우에는 그 거소지로 한다. 비거주자의 소득세 납세지는 국내사업장(국내사업장이 둘 이상 있는 경우에는 주된 국내사업장)의 소재지로 한다. 다만, 국내사업장이 없는 경우에는 국내원천소득이 발생하는 장소로 한다. 납세지가 불분명한 경우에는 대통령령으로 정하는 바에 따라 납세지를 결정한다.

5.3.2 　과세표준의 계산

　　거주자의 종합소득 및 퇴직소득에 대한 과세표준은 특별한 규정이 있는 경우를 제외하고는 과세표준에 따른 세율('기본세율')을 적용하여 종합소득 산출세액과 퇴직소득 산출세액을 각각 계산한다. 종합소득에 대한 과세표준을 '종합소득과세표준'이라 한다. 세법의 규정에 따라 계산

한 이자소득금액, 배당소득금액, 부동산임대소득금액, 사업소득금액, 근로소득금액, 연금소득금액과 기타소득금액의 합계액에서 종합소득공제를 한 금액으로 한다.

한편 필요경비를 공제하고, 사업소득금액 또는 기타소득금액을 계산할 때 필요경비에 산입할 금액은 해당 과세기간의 총수입금액에 대응하는 비용으로서 일반적으로 용인되는 통상적인 것의 합계액으로 한다. 예를 들면 대손충당금, 퇴직급여충당금, 보험차익금에 의한 고정자산 취득의 경우, 기타소득의 필요경비 등 필요경비의 산정은 사업자가 외상매출금, 미수금, 그 밖에 이에 준하는 채권에 대한 대손충당금을 대통령령으로 정하는 범위에서 이를 해당 과세기간의 소득금액을 계산할 때 필요경비에 산입한다.

5.3.3 소득금액의 계산

■ 총수입금액의 계산
거주자의 각 소득에 대한 총수입금액은 해당 과세기간에 수입하였거나 수입할 금액의 합계액으로 한다. 금전 외의 것을 수입할 때에는 그 수입금액을 그 거래 당시의 가액에 의하여 계산한다.

● 근로소득공제
근로소득이 있는 거주자에 대하여는 해당 연도에 받는 총급여액에서 다음 표의 금액을 공제한다.

총급여액	공제액
500만 원 이하	총급여액의 100분의 80
500만 원 초과 1천500만 원 이하	400만 원+(500만 원을 초과하는 금액의 100분의 50)
1천500만 원 초과 3천만 원 이하	900만 원+(1천500만 원을 초과하는 금액의 100분의 15)
3천만 원 초과 4천500만 원 이하	1천125만 원+(3천만 원을 초과하는 금액의 100분의 10)
4천500만 원 초과 8천만 원 이하	1천275만 원+(4천500만 원을 초과하는 금액의 100분의 5)
8천만 원 초과 1억 원 이하	1천450만 원+(8천만 원을 초과하는 금액의 100분의 3)
1억 원 초과	1천510만 원+(1억 원을 초과하는 금액의 100분의 1)

[총급여액별 공제액]

● 기본공제
- 해당 거주자.
- 거주자의 배우자로서 연간소득금액이 없거나 연간소득금액의 합계액이 100만 원 이하인

사람.

- 거주자와 생계를 같이 하는 대통령령으로 정하는 부양가족(장애인에 해당되는 경우에는 나이의 제한을 받지 아니한다)으로서 연간소득금액의 합계액이 100만원 이하인 사람.
- 추가공제 기본공제대상이 되는 사람이 70세 이상인 사람, 대통령령으로 정하는 장애인, 6세 이하의 직계비속, 입양자 또는 위탁아동인 경우와 연금보험료공제, 주택담보노후연금 이자비용공제, 기부금 등 특별공제 항목 등에서 '추가공제'를 받는다.

■ 납세의무의 범위

공동사업에 관한 소득금액을 계산하는 경우에는 해당 거주자별로 납세의무를 진다. 다만, 주된 공동사업자에게 합산과세되는 경우 그 합산과세되는 소득금액에 대해서는 주된 공동사업자의 특수관계자는 손익분배비율에 해당하는 그의 소득금액을 한도로 주된 공동사업자와 연대하여 납세의무를 진다.

■ 과세소득의 범위

거주자에게는 세법에서 규정하는 모든 소득에 대해서 과세한다. 다만, 해당 과세기간 종료일 10년 전부터 국내에 주소나 거소를 둔 기간의 합계가 5년 이하인 외국인 거주자에게는 과세대상 소득 중 국외에서 발생한 소득의 경우 국내에서 지급되거나 국내로 송금된 소득에 대해서만 과세한다.

■ 세액의 계산

거주자의 종합소득에 대한 소득세는 해당 연도의 종합소득과세표준에 다음 각 호의 세율을 적용하여 계산한 금액(이하 '종합소득산출세액'이라 한다)을 그 세액으로 한다.

종합소득과세표준	세율
1천200만 원 이하	과세표준의 100분의 6
1천200만 원 초과 4천600만 원 이하	72만 원+(1천200만 원을 초과하는 금액의 100분의 15)
4천600만 원 초과 8천800만 원 이하	582만 원+(4천600만 원을 초과하는 금액의 100분의 24)
8천800만 원 초과	1천590만 원+(8천800만 원을 초과하는 금액의 100분의 35)*

[종합소득과세표준]

* 2010년 1월 1일부터 2011년 12월 31일까지의 기간에 발생하는 소득분. 2012년 1월 1일 이후 소득분 중 8천800만 원 초과 금액의 100분의 33.

■ 중간예납·예정신고 및 세액 납부

납세지 관할세무서장은 종합소득이 있는 거주자에 대하여 1월 1일부터 6월 30일까지의 기간을 중간예납기간으로 하여 직전 과세기간의 종합소득에 대한 소득세로서 납부하였거나 납부하여야 할 세액(중간예납기준액)의 2분의 1에 해당하는 금액(중간예납세액)을 납부하여야 할 세액으로 결정하여 11월 30일까지 그 세액을 징수하며, 이 경우 납세지 관할세무서장은 중간예납세액을 납부하여야 할 거주자에게 11월 1일부터 11월 15일까지의 기간에 중간예납세액의 납세고지서를 발급한다.

종합소득이 있는 거주자는 신고와 함께 그 중간예납세액을 11월 30일까지 납세지 관할세무서, 한국은행(그 대리점을 포함한다) 또는 체신관서에 납부하여야 한다.

■ 과세표준의 확정신고와 납부

해당 과세기간의 종합소득금액이 있는 거주자는 그 종합소득과세표준을 그 과세기간의 다음 연도 5월 1일부터 5월 31일까지 대통령령으로 정하는 바에 따라 납세지 관할세무서장에게 신고하여야 한다. 종합소득과세표준확정신고를 할 때에는 그 신고서에 인적공제, 연금보험료공제, 주택담보노후연금, 필요경비, 이자비용공제 및 특별공제대상임을 증명하는 서류 등을 첨부하여 납세지 관할세무서장에게 제출하여야 한다.

■ 결정·경정과 징수

납세지 관할세무서장 또는 지방국세청장은 과세표준확정신고를 하여야 할 자가 그 신고를 하지 아니한 경우에는 해당 거주자의 해당 과세기간 과세표준과 세액을 결정하여 징수한다.

이때 해당 과세기간의 과세표준과 세액을 결정 또는 경정하는 경우에는 장부나 그 밖의 증명서류를 근거로 하여야 한다. 다만 대통령령으로 정하는 사유로 장부나 그 밖의 증명서류에 의하여 소득금액을 계산할 수 없는 경우에는 대통령령으로 정하는 바에 따라 소득금액을 추계조사 결정할 수 있다. 과세표준과 세액을 결정 또는 경정한 후 그 결정 또는 경정에 탈루 또는 오류가 있는 것이 발견된 경우에는 즉시 그 과세표준과 세액을 다시 경정한다.

- 재무회계와 세무회계상의 차이를 조정하는 것을 세무조정이라 한다. 세무조정의 절차는 아래와 같다. 예를 들어, 손익계산서상에 나타난 당기순이익이 5억 원인 경우를 보자.

☐ 손익계산서상 당기순이익 : 500,000,000

☐ 협의의 세무조정
 - 익금산입 : (타인으로부터 받은 자산수증이익 ₩10,000,000 발생한 경우)
   　　　　(+) 10,000,000
 - 손금불산입 : (현실적으로 퇴직하지 않은 임원에 대한 퇴직금 ₩20,000,000 지급)
   　　　　(+) 20,000,000
 - 손금산입 : (퇴직보험충당금 ₩50,000,000 중 ₩40,000,000만 설정)
   　　　　(−) 10,000,000
 - 익금불산입 : (고정자산 평가액 ₩30,000,000 증가)
   　　　　(−) 30,000,000

☐ 사업연도 소득 : 490,000,000

☐ 소득의 차감항목
 - 이월결손금 : (−) 5,000,000
 - 소득공제 : (기업구조조정증권투자회사의 배당소득 ₩10,000,000이 있는 경우)
   　　　　(−) 10,000,000
 - 비과세소득 : (공익신탁의 신탁재산의 소득이 ₩10,000,000이 있는 경우)
   　　　　(−) 10,000,000

☐ 과세표준 : 465,000,000

☐ 세율 (2010년도부터 2억원까지는 10%, 2억원을 초과하는 부분은 20%)

☐ 산출세액 : 200,000,000 × 10% + (465,000,000 − 200,000,000) × 20% = 73,000,000

☐ 세액공제 감면 : (중소기업특별세액감면 10%)
   　　　　(−) 7,300,000

☐ 납부세액 : 65,700,000

☐ 기납부세액 : (중간예납세액 ₩30,000,000을 미리 납부한 경우)
   　　　　(−) 30,000,000

☐ 납부할세액 : 35,700,000

　　K.System ERP 세무회계모듈은 부가가치세신고에 대한 관리를 주 수행 업무로 하고 있다. 부가가치세 신고는 예정신고, 확정신고, 영세율 등 조기환급신고, 수정신고가 있으며, 각 신고기간에 대한 부가가치세과세표준과 납부세액 또는 환급세액 등을 기재하여 관할세무서에 신고하게 된다.

　　K.System ERP 부가가치세 집계는 매입/매출과 관련한 전표처리 업무를 수행하면서, 부가세계정의 관리항목인 거래처, 공급가액과 증빙코드가 연계되어 부가가치세신고서와 부속서류에 자동으로 집계가 된다. 그리고 국세청 전자신고를 위한 파일 생성을 할 수 있도록 토대가 되어 있으며, 그 프로세스는 다음 그림과 같이 도식화할 수 있다.

[부가세관리]

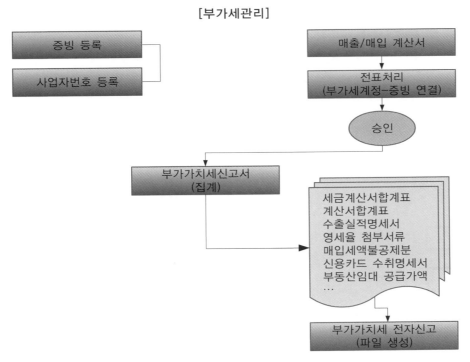

[부가세관리프로세스]

　　K.System ERP 세무회계모듈의 부가세신고를 위한 기본설정 정보로서, 납세의무자인 사업자를 파악할 수 있는 '사업자번호등록'과 부가세계정과 연계하여 자동집계처리를 할 수 있도록 하는 '증빙등록'으로 구성된다.

5.4.1 사업자등록번호

화면 위치 세무회계 ▶ 기본정보 ▶ [사업자번호등록]

납세의무자인 사업자를 파악하는 것은 세무행정상 가장 필수적인 일이므로 부가가치세법에 사업자등록제도를 두고 있다. 사업을 개시한 사업자는 일정한 기간 내에 세무서에 등록하여야 하며, 세무서는 등록신청자에게 등록번호를 부여한다. 사업자번호를 등록하는 화면은 다음 그림과 같으며 사례처럼 입력한다.

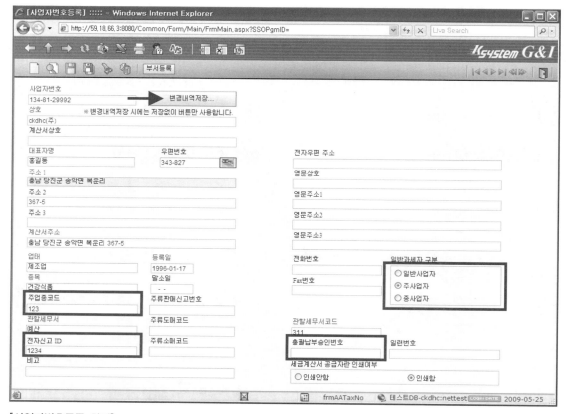

[사업자번호등록 화면]

■ 빨간색 항목은 필수입력 항목이므로, 사업자등록증을 보고 정확히 입력한다.

■ **주업종코드**

해당 사업자의 국세청에 등록된 주업종코드로 전자신고를 하고자 하는 경우에는 필수입력 사항이다.

■ 전자신고ID

국세전자신고시스템(홈택스)에 등록된 사용자번호로 전자신고를 하고자 하는 경우에는 필수
입력 사항이다.

■ 총괄납부승인번호

주사업장총괄납부승인을 받은 사업자만 입력하며, 총괄납부승인서상의 승인번호를 입력한다.

■ 일반과세자 구분

일반사업자, 주사업자, 종사업자로 구분되며 2개 이상의 사업장으로 등록된 사업장이 있는
경우, 주사업자와 종사업자를 구분하여 각각 설정한다.

■ 변경내역저장

사업자번호를 최초 입력한 이후 기재사항에 변경이 일어나면 <변경내역저장> 버튼을 클릭
하여 해당 일자별 이력관리를 한다.

※ 사업자번호 등록에 대한 조회 및 이력관리 사항은 [사업자번호조회] 화면에서 확인할 수
있다.

5.4.2   증빙등록

| 화면 위치 | 세무회계 ▶ 기본정보 ▶ [증빙등록] |

[증빙등록]은 매입/매출과 관련한 전표처리 시 부가세계정과 연결되어야 할 증빙을 설정해야
하는 화면으로, 기본적으로는 제공이 되나 회사의 상황에 맞도록 확인 및 재설정이 필요하다. 증
빙은 일반적으로 다음 그림과 같이 정의되어 있으며, 새롭게 설정할 수 있다.

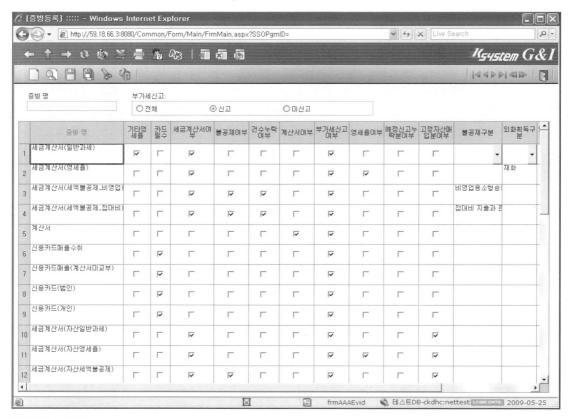

[증빙등록 화면]

증빙을 새롭게 등록하거나 정의하고자 하는 경우, 다음의 유형에 따라 설정하는 방법을 살펴보기로 한다.

■ [부가세신고서] '1장 上'(342쪽 그림 참조)에 조회되려면 증빙을 아래와 같이 설정한다.

	부가세신고 여부	세금계산서 여부	영세율 여부	기타영세율	예정신고 누락분
(과세)세금계산서 교부분	체크	체크			
(과세)기타	체크				
(영세율)세금계산서 교부분	체크	체크	체크		
(영세율)기타	체크		체크	체크	
예정신고누락분	체크	체크			체크

[과세표준 및 매출세액]

※ 예정신고누락분: 예정신고누락분은 1~3월에 승인처리 한 것은 1기확정신고에 조회되며 7~8월에 승인처리 하면 2기확정신고 시에 조회된다.

	부가세신고 여부	세금계산서 여부	고정자산매입 여부	불공제 여부
세금계산서 일반매입	체크	체크		
세금계산서 고정자산매입	체크	체크	체크	
기타공제매입세액	체크			
공제받지 못할 매입세액-ⓐ	체크	체크		체크
공제받지 못할 매입세액-ⓑ	체크			체크

[매입세액]

※ ⓐ는 세금계산서가 있는 매입분 중 공제받지 못할 경우에 사용한다. ⓑ는 세금계산서가 없는 매입분 중 공제받지 못할 경우에 사용한다.

■ [매입세액 불공제분 계산근거]에 조회가 되려면 다음과 같이 설정한다.

증빙등록에서 '불공제 여부'에 체크가 되어 있고 '불공제구분'에 불공제사유가 선택되었으면 그 값에 따라 집계가 되며, 불공제구분에 값이 없을 경우 '사업과 관련 없는 지출'로 집계가 된다.

■ [경비 등의 송금명세서]에 조회되려면 다음과 같이 설정한다.
- [계정과목정보]에서 송금할 예금계정(예 : 보통예금)의 관리항목으로 거래처, 거래일, 송금명세서포함, 사업자번호를 필수가 아닌 상태로 설정한다.
- 송금명세서에 포함되어져야 할 경우 설정한 관리항목에 값을 넣고 전표처리 한다.
- 승인처리 하면 [경비 등의 송금명세서]에 조회되며 출력할 수 있다.

■ [외화획득명세서]에 조회되려면 다음과 같이 설정한다.
- 증빙등록의 '외화획득구분란'에 재화/용역/기타 중 알맞은 것을 선택 후 저장한다.
- 매출부가세계정의 증빙①에서 설정한 증빙을 넣어 전표처리 한다.
- 승인처리 하면 [외화획득명세서]에 조회된다.

■ [거래처별 계산서 집계표]에 조회되려면 다음과 같이 설정한다.
- 증빙등록의 '계산서 여부'에 체크된 증빙을 설정한다.
- 부가세계정의 증빙에 ①에서 설정한 증빙을 넣어 전표처리 한다.
- 승인처리 하면 '매입처별/매출처별 계산서합계표'를 출력할 수 있다.

K.System ERP 세무회계모듈에서 자동으로 집계되는 부가가치세신고 관련 정보와 그 부속 명세서 중 주요한 사항들에 대해 확인하고, 국세청 전자신고를 위한 파일 생성에 대해서 살펴보도록 한다.

5.5.1   사업장현황등록

사업장현황명세서는 음식, 숙박업 및 기타서비스업을 영위하는 사업자가 확정신고서 또는 폐업신고시에 작성하여 신고하는 사항으로 사업장의 기본현황 및 월 기본경비를 직접 기재하는 항목이다. 사업장현황명세서는 집계하는 방식이 아니라 [사업장현황등록] 화면에서 그 기재사항을 직접 입력한 다음 출력을 하면 사업장현황명세서가 나타나게 된다.

[사업장현황등록]

사 업 장 현 황 명 세 서

1. 인적사항

상호 (법인명)		성명 (대표자명)		사업자 등록번호							-		-			

2. 기본사항(자가 · 타가)　　　　　② ~ ⑤란은 음식점업자 및 숙박업자만 기재합니다.

① 사 업 장				②	③	④	⑤	⑥	⑦ 차량		⑧
대지	건　　물 (지하　층, 지상　층)			객실수	탁자수	의자수	주차장	종업원수	승용차	화물차	기타
	바닥면적	연면적									
m²	m²		m²	개	개	개		명	대	대	

3. 기본경비(6월, 12월 기준)　　　　　　　　　　　　　　(단위 : 천원)

⑨ 임 차 료		⑩	⑪	⑫	⑬	⑭
보증금	월 세	전기 · 가스료	수 도 료	인 건 비	기　　타	월기본경비계

　부가가치세법 시행령 제65조제1항제5호의 규정에 의하여 사업장현황명세서를 제출합니다.

　　　　　　　　　년　　　　　　월　　　　　　일
　　　　신 고 인　　　　　　　　　　　　(서 명 또 는 인)

　세 무 서 장 귀 하

[사업장현황명세서 출력]

5.5.2　부가가치세신고서

'재집계처리' 처리를 통해 매입/매출 전표처리 시 발생한 부가세계정의 증빙 코드 값에 의해 자동으로 집계가 된다.

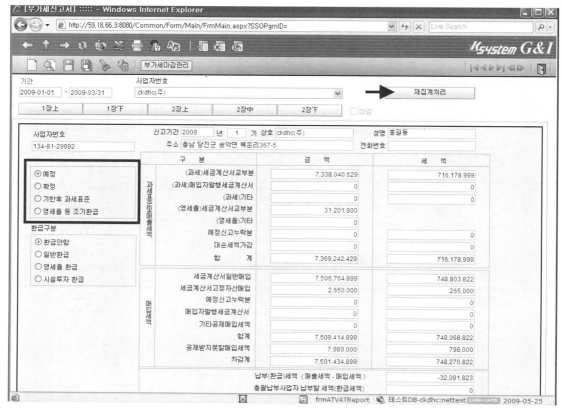

[부가가치세신고서]

1) 과세표준 및 매출액

■ (과세)세금계산서교부분

과세기간 중에 교부한 매출세금계산서의 공급가액합계, 세액합계를 기재한다. 매출전표처리 시 부가세예수금 계정의 증빙이 '세금계산서(일반과세)'로 연결된 내역이 자동으로 집계된다.

■ (영세율)세금계산서교부분

과세기간 중에 '0'의 세율이 적용되는 재화 또는 용역의 공급에 대하여 세금계산서를 교부하여야 하는 거래를 의미하며, 세금계산서 공급가액의 합계액과 세액이 0으로 기재된다. 매출전표 처리 시, 부가세예수금 계정의 증빙이 '세금계산서(영세율)'로 연결된 내역이 자동으로 집계된다.

■ (영세율)기타

이외의 영세율이 적용되는 재화 또는 용역의 합계액을 기재한다. 전표입력 시 증빙이 기타영세율로 연결된 내역이 집계된다.

■ **예정신고누락분**

예정신고누락분을 확정신고 시 신고할 때 기재한다. 예정신고 누락된 매출전표를 처리하면서 부가세예수금정의 증빙으로 '예정신고누락분'으로 연결된 내역을 자동으로 집계한다.

■ **대손세액가감**

부가가치세 신고 기간에 해당 사항이 있는 경우 직접 입력한다. 대손세액공제신고서와 그 사실을 증명할 수 있는 서류를 반드시 첨부해야 한다.

2) 매입세액

■ **세금계산서일반매입**

과세기간 중에 교부받은 세금계산서의 매입가액, 세액을 기재한다. 매입전표처리 시 부가세대급금 계정의 증빙이 '세금계산서(일반과세)'로 연결된 내역이 자동으로 집계된다.

■ **세금계산서고정자산매입**

과세기간 중에 유/무형 고정자산의 매입가액과 세액을 기재한다. 유/무형자산 취득과 관련한 취득(매입)전표처리 시 부가세예수금 계정의 '세금계산서(자산일반과세)'로 연결된 내역이 자동으로 집계된다. 고정자산 매입과 관련한 전표처리를 하면서 증빙을 '세금계산서(일반과세)'를 선택하게 되면, '세금계산서고정자산매입란'으로 집계가 되므로 유의해야 한다. 그리고 세금계산서(자산불공제)로 연결된 부가세예수금 계정은 '공제받지 못할 매입세액'란의 '공제받지 못할 세액란'으로 자동으로 집계된다.

■ 툴바의 [프린트] 아이콘을 클릭하면 '부가가치세신고서'를 출력할 수 있는 리포트뷰어가 나타나게 된다.

> 🔊 **알아두세요** 대손세액가감
>
> - 대손세액가감은 부가가치세를 포함한 외상매출금, 받을어음, 기타 매출채권이 회수 불가능하게 된 경우, 회수할 수 없는 금액의 10/110을 대손세액가감란에 '−'로 기재하고, 차후에 일부 또는 전부가 회수된 경우 회수한 대손금액과 관련 세액을 '+'로 기재한다.

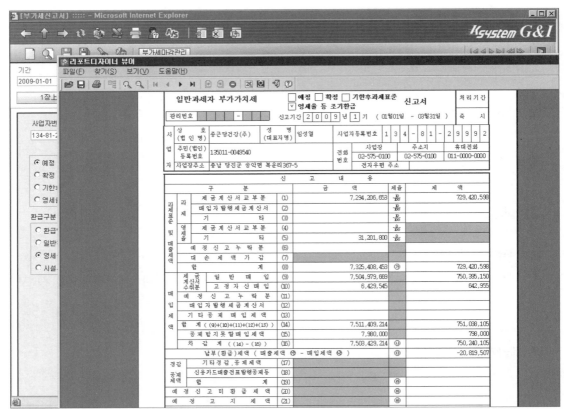

[부가가치세신고서 출력]

5.5.3 세금계산서종류별 집계표

[세금계산서종류별 집계표]는 K.System ERP가 제공하는 내부 자료에 해당한다. 즉, 매출·매입에 따라 전표처리 된 내역을 세금계산서종류별로 조회하여 전표발행건수, 공급가액, 세액을 한 눈에 확인할 수 있으며, 부가가치세 증빙에 의해 정의된 세금계산서 유형에 따라 건별내역을 각각 확인할 수 있다. 이러한 내역을 매출처별세금계산서집계표, 매입처별세금계산서집계표, 매출처별계산서집계표, 매입처별계산서집계표와 상호 확인하여 부가세신고를 위해 준비를 할 수 있다.

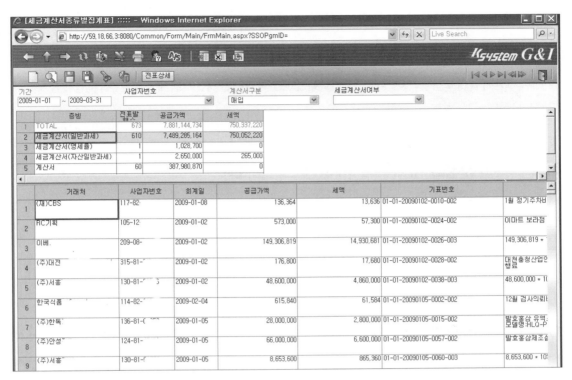

[세금계산서종류별 집계표]

기간

조회하고자 하는 기간이며 전표처리가 된 기간에 해당한다. 부가가치세 신고기간별로 직접 수정 입력하여 조회할 수 있다.

사업자번호

사업장이 2개 이상 존재하고 사업장별로 매출/매입이 발생하는 경우, 사업자번호별로 선택하여 조회할 수 있다.

계산서구분

매출 · 매입으로 구분되며, 매출을 선택하면 매출과 관련한 내역이, 매입을 선택하면 매입과 관련한 내역이 나타난다.

■ '조회'를 하게 되면 Sheet 1에 부가세계정의 증빙종류별로 전표발행건수, 공급가액, 세액에 대한 내역이 나타난다. Sheet 1의 증빙구분별로 각각의 행을 더블클릭하면 각 행의 해당 상세 내역이 Sheet 2에 나타난다.

■ Sheet 2에 조회된 상세내역 건을 더블클릭하면, 전표발행으로 이동하여 전표내역까지 확인할 수 있게 된다.

※ 세금계산서합계표 출력 및 디스켓 신고는 [매출처별세금계산서집계표], [매입처별세금계산서집계표] 화면에서 별도로 조회, 확인, 출력할 수 있다.

5.5.4 매출처별/매입처별 세금계산서집계표

세금계산서합계표는 매출처별세금계산서합계표, 매입처별세금계산서합계표로 구분되며, 발행 또는 수취한 세금계산서를 거래처별로 기본적 사항, 세금계산서 매수와 공급가액 및 세액을 집계한 집계표에 해당한다. 매출처별세금계산서집계표와 매입처별세금계산서집계표에 대해서 살펴보도록 한다.

1) 매출처별세금계산서집계표

[매출처별세금계산서집계표]

■ 기간

조회하고자 하는 기간이며 전표처리가 된 기간에 해당한다. 부가가치세 신고기간별로 직접 수정 입력하여 조회할 수 있다.

■ 사업자번호

사업장이 2개 이상 존재하고 사업장별로 매출이 발생하는 경우, 사업자번호별로 선택하여 조회할 수 있다.

■ 집계구분

'전표에서 가져오기', '집계에서 가져오기'로 구분된다.

■ '조회'를 하게 되면 Sheet 1에 거래처별로 인적사항, 매출에 대한 세금계산서매수, 공급가액, 세액, 전표발행 수 등 거래처별 내역이 나타난다. Sheet 1의 거래처별 각각의 행을 더블클릭하면, 각 행의 거래처별 상세내역이 Sheet 2에 나타난다.

■ Sheet 2에 조회된 상세내역 건을 더블클릭하면, 전표발행으로 이동하여 전표내역까지 확인할 수 있게 된다.

■ 툴바의 <디스켓작성> 점프 메뉴를 클릭하여 디스켓 자료로 변환한다.

■ 툴바의 [프린트] 아이콘을 클릭하면 '매출처별세금계산서합계표'를 출력할 수 있는 리포트 뷰어가 나타난다.

[매출처별세금계산서합계표 출력]

2) 매입처별세금계산서집계표

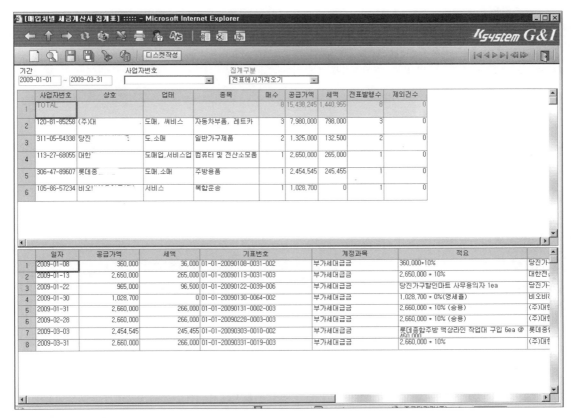

[매입처별세금계산서집계표]

■ 기간

조회하고자 하는 기간이며 전표처리가 된 기간에 해당한다. 부가가치세 신고기간별로 직접
수정 입력하여 조회할 수 있다.

■ 사업자번호

사업장이 2개 이상 존재하고 사업장별로 매입이 발생하는 경우 사업자번호별로 선택하여 조
회할 수 있다.

■ 집계구분

'전표에서 가져오기', '집계에서 가져오기'로 구분된다.

■ '조회'를 하게 되면 Sheet 1에 거래처별로 인적사항, 매입에 대한 세금계산서매수, 공급가액, 세액, 전표발행수 등 거래처별 내역이 나타난다. Sheet 1의 거래처별 각각의 행을 더블클릭하면 각 행의 거래처별 상세내역이 Sheet 2에 나타난다.

■ Sheet 2에 조회된 상세내역 건을 더블클릭하면 전표발행으로 이동하여 전표내역까지 확인할 수 있게 된다.

■ 툴바의 <디스켓작성> 점프 메뉴를 클릭하여 디스켓 자료로 변환한다.

■ 툴바의 프린트 버튼을 클릭하면 '매입처별세금계산서합계표'를 출력할 수 있는 리포트뷰어 가 나타난다.

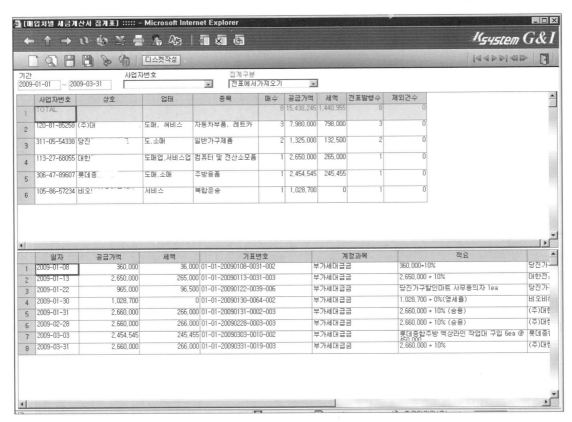

[매입처별세금계산서집계표]

[매입처별세금계산서합계표 출력]

[계산서집계표] 역시 매출/매입 전표발행 시 부가계계정 금액 '0'에 대한 증빙구분으로 자동 집계가 되므로, 매출처별/매입처별 세금계산서집계표 설명으로 갈음한다.

5.5.5 공제받지 못할 매입세액 명세서

[공제받지 못할 매입세액 명세서]는 부가가치세신고 시 매입세액 불공제 대상 세금계산서의 내역을 작성하는 서류에 해당한다. 매입전표 처리 시 부가세대급금 계정에 대한 증빙으로 '세액 불공제' 구분에 따른 증빙 연결에 의해 자동으로 집계된다.

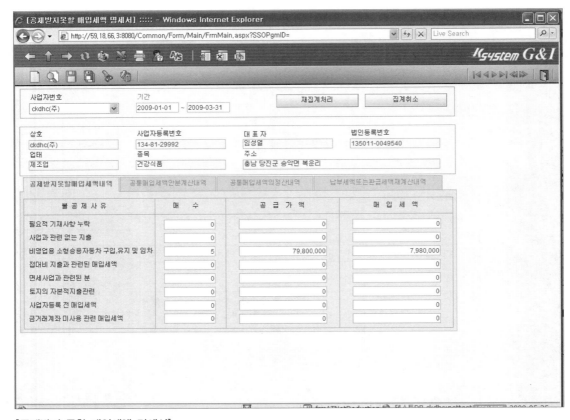

[공제받지 못할 매입세액 명세서]

■ 기간

조회하고자 하는 기간이며, 전표처리가 된 기간에 해당한다. 부가가치세 신고기간별로 직접 수정 입력한다.

■ 재집계처리

<재집계처리> 버튼을 클릭하면 부가세계정의 증빙으로 연결된 불공제사유별 매수, 공급가 액, 매입세액으로 자동으로 집계한다.

※불공제사유별로 매수, 공급가액, 매입세액을 자동으로 집계하기 위해서는 [증빙등록]에서 불공제사유에 따른 증빙이 각각 등록되어 있어야 하며, 전표처리 시 부가세예수금에 대한 증빙 이 해당 불공제사유별 증빙구분으로 연결이 되어야 한다.

■ 툴바의 프린트 버튼을 클릭하면, '공제받지 못할 매입세액 명세서'를 출력할 수 있는 리포 트뷰어가 나타난다.

5.5.6 신용카드매출전표 수취명세서

매입거래 중 신용카드로 결제한 것에 대해서 공급받는자와 부가가치세액을 별도로 기재하고
확인한 경우에는 그 부가가치세액을 공제받을 수 있다. 매입거래에 대한 신용카드 결제분에 대
한 회계처리가 아래 그림과 같이 선행되었을 것이다.

[신용카드매출전표 입력]

부가세대급금 계정에 대한 관리항목으로 '카드'는 [카드정보]에서 등록한 카드번호를 코드도
움을 이용하여 직접 입력한다. 증빙은 [증빙등록] '신용카드매출수취'와 관련한 증빙의 정의에
설정한 증빙을 코드도움을 이용하여 직접 입력한다. 이러한 전표처리에 의해서 '신용카드매출전
표수취명세서' 화면에서 다음과 같이 나타난다.

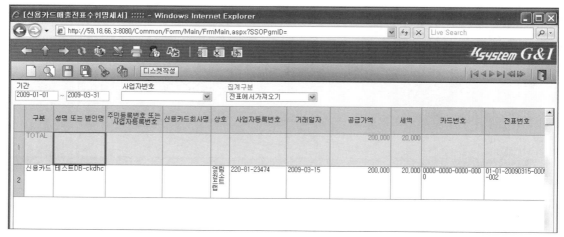

[신용카드매출전표 수취명세서]

■ **기간**

조회하고자 하는 기간이며, 전표처리가 된 기간에 해당한다. 부가가치세 신고기간별로 직접 수정 입력하여 조회할 수 있다.

■ **사업자번호**

사업장이 2개 이상 존재하고 사업장별로 신용카드 매입거래가 발생하는 경우 사업자번호별로 선택하여 조회할 수 있다.

■ 툴바의 프린트 버튼을 클릭하면 '신용카드매출전표 수취명세서'를 출력할 수 있는 리포트뷰어 나타난다.

5.5.7 신용카드매출전표 발행금액 집계표

매출거래 중 신용카드로 결제한 금액에 대해서는 신용카드매출전표 발생금액을 집계해야 한다. 매출거래에 대한 신용카드 결제분에 대한 회계처리가 선행되었을 것이다.

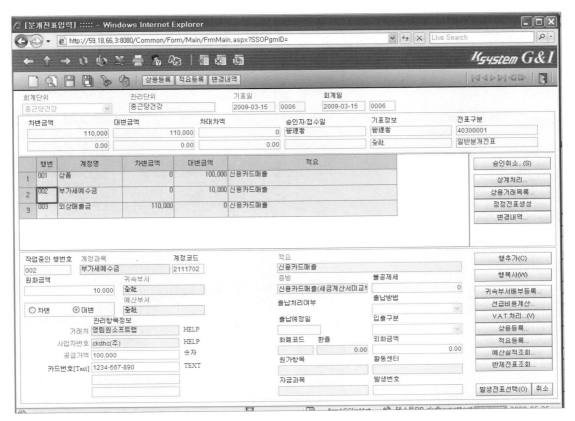

[신용카드매출전표 입력처리]

매출거래에 대한 부가세예수금 계정에 대한 관리항목 '카드번호'와 증빙등록에서 신용카드매출과 관련하여 정의한 증빙 연결에 의해 [신용카드매출전표 발행금액 집계표] 화면에서 조회 및 집계가 된다.

※ 부가세예수금 계정에 대한 관리항목인 '카드번호'가 text 형태인 이유는 매출에 결제를 위해 신용카드를 사용하는 고객(거래처)의 카드번호는 [카드정보]에서 코드로 관리할 필요가 없기 때문이다.

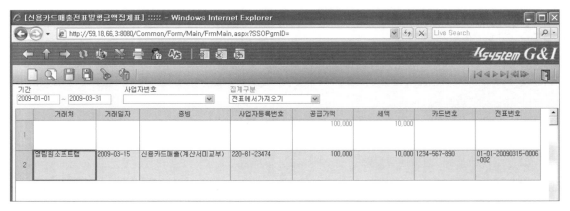

[신용카드매출전표 발행금액 집계표]

■ 기간

조회하고자 하는 기간이며, 전표처리가 된 기간에 해당한다. 부가가치세 신고기간별로 직접 수정 입력하여 조회할 수 있다.

■ 사업자번호

사업장이 2개 이상 존재하고 사업장별로 매출거래에 대한 신용카드결제가 발생하는 경우 사업자번호별로 선택하여 조회할 수 있다.

■ 툴바의 프린트 버튼을 클릭하면 '신용카드매출전표 발행금액 집계표'를 출력할 수 있는 리포트뷰어가 나타난다.

※ 신용카드매출전표 발행금액 집계표상의 각 항목에 금액이 집계가 되려면 다음과 같이 증빙을 세분화해야 한다.

– 세금계산서 교부 없이 발행한 신용카드 매출전표 금액

	카드필수	세금계산서 여부	영세율 여부	계산서 여부
신용카드(세금계산 미교부)	체크			

– 세금계산서 교부와 함께 발생한 신용카드 매출전표 금액

	카드필수	세금계산서 여부	영세율 여부	계산서 여부
신용카드(세금계산 교부)	체크	체크		

– 계산서 교부없이 발행한 신용카드 매출전표 금액

	카드필수	세금계산서 여부	영세율 여부	계산서 여부
신용카드(세금계산 미교부)	체크		체크	

– 계산서 교부와 함께 발행한 신용카드 매출전표 금액

	카드필수	세금계산서 여부	영세율 여부	계산서 여부
신용카드(세금계산 교부)	체크			체크

5.5.8 건물 등 감가상각자산 취득명세서

건물, 기계장치, 비품 등 감가상각대상자산을 취득한 경우 그 상세내역을 제출해야 한다. 부가가치세 과세기간 중 고정자산모듈의 [자산세부관리]에 등록한 고정자산내역을 다음과 같이 자동으로 가져오게 된다.

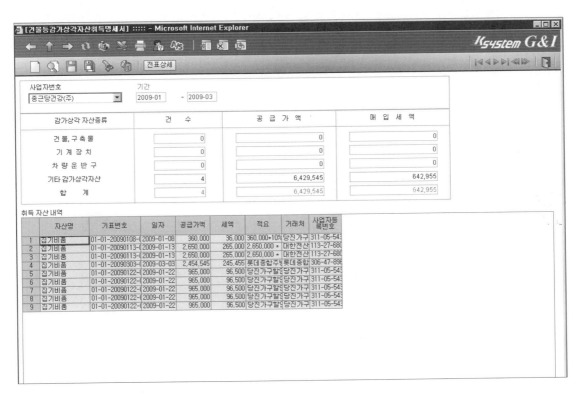

[감가상각자산 취득명세서]

기간에 따라 조회를 하면 시트상에 [자산세부관리]에 등록한 고정자산내역이 자동으로 집계되지만, 감가상각자산종류별 건수, 공급가액, 매입세액은 자동집계 대상이 아니며, 직접 입력해야 한다.

● 부가가치세 관련 서류

본 절에서는 설명하지 않았으나 K.System ERP 세무회계모듈에서 제공하는 부가가치세 관련 주요 서식 및 부속서류로는 [수출실적명세서], [영세율첨부서류제출명세서], [의제매입세액명세서], [대손세액공제(면세)신고서], [사업장별 부가가치세과세표준 및 납부세액(환급세액) 신고명세], [사업자단위과세별 부가가치세과세표준 및 납수세액], [외화획득명세서], [경비 등 송금명세서] 등이 있다. 이러한 관련 서식은 [부가세자료 집계처리] 화면의 '처리방식'에 따라 자동집계, 집계 후 조정, 직접입력의 형태로 구분되어 처리가 된다. 다음 [부가세자료 집계처리] 화면을 참고하기 바란다.

[부가세자료 집계처리 화면]

5.5.9 부가가치세 전자신고

부가가치세 전자신고란 납세자 또는 세무대리인이 세법에 의한 신고 관련 서류를 자신의 PC에서 작성한 후 인터넷을 통하여 국세전자신고시스템인 홈택스에 직접 신고하는 것을 의미한다. K.System ERP 세무회계모듈에서 부가가치세 전자신고에 대한 프로세스를 다음 그림들을 통해서 살펴보고 참고하길 바란다.

■ 사업자번호등록

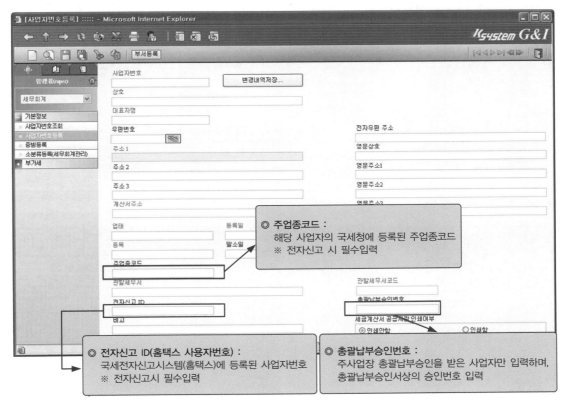

[사업자번호등록 화면]

■ 소분류등록

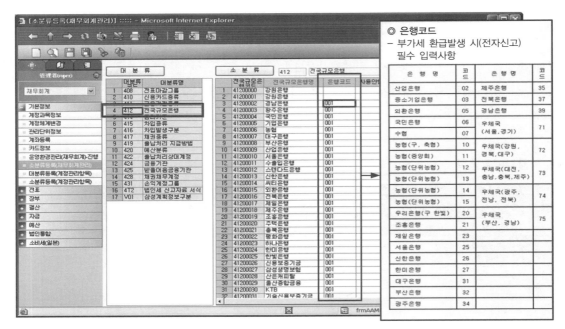

[소분류등록 화면]

■ 부가세신고서 1장 上

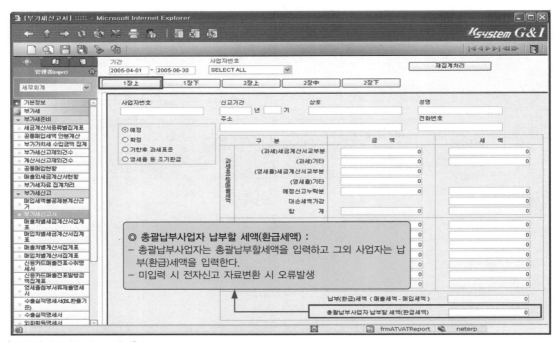

[부가세신고서 1장 上 화면]

■ 부가세신고서 1장 下

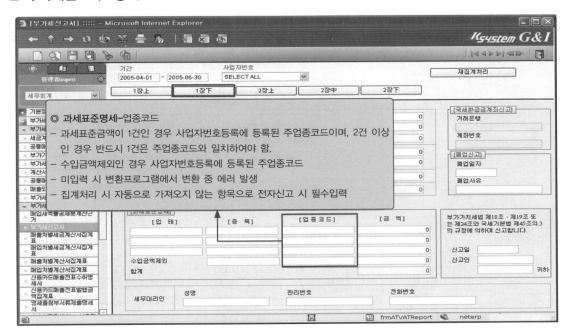

■ 부가세신고서 2장 下

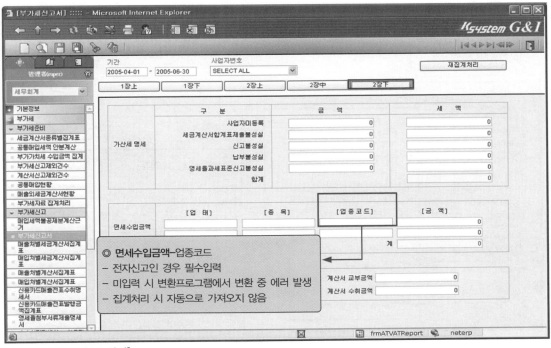

[부가세신고서 2장 下 화면]

■ 부가세자료 집계처리

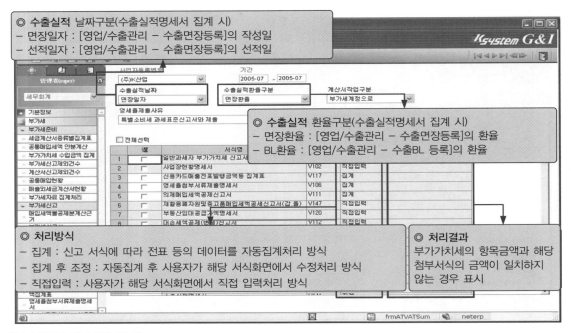

◎ 수출실적 날짜구분(수출실적명세서 집계 시)
– 면장일자 : [영업/수출관리 – 수출면장등록]의 작성일
– 선적일자 : [영업/수출관리 – 수출면장등록]의 선적일

◎ 수출실적 환율구분(수출실적명세서 집계 시)
– 면장환율 : [영업/수출관리 – 수출면장등록]의 환율
– BL환율 : [영업/수출관리 – 수출BL 등록]의 환율

◎ 처리방식
– 집계 : 신고 서식에 따라 전표 등의 데이터를 자동집계처리 방식
– 집계 후 조정 : 자동집계 후 사용자가 해당 서식화면에서 수정처리 방식
– 직접입력 : 사용자가 해당 서식화면에서 직접 입력처리 방식

◎ 처리결과
부가가치세의 항목금액과 해당 첨부서식의 금액이 일치하지 않는 경우 표시

[부가세자료 집계처리 화면]

■ 전자신고

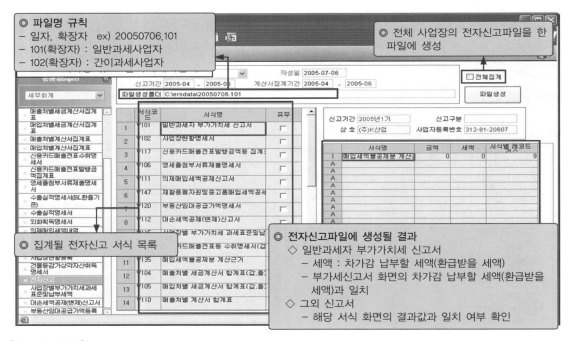

◎ 파일명 규칙
– 일자, 확장자 ex) 20050706.101
– 101(확장자) : 일반과세사업자
– 102(확장자) : 간이과세사업자

◎ 전체 사업장의 전자신고파일을 한 파일에 생성

◎ 집계될 전자신고 서식 목록

◎ 전자신고파일에 생성될 결과
◇ 일반과세자 부가가치세 신고서
  – 세액 : 차가감 납부할 세액(환급받을 세액)
  – 부가세신고서 화면의 차가감 납부할 세액(환급받을 세액)과 일치
◇ 그외 신고서
  – 해당 서식 화면의 결과값과 일치 여부 확인

[전자신고 화면]

■ 국세청 전자신고 파일변환

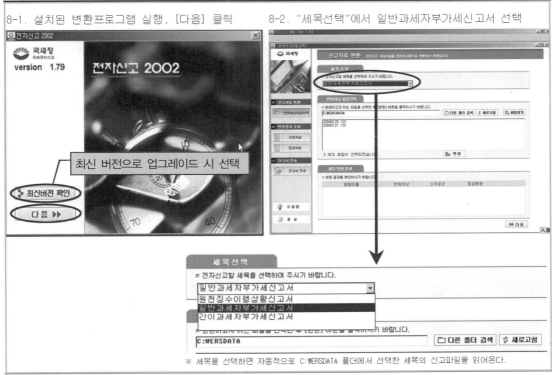

[국세청 전자신고 파일변환 단계 1]

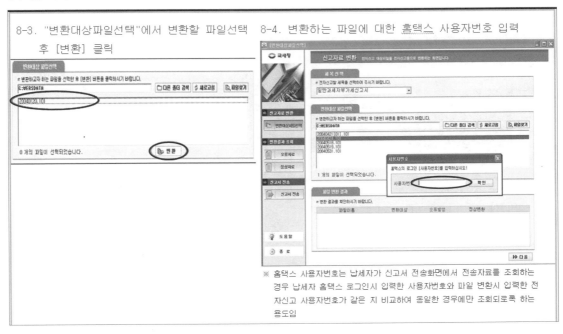

[국세청 전자신고 파일변환 단계 2]

8-5. 변환 중 아래와 같은 "변환오류확인" 창이
     뜨게 되면 오류내용을 확인 후 이상이 없는
     경우 [예]를 선택, 잘못된 경우 [아니오]
     선택

8-6. 변환이 완료되면 "파일변환결과"창에 변환결과
     조회 후 [다음] 클릭

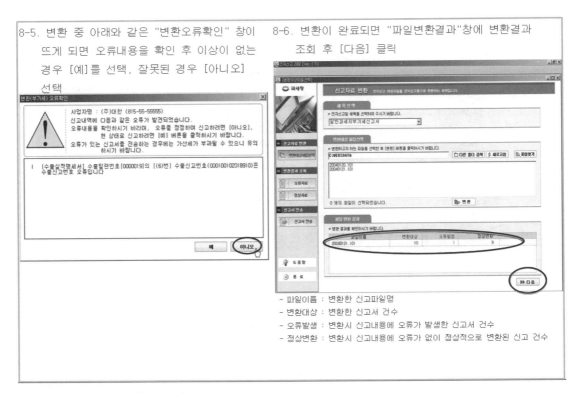

- 파일이름 : 변환한 신고파일명
- 변환대상 : 변환한 신고서 건수
- 오류발생 : 변환시 신고내용에 오류가 발생한 신고서 건수
- 정상변환 : 변환시 신고내용에 오류가 없이 정상적으로 변환된 신고 건수

[국세청 전자신고 파일변환 단계 3]

8-7. 결과에 오류가 없는 경우 정상자료 목록 창,
     "사업자등록번호" 더블클릭

8-8. "부가가치세 신고 상세조회" 화면.
     신고서 전송 전 반드시 신고내용 확인

- 해당 신고서의 주요 신고내용과 첨부한 첨부서류의 합계금액을 비교하여
  보여줌
- 신고서의 신고항목과 관련 첨부서류의 합계금액이 일치하지 않는 경우
  "불일치내용"창에 보여줌

[국세청 전자신고 파일변환 단계 4]

8-9. 홈택스 서비스에 로그인 후 [부가가치세 –
   신고서 전송] 메뉴 선택

8-10. 부가가치세 신고서 전송

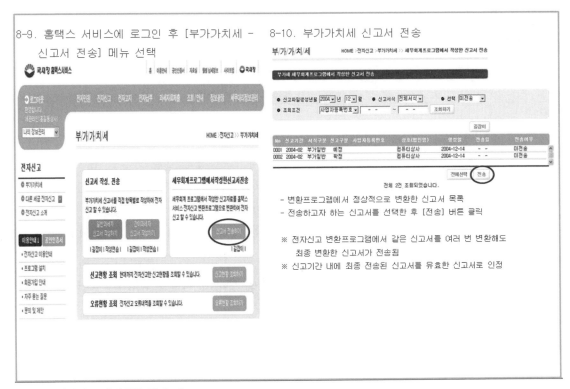

- 변환프로그램에서 정상적으로 변환한 신고서 목록
- 전송하고자 하는 신고서를 선택한 후 [전송] 버튼 클릭

※ 전자신고 변환프로그램에서 같은 신고서를 여러 번 변환해도
   최종 변환한 신고서가 전송됨
※ 신고기간 내에 최종 전송된 신고서를 유효한 신고서로 인정

[국세청 전자신고 파일변환 단계 5]

8-11. 부가가치세 전자신고 접수결과

8-12. 부가가치세 전자신고 접수증

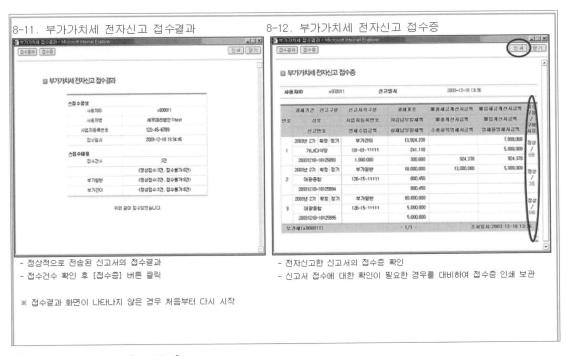

- 정상적으로 전송된 신고서의 접수결과
- 접수건수 확인 후 [접수증] 버튼 클릭

※ 접수결과 화면이 나타나지 않은 경우 처음부터 다시 시작

- 전자신고한 신고서의 접수증 확인
- 신고서 접수에 대한 확인이 필요한 경우를 대비하여 접수증 인쇄 보관

[국세청 전자신고 파일변환 단계 6]

01 다음은 부가세 관련 서식에 대한 설명이다. 옳지 않은 것은? 〈15회 실무 기출문제〉

① '사업장별부가가치세과세표준' 및 '납부세액신고명세서'–총괄납부사업자가 아니더라도 부가세신고 시에는 첨부되어야 하는 서류이다.

② '공제받지 못할 매입세액 명세서'–불공제분에 대한 신고서식으로, 부가세자료집계처리 에서 집계 후에 해당 화면에서 조정하여 입력할 수 있다.

③ '건물등감가상각자산취득명세서'–감가상각 취득분에 대해서 신고하기 위해선 직접 입 력해야 한다.

④ '매출처별세금계산서합계표(갑,을)'–과세매출에 대해서 적절한 증빙으로 전표를 작성하 여 집계처리 하여 신고할 수 있다.

★ 풀이 & 보충학습

사업장별 부가가치세과세표준 및 납부세액명세서는 총괄납부사업자만 제출하는 서식 이다.

정답 ①

02 2008년부터 '사업자단위과세제도'로 부가세신고가 가능하도록 세법이 개정되었다. (주)영림무 역은 사업자단위과세제도를 적용하여 부가세신고를 하려고 할 때, 처리한 사항으로 옳지 않은 것은? 〈15회 실무 기출문제〉

① 세금계산서 교부는 각 사업장별로 교부하여 입력한다.

② 사업장별 신고내역서를 작성하여 제출한다.

③ 사업자단위과세제도 적용일자는 2008년 1월 1일로 설정한다.

④ 사업자단위과세승인번호를 등록해야 한다.

사업자단위과세제도는 기존의 종사업자번호는 말소되고, 주사업자번호로 신고와 납부가 가능한 제도이다. 세금계산서는 주사업자번호로만 교부된다.

정답 ①

03 (주)K산업은 신용카드 매입세액공제를 이번 기부터 받고자 한다. 다음 중 옳지 않은 것은?

〈15회 실무 기출문제〉

① 부가세대급금 계정의 관리항목으로 카드를 설정한다.
② 부가세자료 집계처리 화면에서 신용카드매출전표발행금액 등 집계표를 집계처리 한다.
③ 부가세자료 집계처리 화면에서 신용카드매출전표 등 수취명세서를 집계처리 한다.
④ 전표처리 시 카드필수인 증빙을 선택하면 카드관리항목을 필수로 입력해야 한다.

신용카드매입세액공제를 위해서는 신용카드매출전표수위명세서를 작성해야 한다.

정답 ②

04 부가가치세의 과세대상이 아닌 것은?

〈15회 실무 기출문제〉

① 폐업 시 잔존재화
② 용역의 자가공급
③ 개인적 공급
④ 근로의 제공

근로의 제공은 과세대상이 아니다.

정답 ④

05 영림산업은 영업본부장의 출퇴근 차량에 대한 주유대에 대하여 '세금계산서'를 수취하고, 부가세 계정에 대한 '증빙'으로 세금계산서(세액불공제)를 선택하고 전표발행을 하였다. 그러나 보기 화면에 '불공제사유'에 매수와 공급가액 매입세액에 대한 정보가 집계가 되지 않고 있다. 부가세신고담당자가 확인해야 할 사항은 무엇인가? 〈15회 실무 기출문제〉

① '증빙 및 적요 수정' 화면에서 증빙을 수정 등록해야 한다.
② 해당 전표를 찾아 승인을 풀고 다시 전표를 발생해야 한다.
③ <재집계처리> 버튼을 클릭하면 다시 집계되어 조회가 될 것이다.
④ '증빙등록' 화면에서 증빙명에 따른 '불공제구분'이 '비영업용소형승용차 구입 및 유지'로 바르게 설정되어 있는지 확인한다.

> **★ 풀이 & 보충학습**
>
> '공제받지 못할 매입세액' 내역의 불공제사유별로 내역이 집계되려면 불공제사유별로 증빙이 등록되어야 한다.
>
> 정답 ④

06 첨부한 그림은 부가세 전자신고를 하기 위한 메뉴를 순서 없이 나열한 것이다. 전자신고를 하기 위한 순서로 옳은 것은? 〈15회 실무 기출문제〉

① (다)부가세신고서재 집계처리 → (나)부가세자료 집계처리 → (가)전자신고 파일생성
② (나)부가세자료 집계처리 → (다)부가세신고서 재집계처리 → (가)전자신고 파일생성
③ (나)부가세자료 집계처리 → (가)전자신고 파일생성 → (다)부가세신고서 재집계처리
④ (다)부가세신고서 재집계처리 → (가)전자신고 파일생성 → (나)부가세자료 집계처리

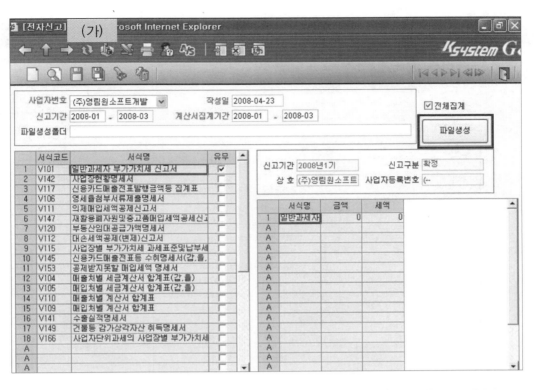

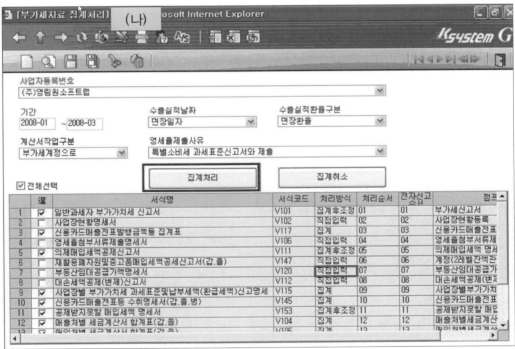

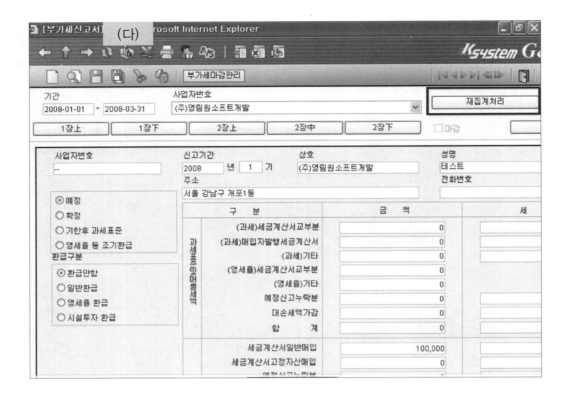

K시스템으로 전자신고 파일을 작성하기 위해서는 [부가세자료 집계처리]를 통해 전 표내역을 집계한 후에 각 서식을 확인하고, 전자신고 파일을 작성한다. 부가세신고서 는 재집계처리가 가능하다.

정답 ②

07 K.System ERP의 부가가치세신고에 대한 설명으로 옳지 않은 것은?　〈16회 실무 기출문제〉

① 부가세대급금의 관리항목으로 거래처와 카드번호는 필수로 입력해야 한다.
② 부가세대급금 계정은 1개만 등록할 수 있다.
③ 분개전표 발행 시 부가가치세계정행에 증빙을 반드시 입력해야 한다.
④ 부가가치세계정은 반드시 '금액0허용'으로 설정되어야 한다.

08 영림산업은 영업본부장의 출퇴근 차량에 대한 주유대에 대하여 '세금계산서'를 수취하고, 부가세계정에 대한 '증빙'으로 세금계산서(세액불공제)를 선택하고 전표발행을 하였다. 그러나 보기화면에 '불공제사유'에 매수와 공급가액 매입세액에 대한 정보가 집계가 되지 않고 있다. 부가세신고담당자가 확인해야 할 사항은 무엇인가? 〈16회 실무 기출문제〉

① '증빙 및 적요 수정' 화면에서 증빙을 수정 등록해야 한다.
② 해당 전표를 찾아 승인을 풀고 다시 전표를 발생해야 한다.
③ <재집계처리> 버튼을 클릭하면 다시 집계되어 조회가 될 것이다.
④ '증빙등록' 화면에서 증빙명에 따른 '불공제구분'이 '비영업용 소형 승용차 구입 및 유지'로 바르게 설정되어 있는지 확인한다.

09 2008년부터 '사업자단위과세제도'로 부가세신고가 가능하도록 세법이 개정되었다. (주)영림무
역은 사업자단위과세제도를 적용하여 부가세 신고를 하려고 할 때, 처리한 사항으로 옳지 않은
것은? 〈16회 실무 기출문제〉

① 세금계산서 교부는 각 사업장별로 교부하여 입력한다.
② 사업장별 신고내역서를 작성하여 제출한다.
③ 사업자단위과세제도 적용일자는 2008년 1월 1일로 설정한다.
④ 사업자단위과세 승인번호를 등록해야 한다.

10 영림산업은 부가세 예정신고를 준비하던 중, 세금계산서별집계표와 실제 매출세금계산서매수
및 공급가액이 차이가 있어 원인을 찾던 중, 매출회계전표의 부가세계정에 대한 증빙이 잘못
입력되어 있음을 발견하였다. 회계전표의 승인을 풀지 않고, 쉽게 수정할 수 있는 방법으로 옳
은 것은? 〈16회 실무 기출문제〉

① 원칙대로 회계전표승인을 취소하고 증빙을 다시 입력한다.
② 부가세신고서 화면에서 재집계처리를 하면 세금계산서별집계표가 재작성된다.
③ 증빙 및 적요수정화면에서 해당 전표를 찾아, '증빙'만 수정해주면 된다.
④ 시스템상에서 해결할 수 있는 부분이 아니므로 매출누락을 하고 확정신고 때 다시 신고한다.

★ 풀이 & 보충학습

증빙 및 적용수정 화면에서는 승인된 전표라도 증빙과 적요를 일괄적으로 수정할 수 있다.

<table>
<tr><td>정답</td><td>③</td></tr>
</table>

11 (주)영림원의 나영업과 우관리 대리는 10월 차량 유지비를 아래와 같이 회계처리 하였다. 아래와 같은 회계처리는 부가가치세신고 서식의 어느 부분이 입력되어야 맞는가? 〈16회 실무 기출문제〉

① 10/22 – ⑼일반매입 10/27 – ⑼일반매입
② 10/22 – ⑼일반매입 10/27 – ⒂공제받지 못할 매입세액
③ 10/22 – ⒂공제받지 못할 매입세액 10/27 – ⑼일반매입
④ 10/22 – ⒂공제받지 못할 매입세액 10/27 – ⒂공제받지 못할 매입세액

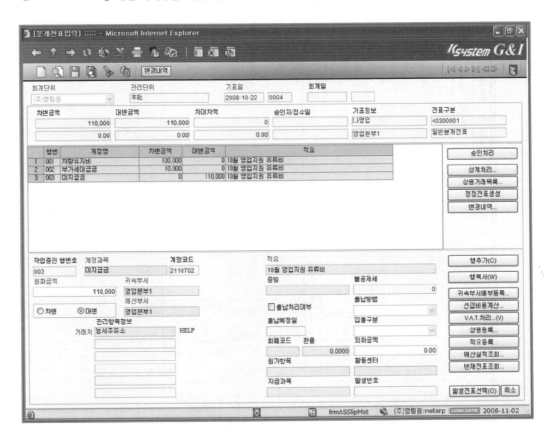

신 고 내 용							
구 분				(번호)	금 액	세율	세 액
과세표준 및 매출세액	과세	세금계산서교부분		(1)		10/100	
		매입자발행세금계산서		(2)		10/100	
		기 타		(3)		10/100	
	영세율	세금계산서교부분		(4)		0/100	
		기 타		(5)		0/100	
	예 정 신 고 누 락 분			(6)			
	대 손 세 액 가 감			(7)			
	합 계			(8)		㉑	
매입세액	세금계산서수취분	일 반 매 입		(9)			
		고 정 자 산 매 입		(10)			
	예 정 신 고 누 락 분			(11)			
	매 입 자 발 행 세 금 계 산 서			(12)			
	기 타 공 제 매 입 세 액			(13)			
	합 계 ((9)+(10)+(11)+(12)+(13))			(14)			
	공 제 받 지 못 할 매 입 세 액			(15)			
	차 감 계 ((14) - (15))			(16)		㉯	
납부(환급)세액 (매출세액 ㉑ - 매입세액 ㉯)						㉰	
경감공제세액	기 타 경 감 . 공 제 세 액			(17)			
	신용카드매출전표발행공제등			(18)			
	합 계			(19)		㉵	
예 정 신 고 미 환 급 세 액				(20)		㉺	
예 정 고 지 세 액				(21)		㉻	
금지금 매입자 납부특례 기납부세액				(22)		㉾	
가 산 세 액 계				(23)		㉗	
차가감하여 납부할 세액(환급받을 세액)(㉰-㉵-㉺-㉻-㉾ + ㉗)				(24)			
총괄납부사업자 납부할 세액(환급받을 세액)							

★ 풀이 & 보충학습

공제받지 못할 매입세액의 예시는 아래와 같다.

1. 필요적기재사항 누락
2. 사업과 관련 없는 지출
3. 비영업용 승용차 구입 및 유지
4. 면세사업과 관련된 분
5. 공통매입세액안분 계산서분
6. 등록전매입세액
7. 대손처분받은세액
8. 납부(환급) 세액재계산분
9. 접대비 관련 매입세액

10/27 전표는 3. 비영업용 승용차 구입 및 유지에 해당하므로 공제받지 못할 매입세액으로 세액공제를 받지 못한다.

정답 ②

12 (주)영림원의 부가세신고서와 전자신고 화면이다. 아래의 화면의 경우 부가가치세신고는 언제까지 하여야 하는가? 〈16회 실무 기출문제〉

① 10월 30일   ② 10월 10일   ③ 10월 25일   ④ 10월 31일

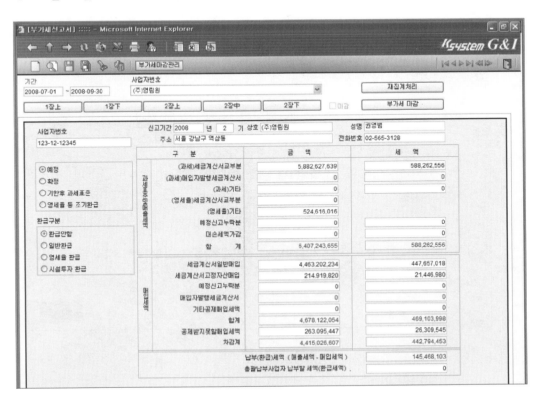

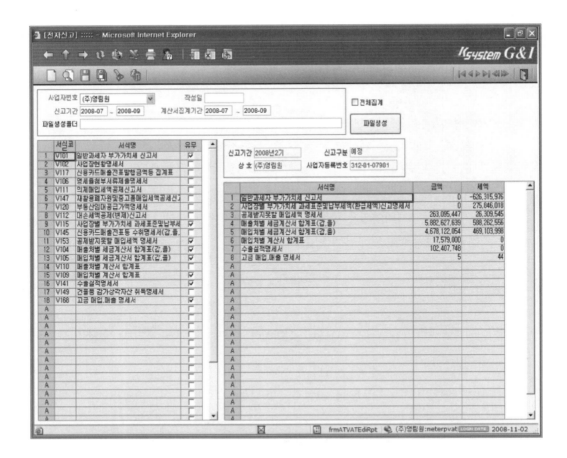

★ 풀이 & 보충학습

부가세 신고기간은 보편적으로 1년에 4번 아래와 같은 기간으로 신고 된다.

- 1기 예정 : 1월 1일~3월 31일, 4월 25일까지 신고
- 1기 확정 : 4월 1일~6월 30일, 7월 25일까지 신고
- 2기 예정 : 7월 1일~9월 31일, 10월 25일까지 신고
- 2기 확정 : 10월 1일~12월 31일, 익연월 25일까지 신고

위의 부가세 신고서는 7월 1일 ~ 9월 30일까지의 신고로 2기 예정에 해당하므로 10월 25일까지 신고해야 한다.

정답 ③

13 K.System에서 부가세 전자신고를 하기 위해서는 전표내역을 집계해야 한다. 부가세내역에 집계되기 위한 전표작성 방법으로 옳지 않은 것은? 〈18회 실무 기출문제〉

① 계정과목정보에서 부가세계정의 계정종류는 V.A.T 계정으로 설정한다.

② 부가세계정은 각각 성격에 맞는 증빙을 입력한다.

③ 부가세계정의 관리항목으로 사업자번호와 거래처를 필수로 입력한다.

④ 부가세금액이 0인 건은 부가세계정으로 전표를 작성하지 않는다.

★ 풀이 & 보충학습

K.System에서 부가세계정을 집계하여 부가세 서식을 작성하므로 부가세금액이 0이더라도 부가세계정을 사용하도록 한다.

정답 ④

---

14 부가세신고서의 각 항목은 증빙의 설정에 따라 금액이 집계될 수 있다. 첨부 그림에 설정된 증빙과 부가세신고서 항목의 연결이 옳지 않은 것은? 〈18회 실무 기출문제〉

① 세금계산서(영세율). 부가세신고서(영세율) 세금계산서 교부분(매출인 경우)

② 세금계산서(세액불공제). 부가세신고서 공제받지 못할 매입세액(매입인 경우)

③ 세금계산서(자산일반과세). 부가세신고서 세금계산서 고정자산 매입(매입인 경우)

④ 신용카드(법인). 부가세신고서 세금계산서 일반매입(매입인 경우)

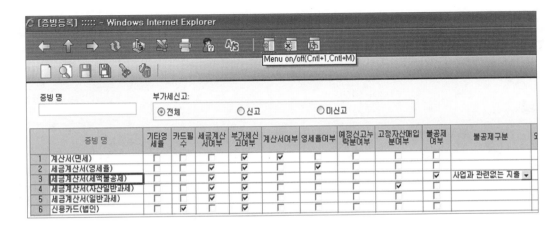

신용카드(법인) 증빙은 카드필수와 부가세신고 여부가 체크되어 있으므로, 매입인 경우 신용카드 매출전표 수취명세서에 집계되고, 부가세신고서의 기타공제매입세액에 집계된다.

정답 ④

15 부가세 서식은 전표의 부가세계정으로 집계를 한다. 보기의 부가세서식 중 예외적으로 전표의 내역이 아닌 것을 집계하는 서식은? 〈18회 실무 기출문제〉

① 매출처별세금계산서집계표
② 매입처별계산서집계표
③ 수출실적명세서
④ 신용카드매출전표수취명세서

수출실적명세서는 신고기준에 따라 면장등록과 BL등록 내역을 집계한다.

정답 ③

16 K산업주식회사는 부가가치세 예정신고를 위한 전표내역을 확인하던 도중, 매출처별세금계산서집계표와 실제 매출세금계산서의 매수 및 공급가액 차이가 있어 확인해보니 매출전표의 부가세계정에 대한 증빙이 모두 잘못 연결되어 있었다. 수정해야 하는 전표의 수가 많은 상태에서 신고를 위한 가장 효율적인 방법은? 〈18회 실무 기출문제〉

① 전표를 승인취소 하고 증빙을 수정한다.
② 매출처별세금계산서집계표에서 직접 수정한다.
③ 수정전표를 작성하여 부가세금액을 수정하고, 부가세신고제외 건수로 매수를 조절한다.
④ '증빙 및 적요 수정' 메뉴에서 해당 전표를 조회하여 증빙을 한꺼번에 수정한다.

증빙 및 적용수정 화면에서는 승인된 전표라도 증빙과 적요를 일괄적으로 수정할 수 있다.

정답 ④

17 K산업주식회사는 부가세신고서 총괄납부신고를 하고 있다. A사업자번호(주사업자), B사업자번호(종사업자), C사업자번호(종사업자), 이렇게 구성되어 있다고 한다면 사업장별 부가가치세 과세표준 및 납부세액 명세서를 반드시 제출해야 하는 사업자번호는? 〈18회 실무 기출문제〉

① A 사업자번호
② B 사업자번호
③ C 사업자번호
④ A, B, C 사업자번호 모두

사업장별 부가가치세과세표준 및 납부세액명세서는 총괄납부사업자만 제출하면 되는 서류이다.

정답 ①

18 같이 작성된 전표가 집계되는 부가세신고서 매입세액 항목으로 옳은 것은?

〈18회 실무 기출문제〉

① 세금계산서일반매입
② 세금계산서고정자산매입
③ 예정신고누락분
④ 기타공제매입세액

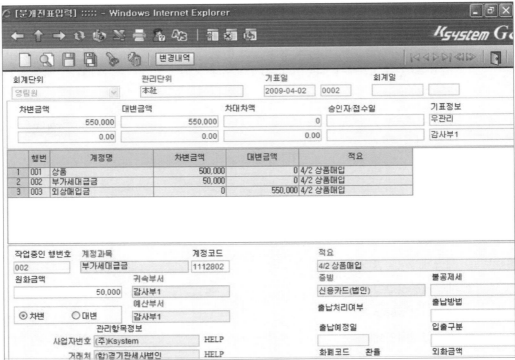

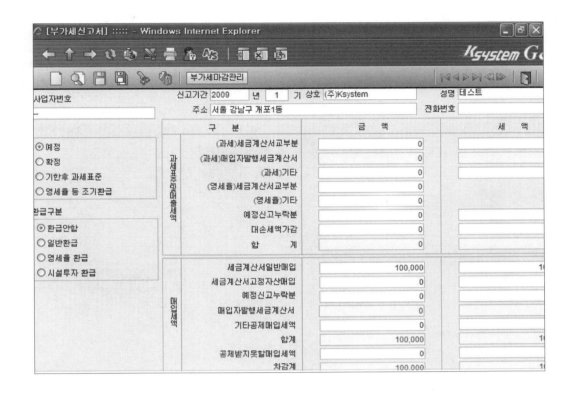

신용카드(법인) 증빙은 신용카드 매입 관련 증빙이므로 부가세신고서의 기타공제매입세액에 집계된다.

정답 ④

19 복리후생비(판) 계정에 대해서 복리후생비 세목별로 모두 예산을 책정하여 각각 통제하고자 한다. 각 화면에서 해야 하는 작업으로 옳지 않은 것은? 〈18회 실무 기출문제〉

① 계정과목정보 – 예산유형을 관리항목으로 설정한다.

② 계정과목정보 – 관리항목 복리후생비세목에 대해서 예산을 체크한다.

③ 예산과목등록 – 복리후생비 세목별로 예산과목을 등록한다.

④ 계정–예산과목등록 – 복리후생비 세목별로 모두 예산과목을 연결하지 않아도 된다.

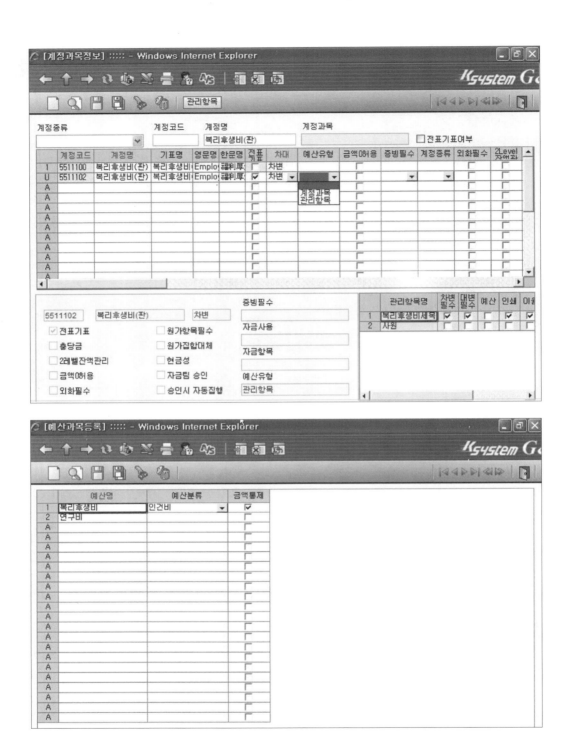

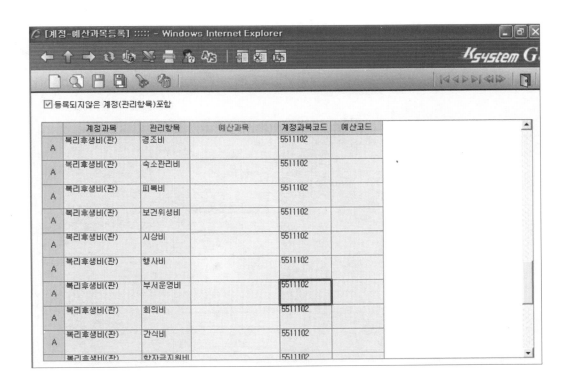

★ 풀이 & 보충학습

복리후생비 세목별로 모두 예산을 관리하고자 한다면 세목별로 모두 예산과목을 연결해야 한다.

정답 ④

20 K.System ERP에서 부가세신고를 위한 다음 서식과 서식에 집계되기 위한 증빙의 연결이 옳지 않은 것은? 〈18회 실무 기출문제〉

① 신용카드매출전표수취명세서 – 신용카드(법인)
② 공제받지 못할 매입세액 명세서 – 세금계산서(세액불공제)
③ 신용카드매출전표수취명세서 – 현금영수증
④ 공제받지 못할 매입세액 명세서 – 간이세금계산서

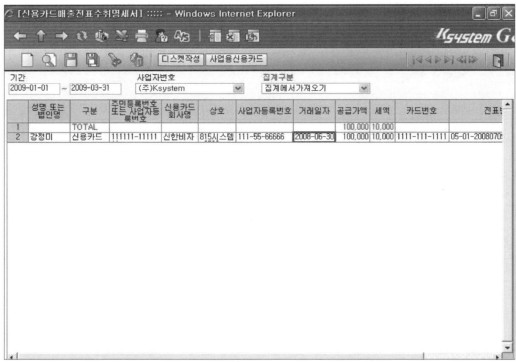

공제받지 못할 매입세액 명세서에 집계되는 내역은 불공제와 공통매입 관련 내역이
다. 증빙등록에서 간이세금계산서 증빙은 부가세신고 여부만 설정되어 있으므로 집
계되는 서식이 따로 없고 세금계산서(공통매입) 증빙은 공제받지 못할 매입세액 명
세서의 공통매입세액안분 계산내역에 집계된다.

정답   ④

회계/인사

Enterprise Resource Planning

6장 K.System 원가관리

영림원소프트랩 K.System

ERP정보관리사

원가란 제품을 생산하여 판매하기 위해서는 원재료, 노무비, 각종 부대비용 등이 소요되는데, 제조와 판매를 위하여 투입된 경제가치의 소비금액이다. 일반적으로 판매기업과 제조기업의 원가 산정이 다르다. 이에 대한 내용을 자세히 살펴보면 다음과 같다.

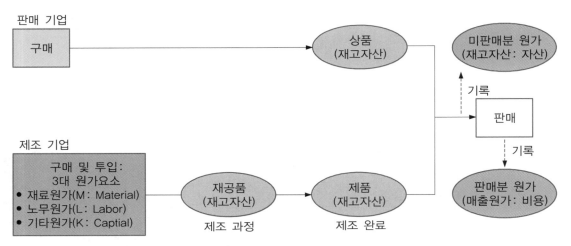

[판매기업과 제조기업의 제조·판매활동 비교]

출처: 강병서, ≪CEO를 위한 신경영학Ⅲ≫, 영림원소프트랩, 2002, p.308.

위 그림에서 보는 것처럼 제조기업에서는 재료를 구매하고 가공하여 제품을 만드는 과정에서 소비되는 원재료비, 노무비, 기타비용 등이 제조원가이며, 판매기업에서는 상품을 구매해서 판매하므로 구매가격이 원가가 된다. 원가의 정확한 산정은 판매가격을 결정하거나, 기업경영에 큰 영향을 미치므로 신중을 기해야 한다. 원가를 계산하는 과정은 제품별 제조원가계산 및 제조간접비배부 등 제품별로 회사별로 제조의 형태와 원가관리의 목적 및 업무처리 방법에 따라 다양하다. 가령 제품생산방식에 따라 나누어 본다면 소품종 대량생산에 적합한 종합원가계산, 다품종 소량생산 방식에 적합한 개별원가계산 방법이 있다. **K.System ERP**에서 원가는 종합원가를 기준으로 처리된다. 종합원가계산은 같은 종류, 같은 품질의 제품을 연속적으로 대량생산하는 기업에서 사용하는 제품원가 계산방식으로 총제조원가를 완성품 환산수량으로 나누어 제품원가(단위원가)를 계산하는 방법이다.

원가계산 하는 시점에 재공품들이 존재할 수 있으므로, 종합원가계산에서는 각 공정별로 완성품과 기말재공품을 평가해야 한다. 이를 정확히 하기 위해서는 물량을 확정해야 하는데 완성품수량은 그대로 사용하지만 기말재공품은 완성품에 상응하는 물량으로 환산해야 한다. 즉 기말재공품은 아직 완성되지 못하였으므로 완성품과 동등하게 취급할 수 없다. 따라서 기말재공품을 직접재료원가, 직접노무원가, 제조간접원가의 원가요소별로 기말현재의 완성도를 이용하여 환산하여야 한다. 예를 들어 기말재공품의 수량은 100개인데 직접노무원가의 투입 정도로 보아 70%의 완성도로 판단된다면 기말재공품의 직접노무원가의 완성품 환산량은 70개로 계산된다. 이러한 개념을 완성품 환산량이라고 하는데 이는 당기의 모든 노력을 그 기간 동안 제품을 완성하는 것에만 투입하였다면 완성되었을 수량을 의미한다. 다음의 예는 기말재공품에 원가 배분에 대한 예를 보이고 있다. 현재 자료가 아래와 같이 주어졌다고 하면,

- 기초재공품 : 1,000개(진척도60%) 1,180,000원
- 당기투입원가 : 13,120,000원
- 완성품수량 : 8,000개
- 기말재공품 : 2,000개(진척도40%)

재료비와 가공비의 원가투입비율은 같다고 가정하면 아래와 같은 2가지 방식으로 기말재공을 평가할 수 있다.

■ 평균법에 의한 원가배분

$$기말재공품평가액 = \frac{(기초재공품원가 + 당기투입원가)}{(완성수량 + 기말재공품 환산량)} \times 기말재공품환산량$$

$$즉 \ 기말재공품평가액 = \frac{(1,180,000 + 13,120,000)}{(8,000 + 800)} \times 800 = 2,372,727$$

■ 선입선출법에 의한 원가배분

$$기말재공품평가액 = \frac{당기투입원가}{(완성수량 + 기말재공품 환산량 - 기초재공품환산량)} \times 기말재공품환산량$$

$$즉 \ 기말재공품평가액 = \frac{13,120,000}{(8,000 + 800 - 400)} \times 800 = 1,249,524$$

6.2 원가의 분류

원가를 제품의 구성요소에 따라 재료비, 노무비, 경비로 분류한다. 이를 '원가구성의 3요소'라 한다.

6.2.1 재료비

재료비는 제조과정에 재료의 소비로 인하여 발생하는 원가이다. 재료비는 직접재료비와 간접재료비로 구분한다.

재료비	직접재료비	원자재, 부분품
	간접재료비	소모재료, 소모공구, 기구, 비품, 포장재료

[재료비의 분류]

6.2.2 노무비

노무비는 원가의 부문을 구성하는 직접노무비와 간접노무비를 말하며, 노동력의 소비로 인하여 발생하는 원가이다. 노무비는 임금, 급여, 퇴직급여, 종업원상여금, 복리후생비 등이 있다. 노무비를 직접노무비와 간접노무비로 구분한다.

노무비	직접노무비
	간접노무비

[노무비의 분류]

직접노무비는 제품의 생산을 위하여 직접작업에 종사하는 종업원의 노동력의 대가이다. 간접노무비는 특정 제품에 소요된 비용을 하나하나 따지기 어려워 많은 제품에 공통적으로 발생하는 것으로 노무비, 휴업 임금, 퇴직적립금 등이 있다.

6.2.3 경비

경비는 제품의 제조를 위하여 소비된 제조원가 중 재료비, 노무비를 제외한 원가로서 전력비, 가스수도비, 운임, 감가상각비, 소모품비, 세금과 공과, 임차료, 복리후생비, 여비교통비 등이 있다. 경비에는 조업도와의 관계에 의한 분류로는 고정경비와 변동경비로, 발생장소에 의한 분류로는 직접경비와 간접경비 등으로 분류할 수 있다.

■ 고정경비
조업도와 관계없이 일정하게 발생하는 감가상각비, 임차료, 보험료, 세금과 공과금 등이 있다.

■ 변동경비
조업도의 변동에 따라 변하는 동력비, 용수사용료, 운반비, 수선비, 외주가공비 등이 있다.

■ 직접경비
제조과정에 직접 발생하는 외주가공비, 설계비, 특허권사용료 등이 있다.

■ 간접경비
다수의 제품을 제조하는 과정에서 공통적으로 발생하는 경비의 대부분은 간접경비가 되며 직접경비 이외의 비용이 된다.

제품을 제조하는 과정에서 발생하는 제비용을 반영하여 원가를 구성한다. 일반적으로 직접원가, 제조원가, 총제조원가로 구성한다. 직접원가는 재료비, 노무비, 경비 중에서 특정 제품을 만드는 데만 소비된 직접비의 합계를 의미한다. 즉,

직접원가 = 직접재료비 + 직접노무비 + 직접경비

그러나 제품을 만드는 과정 중에 간접적인 지원이 필요하며, 이로 인하여 발생하는 비용(제조간접비)을 반영하여 원가를 구성하는데, 이를 제조원가라 한다. 즉,

제조원가 = 직접원가 + 제조간접비
= 직접재료비 + 직접노무비 + 직접경비 + 제조간접비

제품의 제조가 완성되고 나면, 이 제품을 관리하고 판매할 때까지 소요되는 경비가 발생한다. 이러한 경비를 고려하여 총원가를 계산한다. 즉,

$$\begin{aligned}
\text{총원가} &= \text{제조원가} + \text{판매} \cdot \text{관리비} \\
&= \text{직접재료비} + \text{직접노무비} + \text{직접경비} + \text{제조간접비} + \text{판매} \cdot \text{관리비}
\end{aligned}$$

또한 만든 제품을 판매할 때는 적정한 이윤을 남겨야하므로, 총원가에 적정한 이윤을 더하여 판매가격을 산정한다. 즉,

$$\text{판매가격} = \text{총원가} + \text{이윤}$$

지금까지의 설명 내용을 정리해보면, 아래의 그림과 같다.

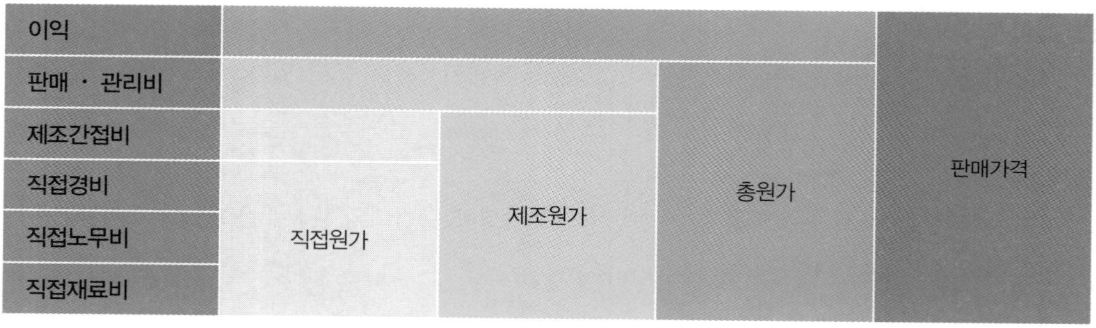

이익				판매가격
판매 · 관리비			총원가	
제조간접비		제조원가		
직접경비	직접원가			
직접노무비				
직접재료비				

[원가를 구성하는 요소]

6.3 비용분해

6.3.1 변동비와 고정비

'월생산량 2,000개'라든가 '조업시간 월누적 50,000시간'이라는 표현을 제조활동에 있어서 조업도라고 한다. 일정한 생산설비로 제조활동을 하는 과정 중에도 항상 가변성은 있게 마련이다. 이러한 조업도의 변화에 따라 소요되는 원가요소도 달라진다. 이를 변동비 또는 비례비라고도 한다. 변동비 중 가장 대표적인 것은 직접재료비, 직접임금, 작업시간에 따른 할증임금, 특별감가상각비, 연료비, 동력비, 가스사용료, 수선비 등이 있다.

반면에 생산수량이 증가하거나 감소함에도 불구하고 항상 일정하게 소요되는 비용이 있다. 이를 고정비라한다. 인건비, 감가상각비, 고정자산세, 금융비용, 화재보험료, 제경비 등이 있다. 따라서 제품을 대량생산할 경우에는 단위당 고정비가 차지하는 비율은 점차 줄어든다. 예를 들면 10억 원을 투자하여 설치한 장치로 1만 개의 제품을 생산했다면, 고정비는 단위당 10만 원이 소요된 것으로 계산되지만, 10만 개를 생산한 경우에는 단위당 1만 원이 소요된 것으로 계산되기 때문에 많이 생산할수록 단위당 고정비 원가요소는 줄어든다.

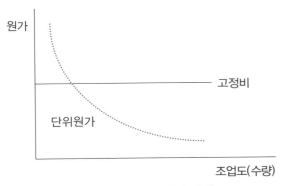

[조업도에 따른 고정비와 단위당 원가 관계]

일반적으로 제품생산을 위해서는 건물, 기계 등 고정적인 투자와 제조에 소요되는 재료비, 원료비, 전력비, 인건비 등이 소요되므로 고정비는 많이 생산할수록 단위당 원가가 줄어드는 효과를 얻지만, 원재료비 등 변동비는 생산량에 따라 점차 늘어나게 된다. 하지만 비용의 성격에 따라 변동비이면서 고정비로도 취급되는 경우가 있는가 하면, 고정비이면서 변동비로 취급되는 경우도 있다. 이러한 비용들을 정리하면 다음 표와 같다.

분류	고정비	변동비	분류	고정비	변동비
I. 직접비			III. 판매비와 관리비		
1. 직접재료비			1. 판매비		
재료비		0	판매원 급료	v	v
매입부품비		0	운반비	v	v
2. 직접노무비	v	v	보험료	v	v
3. 직접경비			광고선전비	v	0
외주비		0	판매수수료		0
특허권료	0		대손상각		
II. 간접비			잡비	0	
1. 간접재료비			2. 관리비		
보조재료비		0	급여	0	
소모기구비	v	v	복리후생비	v	v
소모품비	v	v	수선비	v	v
2. 간접노무비			사무용품비	0	
직접공 간접비	0		여비교통비	0	
간접공 임금	0		통신비	0	
3. 간접경비			접대비	0	
복리후생비	v	v	감가상각비	0	
감가상각비	0		세금과 공과	0	
임차료	0		보험료	0	
보험료	0		잡비	0	
수선료	v	v	IV. 이자비용	0	
수도광열비	v	v			
재고자산감모손실	0				
연구개발비	0				

출처 : 홍성수·김성민, ≪재무제표를 읽으면 기업이 보인다≫, 새로운제안, 2002, p.176.

6.4   감가상각

기계나 건물 등은 시간이 경과함에 따라 가치의 감소를 가져온다. 기능의 저하라든가, 마모 등에 의한 물리적 감가가 있으며, 진부화라든가 부적합화에 의한 기능적 감가 등이 있다. 일반적으로 감가에 대하여 정확히 화폐로 평가하기는 어렵다. 하지만 마모나 기능저하로 인한 가치상실은 엄연한 현실이므로, 회계적인 관점에서 취득한 자산의 원가를 자산의 사용기간에 걸쳐 비용으로 배분하여 제조원가에 반영함으로서 결국에는 투자비를 회수할 수 있도록 하는 과정이 감가상각비의 처리이다. 감가상각이 중요하게 다뤄지는 이유는 소득세(또는 법인세) 계산에 영향을 주기 때문이다. 즉, 감가상각비의 계상은 이익과 세금납부에 많은 영향을 미친다.

건물, 기계장치 등 유형자산이 감가상각 대상이지만 토지나 건설 중인자산은 감가상각 대상에서 제외한다. 감가상각 방법은 기업의 실정에 맞는 방법을 채택하여 회계장부에 반영한다. 감가상각 방법은 다음과 같다.

6.4.1 정액법(定額法)

회계연도마다 같은 금액만큼 감가상각비를 계상하는 방법으로, 가장 간단한 감가상각 방식이다. 정액법으로 감가상각하는 자산은 유형자산들로서 특히 건물의 경우에는 세법상 정액법으로 감가상각하는 것을 원칙으로 하고 있다.

수식은 $(A - S)/n$ 이다.(여기서 A는 취득원가, S는 잔존가액, n은 내용연수)

예를 들어 ₩7,000,000에 구입한 기계장치의 내용연수가 7년일 경우 매년감가상각액은 ₩1,000,000원이 된다.(단, 잔존가치가 없다고 가정했을 경우.)
즉, $(₩7,000,000 - ₩0)/7 = ₩1,000,000$

6.4.2 정률법(定率法 또는 체감법)

설비의 구입 초기에 가치의 감소가 더 크다고 보고 감가액이 더 많이 일어나도록 설계한다. 연초의 장부가액에 일정률(상각률)을 곱하여 감가액을 계산하므로 해가 거듭될수록 매년 감가액은 줄어든다. 감가액에 대한 수식은 다음과 같다.

$D_t = r B_{t-1}$ (여기서 D_t는 감가액, r는 감가율, B_{t-1}는 전년도말의 장부가액)

예를 들어 ₩7,000,000에 구입한 기계장치의 내용연수가 7년일 경우 정률법에 의한 매년 감가상각액은 다음 표와 같다(단, $r = 0.4$라고 가정할 경우).

t년말	t년의 감가액	t년말의 장부가액
0	–	₩7,000,000
1	0.4×₩7,000,000 = ₩2,800,000	₩4,200,000(7,000,000−2,800,000)
2	0.4×₩4,200,000 = ₩1,680,000	₩2,520,000(4,200,000−1,680,000)
3	0.4×₩2,520,000 = ₩1,008,000	₩1,512,000(2,520,000−1,008,000)
4	0.4×₩1,512,000 = ₩604,800	₩907,200(1,512,000−604,800)
5	0.4×₩90,7200 = ₩362,880	₩544,320(907,200−362,880)
6	0.4×₩544,320 = ₩217,728	₩326,592(544,320−217,728)
7	0.4×₩326,592 = ₩130,637	₩195,955(326,592−130,637)

6.5　K.System ERP 원가관리 개요

　　제품을 생산하는 데 소요된 제조원가를 계산하는 과정으로, 제품별 제조원가계산 및 제조간 접비배부 등 제품별 제조원가 관리는 회사별로 제조의 형태와 원가관리의 목적 및 업무처리 방법에 따라 다양하다. 가령 제품생산방식에 따라 나누어 본다면 소품종 대량생산에 적합한 '종합 원가계산', 다품종 소량생산 방식에 적합한 '개별원가계산' 방법이 있다. K.System ERP에서 원가는 종합원가를 기준으로 처리된다. 종합원가계산은 같은 종류, 같은 품질의 제품을 연속적으로 대량 생산하는 기업에서 사용하는 제품원가 계산방식으로 총제조원가를 완성품 환산수량으로 나누어 제품원가(단위원가)를 계산하는 방법이다.

　　원가계산하는 시점에 재공품들이 존재할 수 있으므로, 종합원가계산에서는 각 공정별로 완성품과 기말재공품을 평가해야 한다. 이를 정확히 하기 위해서는 물량을 확정해야 하는데, 완성품 수량은 그대로 사용하지만 기말재공품은 완성품을 상응하는 물량으로 환산해야 한다. 즉 기말재공품은 아직 완성되지 못하였으므로 완성품과 동등하게 취급할 수 없다. 따라서 기말재공품을 직접재료원가, 직접노무원가, 제조간접원가의 원가요소별로 기말현재의 완성도를 이용하여 환산하여야 한다. 예를 들어 기말재공품의 수량은 100개인데 직접노무원가의 투입 정도로 보아 70%의 완성도로 판단된다면 기말재공품의 직접노무원가의 완성품 환산량은 70개로 계산된다. 이러한 개념을 완성품 환산량이라고 하는데 이는 당기의 모든 노력을 그 기간 동안 제품을 완성하는 것에만 투입하였다면 완성되었을 수량을 의미한다. 아래는 기말재공품에 원가 배분에 대한 예를 보이고 있다. 현재 자료가 아래와 같이 주어졌다고 하면,

- 기초재공품: 1,000개(진척도60%) 1,180,000원
- 당기투입원가: 13,120,000원
- 완성품수량: 8,000개
- 기말재공품: 2,000개(진척도40%)

재료비와 가공비의 원가투입비율은 같다고 가정하면 아래와 같은 2가지 방식으로 기말재공을 평가할 수 있다.

■ 평균법에 의한 원가배분

$$기말재공품평가액 = \frac{(기초재공품원가 + 당기투입원가)}{(완성수량 + 기말재공품 환산량)} \times 기말재공품환산량$$

$$즉\ 기말재공품평가액 = \frac{(1,180,000 + 13,120,000)}{(8,000 + 800)} \times 800 = 2,372,727$$

■ 선입선출법에 의한 원가배분

$$기말재공품평가액 = \frac{당기투입원가}{(완성수량 + 기말재공품 환산량 - 기초재공품환산량)} \times 기말재공품환산량$$

$$즉\ 기말재공품평가액 = \frac{13,120,000}{(8,000 + 800 - 400)} \times 800 = 1,249,524$$

위 예의 1번과 같이 K.System ERP에서는 완성품환산량과 기말재공품은 '재료비와 가공비의 원가투입비율은 같다'는 조건하에 평균법에 의해 계산한다. 즉, 원가요소별로 완성품 환산량을 계산하지 않고 진척도에 따라 투입원가 전체에 대해 기말재공품원가를 계산한다.

제조원가는 월별로 계산하며 다음 그림과 같이 배부기준 설정, 경비마감, 수불마감, 재고자산 평가(자재/상품), 재공평가, 제조원가계산의 프로세스로 진행된다.

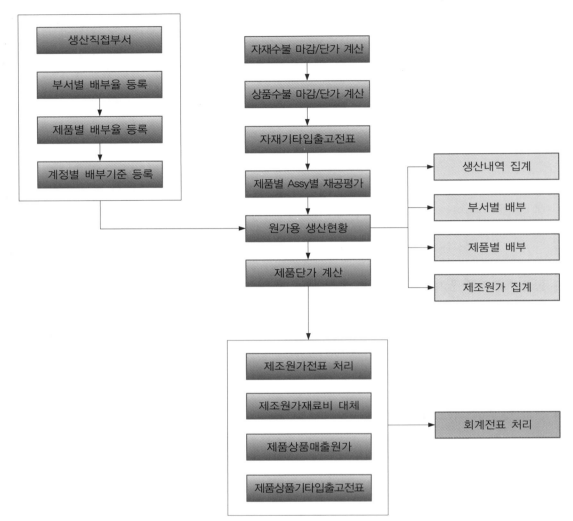

[원가관리프로세스]

6.6.1 기초설정 관련 메뉴

[원가기본정보 메뉴]

■ **생산직접부서등록**

생산직접부서를 입력하는 화면이다.

■ **부서별 배부율 등록**

간접부서에서 발생한 제조원가 비용을 직접부서로 배부하는 부서별 배부(1차배부)의 배부기준을 K.System ERP에서 제공하는 기준을 사용하지 않고 배부율을 사용자가 직접 입력하고자 할 때 사용하는 화면이다.

■ **제품별 배부율 등록**

간접부서에서 발생한 제조원가 비용과 간접부서로부터 배부받은 제조원가 비용을 제품에 배부하는 제품별 배부(2차배부)의 배부기준을 K.System ERP에서 제공하는 기준을 사용하지 않고 배부율을 사용자가 직접 입력하고자 할 때 사용하는 화면이다.

■ **계정별 배부기준 등록**

제조원가계산 시 간접부서에서 발생한 비용을 직접부서로 배부하기 위한 배부기준(1차배부, 부서별 배부)과 직접부서에서 발생한 비용과 간접부서로부터 배부받은 비용을 제품에 배부하기 위한 배부기준(2차배부, 제품별 배부)을 계정과목별로 세팅하는 화면이다.

6.6.2 원가관리 관련 메뉴

[원가관리 관련 메뉴]

■ 제품별 Assy별 재공품 입력

기말재공품원가를 산출하기 위해 기말재공품의 완성품환산량을 입력하는 화면이다. 기말제품 대비 진척률(완성도)에 의해 평가한다.

■ 자재단가계산

자재의 수불을 마감하고 자재 재고자산에 대한 재고금액평가를 하는 화면이다.

■ 상품단가계산

상품/제품의 수불을 마감하고 상품 재고자산에 대한 재고금액평가를 하는 화면이다.

■ 자재기타입출고전표처리

자재기타입출고를 입력하면 재고가 증가하거나 감소하게 된다. 수량뿐 아니라 금액에도 증감이 발생하고 각 재고금액에 변화에 대해 회계에 반영하기 위한 전표를 발행하는 화면이다.

■ 원가용 생산현황

월별로 생산수량, 재료비와 노무비, 경비, 외주가공비를 집계하고 제품의 제조원가를 계산하는 화면이다. 생산내역집계, 부서별 배부, 제품별 배부, 제조원가집계의 4단계로 이루어진다.

■ 제품단가계산

제품 재고자산에 대한 재고금액평가를 하는 화면이다.

■ 제조원가재료비대체

제품생산을 위해 투입된 자재들을 재고자산 계정에서 각각 원재료비 또는 부재료비 비용계정으로 대체하는 전표를 처리하는 화면이다.

■ 제조원가전표처리

제조원가계산 후 원가대체전표를 발행하는 화면이다.

6.6.3 원가분석 관련 메뉴

■ 제품상품 매출원가 처리

제품상품의 매출원가대체전표를 발행하는 화면이다.

■ 기타입출고전표처리

제품/상품의 기타입출고내역에 대한 회계전표를 발행하는 화면이다.

■ 부서별 배부현황

[원가용 생산현황] 화면에서 부서별 배부처리를 한 후 배부된 결과를 확인할 수 있는 화면이다.

■ 제품별 배부현황

[원가용 생산현황] 화면에서 제품별 배부처리를 한 후 배부된 결과를 확인할 수 있는 화면이다.

■ 품목별 제조원가

[원가용 생산현황] 화면에서 제조원가집계 후 품목별로 계산된 원가내역을 조회할 수 있는 화면이다.

K산업주식회사에서 2009년 5월 제조원가를 계산하고자 한다. 생산직접부서는 생산1팀, 생산2팀이고 생산1팀은 컴퓨터, 노트북을, 생산2팀은 Home Music Bank를 생산하였다. 재고자산에 대한 평가방법은 자재, 상품 및 제품에 대하여 월총평균법을 사용한다. 자재제조경비에 대한 전표는 월중에 수시로 발생하는데, 본 사례에서는 다음과 같이 경비에 대한 전표가 발생하였다고 가정한다.

행	계정과목	차변금액	대변금액	관리항목	귀속부서	적요
001	임원급여(제)	5,000,000			생산부	5월 급료
002	급료(제)	10,000,000			생산1팀	5월 급료
003	급료(제)	6,000,000			생산2팀	5월 급료
004	현금		21,000,000		관리부	5월 급료
005	소모품비(제)	1,00,000			관리부	컴퓨터, 사무용품 등 구입
006	선급부가가치세	100,000		K산업주식회사 /(주)레디코리아 /1,000,000	관리부	컴퓨터, 사무용품 등 구입
007	미지급비용		1,100,000		관리부	컴퓨터, 사무용품 등 구입
008	전력비(제)	4,000,000			관리부	5월 전력비
009	현금		4,000,000		관리부	5월 전력비

6.7.1 전표입력

화면 위치 재무회계 ▶ 전표 ▶ 전표처리 ▶ [분개전표입력]

자동전표 외에 각종 비용전표, 대체전표를 발행하는 화면이다. 원가에 반영될 제조경비에 대한 전표를 입력한다. 전표입력 방법은 재무회계모듈을 참고한다. 전표입력 후 승인처리를 해야 장부 및 원가에 반영된다.

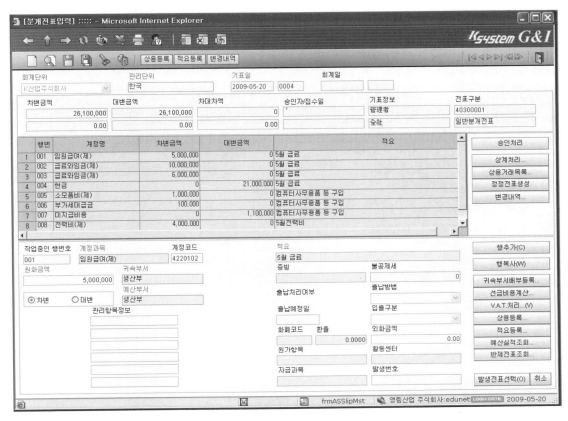

[비용에 대한 전표처리 화면]

6.7.2 생산직접부서등록

화면 위치 생산(원가)관리 ▶ 제조원가 ▶ 기초 ▶ [생산직접부서등록]

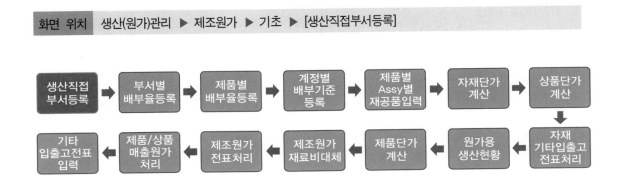

생산직접부서와 생산간접(지원)부서를 정의하는 화면으로 이 화면에서 등록된 부서는 생산직

접부서이고 등록되지 않은 부서는 간접부서가 된다. 여기서 등록된 직접부서는 제조원가 산출 시 생산내역 및 비용집계의 기준이 된다.

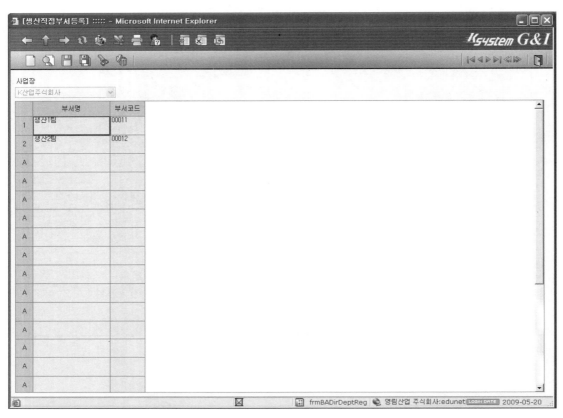

[생산직접부서 입력 화면]

■ 생산직접부서

실적조직도상의 상위부서를 직접부서로 입력하면 하위부서도 직접부서로 인식하게 된다. 특히 생산내역집계 시에는 직접부서로 등록된 부서에서 생산된 내역을 집계되고, 제조원가 비용(노무비, 경비) 집계 시 귀속부서가 직접부서인 것은 생산직접부서의 비용으로, 귀속부서가 직접부서가 아닌 것은 생산 간접부서의 비용으로 집계된다. 1차배부 시에는 간접부서에서 발생된 비용이 직접부서로 배부되고, 2차배부 시에는 직접부서에서 발생된 비용과 간접부서로부터 받은 비용을 제품에 배부하게 된다.

6.7.3 부서별 배부율 등록

화면 위치 생산(원가)관리 ▶ 제조원가 ▶ 기초 ▶ [부서별 배부율 등록]

간접부서에서 발생한 제조원가 비용을 직접부서로 배부하는 부서별 배부(1차배부)의 배부기준을 사용자가 직접 정의하여 사용하는 경우 해당 배부기준의 배부율을 입력하는 화면이다. 월별로 제조원가를 계산하므로 배부율도 월별로 입력한다.

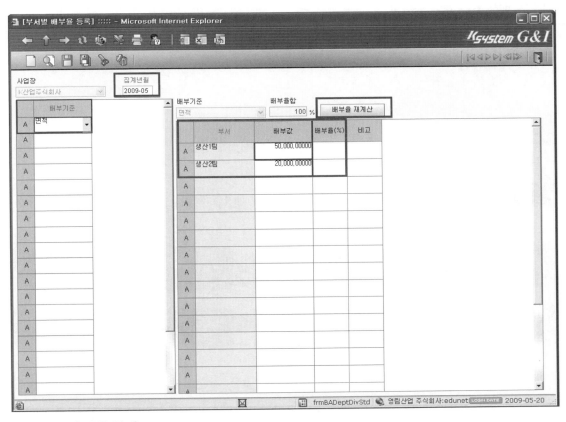

[부서별 배부율 등록 화면]

작업방법은 다음과 같다.

① 집계연월을 입력하고 왼쪽 시트에서 배부기준을 선택하고 오른쪽 상단에 배부기준에 선택한 배부기준명이 들어가 있는지 확인한다.

② 오른쪽 시트에 부서 코드도움을 이용하여 생산직접부서를 입력한다.

③ 각 부서별 배부값을 입력하고 버튼을 누르면 자동으로 배부율이 계산된다. 배부율을 알고 있는 경우에는 직접 배부율을 입력해도 된다.

④ 사용자 정의 배부기준이 여러 가지인 경우에는 왼쪽 시트에 다음 행에 배부기준을 선택하고 ② ~ ③ 과정을 반복한다.

■ 배부기준

[소분류(생산원가)] 화면에서 배부기준(대분류코드 : 068)에 입력된 기준 중 제조원가 1차배부기준에 체크되고 자동계산 여부에 체크가 안 되어 있는 기준이 콤보에 보여진다. 자동계산배부기준은 배부율을 따로 입력하는 것이 아니므로 본 화면의 콤보에 나타나지 않는 것이다.

■ 부서

생산직접부서로 입력한 부서만 입력해야 한다.

6.7.4 제품별 배부율 등록

| 화면 위치 | 생산(원가)관리 ▶ 제조원가 ▶ 기초 ▶ [제품별 배부율 등록] |

간접부서에서 발생한 제조원가 비용과 간접부서로부터 배부받은 제조원가 비용을 제품에 배부하는 제품별 배부(2차배부)의 배부기준을 사용자가 직접 정의해서 사용하고자 할 경우 배부율을 입력하는 화면이다.

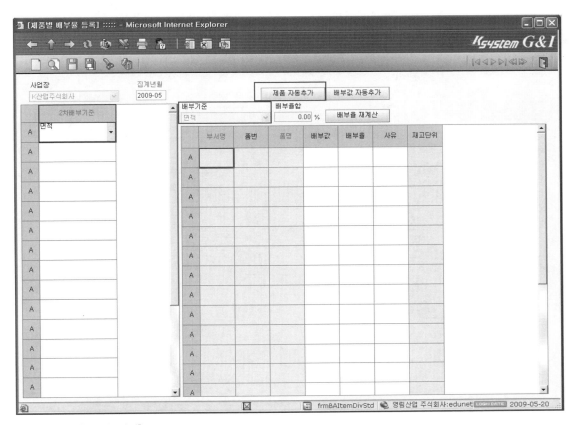

[제품별 배부율 등록 화면]

작업방법은 다음과 같다.

① 집계연월을 입력하고 왼쪽 시트에서 2차배부기준을 선택하고 오른쪽 상단에 배부기준에 선택한 배부 기준명이 들어가 있는지 확인한다.

② 오른쪽 시트에 부서명과 품명 또는 품명을 코드도움을 이용하여 입력하거나 제품 자동추가 버튼을 누르면 부서와 해당 부서에서 생산한 품목이 자동으로 조회된다.

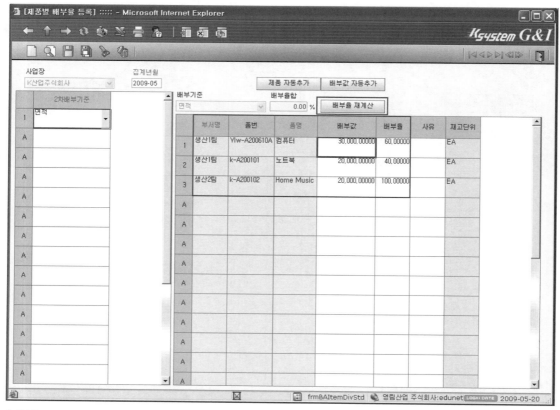

[배부율 재계산 화면]

③ 배부값을 입력하고 위 그림과 같이 [배부율 재계산] 버튼을 누르면 자동으로 배부율이 계산된
   다. 배부율을 알고 있는 경우에는 직접 배부율을 입력해도 된다.
④ 사용자 정의 배부기준이 여러 가지인 경우에는 왼쪽 시트에 다음 행에 배부기준을 선택하
   고 ② ~ ③ 과정을 반복한다.

2차배부기준

[소분류(생산원가)] 화면에서 배부기준(대분류코드 : 068)에 입력된 기준 중 제조원가 2차배부
기준에 체크되고 자동계산 여부에 체크가 안 되어 있는 기준이 콤보에 보여진다. 자동계산배부
기준은 배부율을 따로 입력하는 것이 아니므로 본 화면 콤보에 나타나지 않는 것이다.

배부율

생산직접부서별로 배부율 합이 100이 되도록 계산된다.

6.7.5 계정별 배부기준 등록

화면 위치 생산(원가)관리 ▶ 제조원가 ▶ 기초 ▶ [계정별 배부기준 등록]

제조원가계산 시 간접부서에서 발생한 비용을 직접부서로 배부하기 위한 배부기준(1차배부, 부서별 배부)과 직접부서에서 발생한 비용과 간접부서로부터 배부받은 비용을 제품에 배부하기 위한 배부기준(2차 배부, 제품별 배부)을 계정과목별로 세팅하는 화면이다.

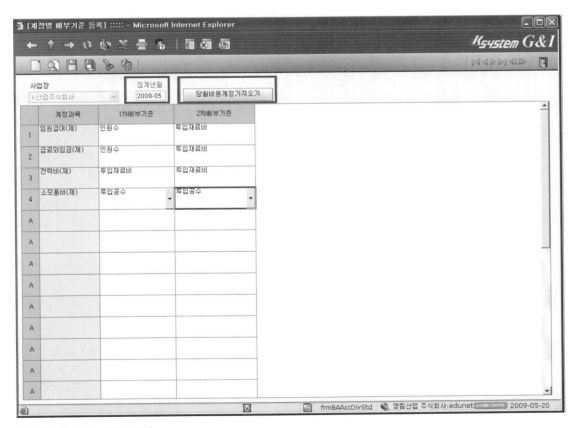

[계정별 배부기준 등록 화면]

작업방법은 다음과 같다.

① 집계연월을 입력하고 당월비용계정 가져오기를 하면 회계전표 발행된 내역 중 제조원가(노무비, 경비계정)계정과목이 자동으로 조회된다. 계정과목명에 직접 계정명을 입력해도 된다.

② 계정과목별로 1차배부기준, 2차배부기준을 선택하고 [저장] 아이콘을 누른다.

③ 설정한 계정과목을 삭제하고자 하는 경우엔 해당 행 헤더를 클릭하고 [행삭제] 아이콘을 누른다.

■ 1차배부기준

[소분류(생산원가)] 화면에서 배부기준(대분류코드 : 068)에 입력된 기준 중 제조원가 1차배부기준에 체크된 배부기준이 콤보박스에 보여진다.

■ 2차배부기준

[소분류(생산원가)] 화면에서 배부기준(대분류코드 : 068)에 입력된 기준 중 제조원가 2차배부기준에 체크된 배부기준이 콤보에 보여진다.

■ 당월비용계정가져오기 버튼을 누르면 집계연월에 회계전표가 발행된 내역 중 제조원가 계정범위에 해당하는 계정과목을 가져오며, 집계연월에 계정과목이 저장되어 있는 경우에는 비교해서 입력되지 않은 계정만 추가된다. 제조원가계정범위는 [운영환경관리(생산원가)-초기] 화면에서 원가별계정범위에 설정한 계정과목 코드 범위이다.

■ 월별로 배부기준이 동일한 경우에는 복사해서 사용할 수 있다. 복사할 원본 대상월을 입력하고 조회한 후 복사 대상월을 입력하고, [다른 이름으로 저장하기] 아이콘을 누른다.

6.7.6 제품별 Assy별 재공품 입력

| 화면 위치 | 생산(원가)관리 ▶ 제조원가 ▶ 기초 ▶ [계정별 배부기준 등록] |

기말재공품 원가를 산출하기 위해 기말재공품의 완성품 환산량을 입력하는 화면이다. 재공품에 대해 제품(완성품) 대비 진척률(완성도)에 의해 평가한다.

작업방법은 다음과 같다.

① 평가할 대상월을 집계연월에 입력하고 <내역조회> 버튼을 누른다. 다음 그림처럼 기존 등록자료 삭제 여부를 묻는 메시지 창이 뜨면 처음 실행하거나 기존 내역을 지우고 다시 생성하고자 하는 경우에는 '예', 기존에 저장된 내역을 지우지 않을 경우에는 '아니오'를 누른다. 기존 저장된 내역을 확인하고자 하는 경우에는 [조회] 아이콘을 누른다.

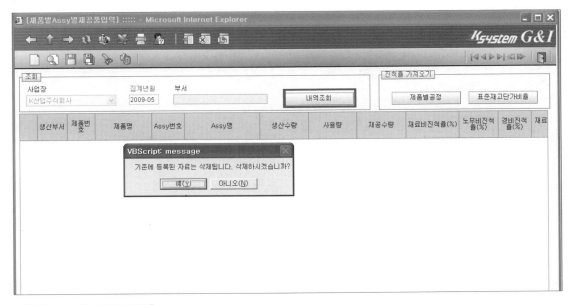

[제품별 Assy별 재공품 입력]

② 재공수량이 0이 아닌 Assy에 대해서 진척률(재료비진척률, 노무비진척률, 경비진척률)을 입력한다. 진척률을 입력하면 환산수량이 자동으로 계산되며 환산수량을 직접 입력해도 무방하다. 제품 Home Music Bank에 대해서 본체(일일)공정까지 진행된 경우에는 전체 공정 대비 50% 정도 진척되었다고 판단한 경우에 진척률을 50으로 입력하면 된다.

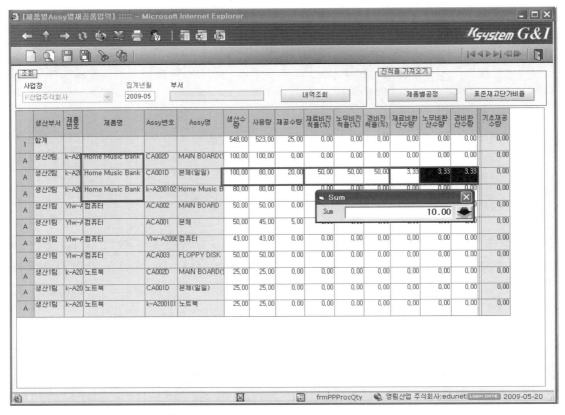

[제품별 Assy별 재공품 입력 화면]

■ 생산수량

집계연월에 생산실적/외주실적(합격기준)이 입력된 수량

■ 사용량

집계연월에 해당 Assy가 다음 공정에 사용된 수량

■ 재공수량

기초재공수량 + 생산수량 – 사용량

■ **환산수량계산**

재료비환산수량 = 재공수량 × 재료비진척률/3

노무비환산수량 = 재공수량 × 노무비진척률/3

경비환산수량 = 재공수량 × 경비비진척률/3

이전에도 언급하였듯이 K.System ERP에서 기말재공품평가는 원가요소별로 실행하지 않고, "각 원가요소의 투입비율이 같다"는 가정하에 계산한다.

원가요소별로 계산하는 방법은 기말재공품의 재료비의 완성품환산량, 노무비의 완성품환산량, 경비의 완성품환산량을 각각 구해서 금액을 계산한 후 합산하는 형식이다.

이에 반해 K.System ERP에서 계산하는 방법은 완성품환산수량(재료비완성품환산량＋노무비완성품환산량＋경비완성품환산량)을 구해서 기말재공품금액을 계산한다. 따라서 환산수량을 계산할 때 각 진척률을 3으로 나누어서 계산한다.

위의 예에서 환산수량을 합한 10이 기말재공품의 완성품환산량이되고 제품 Home Music Bank가 80개 생산되었으므로 기말재공품금액은 다음과 같이 계산될 것이다(기초재공은 없고 당기총제조원가가 1,000,000이라고 할 때).

$$1,000,000/(80+10) \times 10 = 111,111$$

$$기말재공품평가액 = \frac{(기초재공품원가 + 당기투입원가)}{(완성수량 + 기말재공품환산량)} \times 기말재공품환산량$$

6.7.7 자재단가계산

화면 위치	생산(원가)관리 ▶ 제조원가 ▶ 원가관리 ▶ [자재단가계산]

자재의 수불을 마감하고 자재 재고자산에 대한 재고금액평가를 하는 화면이다. 단가계산 시 출고금액이 계산되며 재료비를 집계할 수 있게 된다. 단가계산을 한 후에는 [재고현황(계산서)]

메뉴에 출고금액이 보여진다.

 알아두세요 재고금액평가(자재)

- K.System ERP에서 제공하는 자재재고자산평가법은 월총평균법, 이동평균법, 선입선출법이며, 월 총평균법은 [자재단가계산] 화면, 이동평균법과 선입선출법은 [일자별자재단가계산] 화면을 이용 하여 재고자산평가를 한다.

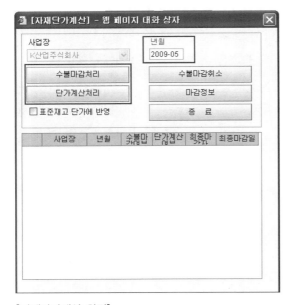

[자재단가계산 화면]

작업방법은 다음과 같다.

① 마감할 연월을 입력하고 수불마감처리 버튼을 누른다.
② 단가계산처리는 자재, 상품 모두 수불마감처리가 되어 있어야 가능하다. [상품단가계산] 메 뉴에서 먼저 수불마감처리를 한 후에 단가계산처리 버튼을 누른다.
③ 마감처리 한 내역을 확인하고자 할 경우에는 마감 정보를 입력한다. 수불마감 여부, 단가계 산 여부, 마감자, 마감일 정보가 조회된다.

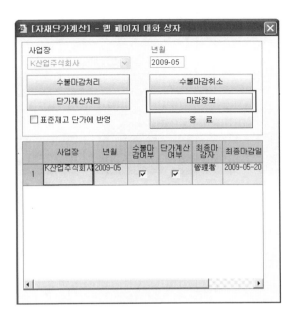

[일자별 자재단가계산]

　　대상기간을 입력하고 단가계산처리를 하면 대상기간 동안의 단가계산이 처리되며 대상기간을
1일부터 말일로 하고 '월마감 포함' 체크를 하고 처리하면 해당월 수불마감과 함께 월 전체 단
가 계산이 처리된다.

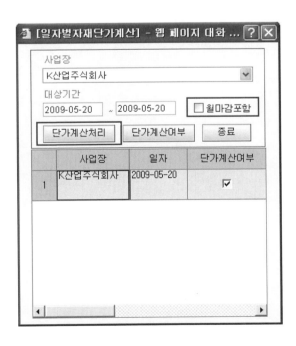

6.7.8 상품단가계산

화면 위치 생산(원가)관리 ▶ 제조원가 ▶ 원가관리 ▶ [상품단가계산]

생산직접부서등록 → 부서별배부율등록 → 제품별배부율등록 → 계정별배부기준등록 → 제품별Assy별재공품입력 → 자재단가계산 → 상품단가계산 → 자재기타입출고전표처리 → 원가용생산현황 → 제품단가계산 → 제조원가재료비대체 → 제조원가전표처리 → 제품/상품매출원가처리 → 기타입출고전표입력

상품/제품의 수불을 마감하고 상품재고자산에 대한 재고금액평가를 하는 화면이다. 월별로 이루어지며 단가계산 후에 상품의 출고금액을 알 수 있다. 제품수불도 함께 마감처리가 되고 제품은 제조원가계산 및 제품단가계산 처리를 해야 재고금액을 알 수 있다.

> **🔊 알아두세요**   재고금액평가(상품)
>
> • K.System ERP에서 제공하는 상품재고자산평가법은 월총평균법, 이동평균법, 선입선출법이며월총평균법은 [상품단가계산] 화면, 이동평균법과 선입선출법은 [일자별상품단가계산] 화면을 이용하여 재고자산평가를 한다.

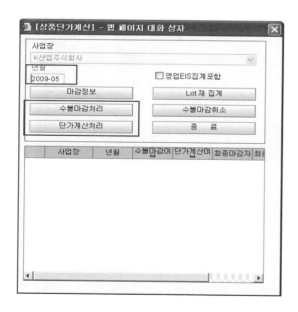

작업방법은 다음과 같다.

① 마감할 연월을 입력하고 [수불마감처리] 버튼을 누른다.
② 단가계산처리는 자재, 상품 모두 수불마감처리가 되어 있어야 가능하다. [자재단가계산] 메뉴에서 먼저 수불마감처리를 한 후에 [단가계산처리] 버튼을 누른다.
③ 마감처리 한 내역을 확인하고자 할 경우에는 마감 정보를 입력한다. 수불마감 여부, 단가계산 여부, 마감자, 마감일 정보가 조회된다.

[일자별 자재단가계산]

대상기간을 입력하고 단가계산처리를 하면 대상기간 동안의 단가계산이 처리되며, 대상기간을 1일부터 말일로 하고 월마감 포함 체크를 하고 처리하면 해당월 수불마감과 함께 월 전체 단가 계산이 처리된다.

6.7.9 자재기타입출고전표처리

| 화면 위치 | 생산(원가)관리 ▶ 제조원가 ▶ 원가관리 ▶ [자재기타입출고전표처리] |

자재기타입출고를 입력하면 재고가 증가하거나 감소하게 된다. 수량뿐 아니라 금액에도 증감이 발생하고 각 재고금액의 변화에 대해 회계에 반영하기 위한 전표를 발행하는 화면이다. 자재단가계산을 먼저 실행한 후에 전표발행을 해야 한다. 자재단가계산을 해야 출고금액이 계산되어 기타출고금액을 산출할 수 있기 때문이다.

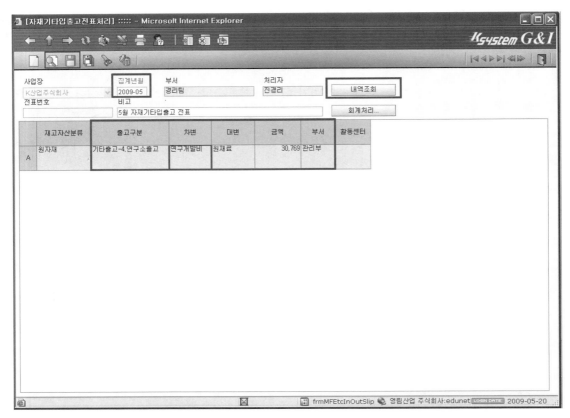

[자재기타입출고 전표처리 화면]

작업방법은 다음과 같다.

① 집계연월을 입력하고 [내역조회] 버튼을 누르면 자재기타입출고처리에서 입력하였던 내역이 조회된다.

② 출고구분, 차/대변, 금액, 부서 등 조회된 내역을 확인하고 이상이 없을 시 [저장] 아이콘을 누른다.

③ [회계처리...] 버튼을 누르면 타 시스템 전표 창이 뜬다. 기표일, 관리항목, 적요 등을 확인하고[저장] 아이콘을 누른다.

[자재입출고 전표 화면]

■ **재고자산분류**

기타입출고처리 한 품목의 자산분류명이 보여진다.

■ **출고구분**

기타출고인지 기타입고인지와 각 기타입출고 시 선택한 입출고 구분명이 보여진다.

■ **차변**

출고구분이 기타출고인 경우 : [소분류등록(생산원가)]에서 자재기타출고구분(대분류코드 : 143)에 연결해둔 계정과목명이 보이게 된다.

출고구분이 기타입고인 경우 : [재고자산분류등록]에서 해당 재고자산의 자산계정에 입력되어 있는 계정명이 보이게 된다.

■ **대변**

출고구분이 기타출고인 경우 : [재고자산분류등록]에서 해당 재고자산의 자산계정에 입력되어 있는 계정명이 보이게 된다.

출고구분이 기타입고인 경우 : [소분류등록(생산원가)]에서 자재기타입고구분(대분류코드 : 142)에 연결해둔 계정과목명이 보이게 된다.

■ 금액

출고구분이 기타출고인 경우 : 자재단가계산 후 계산된 기타출고금액

출고구분이 기타입고인 경우 : 자재기타입고처리에서 입력한 기타입고금액

■ 부서

기타입출고처리 시 입력한 사용부서가 보여진다. 기타출고이면서 계정과목이 제조원가 계정이고 사용부서가 생산직접부서인 경우에는 제조원가계산 시 생산직접부서의 비용으로 집계된다. 생산직접부서가 아닌 경우에는 간접비로 배부기준에 따라 생산직접부서로 배부가 된다.

6.7.10 원가용 생산현황

화면 위치	생산(원가)관리 ▶ 제조원가 ▶ 원가관리 ▶ [원가용 생산현황]

K.System ERP는 월별로 제조원가계산을 한다. 해당월의 생산수량, 재료비와 노무비, 경비를 집계 및 간접비배부, 제품의 제조원가를 계산하는 화면이다. 생산내역집계, 부서별 배부, 제품별 배부, 제조원가집계의 4단계로 이루어진다.

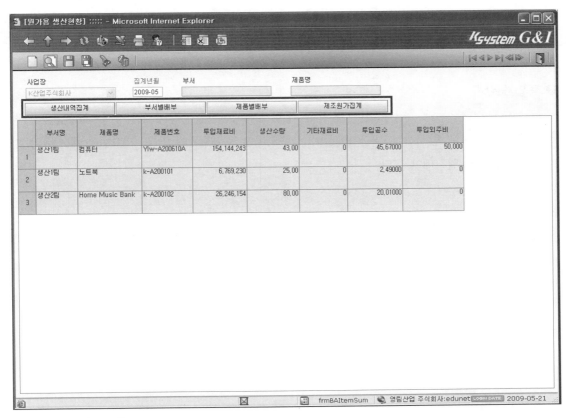

[원가용 생산현황 화면]

작업방법은 다음과 같다.

① 집계연월을 입력하고 생산내역집계 부서별배부 제품별배부 제조원가집계 버튼을 순
서대로 누른다.

■ 생산내역집계

해당월의 원가계산 대상이 되는 품목(제품/반제품) 및 생산입고수량, 재료비와 투입공수,외주
가공비가 집계된다.

■ 생산부서

집계연월 기간 동안 품목을 생산한 생산부서가 조회된다. 생산계획/생산실적의 생산부서로
생산직접부서에 입력한 부서이다. 생산실적의 생산부서의 상위부서를 생산직접부서로 입력한 경
우에는 상위부서명으로 보인다.

■ **생산수량**

집계연월 기간 동안 생산입고 된 수량이다.

■ **투입재료비**

집계연월 기간 동안 제품 생산에 사용된 투입자재(생산작업실적의 투입자재, 외주납품의 정산자재)의 재료비로 반드시 자재단가계산이 선행되어야 집계할 수 있다. 재고현황(계산서)의 자재의 투입금액과 일치해야 한다.

■ **기타재료비**

특정 생산작업실적에 관련하여 투입된 수량을 알 수 없으나 간접재료비로 제품에 배부하고자하는 경우, 자재기타출고처리를 하여 다른 간접비와 같이 배부를 할 수 있다. 자재기타출고전표발행 시 귀속부서가 생산직접부서인 경우 기타재료비로 집계한다.

■ **투입공수**

집계연월 기간 동안 생산작업실적에 입력된 투입공수가 집계되어 보여진다.

■ **투입외주비**

집계연월 기간 동안 발생한 외주실적(외주입고)의 외주납품금액을 집계하여 보여준다.

■ **부서별 배부**

제조간접부서의 제조경비를 직접부서에 배부하게 된다. 집계연월 기간 동안 입력한 회계전표(승인처리 된) 중 제조경비와 노무비를 [계정별배부기준]에 등록된 1차배부기준에 의해 생산직접부서에 배부한다.

■ **제품별 배부**

간접부서로부터 배부받은 제조경비와 직접부서에서 발생한 제조경비를 가지고 제품에 배부한다. 집계연월 기간 동안 발생한 회계전표(승인처리 된) 중 제조경비와 노무비를 [계정별배부기준]에 등록된 2차배부기준에 의해 제품에 배부한다.

■ **제조원가집계**

집계된 재료비와 배부된 노무비, 경비와 재공품 평가를 통해 산출한 완성품환산량을 가지고 품목별 제조원가를 산출한다.

반제품이 있는 경우엔 반제품의 원가를 먼저 계산한 후, 제품에 재료비로 집계하여 원가계산을 한다.

6.7.11 제품단가계산

| 화면 위치 | 생산(원가)관리 ▶ 제조원가 ▶ 원가관리 ▶ [제품단가계산] |

제품재고자산에 대한 재고금액평가를 하는 화면이다. 자재와 상품은 구매 시 입고금액이 정해지나 제품은 제조원가계산을 해야 입고금액이 정해지므로 반드시 제조원가계산 후에 단가계산을 해야 한다. 제품의 출고금액이 계산된다. 매출원가는 출고금액에 해당하므로 제품단가계산을 한 후에 매출원가전표처리를 해야 한다.

[제품단가계산 화면]

작업방법은 다음과 같다.

① 제품단가 계산할 연월을 입력하고
　　[단가계산처리] 버튼을 누른다.
② 해당월 단가계산이 처리되었는지 여부는
　　[단가계산여부] 버튼을 누르면 확인할 수 있다.

6.7.12 제조원가재료비대체

화면 위치   생산(원가)관리 ▶ 제조원가 ▶ 원가관리 ▶ [제조원가재료비대체]

제품생산을 위해 투입된 자재들을 재고자산 계정에서 각각 원재료비 또는 부재료비 비용계정으로 대체하는 전표를 처리하는 화면이다. 반제품이 자재로서 투입된 경우 반제품의 원재료 대체 전표와 자재를 판매한 경우의 자재상품대체전표도 함께 발행된다.

제조원가 항목 중 노무비와 경비는 제조원가계산 전 회계모듈을 이용하여 발생시점에 전표를 발행하고 재료비는 월마감 후 제조원가계산을 하고 전표를 발행하게 된다.

[제조원가재료비대체 화면]

작업방법은 다음과 같다.

① 집계연월을 입력하고 내역조회 버튼을 누르면 투입내역에 대해 계산된 재료비 금액이 집계되어 보여진다.

② 출고구분, 계정명, 금액 등 조회된 내역을 확인하고 비고에 회계전표에 적요사항으로 입력
될 내용을 입력한 후 [저장] 아이콘을 누른다.

③ 회계처리... 버튼을 누르면 타 시스템 전표 창이 뜬다. 기표일, 관리항목, 적요 등을 확인하
고 [저장] 아이콘을 누른다.

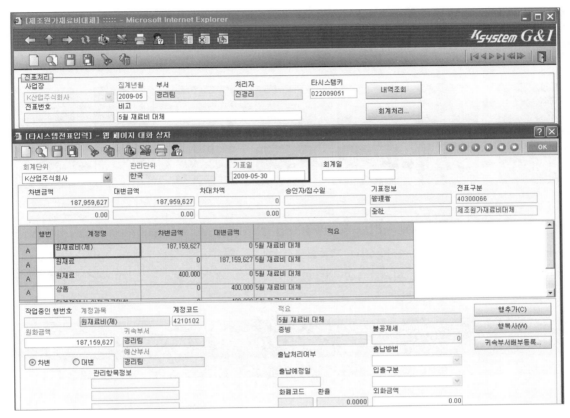

[제조원가재료비대체 화면]

■ 출고구분

재고자산이 투입된 유형이 표기된다.

예) 원자재 투입 시 '투입'으로 표기

원자재 판매 시 '자재판매'로 표기

원, 부자재 외의 재고자산 투입 시 '반제품투입'으로 표기

■ 계정명

[재고자산분류등록]에 설정한 생산투입비용 계정이 조회된다.

■ 재고자산계정

해당 자재의 [재고자산분류등록]의 자산계정 과목명이 조회된다.

6.7.13   제조원가전표처리

화면 위치   생산(원가)관리 ▶ 제조원가 ▶ 원가관리 ▶ [제조원가전표처리]

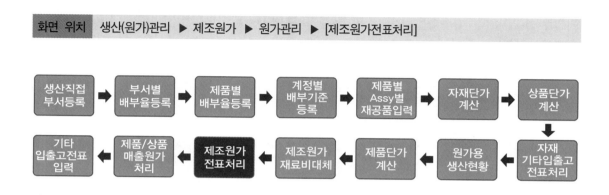

제조원가계산 후 집계된 당월총제조비용(당월투입재료비, 당월투입노무비, 당월투입경비)을 재공품으로 대체, 당월재공품사용액과 제품으로 대체 등 원가대체 자동분개를 처리하기 위한 화면이다. 원가분개를 해야만 회계모듈의 제조원가 명세서를 제대로 확인할 수가 있다.

	차변	차변금액	대변	대변금액	
1		0	재료비(집합계정)(제)	187,159,627	
2		0	노무비(집합계정)(제)	21,000,000	
3		0	제조경비(집합계정)	5,050,000	
4	재공품	213,209,627		0	
5		0	재공품	198,161,910	
6	제품제조원가	198,161,910		0	
7		0	제품제조원가	198,161,910	
8	제품	198,161,910		0	

[제조원가전표처리 화면]

작업방법은 다음과 같다.

① 집계연월을 입력하고 내역조회 버튼을 누르면 제조원가집계내역이 보여진다.

② 차변, 대변계정, 차변금액, 대변금액 등 조회된 내역을 확인하고 비고에 회계전표에 적요사항으로 입력될 내용을 입력한 후 [저장] 아이콘을 누른다.

③ 전표처리... 버튼을 누르면 [타 시스템 전표입력] 창이 뜬다. 기표일, 관리항목, 적요 등을 확인하고 [저장] 아이콘을 누른다.

■ 제조원가 분개는 다음 2가지 분개로 이루어져 있다.

- 당기 총제조원가를 재공품으로 대체하는 분개

  (차)재공품XXX   (대)재료비(집합계정)(제)XXX

            노무비(집합계정)(제)XXX

            경비(집합계정)(제)XXX

- 당기재공품사용액(당기제품제조원가)제품으로 대체하는 분개

  (차)제품제조원가XXX (대)재공품XXX

      제품XXX

      제품제조원가XXX

6.7.14 제품상품 매출원가 처리

화면 위치	생산(원가)관리 ▶ 제조원가 ▶ 원가관리 ▶ [제품상품 매출원가 처리]

제품(반제품), 상품, 원자재 등의 재고자산이 판매되었을 경우 매출액인 제품매출액과 상품매출액에 대응하여 발생되는 비용인 제품매출원가와 상품매출원가를 산출하여 자동분개처리 하는 화면이다.

[제품 매출원가 처리 화면]

작업방법은 다음과 같다.

① 집계연월을 입력하고 <u>내역조회</u> 버튼을 누르면 매출원가 집계내역이 보여진다. 재고자산
별, 매출부서별로 집계된다.

② 계정명, 재고자산계정, 금액 등 조회된 내역을 확인하고, 비고에 회계전표에 적요사항으로
입력될 내용을 입력한 후 [저장] 아이콘을 누른다.

③ <u>회계처리...</u> 버튼을 누르면 타 시스템 전표 창이 뜬다. 기표일, 관리항목, 적요 등을 확인하
고 [저장] 아이콘을 누른다.

■ 계정명

[손익계산서환경설정] 메뉴에서 매출원가(기표)에 입력한 계정명이 보여진다.

■ 재고자산계정

해당 매출 품목의 자산분류에 대해 [재고자산분류등록]에 연결되어 있는 자산계정 과목명이
보여진다.

6.7.15 기타입출고전표처리

| 화면 위치 | 생산(원가)관리 ▶ 제조원가 ▶ 원가관리 ▶ [기타입출고전표처리] |

집계연월 기간에 일어난 기타입출고에 대해 자동분개 하는 화면이다. 기타입출고의 전표는 발생할 때마다 발행하는 것이 아니라 월마감 후 재고자산평가(상품단가계산, 제조원가계산, 제품단가계산)를 한 후에 처리하는 화면이다.

![기타입출고전표입력 화면]

[기타입출고전표입력 화면]

작업방법은 다음과 같다.

① 집계연월을 입력하고 '전표처리구분'을 '원가계산 후 전표처리'로 선택하고 [내역조회] 버튼을 누르면 기타입출고처리에서 입력하였던 내역이 조회된다.

② 입출고구분, 차변계정명, 대변계정명, 금액, 부서 등 조회된 내역을 확인하고 이상이 없을 시 [저장] 아이콘을 누른다.

③ [회계처리...] 버튼을 누르면 타 시스템 전표 창이 뜬다. 기표일, 관리항목, 적요 등을 확인하고 [저장] 아이콘을 누른다.

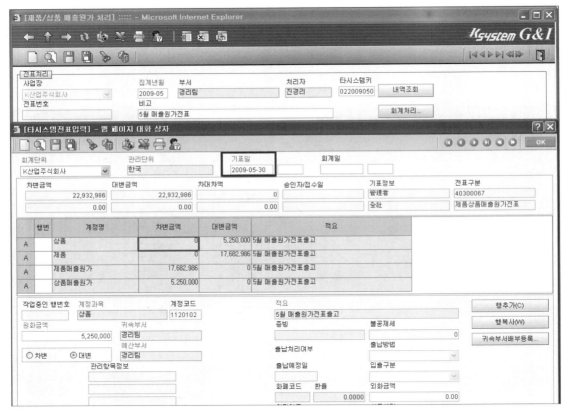

[매출원가전표 화면]

■ 재고자산분류

기타입출고 처리한 품목의 자산분류명이 보여진다.

■ **입출고구분**

기타출고인지 기타입고인지와 각 기타입출고 시 선택한 입출고 구분명이 보여진다.

- 기타출고처리 : 기타출고+기타출고구분명
- 기타입고처리 : 기타입고+기타입고구분명

■ **차변계정명**

- 출고구분이 기타출고인 경우 : [소분류등록(생산원가)]에서 제품기타출고구분(대분류코드 : 135)에 연결해둔 계정과목명이 보이게 된다.
- 출고구분이 기타입고인 경우 : [재고자산분류등록]에서 해당 재고자산의 자산계정에 입력되어 있는 계정명이 보이게 된다.

■ **대변계정명**

- 출고구분이 기타출고인 경우 : [재고자산분류등록]에서 해당 재고자산의 자산계정에 입력되어 있는 계정명이 보이게 된다.
- 출고구분이 기타입고인 경우 : [소분류등록(생산원가)]에서 제품기타입고 구분(대분류코드 : 136)에 연결해둔 계정과목명이 보이게 된다.

■ **금액**

- 출고구분이 기타출고인 경우 : 제품/상품단가계산 후 계산된 기타출고금액
- 출고구분이 기타입고인 경우 : [기타입고입력]에서 입력한 기타입고금액

■ **전표처리구분**

- 원가계산 전 전표처리

제품기타출고구분에 연결된 계정과목이 제조원가 범위에 해당하는 계정과목인 경우엔 제조원가를 계산하기 전에 회계처리가 되어야 한다. 이런 기타출고 금액에 대한 자동분개전표를 발행하고자 할 때 전표처리구분을 원가계산 전을 선택하고 내역조회를 하여 처리한다. 단, 해당월 재고평가를 하기 전이므로 금액의 기준이 필요한데 [운영환경관리(생산원가)-진행]에 설정한 '제품기타출고 시 단가적용' 기준을 사용하게 된다.

'제품기타출고 시 단가적용' 기준은 전월재고단가, 표준재고단가, 표준원가 중에서 선택 가능하다.

■ 부서

기타입출고처리 시 입력한 사용부서가 보여진다.

전표처리구분이 원가계산 전(기타출고이면서 계정과목이 제조원가 계정)이고 사용부서가 생산직접부서인 경우에는 제조원가계산 시 생산직접부서의 비용으로 집계된다. 생산직접부서가 아닌 경우에는 간접비로 배부기준에 따라 생산직접부서로 배부가 된다.

6.7.16 부서별 배부현황

화면 위치 생산(원가)관리 ▶ 제조원가 ▶ 원가분석 ▶ [부서별 배부현황]

[원가용 생산현황] 화면에서 '부서별 배부' 처리를 한 후 배부된 결과를 확인할 수 있는 화면이다. 회계전표의 귀속부서가 생산직접부서여서 생산직접부서로 집계된 비용과 간접부서에서 발생된 비용이 직접부서로 배부된 결과를 조회할 수 있다. [계정별 배부기준] 화면에서 '1차배부기준'으로 선택한 기준에 따라 배부가 된다.

[원가 부서별 배부현황 화면]

■ 간접부서간접비

간접부서에서 발생된 해당월의 승인된 제조원가 비용을 [계정별 배부기준]에 등록된 '1차배부기준'에 의해 생산직접부서로 배부된 값이다. 임원급여(제)의 경우 1차배부기준이 인원수였고 생산1팀과 생산2팀의 인원수가 동일하여 배부된 금액이 같다.

■ 직접부서간접비

생산직접부서에서 발생된(귀속부서가 생산직접부서) 해당월의 승인된 제조원가 비용으로 원가항목과 원가그룹을 제외한 비용이다.

급료와 임금(제)의 경우 생산1팀에 10,000,000, 생산2팀에 6,000,000이 발행되었다.

■ 원가항목비용/원가그룹비용

- 원가항목 : 특정 품목이나 그룹에 귀속되는 비용인 경우에 원가계산 시 해당 품목의 직접비로 집계하기 위한 기능이다.
- 원가항목비용 : 집계연월에 승인된 분개전표 제조원가 계정 금액 중 원가항목에 특정 품목이 지정된 금액을 집계한다.
- 원가그룹비용 : 집계연월에 승인된 분개전표 제조원가 계정 금액 중 원가항목에 품목그룹이 지정된 금액을 집계하여 보여준다. 해당 그룹에 속한 품목에 재료비 비율로 배부되게 된다.

■ 외주가공비

외주가공비는 외주실적에 품목정보가 있으므로 직접비로 집계가 가능하다.

6.7.17 제품별 배부현황

화면 위치	생산(원가)관리 ▶ 제조원가 ▶ 원가분석 ▶ [제품별 배부현황]

[원가용 생산현황] 화면에서 제품별 배부 후 집계된 결과를 조회하는 화면이다. 생산직접부서에서 발생한 제조간접비와 간접부서에서 배부받은 간접비를 제품에 배부한 결과를 확인할 수 있다. [계정별 배부기준] 화면에서 '2차배부기준'으로 선택한 기준에 따라 제품에 배부된다.

[원가 제품별 배부현황 화면]

■ 직접부서간접비

생산직접부서에서 발생된(귀속부서가 생산직접부서) 비용이 [계정별 배부기준 등록] 화면에서 정의한 '2차배부기준'의 제품에 배부된 결과가 조회된다.

급료와임금(제)의 경우 생산1팀에 10,000,000이 발행되었고 2차배부기준이 투입재료비였다. 생산 1팀에서 컴퓨터와 노트북을 생산하였고 재료비는 각각 다음과 같았다.

컴퓨터 : 154,144,243   노트북 : 6,769,230

154,144,243/(154,144,243+6,769,230) = 0.95793

10,000,000 × 0.95793 = 9,579,300

■ 간접부서간접비

간접부서에서 배부받은 비용에 대해 제품에 배부된 결과가 조회된다.

소모품비(제)의 경우 생산1팀에 배부된 금액은 706,470원, 2차배부기준은 투입공수였다.

투입공수는 컴퓨터 : 45.67   노트북 : 2.49

45.67/(45.67+2.49) = 0.9483

706,470 × 0.9483 = 669,946

■ 원가항목비용/원가그룹비용

- 원가항목 : 특정 품목이나 그룹에 귀속되는 비용인 경우에 원가계산 시 해당 품목의 직접
비로 집계하기 위한 기능이다.
- 원가항목비용 : 집계연월에 승인된 분개전표 제조원가 계정 금액 중 원가항목에 특정 품목
이 지정된 금액을 집계한다.
- 원가그룹비용 : 집계연월에 승인된 분개전표 제조원가 계정 금액 중 원가항목에 품목그룹
이 지정된 금액을 집계하여 보여준다. 해당 그룹에 속한 품목에 재료비 비율로 배부되게
된다.

■ 외주가공비

외주가공비는 외주실적에 품목정보가 있으므로 직접비로 집계가 가능하다.

6.7.18 품목별 제조원가

| 화면 위치 | 생산(원가)관리 ▶ 제조원가 ▶ 원가분석 ▶ [품목별 제조원가] |

[원가용 생산현황] 화면에서 제조원가집계 후 품목별로 계산된 원가내역을 조회할 수 있는
화면이다.

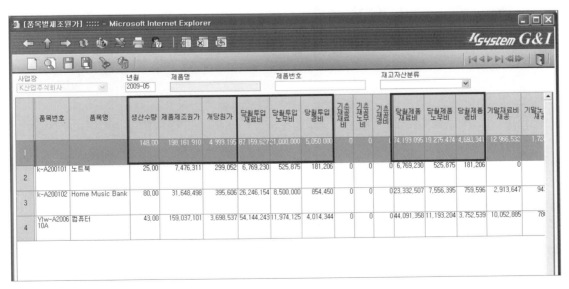

[품목별 제조원가 조회 화면]

■ **생산수량**

해당월에 생산입고 된 수량이 조회된다.

■ **제품제조원가**

해당월 생산수량에 대한 제품의 제조원가가 조회된다.

■ **개당원가**

제품제조원가/생산수량으로 계산된 결과가 조회된다.

■ **당월투입재료비/당월투입노무비/당월투입경비**

해당 제품에 집계된 재료비와 배부받은 노무비, 경비로 당기총제조원가에 해당한다. 단, 해당 제품에 반제품이 투입된 경우에는 재료비에 반제품의 투입금액이 포함된 금액으로 조회된다.

■ **기초재공재료비/기초재공노무비/기초재공경비**

전월 기말재공금액이다.

■ **당월제품재료비/당월제품노무비/당월제품경비**

당기제품제조원가를 재료비, 노무비, 경비로 나누어 보여준다.

■ **기말재료비재공/기말노무비재공/기말경비재공**

당월의 기말재공품금액이다.

01 부문별 손익에 대한 설명이다. 옳지 않은 것은?　　　　　〈15회 실무 기출문제〉

① 사업부문기준, 부서기준, 사업부문그룹기준 조회가 가능하다.
② 공통부문의 공통비는 2차배부까지 가능하다.
③ 계정과목별로 배부기준을 각각 설정할 수 있다.
④ 공통부문별로 목표 대비 실적을 확인할 수 있다.

> **★ 풀이 & 보충학습**
>
> 부문별 손익계산서에서 공통부문은 사업부문으로 1차배부만 가능하다.
>
> 정답　②

02 손익계산서 환경설정에 대한 설명이다. 다음 중 옳은 것은?　　　〈15회 실무 기출문제〉

① 손익계산서는 [손익계산서환경설정]을 설정하지 않아야 조회가 된다.
② 손익계산서 환경설정 화면에서 계산공식 사용 여부가 체크되어 있을 경우 공식에 의해서 상품매출원가를 계산한다.
③ 손익계산서에서 계산식 여부가 체크되어 있을 경우 상품매출원가는 기초상품재고액＋당기상품매입액＋타계정으로 대체액－타계정에서 대체액－기말상품재고액으로 계산된다.
④ 재고자산평가손실(기표)계정에 기표되어 있는 계정은 영업외비용으로 처리된다.

> 손익계산서 환경설정에서 매출원가계정 범위가 설정되어야 손익계산서의 매출원가가 조회된다. 계산 공식을 사용하게 되면 상품매출원가는 기초상품재고액＋당기상품매입액＋타계정에서 대체액−타계정으로 대체액−기말상품재고액으로 계산된다. 재고자산평가손실(기표)계정에 설정된 계정은 기말재고액 하위에 표시되고, 매출원가에 가산된다.
>
> 정답 ②

03 다음 중 K.System ERP 원가프로세스에 대한 설명 중 옳지 않은 것은? 〈15회 실무 기출문제〉

① 자동배부기준은 소분류등록(생산원가) 배부기준에서 설정한다.
② 제품으로 배부기준은 배부비율을 등록해서 사용할 수 없다.
③ 계정별로 1차배부기준, 2차배부기준을 설정할 수 있다.
④ 생산간접부서는 별도로 등록하지 않고, 생산직접부서만 등록한다.

> 제품으로 배부기준은 배부기준별로 직접부서로 배부비율에 의해 배부한다.
>
> 정답 ②

04 제조원가의 계산에 대한 설명 중 옳지 않은 것은? 〈15회 실무 기출문제〉

① 부서별 배부기준등록 화면을 꼭 사용해야 하는 것은 아니다.
② 생산작업실적입력에서 투입된 자재 중 투입계정이 재료비계정인 경우는 직접재료비로 집계된다.
③ 외주가공비(제)의 경우는 회계전표 승인된 금액을 각 품목별 외주납품금액 비율만큼 각 외주품목에 배부처리 된다.
④ 직접노무비는 각 품목별 투입공수비로 생산 하위부서의 노무비의 총액이 상위생산직접부서에 배부처리 된다.

외주가공비(제)는 외주납품 시 품목별로 집계되는 금액으로 배부처리 과정 없이 바로 품목과 연결된다.

정답   ③

05 K.System ERP 원가관리에서 처리한 분개사항 연결이 옳지 않은 것은?   〈15회 실무 기출문제〉

① 제조원가재료비대체 : (차)원재료비(제) 500   (대)원재료 500
② 제조원가전표처리 : (차)재공품 1,500   (대)재료비(집합계정)(제) 500
                                                            노무비(집합계정)(제) 500
                                                            경비(집합계정)(제)   500
③ 제품매출원가처리 : (차)제품제조원가 1,000   (대)제품 1,000
④ 제조원가전표처리 : (차)제품 1,000   (대)제품제조원가 1,000

제품매출원가처리 분개는 제품매출원가 **XXX** /제품 **XXX**로 작성한다.

정답   ③

06 원가결산대체에 대한 설명이다. 옳지 않은 것은?   〈16회 실무 기출문제〉

① 제조원가가 있을 경우 원가결산대체 전에도 대차대조표의 당기순이익과 손익계산서상의 당기순이익은 같다.
② 원가의 재료비, 노무비, 경비는 각각의 집합계정으로 금액을 합하여 재공품으로 대체시킨다.
③ 당월제품 입고된 금액만큼 재공품을 제품제조원가로 대체시킨다.
④ 정관상에 원재료 판매가 없는데 원재료를 판매했을 경우 타 계정으로 대체처리를 해준다.

대차대조표의 당기순이익은 자산(부채+자본)으로 계산되므로 원가결산대체 이전에도 자동으로 계산이 되지만, 손익계산서의 제품제조원가는 원가결산대체전표를 작성한 이후에 표시되므로, 원가결산대체 이전의 손익계산서 당기순이익은 틀린 값으로 대차대조표와 일치하지 않는다.

정답 ①

07 제조원가의 계산에 대한 설명 중 옳지 않은 것은? 〈16회 실무 기출문제〉

① 부서별 배부기준 등록 화면을 꼭 사용해야 하는 것은 아니다.
② 생산작업실적 입력에서 투입된 자재 중 투입계정이 재료비계정인 경우는 직접재료비로 집계된다.
③ 외주가공비(제)의 경우는 회계전표 승인된 금액을 각 품목별 외주납품금액 비율만큼 각 외주품목에 배부처리 된다.
④ 직접노무비는 각 품목별 투입공수비로 생산 하위부서의 노무비의 총액이 상위생산직접부서에 배부처리 된다.

외주가공비(제)는 외주납품 시 품목별로 집계되는 금액으로 배부처리 과정 없이 바로 품목과 연결된다.

정답 ③

08 손익계산서 환경설정에 대한 설명이다. 다음 중 옳은 것은? 〈16회 실무 기출문제〉

① 손익계산서는 [손익계산서환경설정]을 사용하지 않을 경우 조회가 안 된다.
② [손익계산서환경설정] 화면에서 계산 공식 사용 여부가 체크되어 있을 경우 공식에 의해서 상품매출원가를 계산한다.
③ 손익계산서에서 계산식 여부가 체크되어 있을 경우 상품매출원가는 기초상품재고액＋당기상품매입액＋타 계정으로 대체액－타 계정에서 대체액－기말상품재고액으로 계산된다.
④ 재고자산평가손실(기표)계정에 기표되어 있는 계정은 영업 외 비용으로 처리된다.

★ 풀이 & 보충학습

손익계산서 환경설정에서 매출원가계정 범위가 설정되어야 손익계산서의 매출원가가 조회된다.
계산 공식를 사용하게 되면 상품매출원가는 기초상품재고액＋당기상품매입액＋타 계정에서 대체액－타계정으로 대체액－기말상품재고액으로 계산된다.
재고자산평가손실(기표)계정에 설정된 계정은 기말재고액 하위에 표시되고, 매출원가에 가산된다.

정답　②

09 K.System ERP 원가관리에서 처리한 분개사항 연결이 옳지 않은 것은? 〈16회 실무 기출문제〉

① 제조원가재료비대체 : (차)원재료비(제) 500 　(대)원재료 500
② 제조원가전표처리 : (차)재공품 1,500 　(대)재료비(집합계정)(제) 500
　　　　　　　　　　　　　　　　　　　　　노무비(집합계정)(제) 500
　　　　　　　　　　　　　　　　　　　　　경비(집합계정)(제) 500
③ 제품매출원가처리 : (차)제품제조원가 1,000 　(대)제품 1,000
④ 제조원가전표처리 : (차)제품 1,000 　(대)제품제조원가 1,000

10 다음은 Ksystem ERP에서 단가계산처리 방법에 대해 기술한 것이다. 옳은 것은?

〈16회 실무 기출문제〉

① 월총평균법인 경우 자재단가계산처리 시에 제품/상품수불마감 없이 처리가 가능하다.

② 이동평균법이나 선입선출법은 '일자별 자재단가계산'에서 '월마감 포함' 체크하고 단가 계산처리 시에 자동으로 수불마감이 된다.

③ 시스템에서 제품기타출고 시 단가적용은 전월재고단가만 가능하다.

④ 상품에 대한 단가는 따로 수불마감 없이 진행이 가능하다.

11 2008년 3월 결산이 진행되어 손익계산서와 제조원가를 검증하려고 한다. 두 화면에 대해 검증한 금액으로 옳은 것은?

〈16회 실무 기출문제〉

① 손익계산서의 매출원가와 제조원가의 당기총제조원가의 금액이 같아야 한다.

② 손익계산서의 당기 제품제조원가와 제조원가의 당기제품제조원가의 금액이 같아야 한다.

③ 제조원가에서 재료비+노무비+경비 금액은 당기제품제조원가와 같아야 한다.

④ 제조원가에서 당기총제조원가와 당기제품제조원가는 같아야 한다.

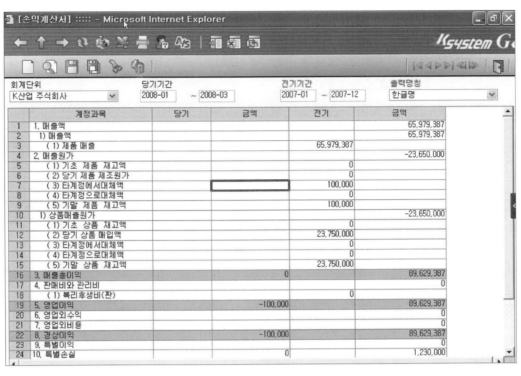

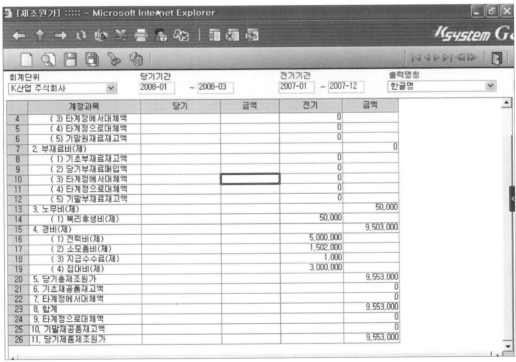

손익계산서 매출원가의 당기제품제조원가는 제조원가의 당기제품제조원가와 같아야 한다.

제조원가의 재료비+노무비+경비 금액은 총제조원가이고, 총제조원가에 재공품금액이 반영된 금액이 당기제품제조원가이다.

제조원가의 당기총제조원가+기초재공품+타계정에서−타계정으로−기말재공품 식으로 당기제품제조원가가 계산된다.

정답 ②

---

12 다음은 [제조원가전표처리] 화면이다. 원가관리담당자가 제조원가 전표집계 하였다. 제조원가명세서상'당기총제조원가로 대체될 금액들이 집합계정을 통하여 집계가 되었으나, '재료비(집합계정)' 계정은 금액만 집계가 되고 대변 계정에 나타나지 않았다. 계정과목정보 화면에서 확인해야 하는 사항으로 옳은 것은? 〈18회 실무 기출문제〉

① '원재료비(제)(4210102)' 계정에 대해서 '충당금계정' 여부에 체크를 해야 한다.
② '재료비(집합계정)(제)(4219802)' 계정에 대해서 '계정종류'를 원가로 선택해야 한다.
③ '원재료비(제)(4210102)' 계정에 대해서 '원가항목필수'에 체크를 해야 한다.
④ '재료비(집합계정)(제)(4219802)' 계정에 대해서 '원가집합대체'에 체크를 해야 한다.

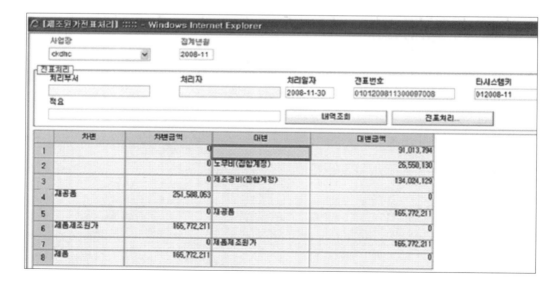

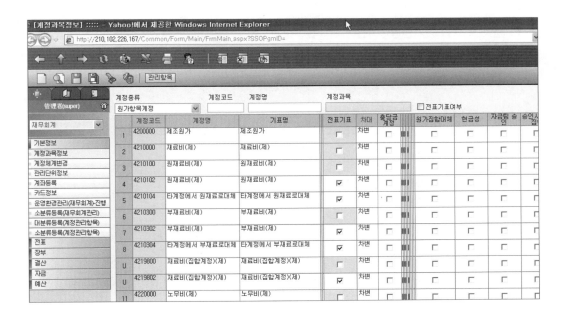

원가집합대체 설정한 계정은 제조원가 대체 시에 재료비, 노무비, 경비의 여러 계정 금액을 한 계정으로 대체할 때 사용한다.

정답 ④

13 [품목별 제조원가현황] 화면이다. 다음 보기 중 동 화면의 '제품제조원가' 칼럼의 '합계' 금액과 일치해야 하는 K.System 화면들의 내용으로 바르게 짝지어진 것은?(단, 2008–11월 기준을 가정.)

〈18회 실무 기출문제〉

[보기]

> ㄱ. [제조원가명세서] 화면의 '당기제품제조원가' 금액
>
> ㄴ. [제조원가명세서] 화면의 '당기총제조원가' 금액
>
> ㄷ. [손익계산서] 화면의 '당기제품제조원가' 금액
>
> ㄹ. [재고현황(계산서)] 화면에서 '구분: 제품/상품', '재고자산분류: 반제품'으로 조회 시 '입고금액계' 칼럼의 total 금액
>
> ㅁ. [재고현황(계산서)] 화면에서 '구분: 자재', '재고자산분류: 빈공란(전체)'로 조회 시 '입고금액계' 칼럼의 total 금액

① ㄴ, ㄷ

② ㄴ, ㄷ, ㄹ

③ ㄱ, ㄷ

④ ㄱ, ㄷ, ㅁ

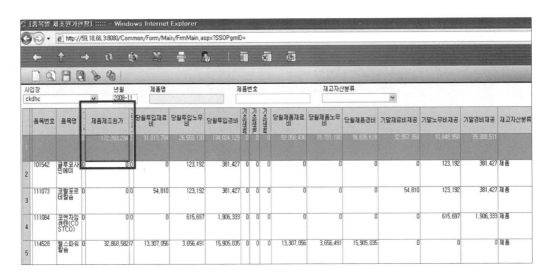

제조원가명세서의 당기제품제조원가와 손익계산서의 당기제품제조원가 금액이 일치해야 정상적으로 원가결산대체가 된 것이다.

정답   ③

14 [제조원가전표처리]로 집계연월 2008-11월의 제조원가 전표처리 할 금액이 그림과 같이 집계 되었다. [제조원가명세서] 화면에서 '당기기간' 2008-11~2008-11로 확인 시 '당기총제조원가' 금액과 '당기제품제조원가'로 나타날 금액으로 옳은 것은?   〈18회 실무 기출문제〉

	당기총제조원가	당기제품제조원가
①	91,013,794	165,772,211
②	165,772,211	251,588,053
③	251,588,053	165,772,211
④	134,024,129	165,772,211

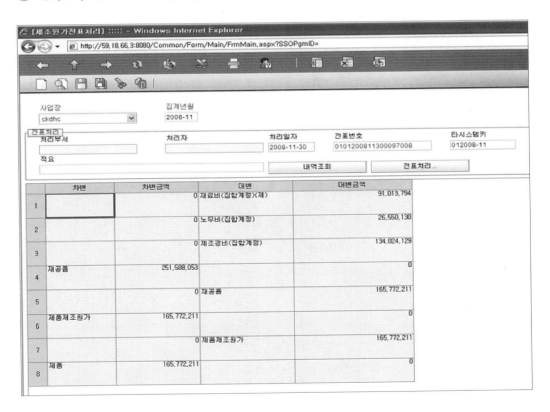

당기총제조원가는 재료비(집합계정) 91,013,794 + 노무비(집합계정) 26,550,130 + 제조경비(집합계정) 134,024,129 = 251,588,053이고, 당기제품제조원가는 제조원가대체 시의 제품제조원가 금액인 165,772,211이다.

정답 ③

15 [소분류등록(생산/원가관리)] 화면의 '배부기준(068)'에 해당하는 화면이다. 배부기준명에 따른 '제조원가 1차배부기준', '제조원가 2차배부기준', '자동계산 여부' 칼럼이 그림과 같이 설정되어 있는 경우, 배부기준과 관련이 있는 화면들에 대한 다음 설명 중 옳지 않은 것은?

〈18회 실무 기출문제〉

① 배부기준명 7가지 모두 '제조원가 1차배부기준'에 체크 되어 있으므로, [부서별 배부기준등록]에서 7가지 배부기준 중 하나를 사용할 수 있다.

② 배부기준명 '투입공수'는 '제조원가 2차배부기준'에 체크 되어 있고, '자동계산 여부'에 체크 되어 있지만, [제품별 배부기준 등록] 화면에서 2차배부기준으로 반드시 다시 등록해야 한다.

③ 배부기준명 '투입공수'는 '제조원가 1차배부기준', '제조원가 2차배부기준', '자동계산 여부' 모두 체크되어 있으므로, [계정별 배부기준 등록]에서 '계정과목'에 대한 1차배부기준, 2차배부기준으로 '투입공수'를 사용할 수 있다.

④ 배부기준은 K.System에서 기본적으로 제공하는 '배부기준' 이외 회사에 맞는 배부기준을 동 그림에서 추가하여 배부기준으로 사용할 수 있다.

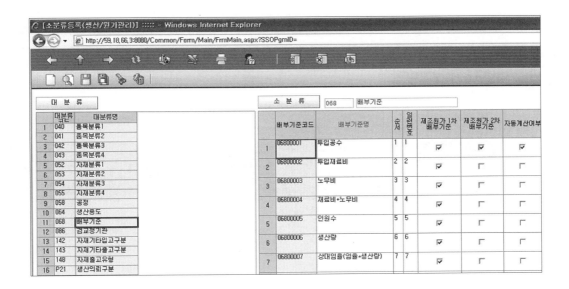

'자동계산 여부'에 체크가 된 배부기준을 이용할 경우 [제품별 배부기준 등록]에 입력하지 않고, [계정별 배부기준 등록]의 2차배부기준에서 선택하여 등록하면 된다.

정답 ②

16 '재고자산분류명'에서 원자재, 부자재가 그림 1과 같이 설정되어 있다. 그림 2 [재료비제조원가 대체전표]는 〈내역조회〉 버튼을 클릭을 한 상태의 화면이다. 그림2의 ①, ②, ③에 들어갈 내용으로 옳은 것은? 〈18회 실무 기출문제〉

	①	②	③
①	원재료	부재료비(제)	저장품
②	원자재	부재료비(제)	부자재
③	원재료	부재료비(제)	부자재
④	원자재	부재료비(제)	저장품

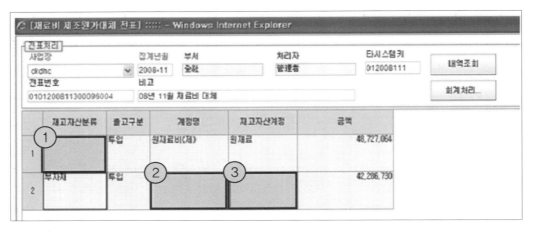

[그림 1]

[그림 2]

★ 풀이 & 보충학습

재고자산분류는 재고자산분류명이므로 원자재이고, 계정명은 생산투입비용계정인 부
재료비(제)로 조회되고, 재고자산계정은 자산계정과목인 저장품으로 조회된다.

| 정답 | ④ |

17 제조원가의 계산에 대한 설명 중 옳지 않은 것은? 〈18회 실무 기출문제〉

① [부서별 배부기준 등록] 화면을 꼭 사용해야 하는 것은 아니다.
② 생산작업실적입력에서 투입된 자재 중 투입계정이 재료비계정인 경우는 직접재료비로 집계 된다.
③ 외주가공비(제)의 경우는 회계전표 승인된 금액을 각 품목별 외주납품금액 비율만큼 각 외주품목에 배부처리 된다.
④ 직접노무비는 각 품목별 투입 공수비로 생산 하위부서의 노무비의 총액이 상위생산직 접부서에 배부처리 된다.

★ 풀이 & 보충학습

외주가공비(제)는 외주납품 시 품목별로 집계되는 금액으로 배부처리 과정 없이 바로 품목과 연결된다.

정답 ③

ERP 정보관리사

Enterprise Resource Planning

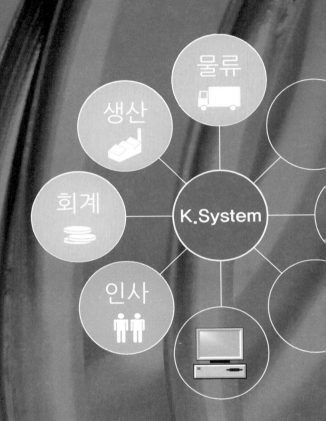

생산

물류

회계

K.System

인사

3부 인사편

회계/인사

Enterprise Resource Planning

7장 K.System
인사·급여 관리

7.1 인사관리의 이해
7.2 급여관리시스템
7.3 K.System ERP 인사급여 기초
7.4 K.System ERP 인사급여 운영
7.5 기출문제 분석

영림원소프트랩 K.System

ERP정보관리사

지식-정보화로의 급속한 진화를 하고 있는 현대사회에서는 기업 내 인적자원의 중요성이 과거 어느 시대보다도 커지고 있다. 기업의 경쟁력은 우수한 인재로부터 나온다고 해도 과언이 아니다. 따라서 우리 기업들은 우수한 인재의 발굴과 이직 방지, 조직 구성원들의 자발적인 조직 목표 달성에 최선의 노력을 경주할 수 있도록 인력관리시스템을 재정비해야 한다. 즉, 우수한 인재의 확보와 유지를 위한 노력과 능력이 조직에는 있어야 한다.

기업은 보유한 여러 자원을 효율적으로 활용하여 기업의 역량을 키운다. 인재의 채용, 능력개발, 승진, 전보, 퇴직 등 기업과 종업원과의 관계를 관리하고, 필요한 의사결정을 위한 정보의 수집과 관리는 역량강화의 필수요소라 할 수 있다. 오늘날 기업의 일상업무 중 제조분야, 판매분야, 관리분야 등 다방면에 걸쳐 인재의 관리를 위한 의사결정은 주요한 업무로 자리 잡고 있다.

7.1 인사관리의 이해

인재의 모집과 평가를 통한 적절한 승진과 승급관리, 그리고 보상과 인센티브 제공을 통한 종업원의 동기부여, 인재의 육성 등이 인사와 급여 관리의 핵심이다. 단순한 인사관리보다는 인적자원관리 차원에서 개인의 성장을 돕고 조직체의 목적을 달성하자 하는 것이 인사·급여관리 체계의 목적이다. 이를 위하여 보다 나은 정보와 관리시스템의 도입이 필요하지만, 대부분의 기업이 시행하고 있는 현재의 인사·급여관리 시스템에서도 필요한 정보를 수집하고 가공하여 기본적인 업무는 진행할 수 있다.

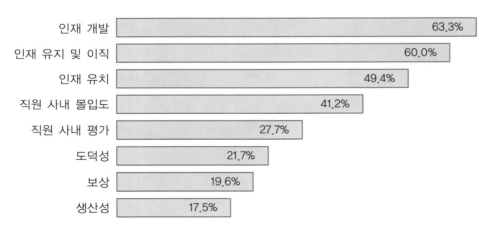

[최근의 인재관리 경향]   출처 : "Talent Management Trend Survey", Bersin & Associates 2008.

7.1.1 인사관리시스템

인재를 육성하고 인재의 능력을 활용하기 위해서는 종업원의 능력이나 업적을 평가할 필요가 있다. 개인의 능력과 성과에 적합한 역할과 직분을 부여하여, 그에 따른 적절한 처우를 제공해야 효율적인 인사관리시스템이라 할 수 있다. 따라서 종업원의 능력에 대한 평가, 업무수행도, 업무 수행태도나 자세, 그로 인한 결과와 업적 등을 평가하는 제도를 '인사고과'라 한다.

목적	중소기업	대기업	전체
임금결정	80.2	60.7	74.9
성과향상	46.3	53.3	48.4
성과 피드백과 인력개발	45.4	50.0	47.7
승진, 전직 등 인사배치	41.2	38.4	40.1
인사기록–문서화	29.0	32.2	30.2
인구조사, 기타	2.5	5.6	3.7

[인사고과의 주요 목적]   출처 : Locher & Teel(1988) 재인용, 이학종, 《전략적 인적자원관리》, 박영사, 2006, p.372.

인사고과제도, 임금제도, 직급제도, 승진과 직급제도를 하나의 유기적인 시스템으로 운용해야 효율적인 인사관리시스템이 된다. 임금관리는 특히 중요한 요소로서, 직급과 고과체계 운용의 중요 축이다. 업적평가를 통한 인사고과제도를 실시하고자 할 때에는 신뢰성을 높이고 종업원들에게 기회를 균등하게 보장하며, 직무능력을 향상시킬 수 있도록 설계되어야 한다.

■ 업적평가시스템

업적평가의 목적을 어디에 두느냐에 따라 평가과정은 달라진다. 인재선발이 목적이냐, 능력개발이 목적이냐에 따라 평가항목은 상당한 차이가 있다. 본 서에서는 능력개발에 초점을 맞추어 업적 성과에 대한 척도를 제시한다. 예를 들면 근무태도는? 특정 직무에 필요한 능력은 어느 정도인가? 조직 내에서 필요한 직무 관련 능력은 어느 정도인가? 커뮤니케이션 능력은? 자기계발을 위한 노력과 지속력은? 리더십과 지휘감독 능력은? 등에 대한 평가를 할 수 있도록 설계하여야 한다.

■ 업적평가의 정확성

정량적 평가일 경우에는 객관적인 평가가 가능하다. 예를 들면 출근과 퇴근, 근무시간, 업무 경력 등 정량적 수치로 환산이 가능한 경우에는 비교적 수월하게 평가를 할 수 있다. 그러나 근무자의 태도, 사고방식, 업무처리 방법, 관련자들과의 관계 등 수치로 표현하기 어려운 경우에는 직접적인 관찰이나 다양한 채널을 통한 평가를 해야 한다. 이런 경우 어떻게 정확성을 높일 수 있는지와, 평가자의 선정에 신중을 기해야 한다.

■ 동기부여와 경력개발

동기부여는 목표달성에 중요한 영향을 미친다. 목표의 달성을 위해서는 개인과 회사가 무엇을 해야 할 것인가를 명확히 설정해 두는 것이 좋다. 자신의 업무와 관련한 목표를 설정하고, 그 과정과 결과를 정기적으로 검토하여, 향후 계획 등에 피드백한다. 예를 들면 월간목표, 분기목표, 반기목표, 연간목표 등 달성해야 할 목표를 조직 전체의 목표와 개인이 달성해야 할 목표를 근거로 토론과 협의를 거쳐 설정한다. 이 과정에서 자신의 역할과 기능을 확인하며, 개인별, 연령별 업무능력개발을 회사가 도와 인력개발을 전략적으로 해야 한다.

직급별구분	직무 개발 내용	
	직무 목표	달성 방법
신입사원기	– 적성직종 발견 – 적성능력 발견(시간, 비용 투자)	– OJT – 전문지식, 기능 습득 – 관련 지식, 기능 습득 　* 사무직 : 기술분야 　* 기술직 : 시장, 경영 　* 공통 : 어학, 정보(전산)
중견사원기	– 중견사원으로서의 역할 심층화 – 예비관리자 양성	– 관리자의 역할과 리더십 – 업무개선을 위한 창의력 – 정보관리와 문제의식 – 효율적인 업무추진 방법
간부사원기	– 미래의 목표설정과 실천방향 수립 – 탄력적 조직운영 방법 습득	– 회사 비전과 미래전략 공유 – 관리프로세스 및 관리행동 습득 – 개인 및 조직관리의 제기법 습득 – 경영관리 실천능력 배양 – 회사의 각종제도와 운영시스템의 이해 – 목표달성 방법 습득 – 부하 육성전략 습득 – 경영전략시뮬레이션
경영자	– 경영환경 변화의 핵심요소와 방향 파악 – 기업 비전 수립 및 전략과제 개발 – 임원 역할과 새로운 리더십 이해	– 경영환경 변화와 대응방안 – 경영환경 분석과 핵심역량 파악 – 비전 설정과 전략과제 달성을 위한 경영혁신 – 비전 달성을 위한 임원의 역할과 리더십 – 건강관리

[직급별 업무능력 개발과정 예시]

■ 역량평가

인적자원관리의 차원에서 조직체가 필요로 하는 직무를 수행하기 위해서 요구되는 핵심 역량이 무엇이며, 직무별로 요구되는 역량은 무엇인가를 확인하고 개발하여 이를 선발, 평가, 보상, 육성의 기준으로 활용한다. 개인의 역량과 직무의 정확한 평가는 직무와 사람을 성공적으로 매치(match)시켜 조직의 업무역량을 배가시킨다. 직무와 사람의 매치를 위해, 외부적으로는 모집과 채용, 내부적으로는 배치와 승진을 포함한다.

역할모델의 개발, 평가방법의 선정 및 개발, 평가자 교육, 역량평가, 선발결정, DB구축 등 일련의 과정을 통하여 인적자원관리를 진행한다. 직무와 적합성 여부를 기준으로 승진이나 승급 후보자들을 체계적으로 심사하고 결정한다.

7.1.2 인사관리의 영역

■ 인적자원의 모집과 선발 관리

조직체의 인적자원 확보는 필요한 인력계획, 노동력에 요구되는 질적 요건의 설정, 모집과 선발 그리고 배치라는 일련의 과정을 포함한다. 인력계획은 언제, 어떤 종류의 인력이 얼마나 필요한지를 사전에 예측, 결정하며 어떤 경로를 통하여 인력을 공급할지를 계획하는 것이다. 필요인력의 모집은 기업 내·외에서 한다. 인력계획을 기초로 하여 필요인력의 수를 예측하고, 노동시장상황과 장기적인 관점에서 모집활동을 추진해야 한다. 선발은 일반적으로 서류전형, 필기(실기)시험, 적성(인성)검사, 면접, 건강진단 등의 절차를 거쳐서 진행한다. 이렇게 채용된 인재는 회사의 경영이념이라든가, 기업소개, 직무와 관련한 기본지식 위주의 연수를 실시하고, 개인의 능력과 소질에 따라 적재적소에 인재를 배치한다.

■ 교육훈련

인적자원은 조직체의 가장 중요한 자원이다. 교육훈련은 인적자원인 종업원의 자질과 능력을 개발하고 업무수행에 필요한 지식과 능력을 향상시킴으로써 자아의 실현과 회사의 성장을 도모하고 궁극적으로 국가사회의 발전에 기여함을 목적으로 한다. 또한 교육훈련은 조직과 개인, 그리고 직장 내의 대인관계에서도 긍정적인 역할을 한다. 교육훈련이나 인적자원개발은 구성원과 조직 및 이해당사자 모두에게 이익이 되는 일종의 투자개념으로 다뤄야 한다. 오늘날 산업은 고도의 전문적인 지식·기능을 가진 인재가 요구되지만, 이러한 인재의 공급이 원활치 못하므로 자체적인 인적자원 개발이 점점 중요해지고 있다.

높은 성과를 달성하는 유수의 기업체일수록 인적자원의 개발을 중요시하고, 인적자원개발을 위하여 모든 관리자에게 인재의 공급과 개발에 심혈을 기울이도록 독려하고 있다. 이러한 기업들은 교육훈련에 엄청난 비용과 시간을 투자하여, 인적자원의 잠재능력을 최대한으로 개발하고 조직체의 성과달성에 기여할 수 있도록 하고 있다.

일차적 목적	이차적 목적	궁극적 목적
– 지식향상 – 능력향상 – 자아실현	– 생산성향상 – 인적자원개발 – 대인관계개선	– 기업의 유지·발전 – 조직목적과 개인목적의 통합 – 조직효율성 증대
일차적 효과	이차적 효과	궁극적 효과

[교육훈련의 목적과 효과와의 관계]　　　　　　출처 : 이경희, ≪현대인사관리≫, 민영사, 2004, p.278.

■ 경력개발관리

경력개발관리(career development program)는 개인이 목표로 하는 미래의 위상을 말한다. 최근 평생직업이라는 개념이 도입되고 노동시장의 유연성이 증대함에 따라 회사 내에서 개인의 비전과 회사의 비전을 일치시키는 도구로서의 경력개발관리의 의미가 부각되고 있다. 시대의 변화에 적응하지 못하거나 새로운 능력을 제시하지 못하면 도태되는 것이 요즘의 세상이다. 개인의 능력 향상은 조직의 역량강화로 이어지므로 조직의 욕구와 개인의 욕구가 일치하도록 각 개인의 경력개발을 위한 다양한 활동을 마련하고 제공하는 것이 조직의 주요한 업무라 할지라도 개인의 의식적인 노력이 없다면 효과를 얻기가 어렵다. 개인의 희망경력과 조직체계획을 조합하여 경력목표를 설정하고, 진로와 경력개발을 실시한다. 이때 현재의 기술수준, 성과수준, 개인차에 따른 성장가능성, 현재의 경력단계를 파악할 수 있는 기술목록 등을 작성하여 결과를 평가한다. 어떻게 하는 것이 효과적인 경력관리인지 살펴보도록 하자.

- 첫째, 경력관리는 종업원의 학력, 경험, 적성, 지식, 경험 및 기타의 능력 등을 수집하고 정리해서 자신의 능력과 경력이 조직의 목표달성에 필요한 직무와 잘 조화되도록 맞추어야 한다.

- 둘째, 경력관리는 승진경로에 적용되도록 관리되어야 한다. 조직체의 계획과 인력계획을 통하여 조직체의 장단기 인력수요를 분석하고, 직무내용과 자격조건이 승진경로를 형성하며, 평가되고 반영되도록 해야 한다.

- 셋째, 경력관리는 종업원들에게 조직체의 인력수요에 대한 정보를 제공함으로써, 경력기회와 새로운 직무나 직위를 제시한다. 이는 기업 내부의 인재양성을 통한 후진발굴과 종업원들의

성장동기를 부여하며, 조직체에 대한 애착심을 유도하며, 인적자원을 확대하는데 기여한다.

- 넷째, 경력관리는 종업원들의 진로를 설정해준다. 종업원의 경력목표를 달성하기 위해 종업원들이 획득해야 할 직무, 수행해야 할 교육프로그램 등 경력진로를 설정하고 실무경험을 할 수 있는 과정을 개발하도록 해야 한다.

- 다섯째, 경력관리는 종업원의 직무수행능력과 능력개발계획 간에 실제 성과, 상황변동, 경력목표 변경 등등을 고려하여 주기적으로 결과를 평가하고 상담을 거쳐 적절히 조정하거나 수정하여야 한다. 회사의 전략적 방향을 확실히 하고, 주기적으로 회사와 개인이 같은 방향을 지향하는지를 체크해야 한다. 중요한 것은 회사가 내세운 방향으로 평가가 이루어지도록 하는 것이다.

■ 보상관리

사람은 누구나 인정받고 싶고 발전하고 싶은 욕구를 갖고 있다. 조직체를 운영·관리하는 경영자의 입장에서는 인간의 속성을 잘 헤아려 개인이 회사에 대한 공헌과 회사로부터의 보상이 적절히 균형을 이루도록 유지·관리하는 것이 중요하다. 그리고 보상의 기준을 마련할 때 합리적이고 체계화된 형태를 갖추어 시행해야 보상과 관련하여 상대적 박탈감이라든가 불공정성, 불만족 등으로 인한 역기능을 최소화할 수 있다. 보상의 대상이 되는 개인은 자신의 노력에 대한 대가가 비교대상이 되는 사람과 동일하다고 느낄 때 비로소 보상체계의 공정성을 확보하는 것이다.

보상에는 크게 외재적 보상(금전적인 면)과 내재적 보상(심리적인 면)으로 구분한다. 외재적 보상은 직무수행에 따른 결과로서 급여, 보너스, 복리후생, 승진, 더 나은 작업환경 구축 등을 의미하며, 내재적 보상은 개인이 직무를 수행하면서 느끼는 성취감, 동료들로부터의 인정과 존경심, 자아실현 등의 심리적 요인에 의한 만족감을 들 수 있다.

보상이 갖는 의미의 중요성은 경제적인 측면, 투자적인 측면, 구성원의 만족감과 성과적인 측면으로 구분하여 볼 수 있다. 보상은 종업원 개인에게는 경제적 소득의 원천이지만, 조직체의 입장에서는 비용적인 성격이 강하다. 받는 사람의 입장에서는 더 많이, 주는 조직체의 입장에서는 경비의 절감을 염두에 두고 있으므로, 양자의 입장이 잘 조화를 이루도록 설계되어야 한다.

또한 종업원들의 노력을 극대화함으로써 조직체의 생산성 향상이라든가 기술개발을 통한 조직체의 경쟁력확보 등 구성원의 능력개발을 위한 투자의 개념도 보상에는 포함된다. 공정한 보상, 공정한 임금구조, 성과와 성취, 성공의 상징, 자아실현 등 직무내재적 만족과 밀접한 관계를 갖고 있다.

■ 노사관계관리

노사관계는 '근로자, 근로자집단 및 그들의 제조직과 경영자, 고용주 및 그들의 제조직과의 내부 및 그 사이에 있어서의 제관계의 실체'라고 한다.[18] 오늘날의 노사관계는 근로자와 고용주라는 협의의 개념으로만 정의하기 어려우며, 정치적·경제적·사회적 관계가 복잡하게 얽히면서 다양하게 발전했다. 정부도 노사관계의 하나의 축을 형성하면서, 노동 관련 행정과 입법을 통해 공공부문의 노사관계 등 민·관의 노사관계에 폭넓은 영향을 미친다.

성공하는 기업이나 기관들은 조직과 종업원 간의 협력적인 의사소통을 통해 노사 간의 갈등을 극복하고, 번영을 이루어 나간다. 노사관계는 노사가 집단적인 힘의 배경을 통하여 대등한 입장에서 임금, 복리후생, 근조조건 등에 대하여 교섭하는 거래와 협상의 관계이다. 기업은 구매한 노동력을 사용하여 이윤을 추구하고자 하지만, 생산성 향상과 경영의 안정을 위해서는 노사화합은 필수요소이다. 기업은 노동조합을 파트너로 인식하고 노사 간 임금, 종업원의 인간성 존중, 고용안정, 모집·배치·이동·승진·교육훈련·단체교섭 등등 노사관계의 활동을 성실히 수행하여야 하며, 이는 종업원의 사기진작, 생산성 향상, 소통의 원활화 등으로 이어져 기업의 경쟁력을 제고시킨다.

7.2 급여관리시스템

급여는 종업원이 기업에 공헌한 노력의 대가로서 종업원 개인에게 지급되는 화폐적 가치의 총량이다. 급여는 주로 임금과 상여금으로 이뤄진다. 또한 성과급이나 이윤분배금, 정규급료 이외의 퇴직일시금이나 퇴직연금도 급여의 일부이다.

---

18) 이경희, 《현대인사관리》, 민영사, 2004, p.461.

기본임금	기본급		수당	급여	보상
	정상 근무수당				
기준외 임금	특별 근무수당				
상여금	개인	집단	조직체		
복리후생	법정 복리후생				
	법정외 복리후생				

[일반적 급여시스템]　　　　출처 : 이학종, ≪전략적 인적자원관리≫, 박영사, 2006, p.414.

　급여관리는 종업원의 욕구, 조직체에의 공헌, 경영이념과 방침, 인재육성과 활용, 업종특성 등등 전략적인 고려하에 적합한 급여체계를 구축하여 종업원의 자율적 근로의욕고취와 기업의 존속과 성장을 이룬다는 명제하에 시행한다. 체계적이고 과학적인 급여관리를 위한 전제조건은 다음과 같다.

- 종업원의 욕구를 최대한 반영한 설계를 할 것.
- 개개인의 능력을 조직체에 기여한 정도에 따라 공정하고 공평하게 평가하여 급여에 비례적으로 반영시켜서 설계할 것.
- 개인의 업적을 급여에 공정하고 공평하게 적용시키기 위한 과학적 평가방법을 채택하여 설계할 것.

　급여관리는 기업의 경영여건, 전략, 인사관리제도라는 체계를 고려하여 결정하는 전략적 인적자원관리의 일부이다. 직위라든가 직급 등을 고려하여 급여등급을 결정하고 임금체계 등을 근거로 급여시스템을 설계한다. 일반적으로 우리나라의 기업들이 많이 도입하고 있는 급여체계를 크게 3가지로 대별하면 '연공서열형 급여체계'와 '성과급형 급여체계', '연봉형 급여체계' 등으로 나눠볼 수 있다.

　연공서열형 급여체계는 학력별로 결정된 최초 임금을 기준으로 하여 근속연수와 나이에 따라 임금이 자동으로 상승되는 제도를 말한다. 우리나라와 일본 등에서 많이 시행하고 있는 임금체계이다.

　성과급형 급여체계는 일한 성과와 업적에 따라 임금을 차등지급하는 방식을 말한다. 개인의 업적에 따른 성과급의 경우를 개인성과급제라 하며, 제한된 인원으로 팀을 구성하여 기준성과 대비 달성성과를 측정하여 성과급을 지급하는 형태를 집단성과급제라 한다.

연봉형 급여체계는 종업원의 직무수행능력과 업무성과, 조직체에 기여한 정도를 연단위 또는 일정기간 단위로 평가하여, 연간보상액에 대한 급여를 계약에 의하여 결정한다.

7.2.1 임금관리

국어사전에 "임금이란 근로자가 노동의 대가로 사용자에게 받는 보수. 급료, 봉급, 수당, 상여금 따위가 있으며 현물 급여도 포함된다"라고 설명하고 있다. 임금의 성격은 노동의 대가뿐만 아니라 생활의 수단이 되는 소득의 원천이기도 하다. 또한 심리적인 면에서 볼 때, 동기를 유발하고 생산능률을 좌우한다. 생산에 소요되는 인건비는 비용적인 측면에서 임금을 정의할 수 있으며, 물가나 국제수지에 영향을 주는 중요한 이슈로서 다뤄지기도 하며, 노사 간의 단체교섭에서 등장하는 단골메뉴이기도 하다. 이와 같이 임금은 조직체의 운영에서 다양한 변수를 포함하고 있기 때문에 균형과 적절성이 유지되도록 관리되어야 한다. 효율적인 임금체계를 구비하기 위한 조건은 다음과 같다.

■ 적절성(Adequacy)

조직체의 한 구성원으로서의 인간은 고립된 자아가 아니라 현재와 미래에 있어서 조직체의 일부분이요 또한 조직체의 산물이다. 각 개인이 추구하는 개인적 적절성이나 자기 충족 등은 보다 큰 조직체에 대해서도 적절해야 하는 것이다. 따라서 임금체계는 사회경제적 관점에서, 노사관계 및 법규적 관점에서 그리고 조직체 전체의 관점에서 적정한 임금수준을 유지해야 한다.

■ 공정성(Equity)

공정성이론[19]에 의하면 사람들은 자신이 수행한 직무에 대하여 자신의 기여에 대하여 얻는 반대급부를 다른 근로자의 그것과 비교하여 자신의 행동을 결정한다고 한다. 모든 사람은 공정하게 대접받기를 원하며, 각 개인은 자신이 기울인 노력에 대한 보상이 적절한가를 판단할 때, 절대적인 기준뿐만 아니라 다른 사람과 비교한 상대적 기준도 중요하게 생각하므로 동기부여, 구성원 각자의 노력과 능력 그리고 기술 등 여러 가지의 기준을 통한 업적평가, 구성원의 만족수준 등을 고려하여 공정한 임금이 지불되도록 하여야 한다.

---

19) Adams, J. Stacy, "Toward an Understanding of Equity", Journal of Abnormal and Social Psychology, 67, 422-436, 1963.

■ **균형성(Balance**

임금은 직접적인 금전보상뿐만 아니라 복리후생 등 여러 종류의 보상이 상호 보완적으로 사용되어 단점을 보전할 수 있도록 균형 있는 패키지(package)로 구성되어야 한다.

■ **경제성(Cost Effective)**

임금지급체계는 조직이 지불할 수 있는 경제적 지불능력을 고려하여 형편에 따라 일관성을 유지하면서 조직체에 무리한 경제적 부담을 초래하지 않는 범위에서 설계되어야 한다. 조직경영에 지장을 초래하는 과잉지출은 이후의 보상 지급에 큰 영향을 초래할 수 있다.

■ **안정성(Security)**

임금은 종업원들에게 경제적·심리적 안정을 줄 수 있도록 지급되어야 한다. 개인생활과 기업활동 그리고 국가·국민경제의 어느 측면에서나 안정을 이룰 수 있도록 설계되어야 한다.

■ **동기부여(Incentive Providing)**

인센티브는 어떤 목표가 정해졌을 때 일을 보다 효율적으로 하기 위한 훌륭한 수단일 수도 있다. 인간의 자발적인 행동은 생산성의 향상을 가져오며, 조직체의 활력요소가 된다. 적절한 동기부여를 통하여 조직체의 효율성을 높이며, 자발적이고 능동적으로 일을 할 수 있도록 보상시스템을 구축해야 한다.

■ **수용성(Acceptability)**

임금체계는 종업원들이 잘 이해되고 타당하다고 느낄 수 있어야 한다. 종업원들이 납득하기 어렵다거나 불만족한 형태의 임금체계는 개인의 기대감을 져버림으로 인하여 부정적인 업무성과를 초래할 것이며, 노사분규를 야기하는 원인이 될 수도 있다.

7.2.2 복리후생관리

복리후생은 종업원과 그 가족의 복지향상을 위하여 시행하는 임금 이외의 간접적인 보상을 통칭하여 일컫는 말이다. 복리후생은 직접적인 금전보상이 아니라 종업원과 그 가족에게까지 혜택을 제공하는 것을 말한다. 예를 들면 대부분의 기업들은 국민연금, 건강보험, 고용보험, 산재보험 등 4대보험은 물론이고, 주택구입의 금융융자, 교육비 융자 또는 무상제공, 건강검진 및 상담, 문화활동 기회 제공, 여가시설 활용, 질병휴가 등등 종업원은 물론이거니와 그 가족들에게도 직·간접적인 혜택이 가도록 다양한 복지제도를 시행하고 있다. 이러한 복리후생은 종업원들의 근로의욕을 증진시키고, 생활안정을 도모함으로써 안심하고 직무에 종사할 수 있도록 한다. 또한 근로자의 이직을 방지하여 노동력을 유지할 수 있게 한다. 복리후생은 어느 개인에 국한된 혜택이 아니므로, 집단적인 성격으로 인하여 근로자들에게 평등하게 대우받고 있다는 심리적인 안정에도 기여한다. 또한 근로자의 근무조건을 개선하고 배려하는 차원에서의 혜택이므로 노사관계를 원만하고 협조적인 관계를 형성하는 데 크게 기여한다.

복리후생비는 급여, 상여금, 퇴직금과는 달리 종업원에게 직접 지급되지 않고 임직원의 복리후생 증진, 근로환경의 개선, 근로의욕의 고취로 업무능률 향상을 목적으로 지출하는 노무비적인 성격을 갖는 비용으로서, 간접적인 형태의 인건비를 말한다. 복리후생비는 원칙적으로 개인의 소득을 구성하는 것이 아니므로 개인소득세 부과대상이 아니다.

법인세법에서 규정하고 있는 복리후생비는 다음과 같다.

- 사내 체육대회 경비와 사내 체육부의 활동비용 보조비 등 직장체육비
- 연예·오락 비용으로서 야유회 경비, 오락회 개최 비용 등의 직장연예비
- 우리사주조합 운영비
- 건강보험법에 의하여 사용자가 부담하는 건강보험료와 기타 부담금
- 영유아보육법에 의하여 설치된 직장보육시설의 운영비
- 고용보험법에 의하여 사용자로서 부담하는 고용보험료
- 경조금 중 사회통념상 타당한 범위 안의 금액

1) 복리후생비의 분류

■ 법정복리후생비
법률 규정에 의해 사업주가 부담하는 건강보험료, 산재보험료, 고용보험료, 국민연금부담금 등.

■ 복리시설비
병원, 종업원 휴양용 아파트, 학교, 식당, 사택, 직장 보육 시설, 기숙사 등 종업원을 위한 시설 운영비로 사업주가 부담하는 시설비, 유지관리비 등.

■ 기타 후생비
종업원에 대한 의료 관련 비용, 친목활동 관련 비용, 경조 관련 비용, 소모품 관련 비용, 식사 관련 비용, 기타 등.

7.2.3 퇴직금관리

퇴직은 근로자가 조직체의 규정이나 자신의 의사에 따라 조직체를 떠나는 것을 말한다. 근로자는 퇴직을 하거나 해고를 당할 경우 근로소득이 단절됨으로 인하여 생활에 큰 어려움을 당할 수 있다. 정부는 근로자 퇴직급여제도의 설정 및 운영에 필요한 사항을 법(근로자퇴직급여 보장법)으로 정하여 근로자의 안정적인 노후생활 보장에 이바지함을 목적으로 퇴직금제도를 시행하고 있다.

사용자는 퇴직하는 근로자에게 급여를 지급하기 위하여 퇴직급여제도 중 하나 이상의 제도를 설정하여야 한다. 퇴직금 제도를 설정하고자 하는 사용자는 계속근로기간 1년에 대하여 30일분 이상의 평균임금을 퇴직금으로 퇴직하는 근로자에게 지급할 수 있는 제도를 설정하여야 한다. 단, "근속연수 1년 미만인 경우에는 예외로 한다"라고 규정하고 있다. 사용자는 근로자의 요구가 있는 경우에는 근로자가 퇴직하기 전에 당해 근로자가 계속 근로한 기간에 대한 퇴직금을 미리 정산하여 지급할 수 있다. 이 경우 미리 정산하여 지급한 후의 퇴직금 산정을 위한 계속근로기간은 정산시점부터 새로이 기산한다. 사용자는 근로자가 퇴직한 경우에는 그 지급사유가 발생한 날부터 14일 이내에 퇴직금을 지급하여야 한다. 다만, 특별한 사정이 있는 경우에는 당사자 간의 합의에 의하여 지급기일을 연장할 수 있다.

'평균임금'이란 이를 산정하여야 할 사유가 발생한 날 이전 3개월 동안에 그 근로자에게 지급된 임금의 총액을 그 기간의 총일수로 나눈 금액을 말한다. 근로자가 취업한 후 3개월 미만인 경우도 이에 준한다.

퇴직근로자에게 지급되는 퇴직금은 '법령퇴직금'과 '임의퇴직금'으로 구분할 수 있다. 법에서 규정한 최소한의 퇴직금인 '1년 근속에 30일분의 평균임금'이 법령퇴직금이며, 그 이상을 지급하는 경우는 임의퇴직금이 된다. 퇴직금의 명칭으로는 퇴직금 외에 퇴직수당, 해고수당, 퇴직위로금, 퇴직공로보상금, 퇴직연금 등이 있다.

■ 퇴직수당

퇴직자에게 근무연수에 따라 지급하는 수당.

■ 해고수당

고용주가 피고용자를 해고할 때에 주는 급여 이외의 보수.

■ 퇴직위로금

퇴직금을 전문적으로 이르는 말.

■ **퇴직공로보상금**

퇴직자에게 조직에 기여한 공헌의 대가로 지급하는 보상금.

■ **퇴직연금**

공무원이 20년 이상 근무하고 퇴직하였을 때 그달부터 죽을 때까지 주는 연금.

퇴직의 유형은 아래와 같다.

■ **자동퇴직** : 조직체가 설정한 정년 연령(회사의 경우 대체로 55~58세)에 도달하면 직무수행 능력의 유무에 관계없이 자동적으로 퇴직하는 것을 말한다. 또한 직급별로 계급 정년이란 것이 있어서 일정한 연한 내에 승진이나 보직을 부여받지 못한 경우 자동퇴직을 한다.

■ **조기퇴직** : 조기퇴직은 20년 미만의 근속자 중에서 직제나 정원의 개폐, 폐직 등으로 과원이 된 경우 조직의 구조조정 차원에서 실시하는 퇴직제도를 말한다. 조기퇴직자에게는 일시금과 조기퇴직 수당이 지급된다.

■ **명예퇴직** : 명예퇴직과 조기퇴직의 구분은 근속연수가 20년 이상 인지 그 이하 인지를 두고 구분한다. 명예퇴직은 20년 이상 근속자 중에서 최소 정년퇴직 1년 이상 앞두고 퇴직하는 경우를 말하고, 명예퇴직금은 조직체마다 규정에 의거 자율적으로 시행하며, 보통 노사 간 협의를 통하여 적절한 수준에서 지급한다.

7.3 　 K.Sytem 인사급여 기초

7.3.1 　 운영환경관리(인사급여)-초기

화면 위치　 인사관리 ▶ 인사기본 ▶ [운영환경관리(인사급여)-초기]

K.System ERP 인사급여모듈을 사용함에 있어 필요한 기본값을 설정하는 화면이다. ERP 시스템을 사용하는 회사마다 업무형태가 다를 수 있으므로 회사의 업무특성에 맞게 설정해야 한다.

환경설정 화면은 '초기'와 '진행'으로 나뉘어져 있고 초기화면에서 설정한 값은 시스템 사용을 시작한 후에는 변경하면 안 된다. 설정한 후에 재로그인을 하거나 관련 화면을 다시 띄워야 적용된다.

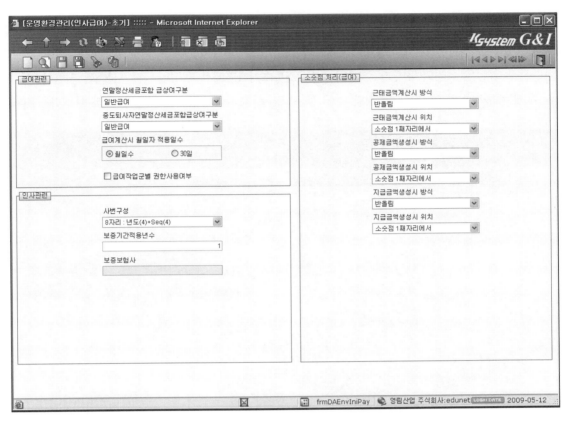

[운영환경관리(인사급여)-초기]

■ 급여관리

연말정산과 중도퇴사자 연말정산의 정산갑근세가 어떤 급상여구분에 따라 정하는지 선택을 한다. 또한 급여계산 시 월일수적용일수를 30일로 할지 월일수로 할지 설정하는 화면이다. '급여 작업군별 권한사용 여부'를 체크하면 급여작업군별로 나눌 수 있다.

■ 인사관리

사번구성이 어떻게 설정되는지를 설정한다.

■ 소수점 처리

각 급여항목의 종류별로 자릿수 위치와 처리방법(올림, 반올림, 버림)등을 선택하는 화면이다.

7.3.2 운영환경관리(인사급여)-진행

화면 위치 인사관리 ▶ 인사기본 ▶ [운영환경관리(인사급여)-진행]

K.System ERP 인사급여모듈을 사용함에 있어 필요한 기본값을 설정하는 화면이다. ERP 시스템을 사용하는 회사마다 업무형태가 다를 수 있으므로 회사의 업무특성에 맞게 설정해야 한다. 환경설정 화면은 초기와 진행으로 나뉘어져 있고 초기화면에서 설정한 값은 시스템 사용을 시작한 후에는 변경하면 안 된다. 설정한 후에 재로그인을 하거나 관련 화면을 다시 띄워야 적용된다.

[운영환경관리(인사급여)-진행]

■ 세금처리 기본공제

국외근로비과세대상금액과 생산직근로비과세대상금액 및 연한도 금액을 설정한다.

■ 급상여출력 관련

급상여출력 순서방법과 출력 시 부서가 소속부서인지 근무부서인지를 설정한다.

■ 퇴직자 만근지급일수

퇴직자가 퇴직했을 시 만근지급일수가 며칠 이상 근무했을 때의 만근인지를 설정한다.

■ 급상여기본연도차수

각 급여 관련 화면에서 기본적으로 나타나는 연도차수를 설정한다.

7.3.3 소분류등록(인사급여관리)

화면 위치 인사관리 ▶ 인사기본 ▶ [소분류등록(인사급여관리)]

시스템에서 제공하는 대분류에 따른 실제 코드인 소분류 코드를 등록하는 화면이다. 일반적으로 각 대분류에 따른 기본 소분류 코드를 제공하며 회사에서 필요 시 추가되는 항목을 등록하여 사용하면 된다. 특히 전 시스템에 영향을 미치는 직위/직급 등 주요 코드에 대해서는 사전에 회사에서 실제로 사용하는 항목들을 정리하여 일괄적으로 등록한 후 인사정보 등 여타 등록프로그램에서 사용해야 데이터의 일관성을 유지할 수 있다.

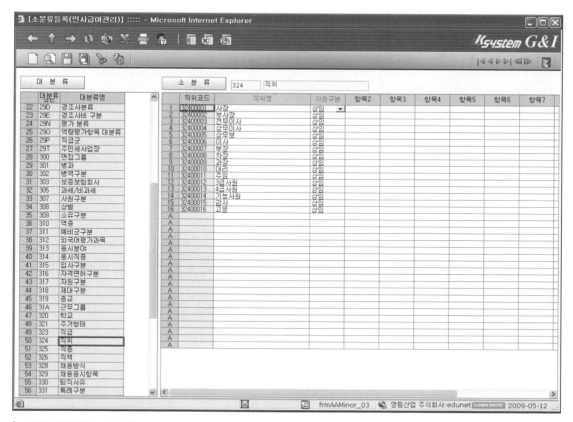

[소분류등록(인사급여관리)]

7.3.4 부서관리

화면 위치 인사관리 ▶ 인사기본 ▶ [부서관리]

회사에서 사용하는 부서명을 등록하는 화면이다. 기준일자는 Default(현재일자)이며 초기 세팅 시에는 시스템의 적용시작일을 입력 후에 부서를 등록하면 된다. 또한 부서명칭을 변경할 때는 부서명칭 이력저장으로 변경해서 쓰이며 여기서 변경된 사항은 부서명칭내역관리에 나타난다.

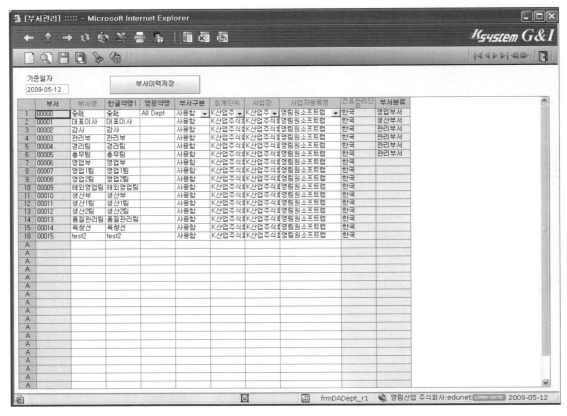

[부서명등록 화면]

■ 부서명
부서명을 입력한다.

■ 한글약명
출력물이나 조회 화면에 나타날 부서약명을 입력한다.

■ **영문약명**

영문 출력물에 나타날 영문약명을 입력한다.

■ **부서구분**

부서가 현재 사용 중인지 사용 중이 아닌지를 표시한다.

■ **회계단위**

부서가 속한 회계단위를 표시한다.

■ **사업장**

부서가 속한 사업장을 표시한다.

■ **사업자등록명**

부서가 속한 사업자등록명을 표시한다.

■ **전표관리단위**

부서가 속한 전표관리단위를 표시한다.

■ **기준일자**

부서의 명칭이나 부서의 시작일을 입력한다.

■ **부서명칭내역관리**

부서가 새로 생성될 때가 아닌 명칭이 변경되었을 때 수정하고 저장할 때 저장 버튼 대신 저장하는 화면이다.

7.3.5 부서명칭내역관리

화면 위치 인사관리 ▶ 인사기본 ▶ [부서명칭내역관리]

부서 명칭이 다른 이름으로 바뀌거나 통폐합된 경우 부서의 이력을 조회할 수 있는 화면이다.

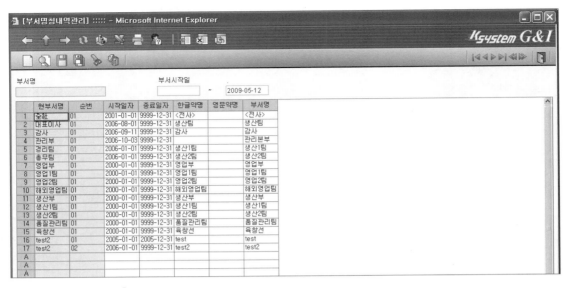

[부서명칭내역관리 화면]

■ **부서명**

조회할 부서명을 입력한다.

■ **부서시작일**

조회할 부서 시작일을 입력한다.

■ **현부서명**

현재 부서명을 보여준다.

■ **순번**

하나의 부서가 이름이 변경되어서 일자별로 나누어져서 보여질 때 먼저 생성된 순서대로 순
번을 보여준다.

■ **시작일자**

부서명의 시작일자[20]를 보여주며 수정이 가능하다.

■ **종료일자**

부서명의 종료일자를 보여주며 수정이 가능하다.

---

20) 부서의 시작일자는 이전 순번의 종료일자와 연결되어야 한다.

■ 한글약명

부서의 한글약명을 보여주며 수정이 가능하다.

■ 영문약명

부서의 영문약명을 보여주며 수정이 가능하다.

■ 부서명

부서의 이름을 보여주며 수정이 가능하다.

7.3.6 발령코드등록

화면 위치 인사관리 ▶ 인사기본 ▶ [발령코드등록]

발령명칭을 등록하고 그 발령명칭이 어떠한 발령인가를 정해준다. 발령은 인사시스템에서 가
장 기본이 되는 프로세서로서, 통상적으로 사용하는 발령명을 시스템에서 제공을 하고, 회사에
적용시 별도로 사용하는 발령명을 신규 등록하여 사용해야 한다.

[발령코드등록]

■ **발령명**

발령명을 입력한다.

■ **근무상태**

해당 발령에 대한 근무상태를 입력한다.

■ **입사 관련**

해당 발령이 입사 관련이면 체크를 한다.

■ **퇴사 관련**

해당 발령이 퇴사 관련이면 체크를 한다.

■ **겸직 관련**

해당 발령이 겸직발령이면 체크를 한다.

■ **겸직 관련 해재**

해당 발령이 겸직발령 해제면 체크를 한다.

■ **수습 관련**

해당 발령이 수급 관련이면 체크를 한다.

■ **수습면제 관련**

해당 발령이 수습면제 발령이면 체크를 한다.

7.3.7   개인별 인사발령사항

| 화면 위치 | 인사관리 ▶ 인사발령 ▶ [개인별 인사발령사항] |

개인별로 사원의 인사발령을 내는 화면이다. K.System ERP에서는 발령이 나지 않으면 급여 처리가 되지 않으므로 발령은 한 건이라도 반드시 내어야 하며, 일단 퇴직발령이 난 사원에 대해서는 동일 사번으로 재입사가 되지 않으므로 신규로 사원 등록을 해야 한다. 신규 및 최종발령만 처리 가능하다. 발령을 이력별로 낼 때는 저장이 아닌 '다른 이름으로 저장하기'를 한다.

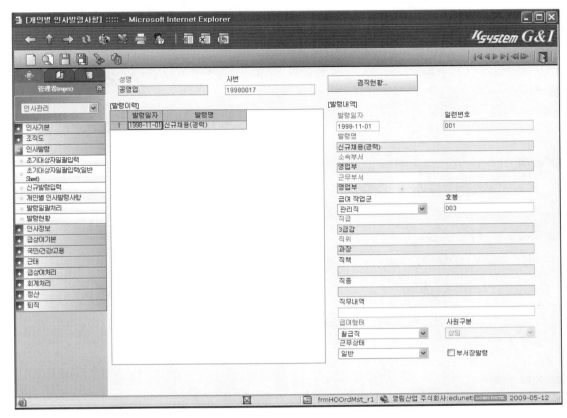

[개인별 인사발령사항]

■ **성명**

인사발령을 낼 성명을 조회한다.

■ **사번**

발령낼 사번을 보여준다.

■ **발령일자**

발령일을 입력한다.

■ **발령명**

발령명을 입력한다.

■ **소속부서**

해당 사원의 소속부서를 입력한다.

■ **근무부서**

해당 사원의 근무부서를 입력한다.

■ **직급**

해당 사원의 직급을 입력한다.

■ **직위**

해당 사원의 직위를 입력한다.

■ **직책**

해당 사원의 직책을 입력한다.

■ **직종**

해당 사원의 직종을 입력한다.

■ **직무내역**

해당 사원의 직무를 입력한다.

■ **급여형태**

해당 사원의 직위를 입력한다.

■ **근무상태**

해당 사원의 근무상태를 입력한다.

■ **급여작업군**

해당 사원의 급여작업군을 입력한다.

7.3.8 인사정보

화면 위치 인사관리 ▶ 인사정보 ▶ [인사정보]

개인별로 사원의 인사발령을 내는 화면이다. K.System ERP에서는 발령이 나지 않으면 급여 처리가 되지 않으므로 발령은 한 건이라도 반드시 내어야 하며, 일단 퇴직발령이 난 사원에 대해서는 동일 사번으로 재입사가 되지 않으므로 신규로 사원 등록을 해야 한다. 신규 및 최종발령만 처리 가능하다. 발령을 이력별로 낼 때는 저장이 아닌 '다른 이름으로 저장하기'를 한다.

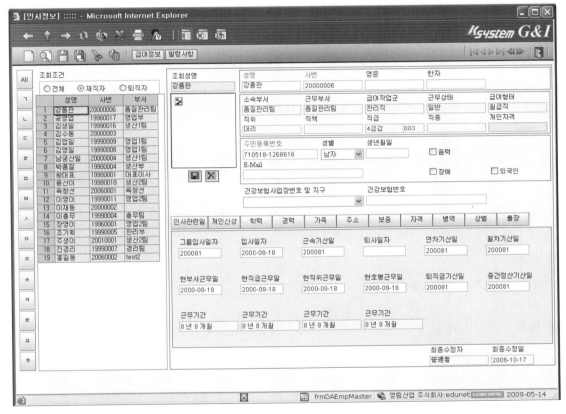

[인사정보]

■ **인사관련일**

해당 사원의 인사 관련 정보를 조회하거나 수정할 수 있다.

■ **개인신상**

해당 사원의 시력, 키, 혈액형, 여권번호 등의 개인신상을 입력한다.

■ **학력**

　　해당 사원의 학력을 입력한다.

■ **경력**

　　해당 사원의 경력을 입력한다.

■ **가족**

　　해당 사원의 가족사항을 입력한다.

■ **주소**

　　해당 사원의 주소를 입력한다.

■ **보증**

　　해당 사원의 보증 내용을 입력한다.

■ **자격**

　　해당 사원의 자격증 내용을 입력한다.

■ **병역**

　　해당 사원의 병역사항을 입력한다.

■ **상벌**

　　해당 사원의 상벌을 입력한다.

■ **출장**

　　해당 사원의 출장내역을 입력한다.

7.3.9 급여용 인사정보

`화면 위치` 　인사관리 ▶ 인사정보 ▶ [급여용 인사정보]

　　급여나 정산처리 시 공제항목으로 필요한 인적공제, 고용보험, 건강보험 등을 설정해주는 화면이다.

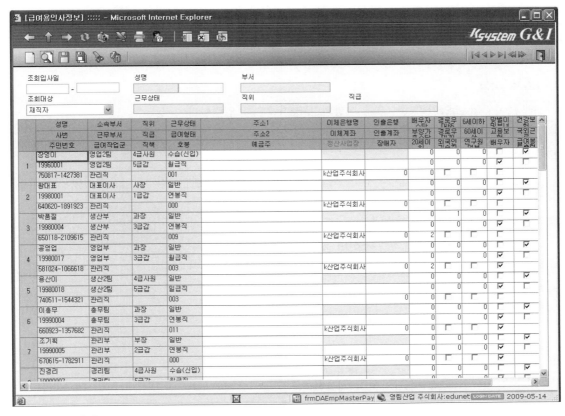

[급여용 인사정보]

이름

해당 사원의 이름을 보여준다.

사번

해당 사원의 사번을 보여준다.

정산사업장

해당 사원의 정산사업장을 입력한다.

이체은행명

해당 사원의 이체은행명을 입력한다.

이체계좌

해당 사원의 이체계좌를 입력한다.

■ 6세 이하

해당 사원의 부양가족 중 6세 이하의 부양가족수를 입력한다.

■ 60세 이상

해당 사원의 부양가족 중 60세 이상의 부양가족수를 입력한다.

■ 20세 이하

해당 사원의 부양가족 중 자녀이면서 20세 이하의 부양가족수를 입력한다(6세 이하 포함).

■ 배우자

해당 사원의 배우자가 부양가족이면 체크한다.

■ 건강보험

해당 사원이 건강보험대상자이면 체크한다.

■ 고용보험

해당 사원이 고용보험대상자이면 체크한다.

■ 외국인 여부

해당 사원이 외국인이면 체크한다.

■ 국외근로

해당 사원이 국외근로자이면 체크한다.

■ 국내거부

해당 사원이 국내거주자이면 체크한다.

7.3.10 동호회등록

화면 위치	인사관리 ▶ 인사정보 ▶ [동호회등록]

회사의 동호회를 관리하며 동호회 회비에 대해 급여공제 방법을 등록한다.

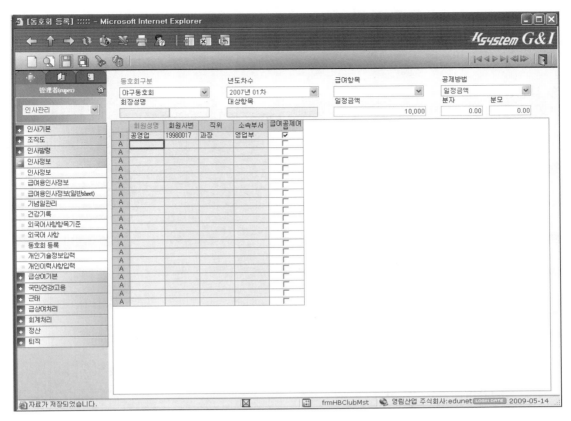

[동호회등록]

■ 동호회구분

입력할 동호회를 선택한다.

■ 연도차수

급여 수정할 연도차수를 선택한다.

■ 급여항목

동호회공제 할 급여항목을 선택한다.

■ 공제방법

동호회 공제방법을 선택한다. 일정금액이면 일정금액, 대상항목의 비율이면 급여항목 × 비율
을 선택한다.

■ **회장성명**

해당 동호회의 회장 성명을 입력한다.

■ **대상항목**

공제방법이 급여항목×비율일 때 해당되는 급여항목을 대상항목에 입력한다.

■ **일정금액**

공제방법이 일정금액일 때 해당되는 일정금액을 입력한다.

■ **분자**

공제방법이 급여항목×비율일 때 비율에 해당되는 분자를 입력한다.

■ **분모**

공제방법이 급여항목×비율일 때 비율에 해당되는 분모를 입력한다.

■ **이름**

동호회에 소속된 사원을 입력한다.

■ **급여공제 여부**

해당 사원이 동호회급여공제대상자이면 체크한다.

7.3.11 기본작업등록

화면 위치 급상여기본 ▶ 기본자료1 ▶ [기본작업등록]

회사에서 관리되어지는 급여작업군과 급여형태 및 급상여구분을 정의한다.

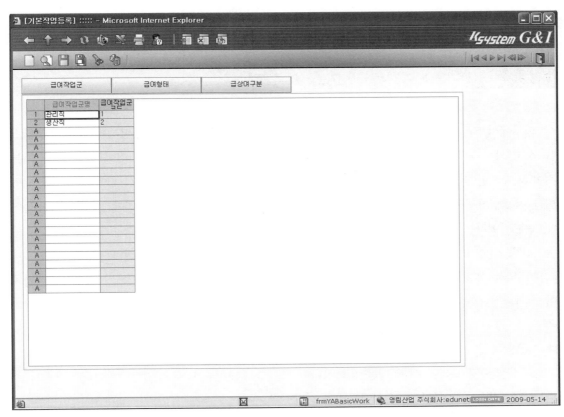

[급여 관련 기본작업등록]

■ 급여작업군

통제등록의 급여내역을 등록할 수 있다. 급여작업군은 회사의 급여지급 시점이 다른 경우 별도의 급여작업군으로 등록할 수 있다.

■ 급여형태

회사에서 지급하는 급여의 지급방법에 따른 분류로 월급직, 시급직, 연봉직 등으로 분류할 수 있다.

■ 급상여구분

회사에서 지급하는 급여의 지급형태, 즉 일반급여, 정기급여, 특별상여 등의 형태의 분류를 의미한다.

7.3.12 기본급여항목등록

화면 위치 급상여기본 ▶ 기본자료1 ▶ [기본급여항목등록]

회사에서 지급 및 공제하는 항목에 대하여 항목별로 지급방법 및 과세/비과세 여부 적용방법을 정의하는 화면으로, 급여를 계산하기 위한 기초적인 화면이다. 급상여처리를 위한 가장 기본적이고 중요한 화면으로, 회사에서 사용하는 급여(지급/공제)항목 등록 및 각 항목의 지급/공제방법을 세팅함으로써 추후 급여항목과 지급방법 설정과의 연결고리를 제공하게 한다. 예를 들어 '근속수당'이라는 급여항목의 지급방법을 '근속'으로 세팅한다. 메뉴의 근속등록이라는 실제 근속기간별 금액을 등록하는 화면에 근속수당이라는 급여항목이 매칭되게 된다. 기타 각 항목별 과세/비과세 유형 및 적용방법을 설정하게 된다. 급여인상의 요인 등으로 인해 지급 및 공제항목이 추가되거나 방법이 변경된 경우에는 이곳에서 신규등록 혹은 변경을 해야 한다.

■ 지급항목
- 기본급여항목 : 급여항목명을 입력한다.
- 지급방법 : 급여항목명의 지급방법을 선택한다.
- 과세/비과세유형 : 급여항목이 과세인지 비과세인지를 선택한다.
- 적용방법 : 금액을 전액지급인지 일별로 나누어서 할지를 선택한다.
- 기지급 여부 : 급여항목이 기지급되는 항목인 경우 선택한다.

■ 공제항목
- 기본급여항목 : 급여항목명을 입력한다.
- 공제방법 : 급여항목명의 공제방법을 선택한다.

■ 기본급 지급방식
- 급여형태 : 급여형태를 보여준다.
- 기본급 지급방법 : 기본급 지급방법을 선택한다.
- 기본급 계산항목 : 기본급 계산항목을 설정한다.
- 상여기본급 OPTION : 상여기본급 옵션을 선택한다.
- 적용수 : 상여기본급 옵션에서 선택한 것이 적용수일 때 적용수에 해당되는 숫자를 입력한다.

7.3.13 기준구성항목등록

화면 위치 급상여기본 ▶ 기본자료1 ▶ [기준구성항목등록]

K.System ERP에서 제공하는 생산직비과세 월정액, 고용보험대상, 기부금공제대상, 연구활동 비과세대상을 구성하는 값을 구하기 위해 항목들을 등록하는 화면이다.

■ **기준항목사항**

기준항목명을 보여준다.

■ **항목명**

해당되는 급여항목을 보여준다.

■ **선택 여부**

구성항목에 해당되는 급여항목을 선택한다.

7.3.14 연도차수기준등록

화면 위치 급상여기본 ▶ 연도차수 ▶ [연도차수기준등록]

회사에서 급여의 지급 및 공제방법의 규정 및 룰의 기간을 설정하는 화면이다. 급여인상 등의 요인으로 인하여 지급 및 공제방법의 규정 및 룰이 변경되는 경우 이곳에서 신규 등록을 반드시 해야 한다. 연도차수는 편의상의 구분이며 연도가 바뀌어도 기준이 변경되지 않으면 그대로 사용하여도 된다.

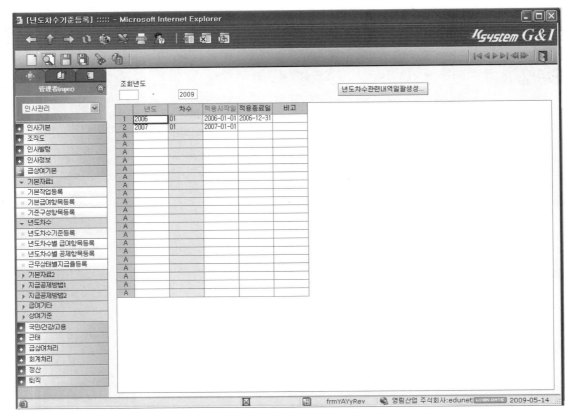

[연도차수기준등록]

연도

연도차수의 연도를 입력한다.

차수

차수를 보여준다.

적용시작일

해당연도 차수의 적용시작일을 보여준다.

〈연도차수 관련 일괄내역생성〉

급여의 지급 및 공제방법의 룰이 바뀐 경우 이전 연도 차수의 세팅내역을 복사하여 일괄생성한다. 따라서 기존의 세팅 값을 그대로 복사한 후 변경된 사항에 대해서만 변경을 하면 된다.

7.3.15 연도차수별 급여항목등록

화면 위치 급상여기본 ▶ 연도차수 ▶ [연도차수별 급여항목등록]

등록된 급여 발생에 대한 연도차수에 대하여 구체적으로 해당 차수에 적용되는 지급/공제 항목을 등록함으로써, 급여의 변경 시 History를 관리하고 지급월 현재의 급여항목을 정확하게 제한할 수 있다.

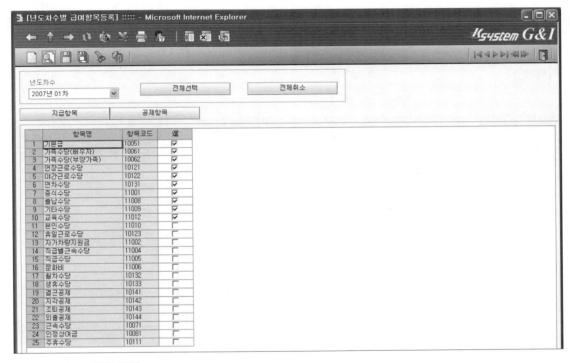

[연도차수별 급여항목등록]

▣ 연도차수

연도차수별 급여항목을 설정할 연연도차수를 선택한다.

▣ 지급항목

연도차수에 해당되는 지급항목을 선택하는 화면이다.

▣ 공제항목

연도차수에 해당되는 공제항목을 선택하는 화면이다.

7.3.16 연도차수별 공제항목등록

화면 위치 급상여기본 ▶ 연도차수 ▶ [연도차수별 공제항목등록]

등록된 급상여구분에 대하여 해당연도 차수별로 어떤 공제항목을 사용하는지를 등록한다. 예를 들면 정기적인 월급여의 경우 건강보험, 국민연금, 고용보험 외 대부분의 공제항목을 사용하지만, 정기상여의 경우는 건강보험, 국민연금 등 이미 해당월에 발생한 공제항목은 사용하지 않는다. 즉, 각 급상여구분별로 공제하는 항목을 등록하여 해당 급상여구분(급여, 정기상여 등) 발생 시에 해당되는 공제항목만 공제처리 하는 화면이다. 일반적으로 정기급여의 경우 국민연금, 건강보험 및 대부분의 공제항목이 처리가 되며, 상여에는 고용보험 및 특정 항목에 대하여 공제처리 한다.

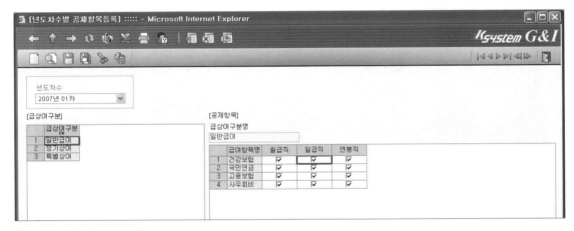

[연도차수별 공제항목등록]

■ 연도차수

연도차수별 공제항목을 설정할 연도차수를 선택한다.

■ 급상여구분

연도차수에 해당되는 공제항목을 세팅한 급상여구분을 선택하는 화면이다.

■ 급상여구분명

급상여구분명에 해당되는 공제항목을 급여형태별로 선택한다.

7.3.17 근무상태별 지급률 등록

화면 위치 급상여기본 ▶ 연도차수 ▶ [근무상태별 지급률 등록]

직원의 근무상태에 따라서 각 급여항목을 다르게 적용할 수가 있다. 즉, 수습사원이나 휴직 등의 사유로 정상적인 근무상태가 아닌 경우 지급률에 차등을 주어 급여를 적용하기 위한 등록을 하는 화면이다.

■ 연도차수

근무상태별 지급률을 설정할 연도차수를 선택한다.

■ 급상여구분

근무상태별 지급률을 설정할 연도차수를 선택한다.

■ 급여형태

근무상태별 지급률을 설정할 연도차수를 선택한다.

■ 급여항목명

연도차수별 급여항목등록에 체크된 항목을 보여준다.

■ 근무상태

근무상태를 보여준다. 각 근무상태별로 해당 항목에 대한 지급률을 설정한다.

7.3.18 통상임금구성항목등록

화면 위치 급상여기본 ▶ 기본자료2 ▶ [통상임금구성항목등록]

통상임금은 급여형태별로 급여항목 중에서 특정 항목의 합을 통상임금으로 정의하고, 이를 기준으로 연관되는 수당 등을 계산하기 위해서 설정하는 임금이다. 일반적으로 기본급을 포함하여 매월 정기적으로 수령되는 급여항목의 합을 통상임금이라고 한다. 이를 설정함으로써 시급직의 근태 관련 수당의 계산 시 적용할 수 있다.

◼ 연도차수

통상임금을 설정할 연도차수를 선택한다.

◼ 통상임금 OPTION

통상임금이 명목임금(한 달 간 정상적으로 일했을 시 받는 임금)인지 실지급액(실제로 지급되는 금액)을 기준으로 하는지 설정한다.

◼ 급여형태

통상임금을 설정할 급여형태를 설정한다.

◼ 급여항목명

통상임금을 구성하는 급여항목을 각 급상여 종류마다 설정한다.

◼ 일/시급 계산공식

기본급과 기본일급, 시급과의 관계, 통상임금과 통상시급, 일급과의 분자 분모의 비율을 설정한다.

7.3.19 비과세유형별 적용내역등록

화면 위치 급상여기본 ▶ 기본자료2 ▶ [비과세유형별 적용내역등록]

급여항목 중 비과세 유형에 대한 적용방법을 정의한다. 단, 법정비과세인 생산직 비과세와 국외근로비과세는 통제등록에서 세팅하게 되어 있으며, 이곳에서는 기타비과세에 대하여 설정을 하게 된다.

현재는 식대비과세, 차량유지비, 연구보조비가 비과세로 처리되고 있으며, 각각 정해진 한도금액을 비과세로 처리하게 된다. 단, 발생금액이 한도금액을 초과하는 경우에는 한도금액만큼만 비과세 처리하고 나머지는 과세로 처리된다.

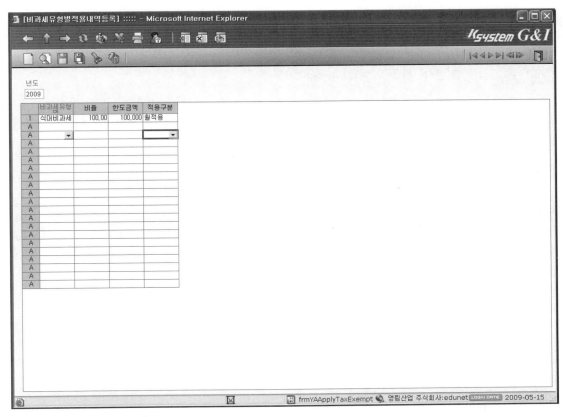

[비과세유형별 적용내역등록]

■ 연도

통상임금을 설정할 연도차수를 선택한다.

■ 비과세유형별

비과세한도를 설정할 비과세 유형을 설정한다.

■ 비율

비과세가 적용될 비율을 선택한다.

■ 한도금액

해당 비과세 종류의 한도금액을 선택한다.

■ 적용구분

해당 비과세 적용 내용이 월 적용인지 연 적용인지를 선택한다.

7.3.20 급여표등록

화면 위치 급상여기본 ▶ 지급공제방법1 ▶ [급여표등록]

급여표(급여 Table)등록이란 직급에 대한 호봉별로 급여를 지급하는 경우에 각 직급별 호봉에 대한 기준급여액을 입력하는 것을 의미하며, 급여항목 중 급여표에 의하여 결정되는 것이 있는 경우 필수적으로 입력해야 한다.

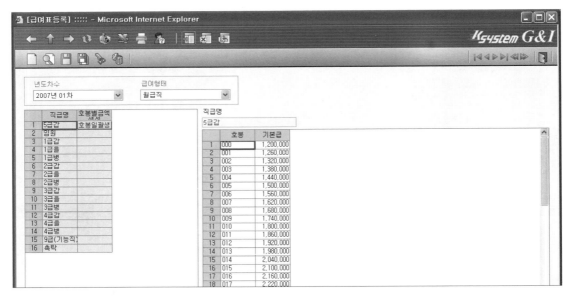

[급여표등록]

■ 연도차수

급여표를 설정할 연도차수를 선택한다.

■ 급여형태

급여표를 설정할 급여형태를 설정한다.

■ 직급명

호봉별금액을 설정할 직급을 설정한다. 호봉일괄생성을 통해서 일괄적으로 생성 가능하다.

■ 호봉별금액

각 급여항목별로 호봉별금액을 입력한다.

7.3.21 근속등록

화면 위치 급상여기본 ▶ 지급공제방법1 ▶ [근속등록]

급여 지급/공제 방법의 하나로서 근속기간에 따라서 급여가 결정되는 항목으로 지급방법이 '근속'으로 되어 있는 급여항목에 대한 지급기준을 정의하는 화면으로 연도차수별로 등록한다. 통제등록에 근속수당기산기준의 설정에 따라 화면구성이 틀려진다.

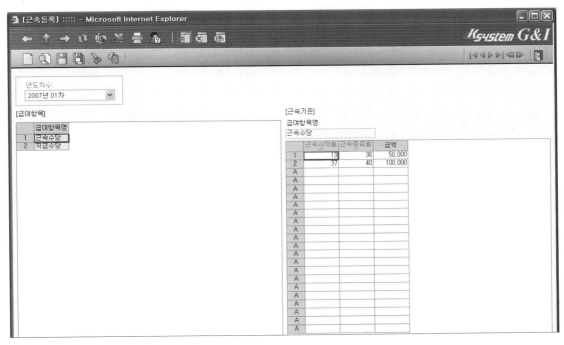

[근속등록]

■ 연도차수

근속등록을 설정할 연도차수를 선택한다.

■ 급여항목

근속등록을 설정할 급여항목을 설정한다.

■ 근속기준

근속기준에 따라 금액을 설정한다. 단 종료월수와 시작월수는 겹치지 않도록 한다.

7.3.22 조건체크별 등록

| 화면 위치 | 급상여기본 ▶ 지급공제방법1 ▶ [조건체크별 등록] |

급여항목 중에 지급항목이나 공제항목이 어떤 조건에 따라 금액이 달라지는 경우에 적용하는 화면이다. 예를 들면 가족수당 같은 항목이 해당하고 배우자의 유무에 따라, 자녀의 수에 따라 달리 지급되는 경우가 있다.

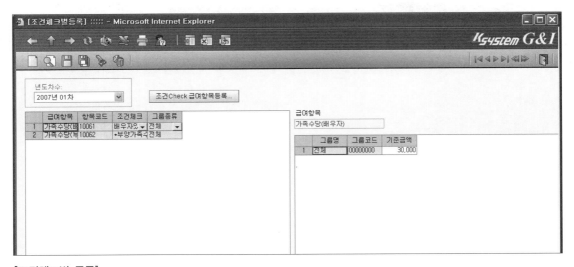

[조건체크별 등록]

■ **연도차수**

　조건체크별 등록을 설정할 연도차수를 선택한다.

■ **급여항목**

　조건체크별 등록을 설정할 급여항목을 설정한다.

■ **금액기준**

　각 급여항목당 조건별금액을 설정한다.

■ **〈조건Check 급여항목등록〉**

　조건을 어떤 기준(배우자, 자녀수)으로 할지 설정한다.

7.3.23 요율계산등록

화면 위치 급상여기본 ▶ 지급공제방법1 ▶ [요율계산등록]

급여항목 중에 적정한도나 비율에 따라 지급/공제되는 항목이 있을 경우에 등록을 하는 화면
이다.

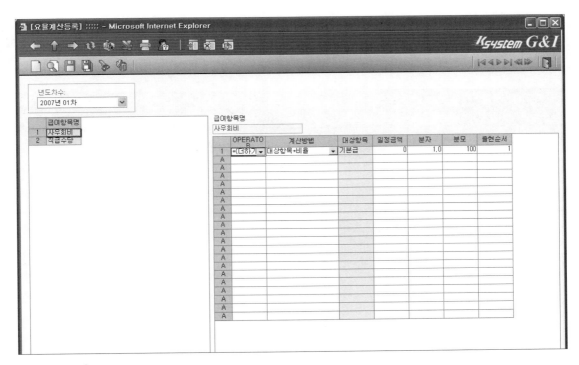

[요율계산등록]

■ 연도차수

요율계산등록을 설정할 연도차수를 선택한다.

■ 급여항목

요율계산등록을 설정할 급여항목을 설정한다.

■ 계산식

요율계산식을 입력한다.

7.3.24 개인별 등록(항목별)

화면 위치 급상여기본 ▶ 지급공제방법2 ▶ [개인별 등록(항목별)]

급여 지급방법을 개인별로 선택한 항목에 대해 해당 사원별/항목별로 금액을 입력하는 화면이다. <기본급 기준금액 등록>에 의하여 기본급을 생성해 올 수도 있으며, <기본급여항목 등록>에서 지급방법이 '개인별'로 된 지급/공제항목이 자동으로 시트에 나타나서 개인별로 등록을할 수 있다. [개인별 등록]은 K.System ERP가 제공하는 지급 혹은 공제방법이 없는 경우에 혹은특정 개인에 한하여 지급/공제 되는 급여항목의 경우에 처리할 수 있다.

[개인별 등록(항목별)]

■ 급여작업군

개인별급여항목을 설정할 급여작업군을 선택한다.

■ **연도차수**

개인별급여항목을 설정할 연도차수를 설정한다.

■ **급여항목**

개인별급여항목을 입력할 급여항목을 선택한다.

■ **대상자 및 금액**

개인별급여항목을 입력할 대상자 및 금액을 넣는다.

7.3.25 예외내역입력

화면 위치 급상여기본 ▶ 지급공제방법2 ▶ [예외내역입력(항목별)]

예외내역 등록이란 회사의 기준에 의하여 급여항목별로 정의된 지급/공제 룰에 의하여 지급하는 것과 별도로 특정 기간에 한하여 예외적으로 발생하는 급여를 등록하는 화면이다. 예외내역에 등록된 내역은 이전에 정의한 급여 지급/공제 룰에 우선한다. 종전 등록화면인 사원별과 같으나 기준만 항목별로 적용된 화면이다.

■ **급상여구분**

예외내역을 설정할 급상여구분을 선택한다.

■ **급여항목**

예외내역을 입력할 급여항목을 선택한다.

■ **대상자 및 금액**

예외내역을 입력할 대상자 및 금액을 넣는다.

7.3.26 출력순서관리

화면 위치 급상여기본 ▶ 급여기타 ▶ [출력순서관리]

　선행작업에서 설정한 급여지급/공제에 대한 각종 기준을 근거로 하여 각 급여항목을 급여작업군별/급상여구분별/출력물 종류에 따라 어떻게 출력할지를 정의하는 화면이다.

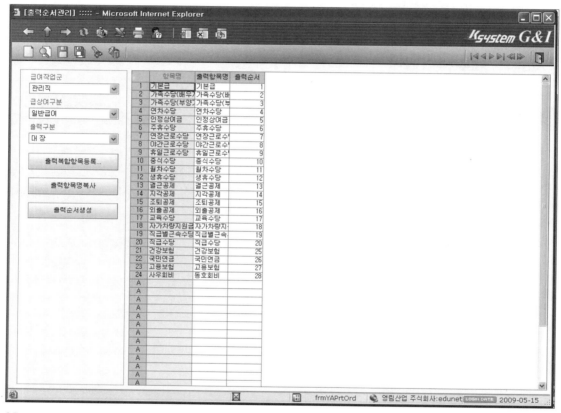

[출력순서관리]

■ 급여작업군

출력순서를 설정할 급여작업군을 선택한다.

■ 급상여구분

출력순서를 설정할 급상여구분을 선택한다.

■ **출력구분**

출력순서를 설정할 출력구분(대장, 명세서)를 선택한다.

■ **출력복합항목등록**

2개의 급여항목을 하나의 출력물로 나타내고 싶을 때 사용한다.

■ **항목명**

출력순서를 나타낼 급여항목을 입력한다.

■ **출력항목명**

급여항목을 출력 시 나타낼 이름을 입력한다.

■ **출력순서**

급여항목을 출력 시 나타낼 출력순서를 입력한다.

7.3.27   국민연금내역관리

<table>
<tr><td>화면 위치</td><td>국민/건강/고용 ▶ 국민연금 ▶ [국민연금내역관리]</td></tr>
</table>

개인별로 적용되는 국민연금 등급을 입력하고 기존에 등록된 개인별 국민연금 등급을 조회하는 화면이다. 일반적으로 개인의 국민연금은 1년에 1회 변경이 되며, 이 경우에 화면 하단의 시트의 빈 행에서 변경하고자 하는 사원에 대한 해당 셀의 내용을 등록하면 된다. 이 경우 변경일자로서 HISTORY관리를 할 수 있다. 여기에 등록된 개인별 국민연금 내역은 급여처리 시 공제항목인 '국민연금'에 등급에 해당되는 금액을 공제처리 한다.

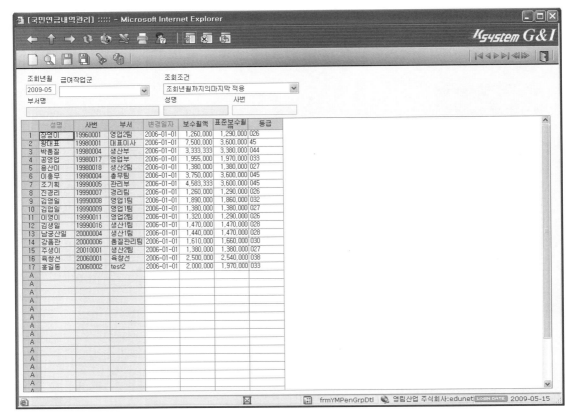

[국민연금내역관리]

■ 급여작업군

　국민연금을 조회할 기준급여작업군을 선택한다.

■ 조회조건

　조회할 국민연금내역이 최종인지 아니면 모든 내역을 조회할지 선택한다.

■ 이름

　국민연금내역관리에 해당되는 이름을 넣는다.

■ 변경일자

　국민연금내역이 시작하는 해당 날짜를 입력한다.

■ 보수월액

　국민연금내역의 해당인의 보수월액을 입력한다.

7.3.28 건강보험내역관리

화면 위치 국민/건강/고용 ▶ 건강보험 ▶ [건강보험내역관리]

개인별로 적용되는 건강보험 등급을 입력 및 조회하는 화면이다. 일반적으로 개인의 건강보험은 1년에 1회 변경이 되며, 이 경우에 화면 하단 시트의 빈 행에서 변경하고자 하는 사원에 대한 해당 셀의 내용을 등록하면 된다. 이 경우 변경일자로서 HISTORY 관리를 할 수 있다. 여기에 등록된 개인별 건강보험 내역은 급여처리 시 공제항목인 건강보험에 등급에 해당되는 금액을 공제처리 한다.

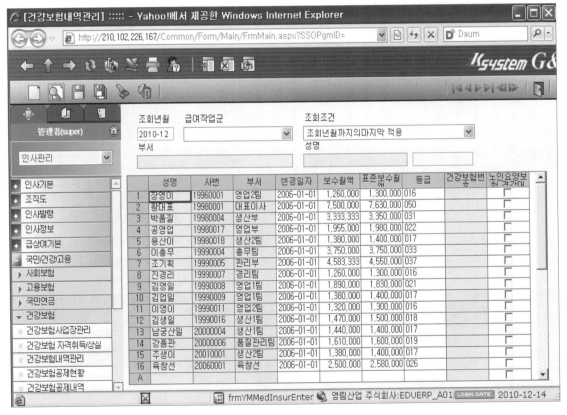

[건강보험내역관리]

■ 급여작업군

건강보험을 조회할 기준급여 작업군을 선택한다.

■ 조회조건

조회할 건강보험내역이 최종인지 아니면 모든 내역을 조회할지 선택한다.

■ 이름

건강보험내역관리에 해당되는 이름을 넣는다.

■ 변경일자

건강보험내역이 시작하는 해당 날짜를 입력한다.

■ 보수월액

건강보험내역의 해당인의 보수월액을 입력한다.

■ 노인요양보험경감대상

노인요양보험경감대상자인 경우 이곳에서 체크한다.

7.3.29 근태항목등록

화면 위치 근태 ▶ 근태내역 ▶ [근태항목등록]

근태항목 등록은 회사에서 근태에 의해서 급여를 지급하거나 관리가 필요한 항목을 등록하고, 이에 준하여 지급되는 급여항목별로 지급을 위한 계산 공식을 등록하기 위한 화면이다. 따라서 근태에 의하여 지급되는 급여항목을 기준으로 하여 적용되는 근태항목을 등록하여야 한다.

[근태항목 등록]

■ **근태항목**

근태항목을 입력한다.

■ **시간/일 구분**

근태항목 종류가 시간인지 일인지 선택한다.

■ **이름**

건강보험내역관리에 해당되는 이름을 넣는다.

■ **소수점자릿수**

근태를 나타내는 화면이 소수점 몇 단위까지 표시되는지 선택한다.

■ **급여지급적용**

해당 근태가 급여지급과 관련되면 선택을 한다. 선택된 항목은 [근태종류별 급여항목 및 계산공식 등록]에서 사용할 수 있다.

■ **결근사용구분**

해당 근태가 결근과 관련된 항목이면 클릭을 한다. 선택된 항목은 [결근자등록]에서 사용할 수 있다.

■ **유급/무급구분**

지급금액이 발생하는 근태항목이면 유급이고, 결근사유구분에 따라서 유급 이외의 종류를 선택한다. 유급 이외의 종류에는 연차, 월차, 생휴, 무급, 무단이 있다.

7.3.30 근태종류별 급여항목 및 계산공식 등록

화면 위치 근태 ▶ 근태내역 ▶ [근태종류별 급여항목 및 계산공식 등록]

근태종류별 급여항목에 대하여 해당 그룹과 근태계산 공식을 등록함으로써 실제 근태현황에 따라서 해당 급여항목의 지급/공제액을 산출할 수 있도록 하는 화면이다.

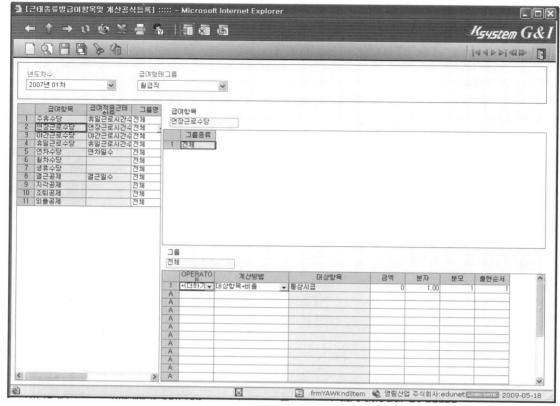

[근태종류별 급여항목 및 계산공식 등록]

■ **연도차수**

　급여근태식을 설정할 연도차수를 설정한다.

■ **급여형태그룹**

　급여근태식을 설정할 급여형태를 설정한다.

■ **급여항목**

　급여근태식을 설정할 급여항목을 설정한다.

■ **그룹종류**

　급여근태식을 설정할 그룹종류를 설정한다.

■ **계산식**

　급여근태식을 설정할 그룹종류를 설정한다.

7.3.31 일일근태내역입력

화면 위치 근태 ▶ 근태내역 ▶ [일일근태내역입력]

근태종류별 급여항목에 대하여 해당 그룹과 근태계산 공식을 등록함으로써 실제 근태현황에 따라서 해당 급여항목의 지급/공제액을 산출할 수 있도록 하는 화면이다.

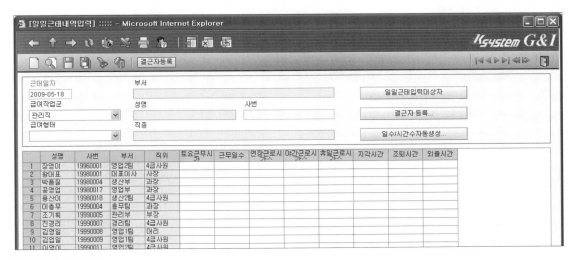

[일일근태내역입력]

■ 근태일자

근태일자를 넣을 근태일자를 입력한다.

■ 일일근태입력대상자

근태입력대상자를 조회한다. 단, 결근등록 된 사람들은 조회되지 않는다.

■ 결근자등록

해당 일자로 결근자 등록하는 화면으로 넘어간다.

■ 일수/시간수 자동생성

근무일수와 근무시간수를 자동으로 생성한다.

■ 근태항목입력

해당 인원당 해당 근태의 값을 입력한다.

7.3.32 결근자등록

화면 위치   근태 ▶ 근태내역 ▶ [결근자등록]

해당 근태일자에 결근자가 있는 경우 등록한다.

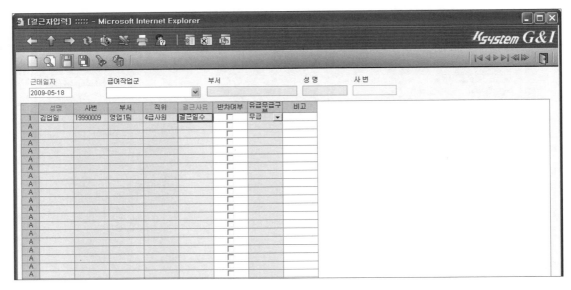

[결근자입력]

🟦 근태일자

결근내역을 넣을 근태일자를 입력한다.

🟦 성명

결근자의 성명을 입력한다.

🟦 결근사유

결근의 해당되는 종류를 입력한다.

🟦 반차 여부

반차일 경우 클릭한다.

🟦 유급무급구분

해당 결근사유에 따라 유급, 무급 구분이 정해진다.

7.3.33 급상여일자기준내역

화면 위치 급상여처리 ▶ 급상여처리 ▶ [급상여일자내역등록]

기본작업등록에 등록한 급여작업군별 급상여구분의 기준을 정해주는 화면이다. 예를 들면 급여작업군 A의 급여, 정기상여, 인센티브 등의 지급일, 적용기간, 근태적용기간 등을 세팅할 수 있다.

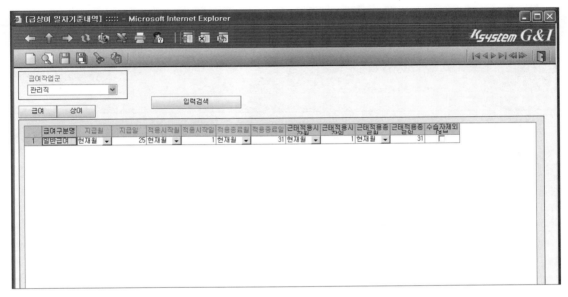

[급상여 일자기준내역]

■ 급여작업군

급상여일자 기준내역을 입력할 급여작업군을 선택한다.

■ 급여

급여의 급상여일자 기준내역을 입력한다.

■ 상여

급여의 급상여일자 기준내역을 입력한다.

■ 입력검색

입력할 내용을 검색한다.

7.3.34 급상여일자내역등록

화면 위치 급상여처리 ▶ 급상여처리 ▶ [급상여일자내역등록]

급상여처리를 위해서는 급상여가 발생되는 적용연월에 대한 지급 시작일과 종료일 및 지급일의 정보가 기본적으로 필요하고, 기타 대상자 및 상여의 경우 세금적용기간 등의 정보가 필요하다. 이에 대한 정보를 급여작업군에 대하여 급상여지급 적용연월별, 급상여구분별로 세부내역을 등록하는 화면이다.

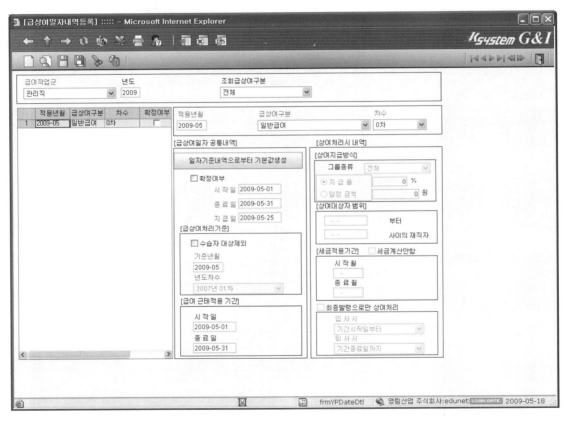

[급상여일자내역등록]

■ 급여작업군

급상여일자내역을 입력할 급여작업군을 선택한다.

■ **적용연월**

급상여의 적용연월을 입력한다.

■ **기준일**

급상여의 시작일, 종료일 지급일을 입력한다.

■ **급상여처리기준**

급상여의 처리기준연월을 입력한다.

■ **급여근태적용기간**

급여의 근태적용기간을 입력한다.

■ **상여지급방식**

상여의 지급방식이 지급률과 일정금액의 관계에 따라 선택하고 값을 입력한다.

■ **상여대상자범위**

상여의 대상자 범위를 입력한다.

■ **세금적용기간**

상여의 경우에 세금적용기간을 입력한다.

7.3.35 급상여처리

화면 위치   급상여처리 ▶ 급상여처리 ▶ [급상여처리]

이전 단계에서 정의된 급여항목별 지급/공제 룰에 의하여 실제로 급여 혹은 상여를 발생하는 화면이다.

■ **급여작업군**

급상여처리 할 급여작업군을 선택한다.

■ **급상여적용연월**

급상여처리 할 적용연월을 입력한다.

■ **급상여구분차수**

급상여처리 할 급상여구분차수를 선택한다.

■ **급상여처리일자내역**

해당 급상여의 처리일자내역을 보여준다.

■ **상여세금적용기간**

해당 상여의 세금적용기간을 보여준다.

■ **상여지급방식**

상여의 지급방식이 지급률과 일정금액의 관계에 따라 선택하고 값을 입력한다.

■ **상여대상자범위**

상여의 대상자 범위를 입력한다.

■ **세금적용기간**

상여의 경우에 세금적용 기간을 입력한다.

■ **처리구분**

급상여처리 할 때 '대출처리'인지 '근태집계'인지 '급상여처리'인지 '세금처리'인지를 선택한다.

■ **연말정산반영 시 연도**

'급상여'에 정산갑근세 등의 연말정산의 내용을 반영할 때 사용한다.

■ **처리대상**

급상여처리 대상이 전체일 때와 개인일 때, 상황에 맞게 선택한다.

■ **차수 Refresh**

급상여차수를 다시 불러올 때 사용한다.

■ **급상여처리대상자 조회**

급상여처리가 개인일 때 대상자를 조회하는 화면이다.

7.3.36 급상여출력

화면 위치 급상여처리 ▶ 급상여처리 ▶ [급상여출력]

급상여대장 및 명세서를 출력하는 화면이다.

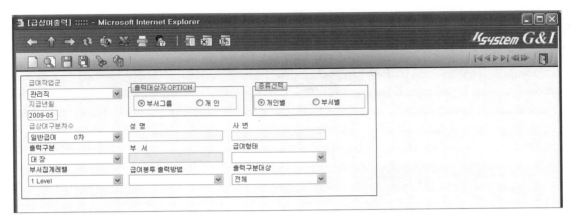

[급상여출력]

■ 급여작업군

급상여를 출력할 급여작업군을 선택한다.

■ 지급연월

급상여를 출력할 지급연월을 입력한다.

■ 급상여구분차수

급상여를 출력할 급상여구분차수를 선택한다.

■ 출력구분

급상여를 출력할 종류(대장, 명세서)를 선택한다.

■ 출력대장 OPTION

출력대상자를 검색할 OPTION을 선택한다.

■ 종류선택

출력대상자 옵션과 연계되며, '개인별'과 '부서별' 중 선택한다.

7.3.37 원천징수이행상황신고

화면 위치 정산 ▶ 자유직업 ▶ [원천징수이행상황신고]

원천징수이행상황신고서를 양식에 맞게 다른 데이터의 입력 없이 자동계산 하여 조회/출력하는 화면이다. DISK로 생성하여 홈택스에서 변환신고도 가능하다.

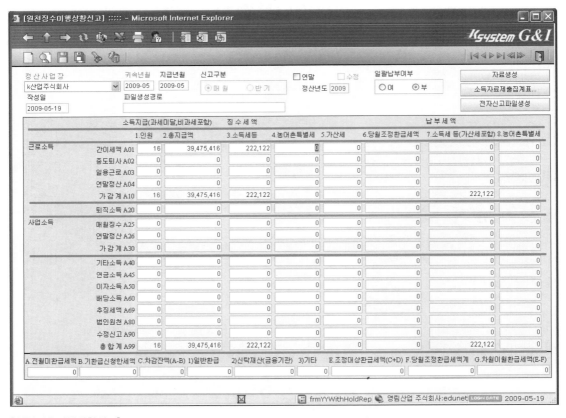

[원천징수이행상황신고]

■ 정산사업장

원천징수이행상황신고를 작성할 정산사업장을 선택한다.

■ 귀속연월

원천징수이행상황신고 할 귀속연월을 입력한다.

■ 지급연월

원천징수이행상황신고 할 지급연월을 입력한다.

■ 연말

원천징수이행 상황신고서에 연말정산내역을 반영할 때 체크한다.

■ 정산연도

해당되는 정산연도를 입력한다.

■ 자료생성

급여데이터 및 정산데이터 등을 바탕으로 해당되는 귀속연월의 자료를 자동으로 생성한다.

■ 소득자료제출집계표

소득자료제출집계표를 출력한다.

■ 전자신고파일생성

홈택스 신고에 사용할 전자신고 파일을 생성한다.

7.3.38 정산내역처리

화면 위치   정산 ▶ 정산처리 ▶ [정산내역처리]

사원이 퇴직하거나 연말이 되어 정산처리를 할 때 사용하는 화면이다. 퇴사자는 중도로 놓고 월별로 처리하며, 연말정산은 연별로 연말을 클릭하고 처리한다.

[정산내역처리]

■ **정산연도**

　정산내역처리 할 정산연도를 입력한다.

■ **·중도정산월**

　중도정산일 경우 중도정산월을 선택한다.

■ **정산구분**

　정산처리 할 작업이 연말정산인지 중도정산인지를 선택한다.

■ **정산사업장**

　정산처리 할 정산사업장을 선택한다.

■ **대상**

　정산처리 할 대상이 전체인지 개인인지를 선택한다.

■ **비과세재처리**

　비과세 재처리할 비과세 종류를 정해서 비과세 재처리를 한다.

■ **처리종류**

연말정산처리 할 때 정산처리 하는 내역이다. 신고사항 생성 후 정산마스터 처리순으로 한다.

■ **처리**

처리종류에 클릭된 정산을 처리한다.

■ **인쇄**

정산처리 된 내역을 인쇄한다.

7.3.39   퇴직금기준등록

화면 위치   퇴직 ▶ 퇴직처리 ▶ [퇴직금기준등록]

퇴직금의 계산은 법으로 정한 바에 의하여 하게 되어 있다. 하지만 세부기준의 적용에 있어서는 회사마다 약간의 차이를 두고 적용하게 되어 있다. 이 화면은 회사에서 적용하는 퇴직금계산 방식을 각 기준마다 설정하게 하는 화면이다.

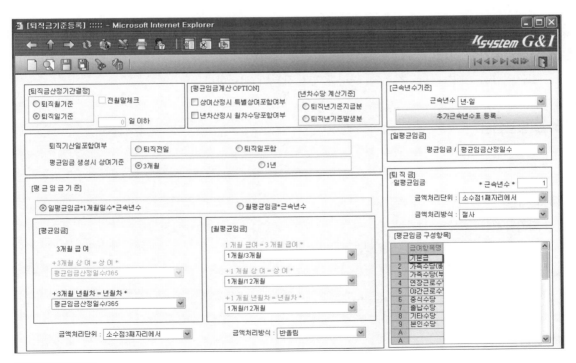

[퇴직금기준등록]

■ **퇴직금산정기간결정**

퇴직금산정일이 월기준인지 일기준인지를 선택한다.

■ **평균임금계산 OPTION**

퇴직금 계산시에 특별상여 및 월차수당을 넣는지 여부를 선택한다.

■ **연차수당계산기준**

연차수당이 발생분을 반영하는지 지급분을 반영하는지를 선택한다.

■ **근속연수기준**

근속연수기준의 단위를 선택한다.

■ **퇴직금기산일포함 여부**

퇴직금기산일이 퇴직일을 포함하는지 아닌지에 대한 선택을 한다.

■ **평균임금생성 시 상여기준**

평균임금생성 시 상여반영기간이 3개월인지 1년인지를 선택한다.

■ **평균임금기준**

평균임금을 일평균으로 잡는지 월평균으로 잡는지 선택한다.

■ **일평균임금**

일평균임금의 계산식을 선택한다.

■ **퇴직금**

퇴직금계산 공식을 설정한다.

■ **평균임금**

평균임금을 구하는 공식을 설정한다.

■ **월평균임금**

월평균임금을 구하는 공식을 설정한다.

● **평균임금구성항목**

퇴직금의 평균임금을 구성하는 항목을 입력한다. 여기에 입력된 항목의 금액만 퇴직금 평균 임금으로 계산된다.

7.3.40 퇴직처리

화면 위치 퇴직 ▶ 퇴직처리 ▶ [퇴직처리]

사원이 퇴직을 하는 경우 회사는 그 근속연수에 의하여 법이 정한 기준에서 회사의 규정에 따라 퇴직금을 지급하여야 한다. 이 화면에서는 퇴직자에 대하여 퇴직금을 계산하거나, 회사에서 방침에 따라 중간정산을 하여 해당 기간 동안의 중간정산퇴직금을 계산하는 화면이다.

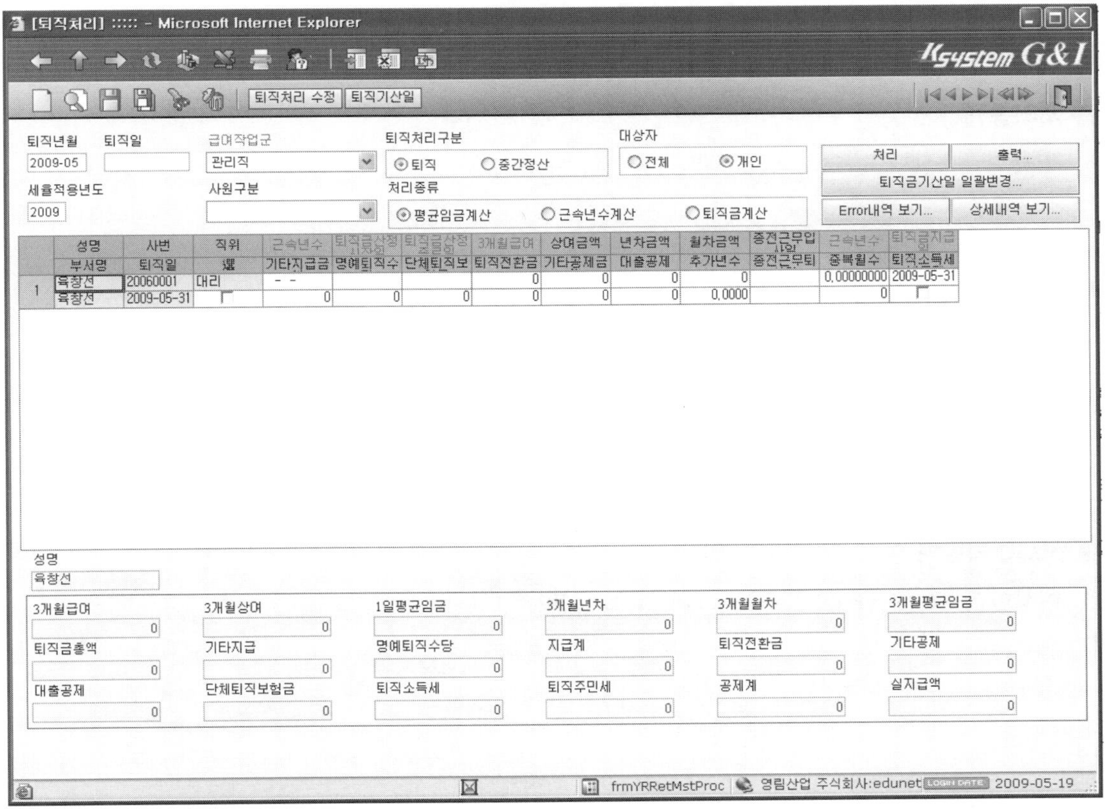

[퇴직처리]

■ **퇴직연월**

　퇴직처리 할 연월을 입력한다.

■ **급여작업군**

　퇴직처리 할 대상의 급여작업군을 선택한다.

■ **퇴직처리구분**

　퇴직처리가 중간정산인지 퇴직인지를 선택한다.

■ **대상자**

　퇴직처리를 전체로 하는지 개인인지를 선택한다.

■ **세율적용연도**

　퇴직세금이 적용될 세율을 입력한다.

■ **처리종류**

　평균임금계산, 근속연수계산, 퇴직금계산의 순서로 처리한다.

■ **처리**

　처리종류에서 선택된 처리를 처리한다.

■ **출력**

　퇴직출력물을 처리한다.

■ **상세내역보기**

　대상인의 평균임금내역을 상세하게 볼 수 있다.

7.3.41 퇴직추계액

화면 위치   퇴직 ▶ 퇴직추계 ▶ [퇴직추계액처리]

한 시점에서 전체 사원의 퇴직금을 구하는 프로그램이다. 퇴직금 충당금 설정 등에 쓰이기 위한 프로그램이며, 기준은 퇴직처리기준과 동일하다.

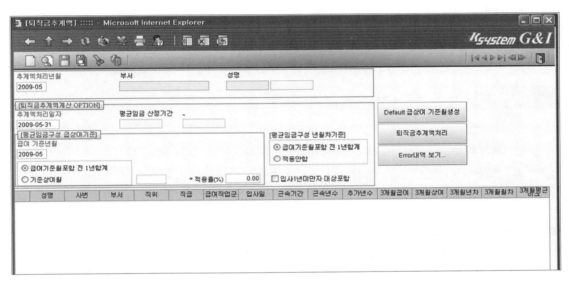

[퇴직금추계액]

▨ 추계액퇴직연월

추계액처리 연월을 입력한다.

▨ 추계액처리일자

추계액처리일자를 입력한다.

▨ 급여기준연월

급여기준연월을 입력한다.

▨ 평균임금구성연월차기준

연월차의 포함 여부를 선택한다.

■ Default 급상여 기준월생성

급여기준연월을 기준으로 급상여 기준월을 생성한다.

■ 퇴직추계액처리

퇴직추계액을 처리한다.

* 주의: 퇴직추계액처리 순서는 Default 급상여기준월생성 → 저장 → 퇴직추계액처리 순서로 한다.

7.3.42 부서그룹등록

| 화면 위치 | 회계처리 ▶ ERP회계처리 ▶ [부서그룹등록] |

급상여회계처리 시 부서들마다의 계정과목 설정 시 일일이 세팅하지 않고 같은 급여항목에 대한 같은 계정과목을 쓰는 부서들을 묶어주는 역할을 하는 화면이다.

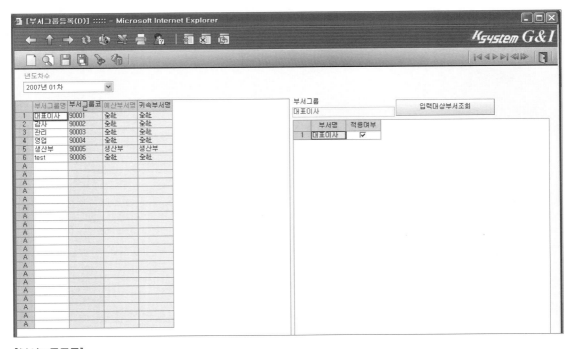

[부서그룹등록]

■ **연도차수**

부서그룹을 세팅할 연도차수를 선택한다.

■ **부서그룹명**

부서의 그룹명을 입력한다.

■ **예산부서명**

부서그룹의 예산부서를 입력한다.

■ **귀속부서명**

부서그룹의 예산부서를 입력한다.

■ **입력대상부서조회**

부서그룹에 속하지 않은 부서를 조회한다.

■ **부서명**

해당되는 부서그룹일 때 적용 여부에 체크한다.

7.3.43 회계처리계정설정

화면 위치	회계처리 ▶ ERP회계처리 ▶ [회계처리계정설정(D)]

급상여회계처리에서 쓰이는 계정과목을 정해주기 위한 화면이다.

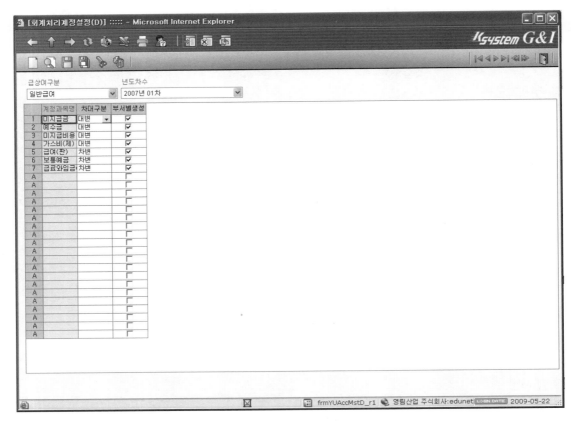

[회계처리계정설정]

📷 급상여구분

회계계정을 설정할 급상여구분을 선택한다.

📷 연도차수

회계계정을 설정할 연도차수를 선택한다.

📷 계정과목명

회계계정 과목명을 입력한다.

📷 차대구분

해당 계정과목명이 차변인지 대변인지를 설정한다.

📷 부서별생성

해당 계정과목명을 부서별 생성할지 아닐지를 결정한다.

7.3.44 급상여회계처리 지급환경 설정

| 화면 위치 | 회계처리 ▶ ERP회계처리 ▶ [급상여회계처리 지급환경 설정] |

급상여회계처리를 하기 위한 지급항목에 대한 계정과목을 설정해주는 화면이다.

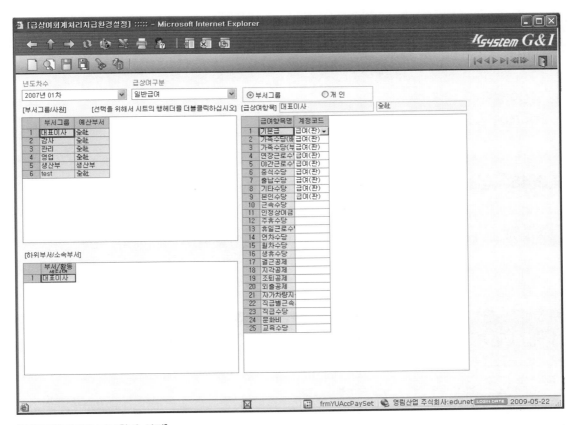

[급상여회계처리 지급환경 설정]

■ 급상여구분

지급환경을 설정할 급상여구분을 선택한다.

■ 연도차수

지급환경을 설정할 연도차수를 선택한다.

■ 부서그룹/개인

부서그룹으로 설정할지 개인별로 설정할지를 선택한다.

■ 차대구분

해당 계정과목명이 차변인지 대변인지를 설정한다.

■ 부서그룹

지급환경을 선택한 부서그룹/사원을 선택한다.

■ 하위부서/소속부서

해당된 부서그룹 또는 사원의 하위부서 및 소속부서를 보여준다.

■ 급상여항목

급여항목명과 알맞은 계정코드를 연결시킨다.

7.3.45 급상여회계처리 공제항목 설정

<table>
<tr><td>화면 위치</td><td>인사관리 ▶ 회계처리 ▶ ERP회계처리 ▶ [급상여회계처리 공제항목 설정]</td></tr>
</table>

회계처리 시 각 급상여구분별로 공제항목을 어떤 계정과목으로 공제할 것인지를 결정해준다.

[급상여회계처리 공제항목 설정]

■ 급상여구분

공제항목을 설정할 급상여구분을 선택한다.

■ 연도차수

공제항목을 설정할 연도차수를 선택한다.

■ 급여항목

공제항목을 설정할 급여항목을 선택한다.

■ 계정과목

공제항목의 계정과목을 입력한다.

■ 계정관리항목

공제항목의 계정관리항목을 입력한다.

7.3.46 급상여회계처리

화면 위치	인사관리 ▶ 회계처리 ▶ ERP회계처리 ▶ [급상여회계처리]

급상여처리 된 내역을 회계처리 화면으로 넘겨주는 화면이다.

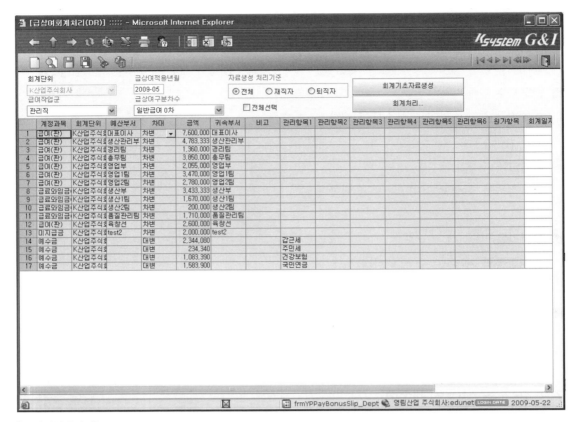

[급상여회계처리]

■ 회계단위

급상여회계처리 할 회계단위를 보여준다.

■ 급상여적용연월

급상여회계처리 할 급상여적용연월을 입력한다.

■ 자료처리생성기준

급상여회계처리 할 대상자(전체, 재직자, 퇴직자)를 선택한다.

■ 급여작업군

급상여회계처리 할 급여작업군을 선택한다.

■ 급상여구분차수

급상여회계처리 할 급상여구분차수를 선택한다.

■ **회계기초자료생성**

급상여회계처리 하기 위해서 회계기초자료를 생성한다.

■ **회계처리**

회계기초자료가 생성된 것을 바탕으로 전표처리 한다.

■ **계정과목**

회계 기초자료에 생성된 계정과목을 보여준다.

■ **정산항목**

각 계정과목당 포함될 정산항목을 입력한다.

7.4.1 인사기초코드 등록 및 인사기초정보 등록

1) 프로세스

[초기대상자일괄입력]에서 사원이 등록된 후 신규발령처리로 발령처리한 후 인사정보를 넣는다. 각 인사정보는 후에 급여데이터에 반영된다.

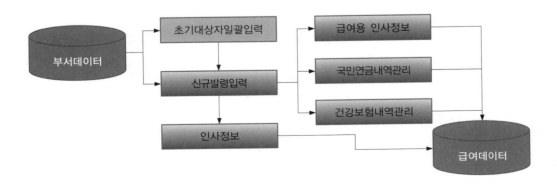

[인사 관련 정보]

2) 예제 및 실습

1. 다음과 같은 사원을 시스템에 등록한다.

성명	발령일자	사번	부서	직급	호봉	직위	급여형태	근무상태	보수월액
구준표	20090501	20090001	관리부	4급을	000	4급	월급직	수습(신입)	2,000,000

2. [초기대상자일괄입력]에서 사원정보를 입력한다.

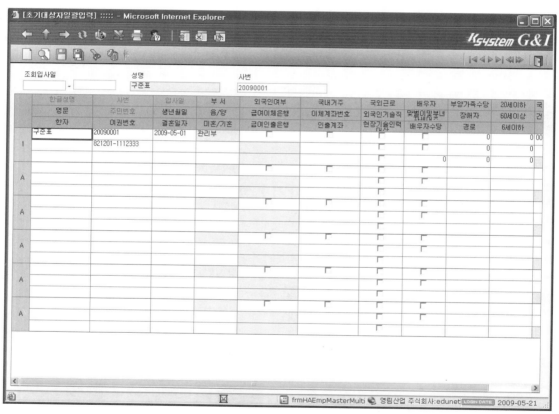

[초기대상자일괄력]

3. [신규발령입력]에서 대상자 조회 를 눌러서 [초기대상자일괄입력]에 입력한 대상자를 불러와서 내역을 입력 후 저장하여 발령처리를 한다.

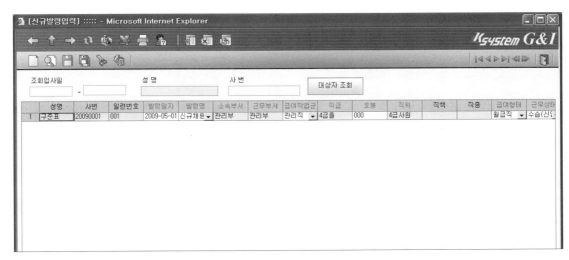

[신규발령입력]

4. [급여용 인사정보]에서 해당 인원의 정산사업장을 입력한다.

[급여용 인사정보]

7.4.2 부서 생성 & 부서명 변경 및 조직도 등록

1) 프로세스

부서관리에서 등록한 내용은 부서명칭 내역관리에 나타나며 인사정보와 조직도 등록에서 나타난다.

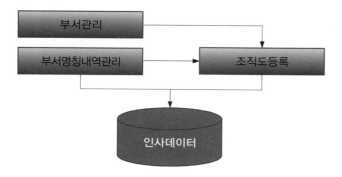

[부서 및 조직도 등록 절차]

2) 예제 및 실습

1. 2009년 5월 1일자로 재무부의 부서를 만들어서 전사 밑에 조직도를 등록하고 관리본부를 생산관리부로 부서명을 변경한다.
2. [부서관리]에서 기준일자를 05월 01로 입력 후에 재무부를 넣고 저장한다.

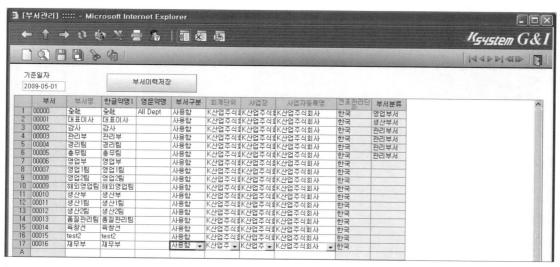

[부서관리 등록]

3. [부서관리]에서 관리본부를 생산관리부로 부서명을 변경한 후 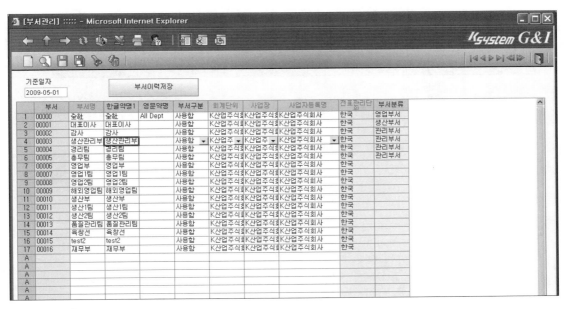 부서이력저장 을 눌러서 변경된 내역을 저장한다.

[부서명 변경]

4. [조직도등록]에서 <새로 만들기> 버튼을 눌러서 조직도 신규등록 창을 띄운 후에 '기존조직복사'를 선택한 후 조직도 생성일자를 아래의 그림처럼 2009년 05월 01일로 맞춘 후에 <확인> 버튼을 누른다.

[조직도 신규등록]

5. 그 후에 등록할 부서를 클릭하고 그 부서의 상위부서(여기서는 전사)를 클릭한 후 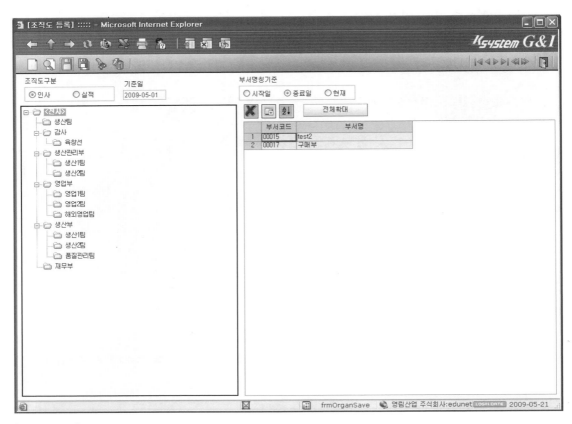 버튼을 이용해서 옮긴 후 저장한다.

[조직도 등록]

7.4.3 급여 및 상여의 처리

1) 프로세스

[급상여일자기준내역]에 등록된 설정은 [급상여일자내역등록]에서 가져올 수 있다. [급상여일자내역등록]에서 등록된 기준을 바탕으로 급여데이터에서 끌어와서 급상여처리를 한다.

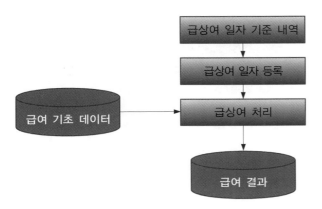

[급상여처리 절차]

2) 예제 및 실습

1. 4월 급여 및 4월 상여를 돌린다. 단 4월 상여는 20만원의 일정금액만 전원에게 지급한다.

2. [급상여일자내역등록]에서 4월 급여를 등록한다.

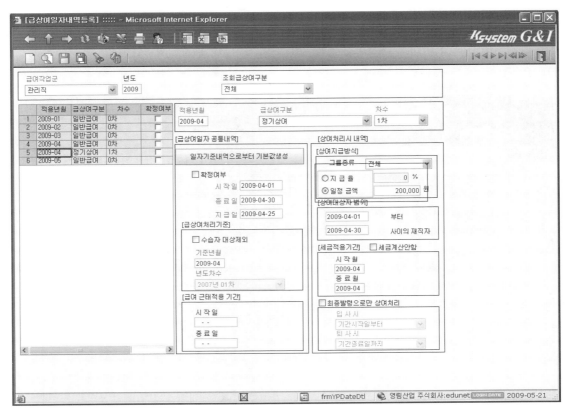

[급상여일자내역등록]

3. [급상여처리]에서 처리한다.

[급상여처리]

4. [급상여일자내역등록]에서 4월 상여를 생성한다. 단 지급방법을 일정금액으로 클릭 후 금액을 입력한다.

[급상여일자내역등록]

5. [급상여처리]에서 4월 정기상여를 부른 다음 처리한다.

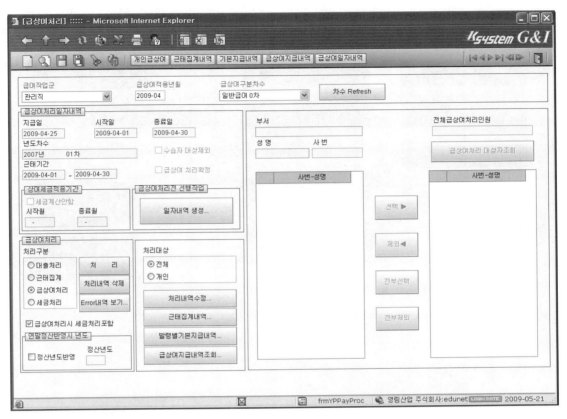

[급상여처리]

7.4.4 신설급여항목 생성 및 급여체계 변경

1) 프로세스

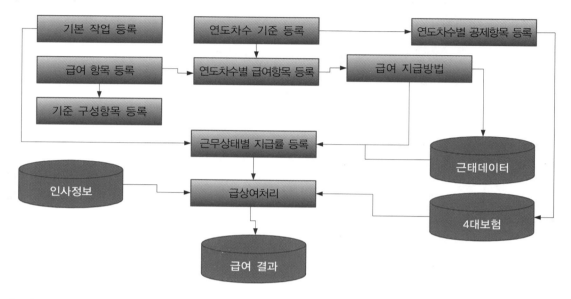

[급여업무 체계 구조]

2) 예제 및 실습

1. 아래와 같은 연도차수를 생성하고 급여항목을 신설하고 5월 급여를 실행해본다.

급여항목	지급방법	계산방법	연도차수시작일
특근수당	근태	통상시급×1.5×휴일특근시간수	2009년 5월1일

또한 신규발령시킨 구준표의 기본월급을 2,000,000으로 지정 후 5월 급여에 포함시켜 처리해 본다.

2. [급여항목등록]에서 특근수당이라는 항목을 생성하고 지급방법을 근태, 과세로 생성한다.

[기본급여항목등록]

3. [기준구성항목등록]에서 고용보험구성항목에서 <u>구성항목 검색</u> 을 눌러서 항목 검색 후 특근수당을 포함한다.

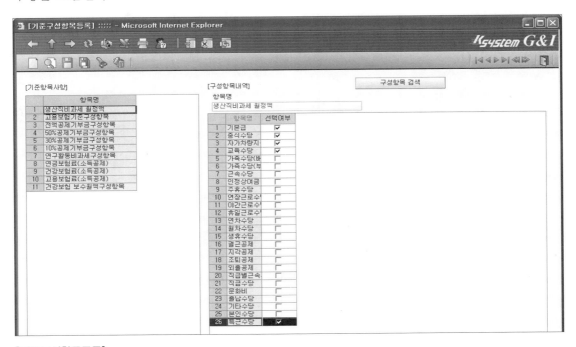

[기준구성항목등록]

4. [연도차수기준등록]에서 기준등록기간을 검색 후 종료일을 2009년 04월 30일로 입력 후 새로 시작하는 연도차수를 등록한다.

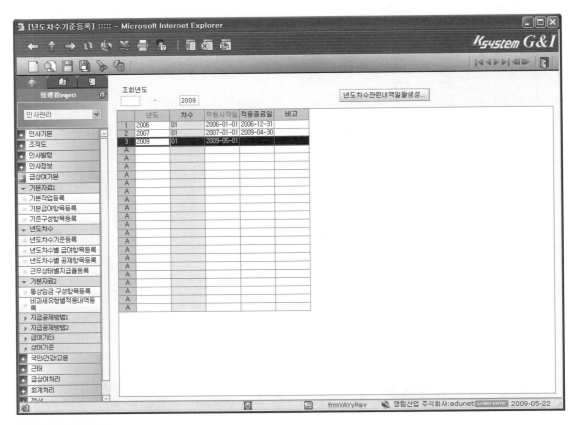

[연도차수기준등록]

5. 연도차수를 등록 후 년도차수관련내역일괄생성... 버튼을 눌러서 [연도차수일괄생성]을 통해 생성한다.

[연도차수 일괄생성]

6. 생성 후 2007년 1차를 아래의 그림과 같이 선택한 다음 <복사>를 눌러서 2009년 1차로 일괄 복사한다.

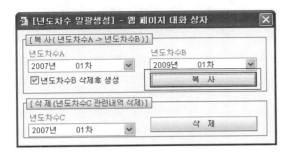

[연도차수 일괄생성]

7. [연도차수별 급여항목등록]에서 조회연도 차수를 2009년 1차로 놓고 특근수당을 체크한 후 저장한다.

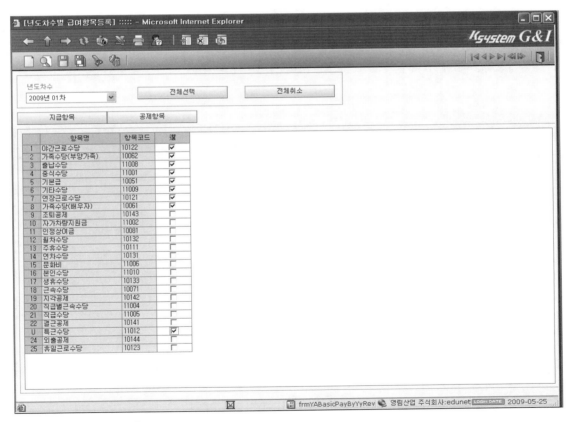

[연도차수별 급여항목등록]

8. [근무상태별 지급률 등록]에서 해당 항목의 지급률을 등록 후 저장한다.

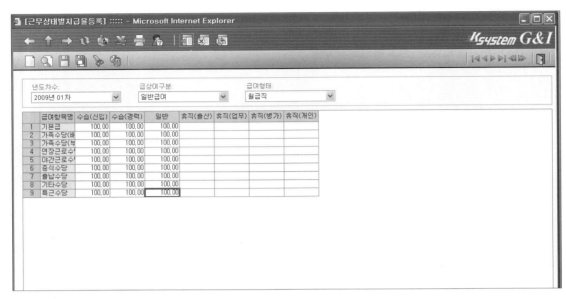

[근무상태별 지급률등록]

9. [근태항목등록]에서 휴일특근시간수를 넣고 급여지급 여부에 체크 후 유급 구분으로 입력
한다.

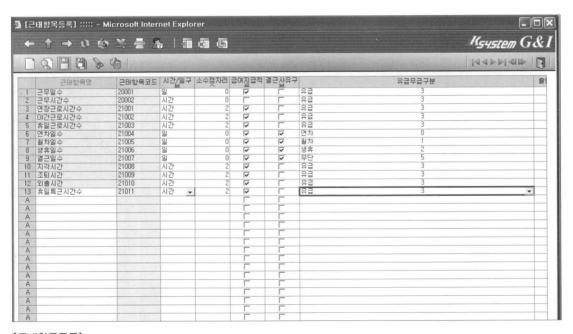

[근태항목등록]

10. 시간으로 입력 후 다음과 같이 계산식을 입력한다.

[근태종류별 급여항목 및 계산공식 등록]

11. [일일근태내역입력]에서 휴일특근시간수를 입력한다.

[일일근태내역입력]

12. [급상여일자내역등록]에서 5월을 생성한다.

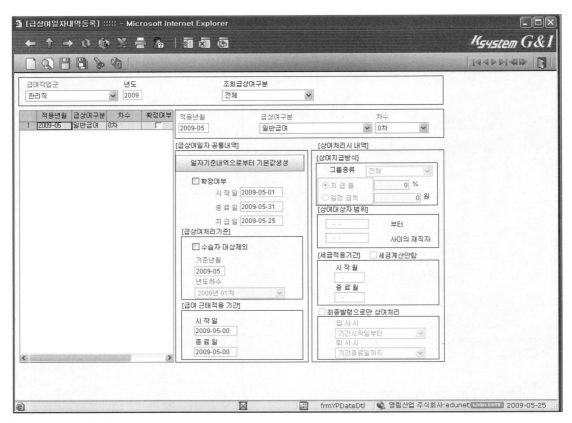

[급상여일자내역등록]

13. [급상여처리]에서 근태집계 후 급상여처리를 한다.

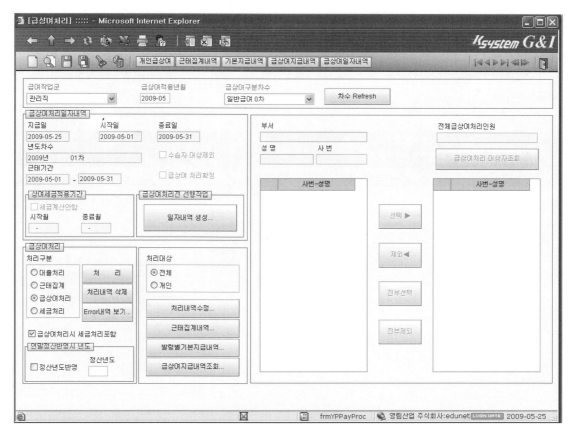

[급상여처리]

7.4.5 퇴직처리

1) 프로세스

인사발령에서 퇴직일이 정해지면 [퇴직금기준등록]에 따라 급여데이터를 물고와서 퇴직처리
가 완료된다.

[퇴직처리 절차]

2) 예제 및 실습

김생일을 2009년 5월 31일자에 퇴직을 시키고 퇴직금처리를 해보자.

[개인별 인사발령사항]에서 김생일 2009년 5월 31일 날짜로 '다른 이름으로 저장하기'를 통해서 퇴직발령을 낸다.

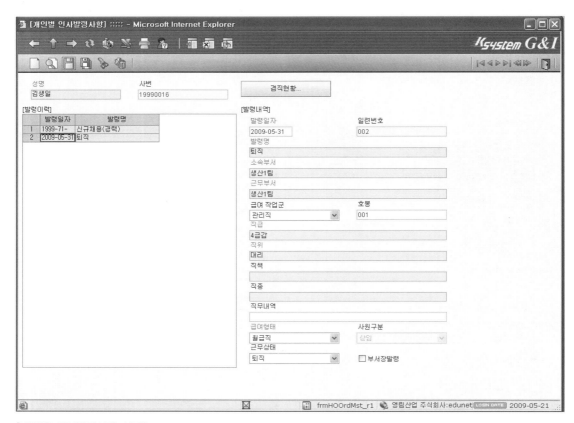

[개인별 인사발령사항 입력]

2. [퇴직처리]에서 퇴직월을 2009년 5월로 설정한 후 대상자를 조회한다.

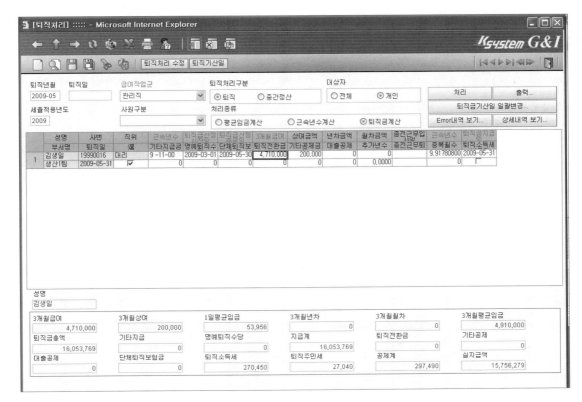

[퇴직처리]

3. 그 후에 평균임금계산, 근속연수계산, 퇴직금계산순으로 처리를 완료한다.

7.4.6 정산처리

1) 프로세스

인사정보에서 퇴직발령이 나면 정산처리를 통해서 퇴직월의 퇴직자의 그 해의 정산처리를 한다.

[퇴직자 정산처리]

2) 예제 및 실습

1. 2009년 5월에 퇴직한 김생일의 정산처리를 한다.

2. [정산내역처리]에서 정산구분을 중도로 클릭한 다음에 정산연월을 2009년 5월로 한 후 신고사항생성 → 정산마스터처리 순서로 처리한다.

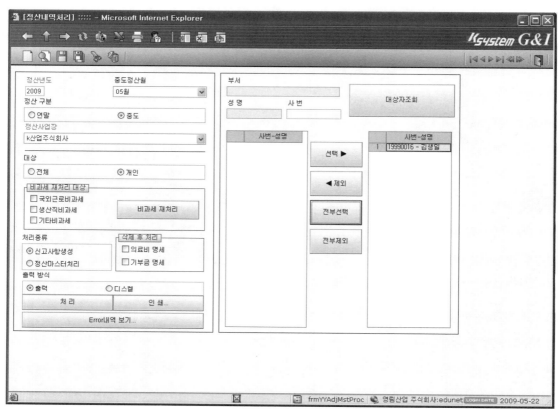

[정산내역처리]

7.4.7 원천징수이행상황신고

1) 프로세스

매월마다 급여귀속월을 기준으로 [원천징수이행사항신고]를 한다.

[원천징수이행사항신고]

2) 예제 및 실습

1. 2009년 05월의 [원천징수이행사항신고]를 소득자료제출집계표를 출력 후 전자신고 파일까지 생성 완료해보자. [원천징수이행상황신고]에서 귀속연월을 2009년 5월로 놓고 자료생성 을 누른 후 저장한다.

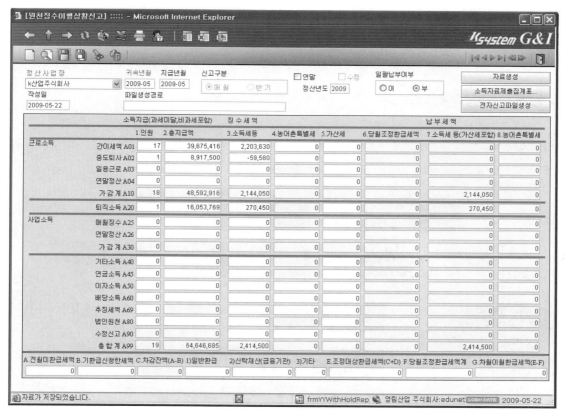

[원천징수이행상황신고]

2. <소득자료제출집계표> 버튼을 누른 후에 원하는 소득 종류를 선택하여 출력한다.

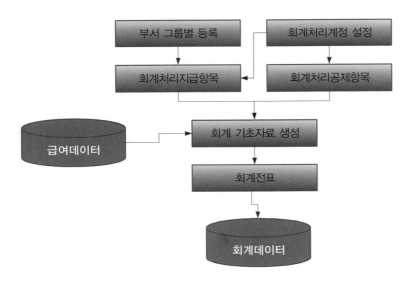

[소득자료제출집계표]

3. 전자신고파일생성 을 누른 후에 전자파일을 생성한다.

7.4.8 급상여회계처리

1) 프로세스

매월마다 급여월을 기준으로 회계전표를 생성한다.

[급상여회계처리]

2) 예제 및 실습

1. 2009년 05월의 급여회계처리를 해본다. 단 신규부서와 신규항목도 등록하여 회계처리를 한다. [부서그룹등록]에서 2009년 1차를 선택한 후 관리부에서 입력대상부서조회 를 클릭하여 재무부를 추가한다.

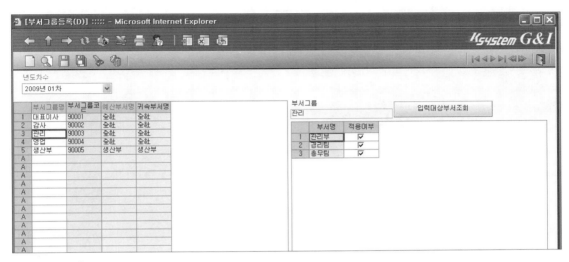

[부서그룹등록]

2. [급상여회계처리 지급환경 설정]에서 추가된 특근수당을 각 그룹별로 모두 입력한다.

[급상여회계처리 지급환경 설정]

3. [급상여회계처리]에서 <회계기초자료생성> 버튼을 클릭한다.

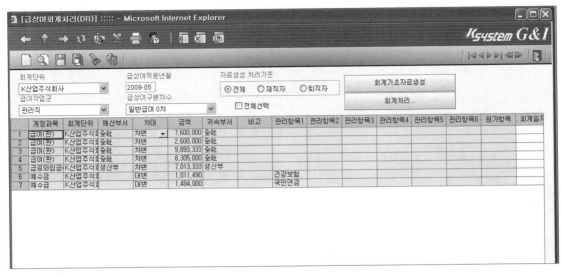

[급상여회계처리]

4. 회계기초자료 생성을 한 후에 정산항목을 입력한 후 전체선택 후에 회계처리를 한다.

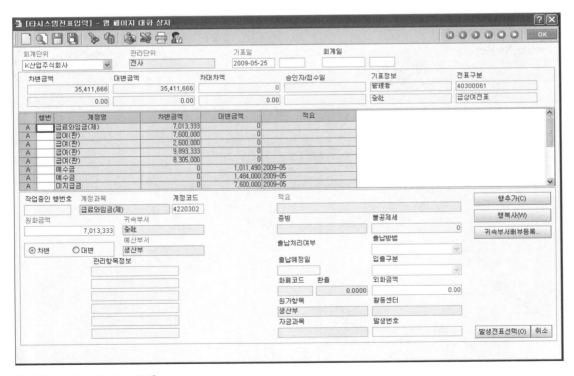

[급상여 타 시스템 전표 입력]

01 다음 중 인사정보 화면에서 수정할 수 없는 것은? 〈15회 실무 기출문제〉

① 근무기간
② 퇴직금기산일
③ 중간정산기산일
④ 그룹입사일자

★ 풀이 & 보충학습

인사정보에서는 퇴직금기산일, 중간정산기산일, 그룹입사일, 퇴직일 등을 수정할 수 있다.

정답 ①

02 A주식회사에선 연봉직 신입사원으로 입사할 경우 기본급의 60%를 지급하고, 경력사원으로 입사할 경우 기본급의 80%를 지급한다. 이때의 처리 방법으로 옳지 않은 것은?
〈15회 실무 기출문제〉

① [소분류등록]에서 근무상태에 수습(60%), 수습(80%)을 등록한다.
② [근무상태별 지급률 등록]에서 급여형태를 연봉직으로 설정한 후 기본급 항목에 수습 (60%)은 지급률을 60으로 등록하고, 수습(80%)은 지급률을 80으로 등록한다.
③ 급여형태는 상관없이 근무상태별 지급률만을 등록한다.
④ [연도차수별 급여항목 등록]에 기본급 항목을 체크한다.

★ 풀이 & 보충학습

소분류에서 근무상태 수습(60%), 수습(80%) 등록과 근무상태별지급률을 급여형태별로 등록한다.

정답 ③

03 [운영환경관리–진행]에 설정된 항목에 대한 설명으로 옳은 것은? 〈15회 실무 기출문제〉

① 근속수당기산기준 설정으로 근속수당을 지급한다는 것을 알 수 있다.

② 급상여대장출력 시 조직도에 등록된 부서 순서에 영향을 받는다.

③ 급상여출력 시 부서 설정은 현재 설정된 상황에서 별 의미가 없다.

④ 당월 15일까지 근무하고 퇴직한 사원은 해당월 급여 전체를 받을 수 있다.

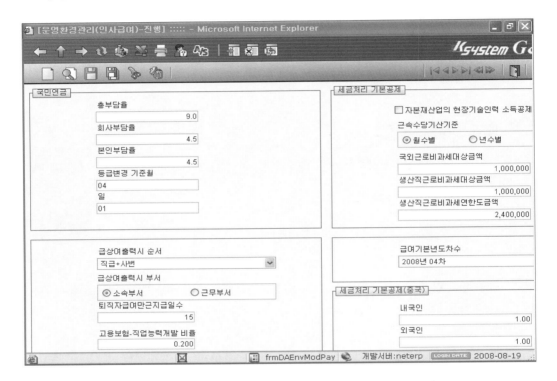

★ 풀이 & 보충학습

급상여출력 시 부서는 급상여대장출력 시 기준을 근무부서 기준으로 할지 소속부서 기준으로 할지 알 수 있고, 퇴직자급여만근지급일수는 퇴직한 사원의 퇴직월 근무일수에 따라 급여 전체를 받을 수 있는지에 대한 설정으로, 위 화면에서는 15일 근무할 경우 전체 지급된다.

| 정답 | ④ |

04 다음은 K.System ERP 조직도 등록 화면이다. 조직도 등록에 대한 설명으로 옳은 것은?

〈15회 실무 기출문제〉

① 인사조직도를 구성하면 실적조직도도 자동으로 생성된다.

② <전체 확대> 버튼을 누르면 구성원의 사진을 볼 수 있다.

③ 2005년1월1일 기준으로 조직도를 추가등록 하려면 [신규] 버튼을 사용한다.

④ 현재 구성된 조직도는 2레벨조직도이다.

★ 풀이 & 보충학습

조직도 등록에서 인사조직도를 등록했을 경우 실적조직도는 인사조직도를 복사하여
등록할 수 있고, <전체 확대> 버튼 클릭 시 조직도를 펼쳐서 보여준다. 조직도에
부서를 추가하기 위해서는 JEAN사업부를 왼쪽으로 drag-drop하면 된다.

정답 ④

05 첨부 그림은 부서장 조회화면이다. 2008년 현재 각 부서의 부서장에 대한 개인정보를 조회하려고 하는데 부서장이 등록되어 있지 않다. 담당자가 처리해야 할 사항으로 옳은 것은?

〈15회 실무 기출문제〉

① 부서장등록 메뉴에서 부서장을 등록한다.

② 조직도가 2006년이 최종이기 때문에 조직도를 2008년으로 새로 생성하고 부서장을 등록한다.

③ 개인별 인사발령사항에서 부서장발령에 체크한다.

④ [개인정보종합조회]로 점프해서 부서장을 체크한다.

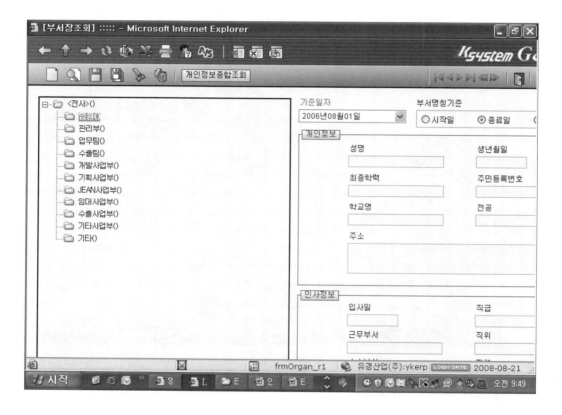

★ **풀이 & 보충학습**

[부서장조회] 화면에서 부서장 확인을 하기 위해서는 개인별 인사발령사항에서 부서장발령을 체크한다.

정답   ③

06 K기업에서 새롭게 100,000원 월정액의 연구직비과세 항목을 신설하고 개인별로 지급하려 할 때 옳지 않은 것은? 〈15회 실무 기출문제〉

① 비과세유형명등록에서 연구직비과세를 등록한다.
② 비과세유형별 적용내역등록에서 한도금액을 100,000원으로 한다.
③ 사급여정보에서 연구직비과세 항목에 개인별로 대상 인원을 체크한다.
④ 본공제항목등록에 연구직비과세 항목을 등록한다.

★ 풀이 & 보충학습

기본급여항목 등록에서 지급항목으로 연구직비과세 항목을 등록한다.

정답 ④

07 급여지급 방법을 근무시간+기본시급으로 처리하려 할 때 확인해야 하는 사항으로 옳은 것은? 〈15회 실무 기출문제〉

① 연도차수기준등록+개인별 등록(항목별)
② 비과세유형별 적용내역등록+통상임금구성항목등록
③ 통상임금구성항목등록+근태종류별 급여항목 및 계산공식 등록
④ 통상임금구성항목등록+개인별 등록(항목별)

★ 풀이 & 보충학습

통상임금구성항목등록에서 기본급과 기본시급의 관계 설정, 근태 적용받는 급여지급 항목에 대해 확인한다.

정답 ③

08 첨부된 그림과 같이 식대수당을 식대비과세로 설정을 했는데 급상여처리 시 식대수당이 과세처리 되었다. 다음 중 확인해야 할 화면은? 〈15회 실무 기출문제〉

① 연도차수별 급여항목등록
② 비과세유형별 적용내역등록
③ 통상임금구성항목등록
④ 예외내역입력(항목별)

✸ 풀이 & 보충학습

[비과세유형별 적용내역등록] 화면에 식대비과세가 등록되어 있어야 한다.

정답 ②

09 K.System ERP 인사관리를 사용하는 급여담당자 중 [예외내역입력]을 가장 적절하게 사용한 사례는? 〈15회 실무 기출문제〉

① 5월 급여처리 시 3월 1일자로 승진발령처리 한 이부장의 2달 급여를 추가지급 할 때
② 5월부터 기본급이 10만 원 인상되어서 5월 급여를 처리할 때
③ 5월 급여처리 시 태극권요가1로 이수자에게 기본급 5만원을 추가지급 할 때
④ 5월 급상처리 시 건강보험소급분을 추가하여 처리할 때

★ 풀이 & 보충학습

예외내역등록은 공통 적용과 다르게 적용되는 건에 대하여 처리할 때 주로 이용한다.

정답 ③

10 K.System ERP에서 사회보험을 공제하지 않는 방법에 대한 설명으로 옳은 것은? 〈15회 실무 기출문제〉

① 고용보험을 공제하지 않는 임원에 대해서 [급여용 인사정보]에서 고용보험 체크를 해지한다.
② 기초생활수급자인 사원의 건강보험료를 공제하지 않기 위해서 [건강보험료내역관리]에 보수월액을 '0'으로 등록한다.
③ 당사에서 그룹사회장의 국민연금을 공제하지 않기 위해서 [급여용 인사정보]에서 국민연금 체크를 해지한다.
④ 요율표등록에서 각 사회보험1등급 적용금액을 '0'으로 설정하고 [내역관리]에서 보수월액을 '0'으로 등록한다.

★ 풀이 & 보충학습

사원의 건강보험료는 보수월액×2.54%, 국민연금은 보수월액×4.5%, 보수월액이 0으로 등록되면 최저액이 공제된다. 따라서 건강보험 최저공제액(장기요양보험료 포함)은7,450원, 국민연금 최저공제액은 9,900원이다.

정답 ①

11 첨부그림 [급상여일자기준내역]에 설정된 내용에 대한 설명으로 옳지 않는 것은?

〈15회 실무 기출문제〉

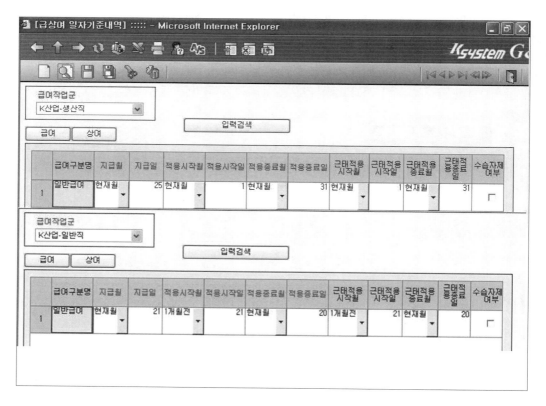

① K산업 급여담당자는 급상여처리를 두 번해야 한다.

② K산업-생산직 현재 월근태를 적용하여 급여지급일은 매월 25일이다.

③ K산업-일반직 일반급여 해당일자는 전월 21일부터 현재월 21일까지이다.

④ K산업-생산직 일반급여 해당일자는 현재월 1일부터 31일까지이다.

☀ 풀이 & 보충학습

K산업 일반직 일반급여 해당일자는 전월 21일부터 현재월 20일까지이다.

정답 ②

12 홍길동 씨는 2002년 2월에 A사의 계열사에 입사하여 2004년 2월에 계열사에서 퇴직하고 A사에 재입사하였다. A사의 근속수당 지급방식이 다음과 같을 때 2007년 6월 홍길동 씨가 받게되는 근속수당은 얼마인가?(근속기산일은 그룹입사일을 기준으로 한다.)　〈15회 실무 기출문제〉

급여항목명			
근속수당			
	근속시작월수	근속종료월수	금액
1	1	3	0
2	4	12	50,000
3	13	24	60,000
4	25	36	70,000
5	37	48	80,000
6	49	60	90,000
7	61	1,000	100,000
A			

① 70,000

② 80,000

③ 90,000

④ 100,000

★ 풀이 & 보충학습

사원 홍길동은 A사에서 64개월째 근무하고 있으므로 근속수당은 100,000원이다.

정답　④

13 [결근자등록] 화면에 대한 설명이다. 다음 중 옳지 않은 것은?　〈15회 실무 기출문제〉

근태일자 2007-10-18	급여작업군		부서		성 명		사 번

	성명	사번	부서	직위	결근사유	반차여부	유급무급구분	비고
A								
A								

① 일자별로 결근자를 입력하는 내역이다.

② 결근자 등록은 반드시 일일근태내역 입력 후에만 입력해야 한다.

③ 결근사유는 근태항목등록에서 결근사유에 체크된 항목을 설정할 수 있다.

④ 연차휴가를 사용하게 되면 연차집계 시 자동으로 사용일수에 집계된다.

14 A씨는 2007년 1월 1일 입사 후 2008년 5월 31일 부로 퇴직금 중간정산을 할 경우 K.System ERP에서의 처리방법은 무엇인가?　　　　　　　　　　　　　　　　　〈15회 실무 기출문제〉

① 개인별 인사발령사항에서 2008년 5월 31일부로 퇴직처리를 한 후 신규입사 발령처리를 한다.

② 인사정보에서 퇴사일자를 2008년 5월 31일부로 입력한다.

③ 인사정보에서 중간정산기산일을 2008년 6월 1일로 입력하고 퇴직금기산일을 2008년 5월 31일로 입력한다.

④ 인사정보에서 중간정산기산일을 2008년 5월 31일로 입력하고 퇴직금기산일을 2008년 6월 1일로 입력한다.

15 홍말동 씨는 2008년 4월 1일～ 6월 30일까지 산전후 휴가급여를 노동부로부터 매월 1,350,000원씩 총 4,050,000원을 수령받았다. 이때 2008년 연말정산 시 산전후 휴가급여의 처리방법으로 옳은 것은?　　　　　　　　　　　　　　　　　　　　　　〈15회 실무 기출문제〉

① 2008년 4월～ 6월까지 매월 1,350,000원을 특별상여로 처리한다.

② 종전근무지입력 화면에 해당 고용안정센터의 사업장을 등록한 후 수령금액을 입력한다.

③ 정산예외내역등록 화면에 수령금액을 입력한다.

④ 산전후 휴가급여는 근로소득이 아니기 때문에 입력할 필요가 없다.

산전후 휴가급여는 종전근무지입력 화면에서 등록하여 연말정산처리 한다.

| 정답 | ② |

16 K기업에선 퇴직금 산정기간 설정을 그림과 같이 퇴직월기준 + 전월말체크 + 10일 이하로 설정하였다. 이때 정물품 씨가 2008년 7월 9일에 퇴사했을 경우 설정에 의해 계산된 퇴직금 산정기간으로 옳은 것은? 〈15회 실무 기출문제〉

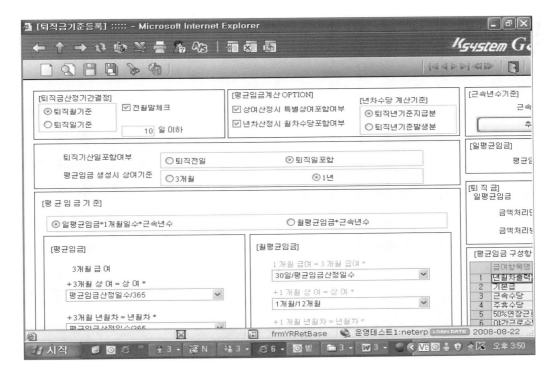

① 2008년 4월 1일 ~ 6월 30일

② 2008년 4월 10일 ~ 7월 9일

③ 2008년 5월 1일 ~ 7월 31일

④ 2008년 4월 11일 ~ 7월 8일

퇴직금 산정기간 결정 시 퇴직월 기준으로 하고 10일 이하 전월말 체크일 경우 7월 9일 퇴직자 정물품 씨는 10일 이하인 10일이므로 전월말 산정기간으로 정한다. 따라서 2008/4/1 ~2008/6/30이다.

정답 ①

17 중간정산처리 순서로 옳은 것은? ⟨15회 실무 기출문제⟩

가)중간정산처리   나)퇴직금 기산일 변경
다)중간정산 기산일 입력   라)퇴직금 기준등록

① 가) 나) 다) 라)
② 라) 다) 나) 가)
③ 나) 다) 라) 가)
④ 라) 다) 가) 나)

퇴직/퇴직금 기준 등록→인사정보/중간정산 기산일 입력→퇴직/퇴직금 계산: 중간정산처리→인사정보/퇴직금 기산일 변경

정답 ④

18 정산 메뉴의 영수필통지서에 대한 사항이다. 설명 중 옳지 않은 것은?　　〈15회 실무 기출문제〉

정산사업장
(주)K산업주식회사11　　조회년도 2007
◉ 소득세납부서　　○ 주민세납부서

소득세납부서
납부년월　　세목
2007-08
결정구분　　발행번호
확정

년도
2007　　7　　○ 기분　◉ 필분

주민세납부서
귀속년월　　취득청
2007-08

① 원천징수한 소득세와 주민세를 금융기관에 납부하기 위해서 고지서를 출력하는 화면이다.
② 급여처리만 진행되면 데이터를 자동으로 불러온다.
③ 근로소득, 이자소득, 퇴직소득에 대한 사항을 신고할 수 있다.
④ 사업소득, 기타소득, 배당소득에 대한 사항을 신고할 수 있다.

★ 풀이 & 보충학습

급여처리와 원천징수이행상황신고 화면의 생성 자료가 저장되어 있어야 한다.

 정답　②

19 [원천징수이행상황신고] 화면에서 자료생성 시 자동으로 집계되는 데이터로 옳지 않은 것은?

〈15회 실무 기출문제〉

① 간이세액
② 중도퇴사
③ 연말정산
④ 법인원천

법인원천은 사용자 입력 값이다.

정답   ④

20 사원 김슬기의 가족사항이 변경되어 시스템에 반영하였다. [급여용 인사정보]에서 조회된 김슬기 사원의 급여처리 시 세금에 대한 사항으로 옳지 않은 것은?   〈15회 실무 기출문제〉

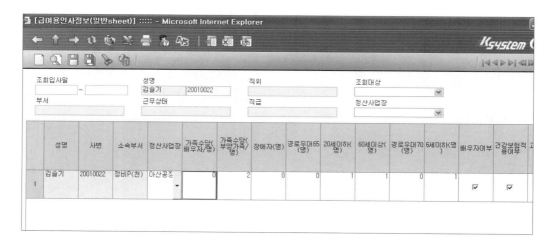

① 세금계산 시 인적공제 받을 수 있는 인원은 4명이다.
② 세금계산 시 인적공제 받을 수 있는 인원은 6명이다.
③ 경로우대공제 1,500,000을 받을 수 있다.
④ 배우자에 체크되어 배우자에 대한 인적공제 1,000,000을 받을 수 있다.

★ 풀이 & 보충학습

김슬기의 가족수당(부양가족/명)에 2가 입력되어 있고, 배우자 여부에 체크되어 있으므로 급여세금 계산 시 인적공제 인원수는 6명이다.

정답   ②

21 K산업 주식회사에서 2008년 8월 22일부로 설계팀을 신설하고 조직도 등록을 마쳤을 경우 처리순서로 옳은 것은? 〈15회 실무 기출문제〉

① (ㄱ) – (ㄹ) – (ㄷ) – (ㄴ)

② (ㄴ) – (ㄱ) – (ㄷ) – (ㄹ)

③ (ㄷ) – (ㄹ) – (ㄴ) – (ㄱ)

④ (ㄴ) – (ㄷ) – (ㄱ) – (ㄹ)

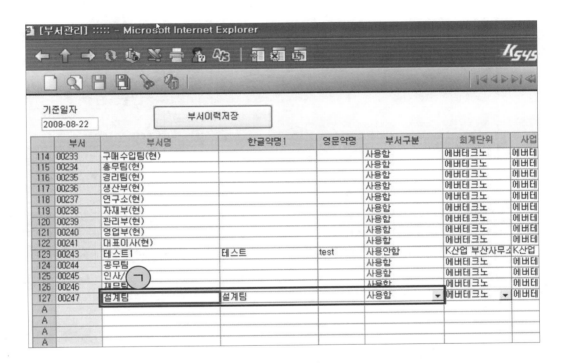

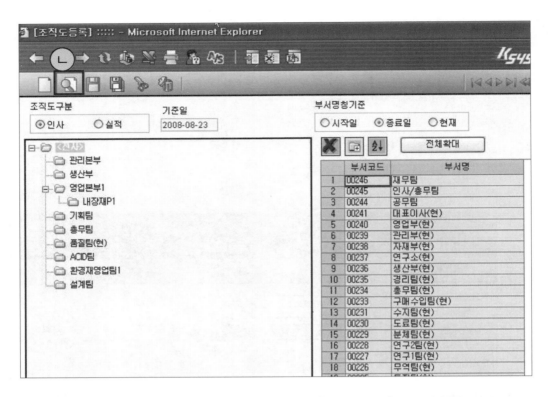

22 K산업 주식회사의 홍두깨 씨는 첨부 그림과 같이 2007년 연말정산에서 부양가족으로 부모님을 등록하고 부/모님 각각 의료비와 신용카드 1,000,000원씩을 부양가족 연말정산내역에 등록하였다. 홍두깨 씨의 연말정산 공제대상 항목 입력이 끝난 후 급여담당자가 첨부 그림 2와 같이 정산내역처리를 하였을 때 에러가 발생하였을 경우 확인해야 할 사항으로 옳지 않은 것은?

〈15회 실무 기출문제〉

① 의료비/신용카드 공제 한도액

② 부양가족 등록 화면에 부모님을 공제 대상자로 등록하였는가?

③ 부양가족 등록 화면에 해당 공제대상금액을 입력하였는가?

④ 소득공제/세액공제 신고 화면에 공제대상금액을 입력하였는가?

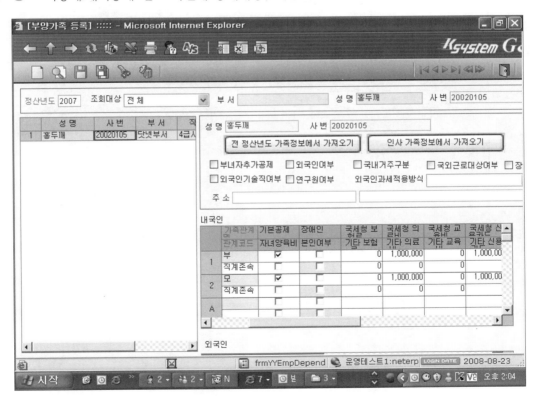

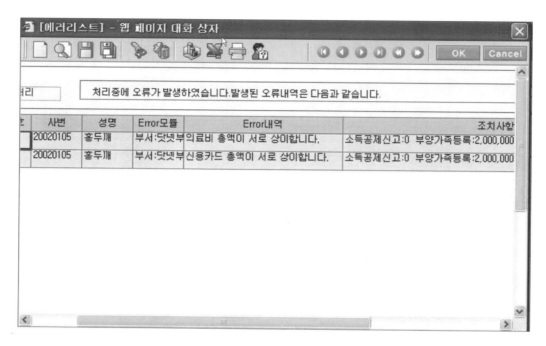

23 그림은 K산업주식회사의 급여지급 기준 및 공영업 사원의 2008-01월 급여지급내역이다. 공영업 사원의 2008-01월 기본급여에서 통상임금으로 옳은 것은? 〈15회 실무 기출문제〉

① 4,316,660

② 4,246,660

③ 4,116,660

④ 4,186,660

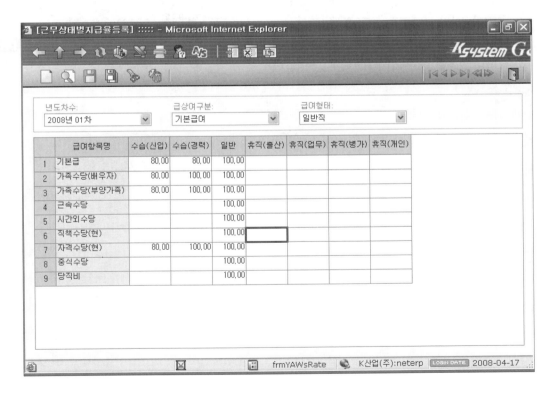

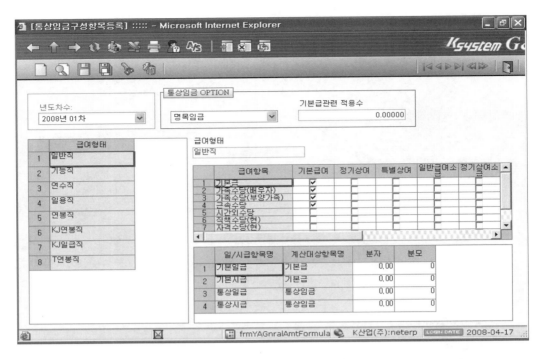

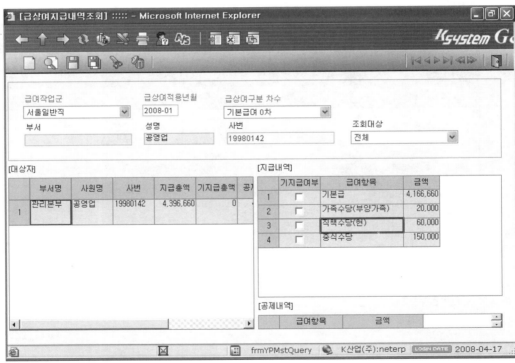

일반직 공영업은 통상임금구성항목으로 기본급, 가족수당(배우자), 가족수당(부양가족), 근속수당4개의 항목을 가진다. 이중 공영업 사원은 기본급과 가족수당(부양가족)이 해당한다. 따라서 기본급+가족수당(부양가족) = 4,116,660 + 20,000 = 4,186,660원이 통상임금이다.

정답 ④

24 K산업 주식회사는 2008년 1월 기본급여와 특별상여를 25일에 지급하려고 한다. 이때 기본급여에 대한 급여명세서에 상여금이라는 명칭으로 특별상여를 포함하여 E-mail 명세서를 발송하고자 할 때 처리해야 하는 작업으로 옳은 것은? 〈15회 실무 기출문제〉

① 급상여일자내역등록에서 2008년 월 01차 특별상여의급상여구분값을 기본급여로 변경한다.

② 각각의 급여명세서를 인쇄한 후 가공처리 한다.

③ 기본작업등록 화면의 특별상여항목의 출력항목을 특별상여 출력항목으로 변경 후 출력순서관리화면에서 특별상여출력항목을 신규로 등록한 후 출력항목을 상여금으로 등록하여 처리한다.

④ 기본작업등록 화면에서 특별상여항목의 구분 값을 급여로 변경하고 처리한다.

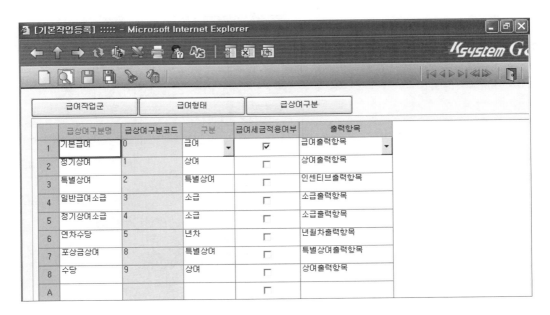

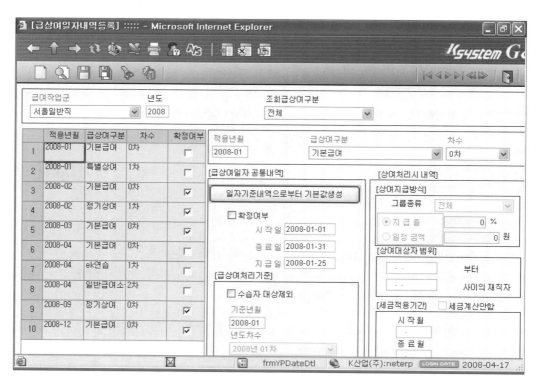

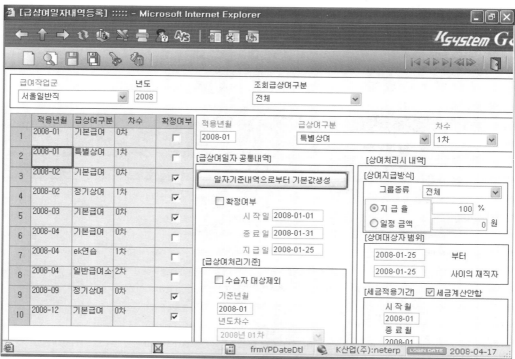

25 K산업 주식회사의 김민순 씨는 연봉직 사원으로 급여형태는 월급직이다. 2008년 1월의 결근일수는 1일이며, 기본급 이외에 식대 100,000이 매월 지급되고 있다. 김민순 씨의 개인별 급여정보가 첨부 그림과 같을 때 2008년 2월의 결근공제 금액으로 옳은 것은? 〈15회 실무 기출문제〉

① -29,000

② -26,600

③ -23,330

④ -30,000

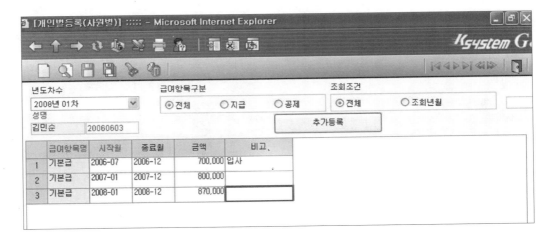

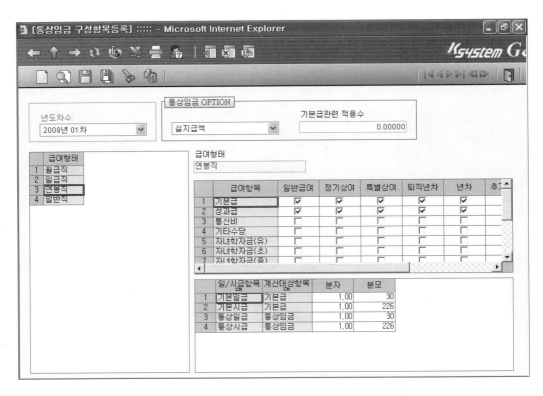

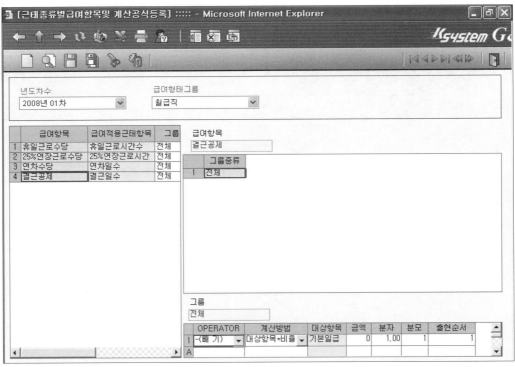

김민순 씨의 기본일급은 870,000/30 = 29,000이다. 따라서 공제액은 −29,000이다.

정답	①

26 K산업주식회사의 급여형태 중 기능직의 기본급 지급방법이 첨부 그림과 같이 등록되어 있다. 개인별 등록 화면에 기본급으로 시급에 해당하는 금액이 5,000원이 등록되어 있고, 근무일수는 10일, 근무시간은 80시간이라고 할 때 기본일급/기본시급의 설정값과 계산된 기본급으로 옳은 것은? 〈15회 실무 기출문제〉

① 기본일급 = 기본급 ×(8), 기본시급 = 기본급 ×(1), 기본급 = 40만원
② 기본일급 = 기본급 ×(8), 기본시급 = 기본급 ×(1), 기본급 = 50만원
③ 기본일급 = 기본급 ×(1), 기본시급 = 기본급 ×(1/8), 기본급 = 40만원
④ 기본일급 = 기본급 ×(1), 기본시급 = 기본급 ×(1/8), 기본급 = 50만원

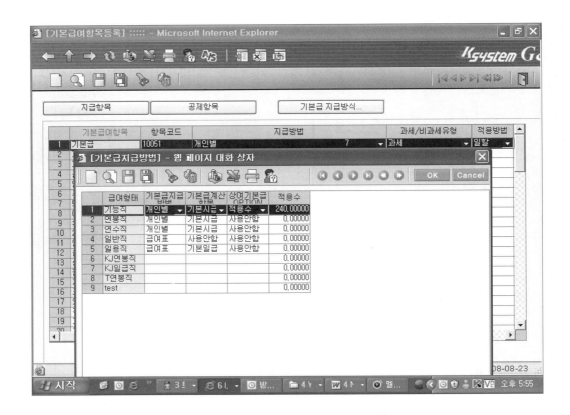

- 기본시급 = 기본급 × (1) = 5,000 × 1   → 기본시급 = 5,000원
- 기본일급 = 기본급 × (8) = 5,000 × 8   → 기본일급 = 40,000원
- 기본급 = 기본일급 × 근무일수(10일) = 40,000 × 10   → 기본급 = 400,000원
- 기본급 = 기본시급 × 근무시간 = 5,000 × 80   → 기본급 = 400,000원

정답   ①

27 급여를 지급하고 다음 달에 원천징수이행상황신고를 하려고 한다. 신고를 하기 위해 자료 생성을 하니, 근로소득의 간이세액 인원 및 총지급액이 [월별급상여총괄표]나 [기간별급상여내역조회]에서의 값과 차이가 날 경우 확인해야 할 것으로 옳은 것은? 〈15회 실무 기출문제〉

① 월중 퇴사한 사람에 대한 금액은 신고하지 않는 것이므로 퇴사한 사람이 있는지 확인한다.

② 원천세신고는 급여에 대한 것만 신고를 하는 것이므로 [월별급상여총괄표]나 [기간별급상여내역조회] 등 현황에서 조회 시 급여데이터만 조회를 하여 비교해야 한다.

③ 원천징수신고는 정산사업장별로하기 때문에, 개인의 정산사업장에 대한 설정이 누락된 사원이 있는지 확인한다.

④ 자료 생성된 데이터는 확인할 수 없기 때문에 [원천징수이행상황신고]에서 직접 맞는 금액을 수정한다.

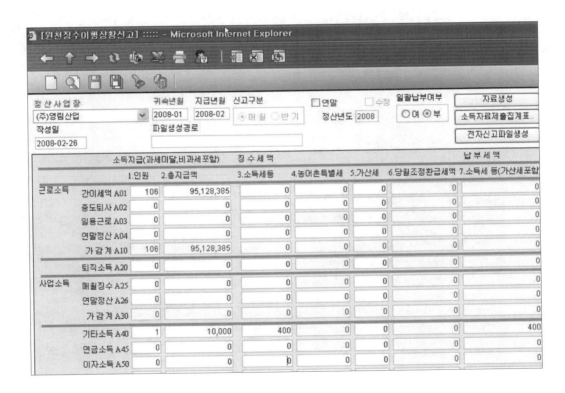

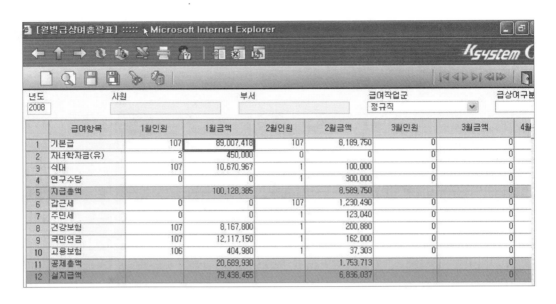

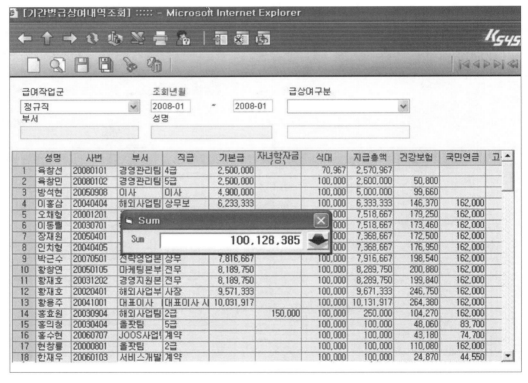

사원별정산사업장 등록은 급여용 인사정보 화면에서 한다.

정답 ③

28 급여항목 추가 후 급여처리를 하고, 이에 대한 회계처리를 하기 위해 [급상여회계처리]에서 회계 기초자료 생성을 하였다. 생성된 자료의 금액을 확인하는 중 추가된 항목에 대한 금액이 나오지 않을 경우 확인해야 할 사항으로 옳은 것은? 〈15회 실무 기출문제〉

① [부서그룹등록]에서 부서그룹이 등록되어 있는지 확인한다.

② [부서그룹등록]에서 부서그룹에 해당 부서에 대한 적용 여부가 체크되어 있는지 확인한다.

③ [회계처리지급환경설정]에서 추가된 급여항목에 대한 계정코드가 설정되어 있는지 확인한다.

④ [회계처리계정설정]에서 추가된 급여항목에 알맞은 계정과목명이 있는지 확인한다.

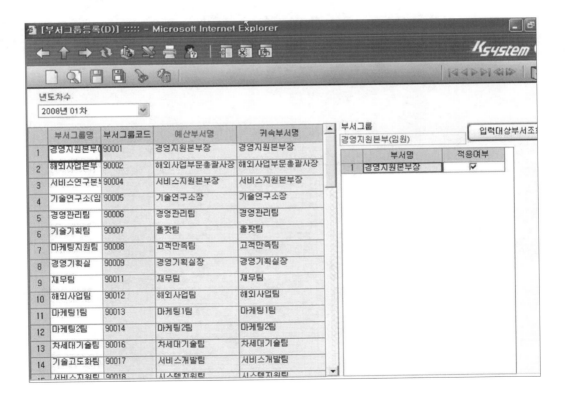

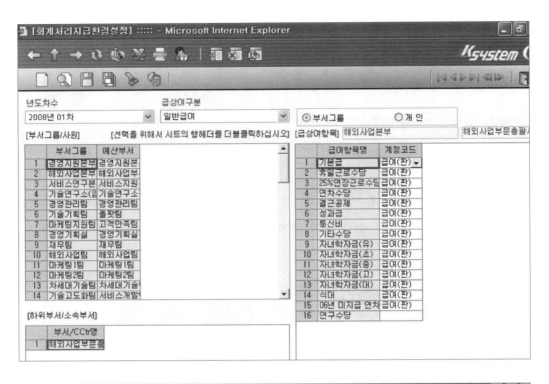

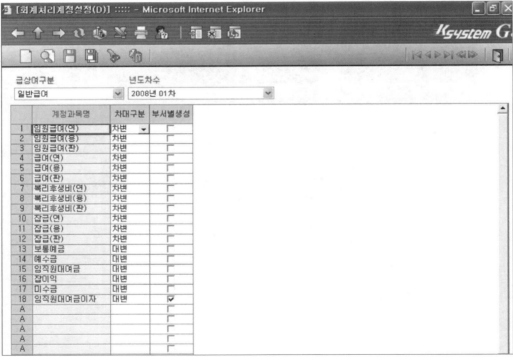

29 연도차수에 대한 설명으로 옳은 것은?   〈15회 실무 기출문제〉

① [연도차수기준등록]은 급여의 지급 및 공제방법의 규정 및 룰 의 기간을 설정하는 화
면이다.

② 급여체계가 변경되지 않아도 연도가 변경될 경우 매년 연도차수를 생성해야만 한다.

③ 연도를 변경할 때, 적용시작일은 해당연도의 1월 1일로 입력한다.

④ 새로운 차수가 생성되면 '연도차수일괄생성'에서 기존 차수를 삭제한다.

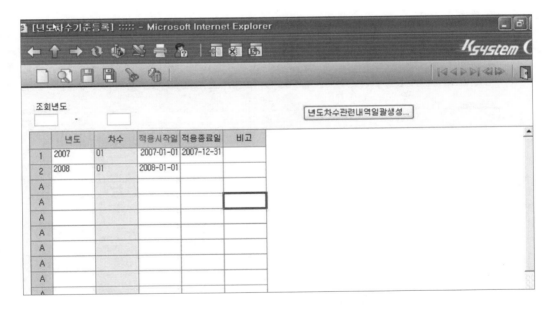

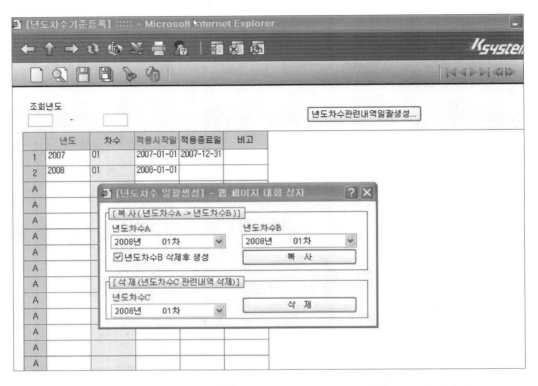

연도차수기준등록은 회사에서 급여의 지급 및 공제방법의 규정 및 룰의 기간을 설정
하는 화면으로 연도차수의 의미는 편의상 구분이다. 해가 바뀌어도 규정 변경이 없
으면 기존의 연도차수를 사용하여도 무방하다.

정답   ①

30 사원 김개발의 2월 급여명세서가 급상여지급내역조회 화면에서는 조회되는데 이메일 발송이 되
    지 않는다. 보기 중 수정해야 할 내용으로 가장 옳은 것은?   〈15회 실무 기출문제〉

① [E-mail발송(급여명세서)] 화면에서 발신자 메일 주소는 반드시 급여담당자여야 한다.
② [E-mail발송(급여명세서)] 화면에서 본문 파일을 한 번 더 선택하고 보낸다.
③ [급여용 인사정보(일반Sheet)] 화면에서 급여봉투 출력방법을 반드시 E-Mail을 선택한다.
④ [인사정보] 화면에서 김개발의 이메일은 급여메일을 받을 메일이다.

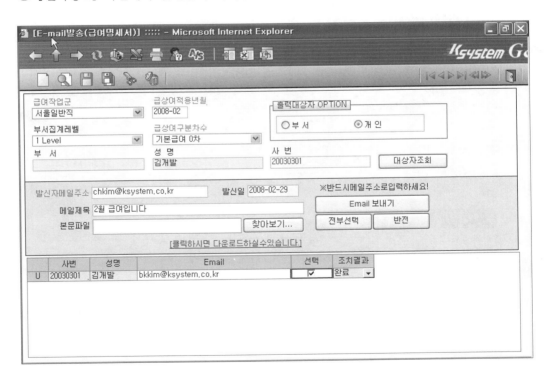

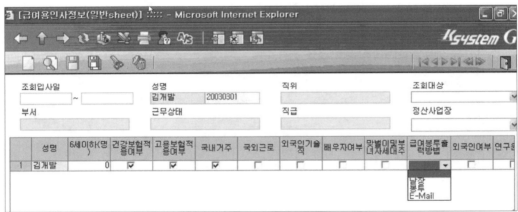

급여 이메일 발송을 위해서는 급여용 인사정보(일반 Sheet) 화면에서 급여봉투 출력
방법을 E-mail로 선택하거나 공란으로 두어야만 한다.

정답　③

31. 인사발령 시 생산직비과세 해당자를 설정할 수 있다. 설정 항목 값으로 옳은 것은?

〈16회 실무 기출문제〉

① 직급

② 직위

③ 직책

④ 직종

★ 풀이 & 보충학습

직급을 소분류에서 등록 시 생산직비과세 여부를 설정하고, 발령 시 직종에 따라 생산직 비과세 해당 여부를 체크한다.

정답 ④

32 퇴직금 계산 시 근속기간이 계산되지 않았을 때, 인사정보에서 확인할 일자로 옳은 것은?

〈16회 실무 기출문제〉

① 중간정산기산일

② 입사일자

③ 퇴직금기산일

④ 근속기산일

★ 풀이 & 보충학습

퇴직금 계산 시 근속기간은 퇴직금기산일을 기준으로 퇴직일자까지의 기간으로 계산된다.

정답 ③

33 다음의 사번에 대한 설명으로 옳지 않은 것은? 〈16회 실무 기출문제〉

① 사번은 신규 인원의 입사 시 가장 먼저 등록해야 한다.
② 재입사를 하는 경우 기존의 사번을 그대로 사용해도 된다.
③ 사번의 순서는 입사 순서와 상관이 없다.
④ 사번 체계는 K.System ERP에서 회사별로 달리 설정할 수 있다.

★ 풀이 & 보충학습

재입사할 경우 새로운 사번을 가지고 가야 한다. 기존의 자료와 중복이 되기 때문이다(연말정산 관련, 퇴직금 관련 등).

정답 ②

34 인사정보의 자격 탭과 관련 된 사항 중 옳지 않은 것은? 〈16회 실무 기출문제〉

① 자격면허명은 소분류 설정에서 자유롭게 등록할 수 있다.
② 개인별로 복수 자격도 등록 가능하다.
③ 급상여의 자격수당을 인사정보의 자격과 연동해서 지급할 수 있다.
④ 등록한 자격증은 모두 수당을 지급해야 한다.

★ 풀이 & 보충학습

자격 등록 시 급여지급여부에 체크된 사람의 자격에만 수당을 지급할 수 있다.

정답 ③

35 [운영환경관리–진행]에 설정된 항목에 대한 설명으로 옳은 것은? 〈16회 실무 기출문제〉

① 근속수당 기산기준 설정으로 근속수당을 지급한다는 것을 알 수 있다.

② 급상여대장 출력 시 조직도에 등록된 부서 순서에 영향을 받는다.

③ 급상여 출력 시 부서설정은 현재 설정된 상황에서 별 의미가 없다.

④ 당월 15일까지 근무하고 퇴직한 사원은 해당월 급여 전체를 받을 수 있다.

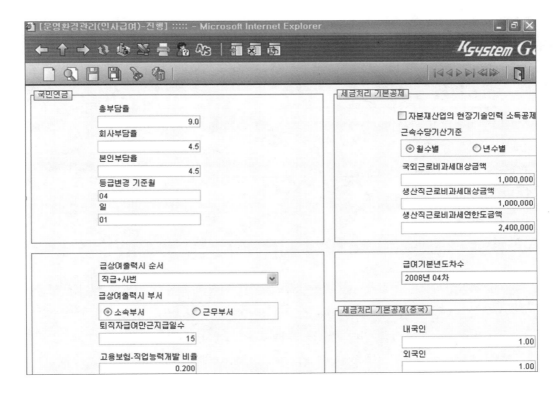

★ 풀이 & 보충학습

급상여 출력 시 부서는 급상여대장 출력 시 기준을 근무부서 기준으로 할지 소속부서 기준으로 할지 알 수 있고, 퇴직자급여 만근지급일수는 퇴직한 사원의 퇴직월 근무 일수에 따라 급여 전체를 받을 수 있는지에 대한 설정으로, 위 화면에서는 15일 근무할 경우 전체 지급된다.

정답 ④

36 연월차처리와 관련된 설명 중 옳지 않은 것은?　　　　　〈16회 실무 기출문제〉

① 연차 기준은 회사별 전사공통 기준과 개인별 입사일자 기준 중 선택에 의해 사용 가능하다.

② 개인별로 설정한 연차 금액 계산의 기준금액은 지급월/발생월/사용월 중 선택 가능하다.

③ 연차기준을 회사별로 설정하면 모든 사원들은 동일한 기준일에 연차수당을 지급받는다.

④ 연차수당 지급 시 미사용일수에 대한 적치일수 관리는 할 수 없다.

★ 풀이 & 보충학습

연차적치일수등록에서 개인별 적치일수를 관리할 수 있다.

정답　④

---

37 퇴직추계액 처리와 관련된 설명 중 옳지 않은 것은?　　　　　〈16회 실무 기출문제〉

① 퇴직추계액은 추정금액을 계산하므로, 실제 퇴직금 계산과 별도로 월평균 임금을 계산할 수 있다.

② 퇴직추계액 계산을 위해서는 급상여처리를 선행처리 해야 한다.

③ 퇴직금추계액의 기준상여금액 산정은 기준월 포함 1년치 또는 기준상여월의 일정요율로 상여금액을 처리할 수 있다.

④ 퇴직금추계액은 동일 처리연월에 대해 여러 번 처리해서 처리내역을 모두 관리할 수 있다.

★ 풀이 & 보충학습

퇴직금추계액은 처리연월에 하나의 데이터만 관리된다.

정답　③

---

38 연차를 신청한 직원에 대하여 휴가처리를 하고자 한다. 처리해야 해 화면으로 옳은 것은?

〈16회 실무 기출문제〉

① 연월차내역관리
② 일일근태내역관리
③ 결근자등록
④ 근태항목등록

★ 풀이 & 보충학습

> 휴가처리는 결근자등록 화면에서 관리된다.
>
> 정답   ③

39 새로운 급여지급 항목이 추가되었다. 설정해야 할 화면과 항목 중에서 옳지 않은 것은?

〈16회 실무 기출문제〉

① 근무상태별 지급률 등록 : 연도차수/급여형태/급상여구분 별로 지급률등록.
② 연도차수별지급항목등록 : 지급항목에 체크.
③ 기본급여항목등록 : 급여항목명 및 지급방법 , 과세/비과세 유형 , 적용방법 등록.
④ 기본급기준금액등록 : 사원, 시작월, 금액 등록.

★ 풀이 & 보충학습

> 기본급기준금액은 연봉을 가지고 월 기본급을 나누어서 지급하기 위한 기초데이터를 만들어주는 화면으로 새로운 급여지급 항목과 관계가 없다.
>
> 정답   ②

40 연장근로수당은 생산직 근로자의 생산직비과세의 혜택을 받는 급여지급 항목이다. 이 항목에 대한 비과세를 설정을 하기 위한 화면으로 옳지 않은 것은 ? 〈16회 실무 기출문제〉

① [비과세유형별 적용내역등록] 화면에서 비과세 적용구분 등록

② 기본항목등록에서 연장근로수당에 비과세 유형에 생산직비과세로 설정

③ [운영환경설정(인사급여)－운영]에서 생산직근로 비과세대상금액 등록

④ 기준구성항목등록에서 생산직 비과세 월정액을 구성하는 구성항목 등록

> ★ **풀이 & 보충학습**
>
> 비과세유형별 적용내역에서는 생산직비과세를 등록하는 부분은 없다.
>
> 정답 ①

41 급여지급 방법을 근무시간 + 기본시급으로 처리하려 할 때 확인해야 하는 사항으로 옳은 것은? 〈16회 실무 기출문제〉

① 연도차수기준등록 + 개인별 등록(항목별)

② 비과세유형별 적용내역등록 + 통상임금구성항목등록

③ 통상임금구성항목등록 + 근태종류별 급여항목 및 계산공식등록

④ 통상임금구성항목등록 + 개인별 등록(항목별)

> ★ **풀이 & 보충학습**
>
> 통상임금구성항목등록에서 기본급과 기본시급의 관계 설정, 근태 적용받는 급여지급 항목에 대해 확인한다.
>
> 정답 ③

42 [연월차기준등록]의 일부 화면이다. 화면에 대한 설명 중 옳지 않은 것은?

〈16회 실무 기출문제〉

① 기준연도를 2007년으로 설정하고 연차처리 시 연차발생 기준기간은 2007−01−01부터 2007−12−31일 기간이 된다.

② 2007년 기준 연차의 사용기간은 2007.01.01 ~ 2007.12.31일이다.

③ 2007년 기준 연차수당의 지급은 2007년 1월이다.

④ 2007년 기준 연차수당의 지급일수는 2007년 1월 기본급여의 월근태내역으로 연차일수가 생성된다.

★ 풀이 & 보충학습

기준연도를 2007년으로 하면 연차발생 기준은 2006−01−01~2006−12−31이다.

정답 ③

43 A사의 고용보험 구성항목은 아래와 같이 설정되어 있다. 다음의 각 구성항목에 대한 8월의 급여내역이 아래와 같을 때 회사에서 부담하여야 하는 고용보험액으로 옳은 것은? 단 A사는 150인 미만 기업이고 고용보험액 계산은 실업급여, 고용안정 및 직업능력개발사업을 포함해서 고용보험을 산정하시오.

〈16회 실무 기출문제〉

1. 기본급: 70만 원	2. 가족수당: 5만 원	3. 근속수당: 5만 원
4 주휴수당: 5만 원	5. 야간근로 수당: 20만 원	
6. 휴일근로수당: 10만 원	7. 연차수당: 5만 원	

① 7,200원

② 5,850원

③ 5,000원

④ 7,000원

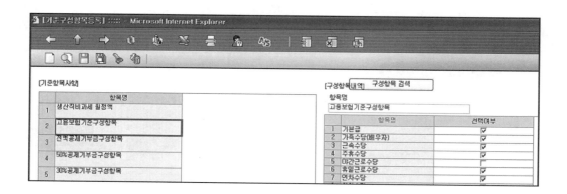

⭐ **풀이 & 보충학습**

개인부담 고용보험요율 0.45%, 회사부담 고용보험요율 0.45%, 고용안정 고용보험요율 0.15%, 직업능력개발사업 고용보험요율 0.10%, 총계 0.70%, 따라서

1. 기본급 + 2. 가족수당 + 3. 근속수당 + 4. 주휴수당 + 6. 휴일근로수당 + 7. 연차수당 = 100만 원

1,000,000 × 0.7% = 7,000원

정답 ②

44 일용직관리를 사용하는 화면에 대한 설명 중 옳지 않은 것은? 〈16회 실무 기출문제〉

① 일용직은 조직도의 부서로 발령처리는 하지 않아도 된다.

② 일용근로소득지급조서 관리를 위해서는 반드시 외주계약등록에 등록해야 한다.

③ 일용직관리에서 처리된 일용직급여내역은 원천세이행상황신고서에 자동집계 된다.

④ 일용직관리에서 처리된 내역을 기준으로 일용직지급조서를 출력할 수 있다.

★ 풀이 & 보충학습

일용직계약등록을 하지 않고 일용직관리에서 처리된 결과만 입력해서 일용근로소득지급조서를 출력하고, 원천세이행상황신고서에 집계되도록 관리할 수 있다.

정답 ②

45 연말정산시 정산담당자가 직접 입력해야 하는 화면으로 옳지 않은 것은? 〈16회 실무 기출문제〉

① 급여용인적사항등록

② 중간집계구성항목

③ 정산사업장 등록

④ 종전근무지입력

★ 풀이 & 보충학습

중간집계구성항목은 프로그램 제공항목등록 화면이다.

정답 ②

46 중간정산처리 순서로 옳은 것은? 〈16회 실무 기출문제〉

> 가) 중간정산 처리　　　　　　　 나) 퇴직금 기산일 변경
> 다) 중간정산 기산일 입력　　　　 라) 퇴직금 기준등록

① 가) 나) 다) 라)
② 라) 다) 나) 가)
③ 나) 다) 라) 가)
④ 라) 다) 가) 나)

★ 풀이 & 보충학습

> 퇴직금 계산을 위해 퇴직금 기준등록입력, 인사정보에서 중간정산 기산일 입력, 정산
> 내역 처리에서 중간정산 처리, 인사정보 퇴직금 기산일을 정산내역처리 다음 일자로
> 변경.
>
> 정답   ④

47 홍말동 씨는 2008년 4월 1일 ~ 6월 30일까지 산전후 휴가급여를 노동부로부터 매월 1,350,000
원씩 총 4,050,000원을 수령 받았다. 이때 2008년 연말정산 시 산전후 휴가급여의 처리방법
으로 옳은 것은? 〈16회 실무 기출문제〉

① 2008년 4월~6월까지 매월 1,350,000원을 특별상여로 처리한다.
② 종전근무지입력화면에 해당 고용안정센터의 사업장을 등록한 후 수령금액을 입력한다.
③ 정산예외내역등록화면에 수령금액을 입력한다.
④ 산전후 휴가급여는 근로소득이 아니기 때문에 입력할 필요가 없다.

★ 풀이 & 보충학습

> 산전휴가급은 종전근무지입력 화면에서 등록하여 연말정산처리 한다.
>
> 정답   ②

48 연도가 바뀌고 다음 해 1월급 급여처리를 하였다. 지급/공제 금액 등은 작년 12월과 다른 것이 없음에도 소득세와 주민세가 계산이 되지 않을 경우 먼저 확인해 봐야 할 것으로 옳은 것은?

〈16회 실무 기출문제〉

① [부양가족등록]이 되어 있는지 확인한다.
② 정산사업장등록이 되어 있는지 확인한다.
③ 급여금액이 달라졌는지 확인한다.
④ 처리하려는 연도의 [정산항목등록]이 생성되어 있는지 확인한다.

★ 풀이 & 보충학습

정산항목등록은 소득세/주민세 처리를 위한 필수 작업으로 전년도 정산항목을 다음 해 정산항목으로 등록하는 화면이다. 연말정산 패치 때 자동 적용된다.

정답 ④

49 근로자의 급여처리를 잘못하여 급여처리 시 생산직비과세가 적용되지 않고 처리되었다. 연말정산 시 생산직비과세를 반영하기 위해 처리해야 할 것으로 옳은 것은? 〈16회 실무 기출문제〉

① 생산직 관련 발령으로 되어 있는지 확인하고 1월부터 급여를 다시 처리한다.
② [개인별급상여수정]에서 수정 후 세금 재처리를 한다.
③ [정산용인적사항수정]을 수정 후 세금 재처리를 다시 한다.
④ 생산직 관련 대상자인지 확인한 후 [정산내역처리]에서 생산직비과세를 재처리한다.

★ 풀이 & 보충학습

정산내역처리에서 생산직비과세 체크 후 비과세 재처리하면 된다.

정답 ④

50 A사는 원천징수이행상황신고를 하기 위해서 원천징수 이행상황신고 화면에서 신고내역을 생성하였다. A사는 급여를 지급하는 인원이 모두 120명인데 반하여 원천징수이행상황신고에는 119명만 보이고 있다. 급여담당자가 확인하여야 할 사항으로 옳지 않은 것은?

〈16회 실무 기출문제〉

① 급여용 인사정보 화면에서 정산사업장이 등록되지 않은 인원이 있는지 확인한다.

② 급상여지급내역 화면에서 120명의 급여가 모두 지급되었는지 확인한다.

③ 예외내역 입력 항목별 화면에서 급여지급대상자 중에서 급여총액이 0으로 설정된 인원이 있는지 확인한다.

④ 급여 작업군이 다른 인원이 있는지 확인한다.

		소득지급(과세미달,비과세포함)		징 수 세 액			납 부 세 액		
		1.인원	2.총지급액	3.소득세등	4.농어촌특별세	5.가산세	6.당월조정환급세액	7.소득세 등(가산세포함)	8.농어촌특별세
근로소득	간이세액 A01	119	122,201,400	115,000	0	0	0	0	0
	중도퇴사 A02	0	0	0	0	0	0	0	0
	일용근로 A03	0	0	0	0	0	0	0	0
	연말정산 A04	0	0	0	0	0	0	0	0
	가 감 계 A10	119	122,201,400	115,000	0	0	0	115,000	0

★ 풀이 & 보충학습

원천징수이행상황신고는 정산사업장 기준으로 자료를 가져온다.

정답　④

51 첨부 그림과 같이 조직도를 변경하고자 한다. 설명 중 옳지 않은 것은?　〈16회 실무 기출문제〉

① 조직도는 인사조직과 실적조직을 별도로 관리할 수 있다.

② 조직도 등록은 기존 조직도를 복사해서 변경하거나, 신규로 조직도 일자를 등록해서 조직도를 구성할 수 있다.

③ 조직도 등록은 현재 조직도 이전의 날짜로는 등록할 수 없다.

④ 인사조직도상에 등록되지 않은 부서로 발령처리 할 수 없다.

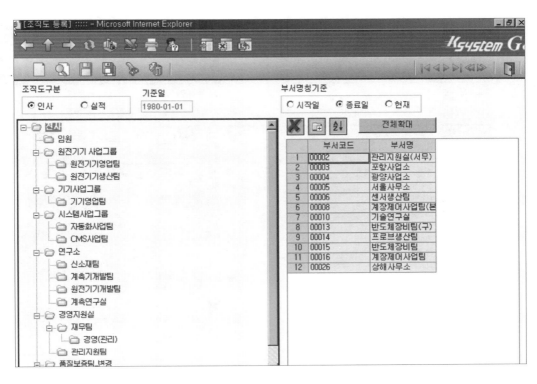

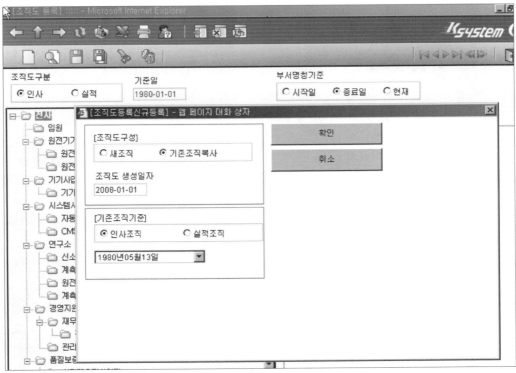

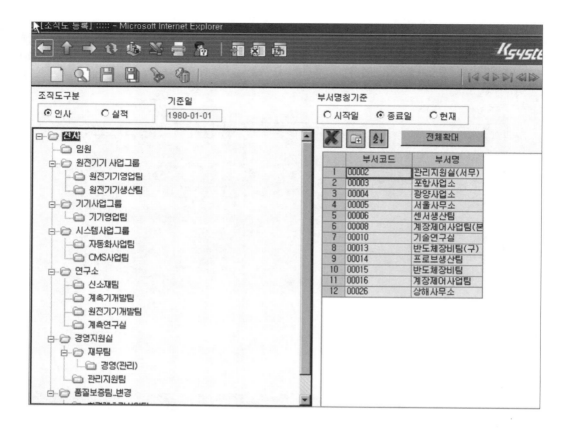

풀이 & 보충학습

발령처리는 조직도와 관계없이 부서등록에서 사용 중인 부서로는 발령처리 할 수
있다.

정답 ④

52 첨부그림과 같이 교육비지급항목으로 명세서를 출력하고 있다. 급여명세서에 출력되는 항목명
을 변경하려고 하면 어떻게 해야 하는지 설명 중 옳은 것은? 〈16회 실무 기출문제〉

① 출력복합급여항목등록에서 복합항목명을 출력하려는 항목명으로 수정한다.
② 급상여기본항목등록에 등록된 급여지급항목명을 출력하려는 항목명으로 수정한다.
③ 출력순서관리의 출력항목명을 출력하려는 항목명으로 수정한다.
④ 연도차수별 급여항목등록에서 급여지급항목명을 출력하려는 항목명으로 수정한다.

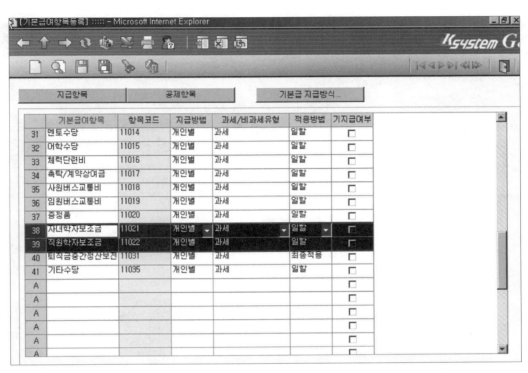

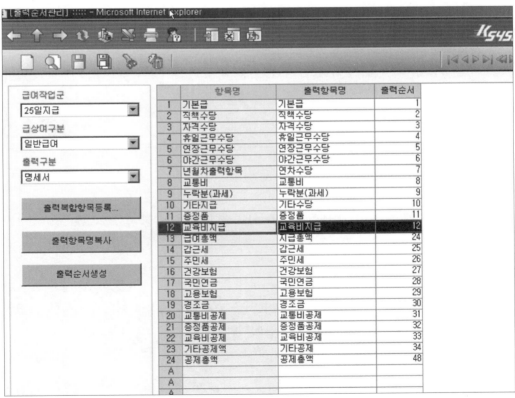

급여명세서의 출력항목명은 출력순서관리에서 출력항목명만 수정해서 관리하도록
한다.

정답 ③

53 첨부그림과 같이 퇴직자에 대한 처리를 하고 퇴직금을 계산한 후 퇴직 마스터 수정에서 처리
할 수 있는 사항 중 옳지 않은 것은? 〈16회 실무 기출문제〉

① 퇴직처리 한 내역을 개인별로 조회해서 확인한다.

② 퇴직금과 관련된 기타지급과 공제금액을 추가해서 퇴직세금을 재처리 할 수 있다.

③ 퇴직금의 평균임금에 대한 설정금액을 변경해서 퇴직금을 재처리 할 수 있다.

④ 퇴직금세금을 직접 입력해서 처리할 수 있다.

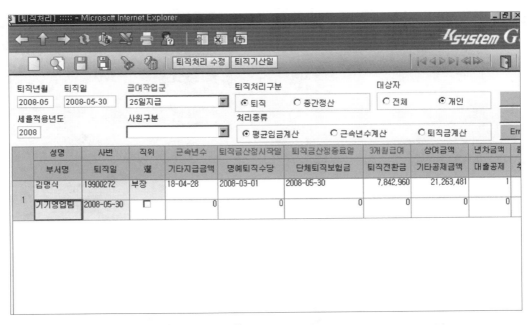

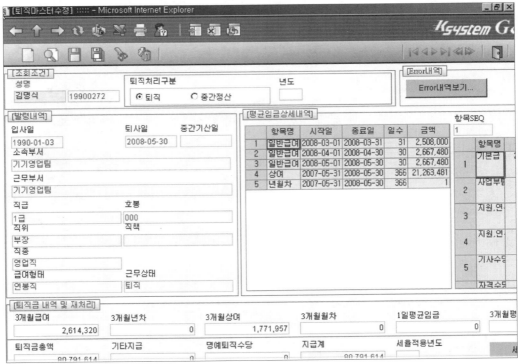

★ 풀이 & 보충학습

퇴직금세금은 반드시 법에 정한 기준에 따라 시스템에서 처리해야 한다.

정답   ①

54 첨부 그림과 같이 퇴직처리 시 급상여처리에서 계산된 사업팀 장수당이 퇴직금계산 시 월평균
    임금에 계산되지 않았을 때 취할 조치로 옳은 것은?   〈16회 실무 기출문제〉

① 기본급여항목등록에 지급항목으로 설정되어 있는지 확인한다.
② 연도차수별 기본급여항목등록에 지급항목으로 체크되어 있는지 확인한다.
③ 근무상태별 지급률 등록에 지급률이 등록되어 있는지 확인한다.
④ 퇴직금기준등록의 평균임금구성항목에 등록되어 있는지 확인한다.

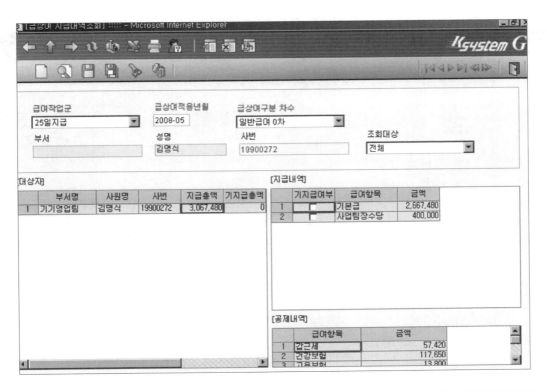

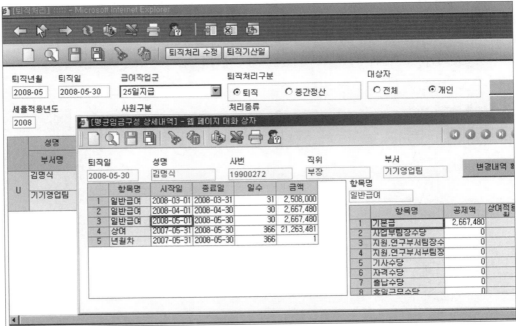

★ 풀이 & 보충학습

[퇴직금기준등록]에 등록되지 않은 항목은 퇴직금계산서 평균임금으로 계산되지 않는다.

정답 ④

55 첨부 화면과 같이 설정하였을 경우 알 수 있는 내용으로 옳지 않은 것은? 〈16회 실무 기출문제〉

① 식대는 지급항목일 때는 식대비과세가 5만원까지 비과세 대상이 된다.

② 기본급은 급여형태에 따라서 다른 방법으로 지급하고 있다.

③ 동호회비는 개인별로 등록하여 공제하고 있다.

④ 시급직 사원의 상여는 기본시급으로 등록된 금액의 226배를 받는다.

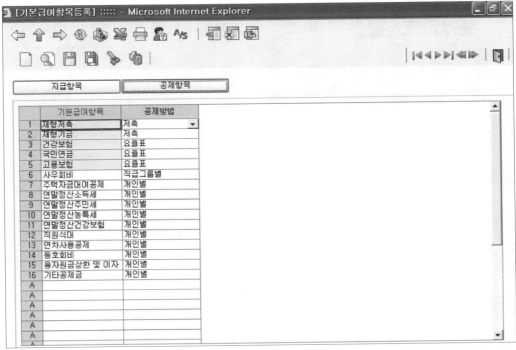

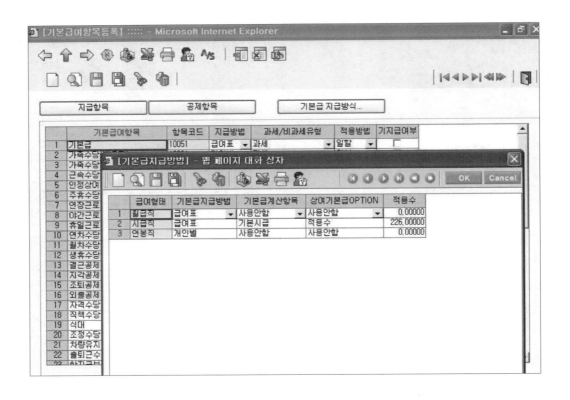

식대비과세 한도금액은 별도의 화면에서 등록해준다.

정답   ④

56 급상여회계처리 시에 설정하는 화면이다. 설정하는 방법으로 옳지 않은 것은?

〈16회 실무 기출문제〉

① 부서그룹은 공통의 계정과목으로 처리하는 그룹으로 설정해준다.
② 차변 혹은 대변으로 처리할 계정과목을 설정해준다.
③ 부서별 생성에 체크를 하면 부서별로 다른 계정과목을 갖는다.
④ 부서그룹별 급여항목별로 계정과목을 설정해준다.

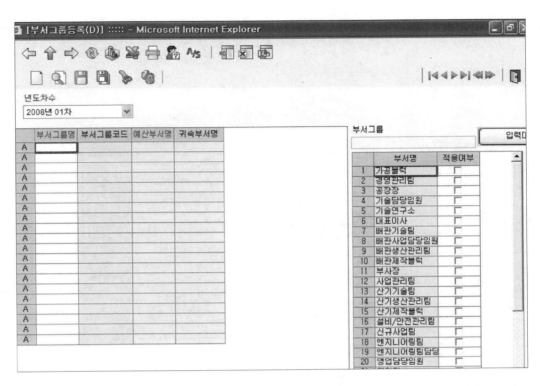

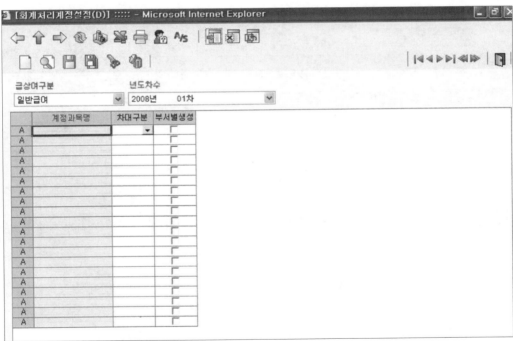

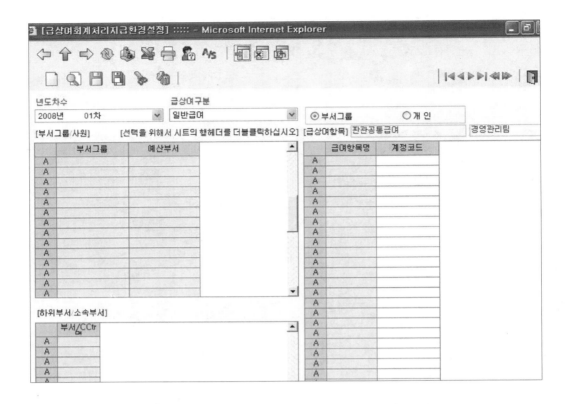

부서별 생성은 같은 계정과목으로 전체 부서가 하나의 행으로 전표가 생성되지 않고 같은 계정과목이라도 부서별로 각기 다른 행으로 전표가 생성된다.

정답 ③

---

57 급상여처리 순서에 관련된 화면이다. 설명의 내용들로 옳지 않은 것은? 〈16회 실무 기출문제〉

① [급상여일자기준내역]에서 급여에 관련한 일자를 등록해준다.

② [급상여일자기준내역]에서 등록하지 않으면 [급상여일자내역등록]에서 등록할 수 없다.

③ 급상여처리 전에 [급상여일자내역등록]을 등록해 주어야 한다.

④ [급상여일자내역]에 확정을 해주면 급상여처리를 할 수 없다.

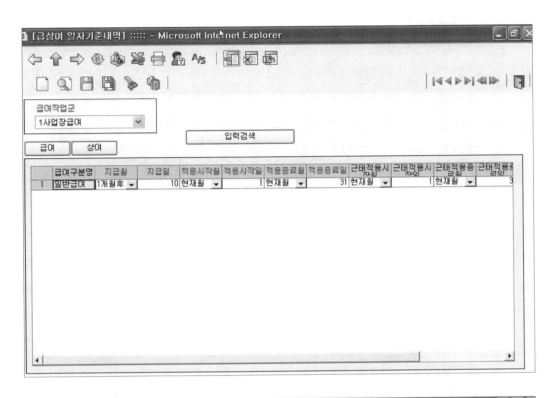

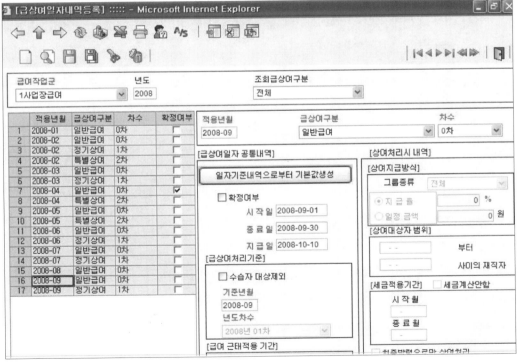

58 K산업주식회사의 홍두깨 씨는 첨부 그림 1과 같이 2007년 연말정산에서 부양가족으로 부모님을 등록하고 부/모님 각각 의료비와 신용카드 1,000,000원씩을 부양가족 연말정산내역에 등록하였다. 홍두깨 씨의 연말정산 공제대상 항목 입력이 끝난 후 급여담당자가 첨부 그림 2와 같이 정산내역처리를 하였을 때 에러가 발생하였을 경우 확인해야 할 사항으로 옳지 않은 것은? 〈16회 실무 기출문제〉

① 의료비/신용카드 공제한도액
② 부양가족 등록 화면에 부모님을 공제대상자로 등록하였는가?
③ 부양가족 등록 화면에 해당 공제대상금액을 입력하였는가?
④ 소득공제/세액공제 신고 화면에 공제대상금액을 입력하였는가?

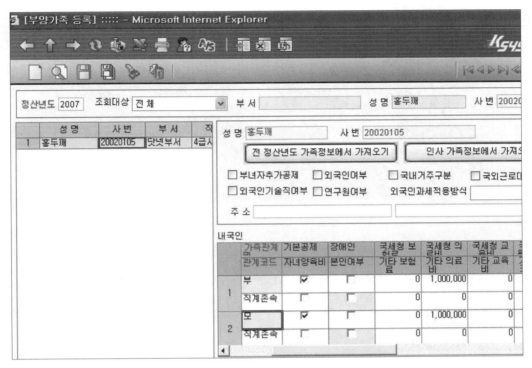

[그림 1]

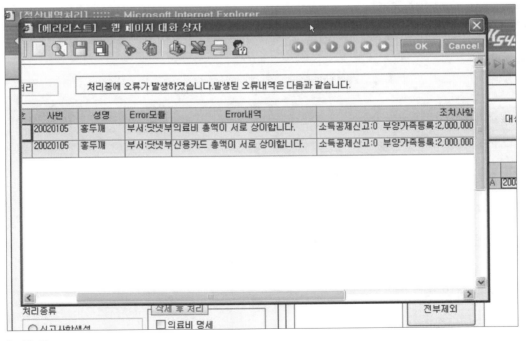

[그림 2]

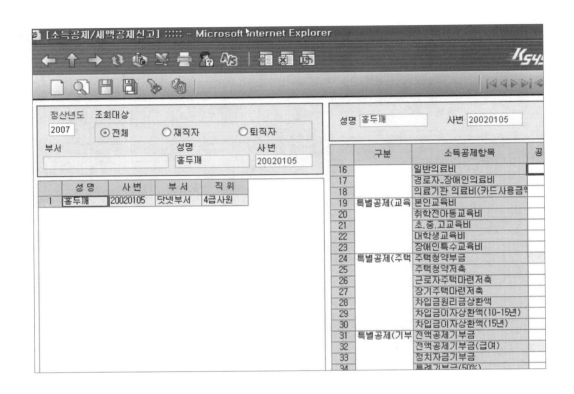

1. 부양가족 등록 화면 : 부/모님을 공제대상자 등록,

　　　　의료비/신용카드 각 1,000,000원 등록

2. 소득공제/세액공제 신고 화면 : 의료비/신용카드 각 1,000,000원 등록

정답 　①

59 K산업주식회사의 김민순 씨는 연봉직 사원으로 급여형태는 월급직이다. 2008년 1월의 결근일 수는 1일이며, 기본급 이외에 식대 100,000이 매월 지급되고 있다. 김민순 씨의 개인별 급여정보가 첨부 그림과 같을 때 2008년 2월의 결근공제금액으로 옳은 것은?　〈16회 실무 기출문제〉

① −29,000

② −26,600

③ −23,330

④ −30,000

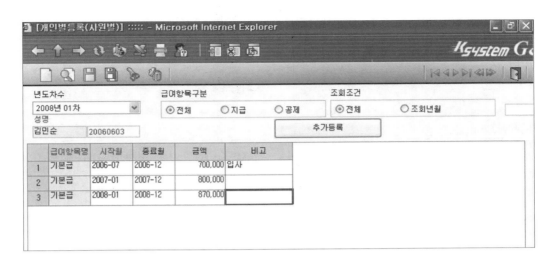

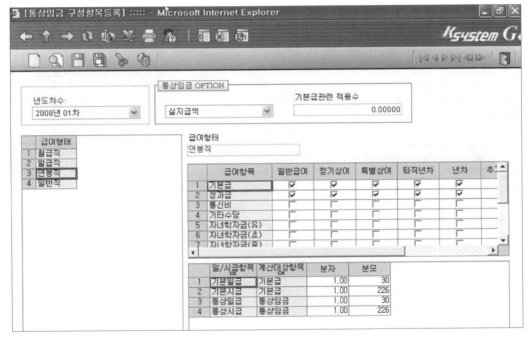

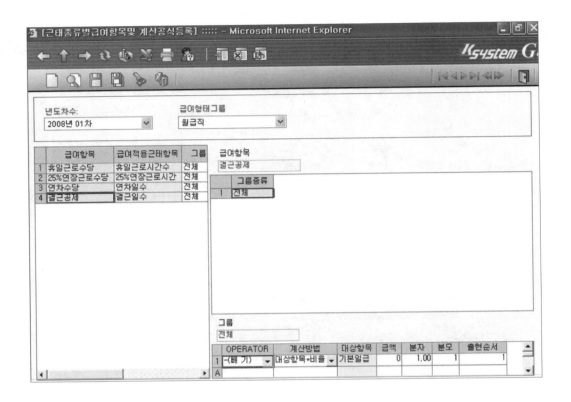

60 사원 김철수가 2008년 3월 20일에 퇴사를 하였다. 퇴직발령 및 3월까지의 급여처리를 한 후, [정산내역처리]에서 3월 중도정산처리를 하였다. 처리 후 결과를 확인하기 위해 [정산마스터조회]에서 김철수의 데이터가 조회되지 않을 경우 확인해야 하는 것으로 옳은 것은?

〈16회 실무 기출문제〉

① [정산내역처리] 시 대상을 전체로 했기 때문에 처리되지 않은 것이므로, 개인으로 하고 다시 처리한다.

② [정산내역처리]에서 인쇄를 눌러 근로소득원천징수영수증이 출력되는지 확인한다.

③ 김철수의 정산사업장이 '천안공장(주)'가 맞는지 확인한다.

④ 3월에 퇴사하였지만 [정산내역처리]에서 처리 시에는 정산구분을 연말로 처리해야 한다.

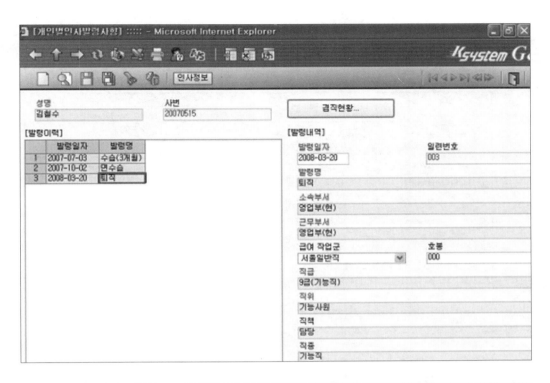

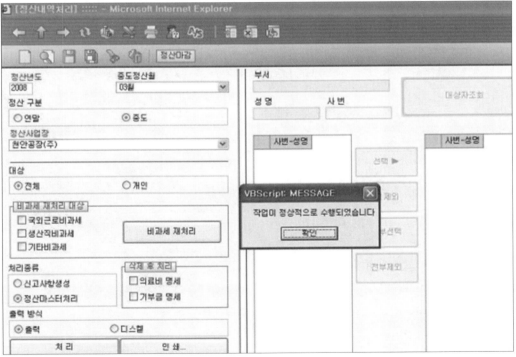

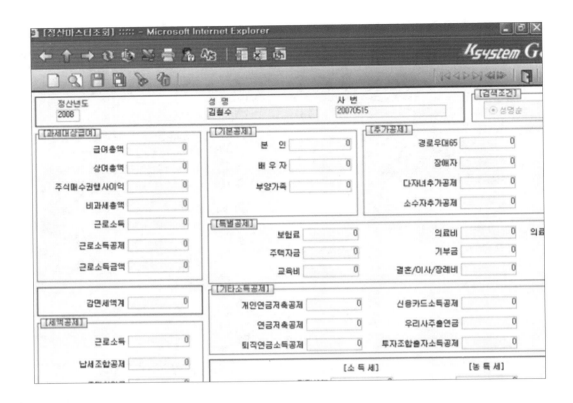

61 다음 중 K.System ERP의 인사모듈의 발령에 대한 설명으로 옳은 것은? 〈18회 실무 기출문제〉

① 발령코드는 사전에 반드시 등록할 필요는 없다.
② [개인인사발령사항] 화면은 개인별로 발령을 낼 때 사용한다.
③ 최초 발령에 한하여 발령의 삭제가 가능하다.
④ 급여처리는 발령 없이도 가능하다.

발령 중에 입사발령은 삭제할 수 없고, 발령처리가 되지 않으면 급여지급이 불가하며, 발령코드는 반드시 사전에 등록해야 한다.

정답 ②

62 조직도에 대한 설명으로 옳지 않은 것은? 〈18회 실무 기출문제〉

① 조직도는 인사조직도와 실적조직도를 각각 설정할 수 있다.
② 실적조직도는 영업조직의 실적집계를 위해서 사용한다.
③ 조직도에서 해당 인원을 조회하기 위해서는 해당 부서로 발령처리 해야 한다.
④ 인사조직도를 등록하면 실적조직도는 인사조직도와 동일하게 자동 등록된다.

★ 풀이 & 보충학습

조직도 등록은 인사조직도를 등록한 후에 '기존조직복사' 기능을 통하여 실적조직도를 등록할 수 있고 자동등록 되지는 않는다.

정답 ④

63 사원 황세봉은 2008년 2월 29일자로 퇴직금 중간정산을 하였다. 중간정산처리 후 [인사정보]에서 변경이 필요한 인사 관련 일은? 〈18회 실무 기출문제〉

① 입사일자
② 중간정산기산일
③ 근속기산일
④ 퇴직금기산일

중간정산 후에는 반드시 퇴직금기산일을 중간정산일 다음 일자로 변경해야 한다.

정답 ④

64 급여처리 후 고용보험이 공제되지 않았을 경우 확인해야 할 것으로 옳지 않은 것은?

〈18회 실무 기출문제〉

① [고용보험 자격취득/상실]에서 고용보험자격취득신고가 되어 있는지 확인한다.

② [연도차수별 공제항목등록]에서 급여형태별로 고용보험이 체크되어 있는지 확인한다.

③ [연도차수별 급여항목등록] 화면에서 고용보험이 체크되어 있는지 확인한다.

④ [기준구성항목등록]에서 고용보험기준구성항목이 설정되어 있는지 확인한다.

고용보험 자격취득/상실은 고용보험관리공단에 자격취득 및 상실신고를 위해 사용하는 화면이다.

정답 ③

65 [운영환경관리-진행]에 설정된 항목에 대한 설명으로 옳은 것은? 〈18회 실무 기출문제〉

① 근속수당기산기준 설정으로 근속수당을 지급한다는 것을 알 수 있다.

② 급상여대장 출력 시 조직도에 등록된 부서 순서에 영향을 받는다.

③ 급상여 출력시 부서 설정은 현재 설정된 상황에서 별 의미가 없다.

④ 당월 15일까지 근무하고 퇴직한 사원은 해당월 급여 전체를 받을 수 있다.

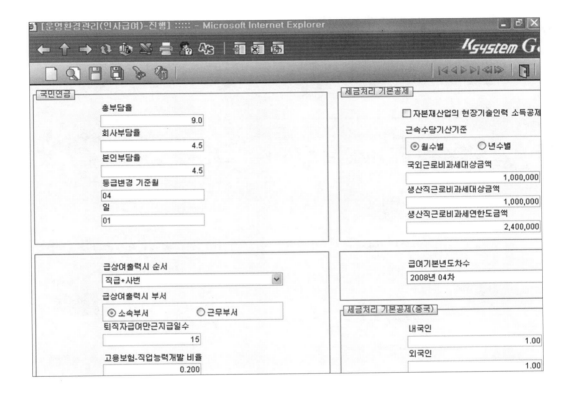

★ 풀이 & 보충학습

급상여출력 시 부서는 급상여대장 출력 시 기준을 근무부서 기준으로 할지 소속부서 기준으로 할 지 알 수 있고, 퇴직자급여만근지급일수는 퇴직한 사원의 퇴직월 근무일수에 따라 급여 전체를 받을 수 있는지에 대한 설정으로 위 화면에서는 15일 근무할 경우 전체 지급된다.

정답 ④

66 급/상여일자내역을 급여처리 시에 자동으로 생성하려고 한다. 아래처럼 급상여 일자내역에서 급여일자가 설정되어 있는 경우의 4월달의 급여를 지급하려고 할 때의 설명으로 옳은 것은?

〈18회 실무 기출문제〉

① 4월달의 급여지급 시 급여계산기간은 3월 24일 ~ 4월 25일까지이다.
② 4월달의 급여지급 시 급여계산기간은 3월 25일 ~ 4월 24일까지이다.
③ 4월달의 급여지급 시 급여계산기간은 4월 24일 ~ 5월 25일까지이다.
④ 급여의 지급일은 5월 10일이다.

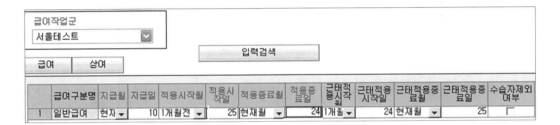

★ 풀이 & 보충학습

> 1개월 전 25일부터 현재월 24일까지가 급여기간이고 급여지급일은 현재월 10일이다.
> 따라서 4월 급여계산기간은 3/25~4/24이고 지급일은 4/10이다.
>
> 정답 ②

67 아래와 같이 특별상여를 지급하기 위하여 2008년 특별상여의 차수를 등록하고 특별상여를 처리하였으나 상여처리가 되지 않고 있다. 확인하여야 할 사항으로 옳은 것은?

〈18회 실무 기출문제〉

① 지급률이 0%이기 때문에 상여지급이 되지 않았다.
② 세금적용기간이 없기 때문에 특별상여지급이 되지 않았다.
③ 특별상여이기 때문에 차수를 2차로 하여야 하는데 1차로 되어 있어 발생하지 않았다.
④ '최종발령으로만 상여처리항목'에 체크되어 있지 않아 처리되지 않았다.

상여처리를 위해서는 상여지급방식에 지급률과 일정방식 둘 중에 하나는 세팅이 되어 있어야 한다.

정답 ①

68 A회사는 2009년 4월달에 B회사를 합병하여 사업장이 신규로 추가되었다. 회사에서는 기존의 회사를 A사업장, B회사를 B사업장으로 하여 복수의 사업장을 운영하기로 하였다. A사업장의 급여지급일은 매월 10일이며, B사업장의 급여지급일은 매월 25일이다. 이때 급여를 지급하기 위한 설정 내용으로 옳은 것은? 〈18회 실무 기출문제〉

① A사업장과 B사업장의 기본급이 다르기 때문에 [기본급여항목]에서 A사업장 기본급, B업장 기본급으로 구분하여 설정하였다.

② 동일한 회계법인이기 때문에 기존에 사용하던 급여작업군을 그대로 사용했다.

③ 급여지급일이 다르기 때문에 기존의 급여작업군 이외에 B사업장의 급여작업군을 새로 만들었다.

④ B사업장의 회계단위를 추가한다.

기존 A사업장의 지급일이 10일, B사업장의 지급일이 25일로 지급일이 다를 경우에는 급여작업군을 따로 등록하여 사용한다.

정답   ③

69 A사의 급여담당자인 홍길동은 4월 급여를 처리하면서 임단협에 의해 새로 신설된 교통비 (비과세)을 지급하였다. 급여계산 후, 급상여세금계산에서 확인하여 보니 비과세 처리가 되어야 할 교통비가 과세 처리되었다. 이때 확인하여야 할 사항으로 옳은 것은?

〈18회 실무 기출문제〉

① [근무상태별지급률 등록]에서 교통비의 지급률이 100%인지 확인한다.
② [비과세유형별 적용내역등록]에서 교통비의 비과세 적용이 되어 있는지 확인한다.
③ [통상임금구성항목등록]에서 교통비가 통상임금의 구성항목으로 설정되었는지 확인한다.
④ [기본급여항목등록]에서 교통비의 지급방법이 기타로 설정되어 있는지 확인한다.

식대비과세, 연구비과세 등과 같이 기타비과세 급여항목일 경우에는 [비과세유형별 적용내역등록] 화면에서 교통비(비과세) 등록이 되어 있어야 급여세금처리 시 비과세 처리 된다.

정답   ②

70 급여담당자 홍길동 씨는 1월에 결혼하여 부양가족에 변경이 생겼다. 다음 중 가족수당을 설정하는 방법으로 옳지 않은 것은?

〈18회 실무 기출문제〉

① 인사정보화면에 배우자에 대한 정보를 입력한다.
② 급여용 인사정보 화면에서 가족수당/배우자에 1을 저장한다.
③ 조건체크별 등록 화면에서 조건체크 항목에 배우자 여부를 체크한다.
④ 가족수당(배우자) 항목을 지급방법을 조건체크별 설정으로 저장한다.

풀이 & 보충학습

가족수당은 대부분 배우자 유무, 부양가족 유무에 따라 지급되므로 지급방법을 조건체크별로 하고 [급여용 인사정보]에서 가족수당/배우자에 1을 등록, 지급방법 [조건체크별 등록]에서는 배우자 여부에 체크한다.

정답 ③

71 K.System ERP에서는 개인별로 상여율을 등록하는 다양한 방법이 있다. 이때 보기의 개인별 상여율 중에서 적용 우선순위를 나열한 것으로 옳은 것은? 〈18회 실무 기출문제〉

ㄱ. 개인별 상여율 등록
ㄴ. 그룹별 상여율 등록
ㄷ. 급상여일자등록의 상여율 등록

① ㄱ－ㄴ－ㄷ
② ㄴ－ㄷ－ㄱ
③ ㄱ－ㄴ－ㄷ
④ ㄷ－ㄴ－ㄱ

풀이 & 보충학습

상여율 등록 중에서 가장 우선순위가 높은 것은 개인별 상여지급률 등록이다.

정답 ③

72 A회사에서는 사원복지 측면에서 교통비를 전 사원에게 월 10만원씩 지급하기로 하였다. 급여 항목을 생성하는 화면 순서로 가장 타당한 것은?　　　　　　　　　〈18회 실무 기출문제〉

> ㄱ. [기본급여 항목]에서 새로운 급여 항목생성
>
> ㄴ. [근무상태별 지급률 등록]
>
> ㄷ. [연도차수별 급여항목 등록]
>
> ㄹ. 그룹별 등록에서 해당 급여항목을 설정

① ㄱ-ㄴ-ㄹ-ㄷ

② ㄴ-ㄹ-ㄷ-ㄱ

③ ㄱ-ㄷ-ㄹ-ㄴ

④ ㄹ-ㄱ-ㄷ-ㄴ

★ **풀이 & 보충학습**

급여지급항목이 신설되었을 경우에는 [기본급여항목등록], [연도차수별 급여항목등록], 그룹별 등록(해당 급여항목의 지급방법에 따른 화면), [근무상태별 지급률] 등록의 순서로 등록한다.

정답　③

---

73 사원 곽희정은 개인적인 사유로 2008년 3월 5일에 결근을 하게 되었다. 3월 5일을 연차 사용하는 것에 대한 설명이 맞는 것은?　　　　　　　　　　〈18회 실무 기출문제〉

① [일일근태내역등록] 화면에서 연차일수를 등록한다.

② [결근자등록] 화면에서 결근사유에 2008년 3월 5일을 연차일수로 등록한다.

③ [예외내역등록(사원별)] 화면에서 연차일수를 등록한다.

④ [연차내역관리] 화면에서 연차일수를 등록한다.

74 생산직 근로자의 급여처리를 잘못하여 급여처리 시 생산직비과세가 적용되지 않고 처리되었다. 연말정산 시 생산직비과세를 반영하는 방법으로 가장 옳은 것은? 〈18회 실무 기출문제〉

① 발령사항이 생산직 발령인지 확인 후 1월부터 급여처리를 다시 진행한다.
② [개인별급상여수정]에서 수정 후 세금 재처리를 한다.
③ [정산용인적사항수정] 화면에서 수정하고 비과세 재처리를 한다.
④ 생산직 관련 대상자인지 확인한 후 [정산내역처리]에서 생산직비과세를 재처리한다.

75 7월 급여처리 후 전월과 총지급금액이 같음에도 소득세가 전월보다 적게 나왔다. 이 경우 확인 해야 할 사항으로 적당한 것으로 맞게 선택된 것은? 〈18회 실무 기출문제〉

> ㄱ. 건강보험의 등급변경 여부 ㄴ. 출산 등으로 인한 가족구성원의 변경
> ㄷ. 급여내역 중 비과세금액 변경 ㄹ. 예외내역으로 구성된 원천세의 유무

① ㄱ, ㄴ, ㄷ ② ㄴ, ㄷ, ㄹ ③ ㄱ, ㄴ, ㄹ ④ ㄱ, ㄷ, ㄹ

소득세가 달라질 경우는 결혼, 출산 등의 가족구성원 변경, 비과세 금액의 변동, 예외내역등록에서 등록된 원천세가 있을 경우로 분류된다.

정답 ②

76 4월에 퇴사자가 있어 중도정산처리를 하려고 한다. 대상을 개인으로 하여 '대상자조회'를 하는데 4월 퇴사자가 검색되지 않을 경우 확인해야 할 것으로 옳지 않은 것은?

〈18회 실무 기출문제〉

① [급여용 인사정보]에서 정산사업장이 들어가 있는지 확인한다.
② 퇴직발령처리가 되었는지 확인한다.
③ [개인정산사업장내역관리]에 개인별로 정산사업장이 들어가 있는지 확인한다.
④ 급상여일자내역을 확인하여 4월 급상여내역이 있는지 확인한다.

중도퇴사자의 정산처리를 위해서는 [급여용 인사정보]에 정산사업장이 등록되어 있는지, 퇴직발령처리가 되어 있는지, 퇴직월의 급여처리가 되어 있는지 확인한다.

정답 ③

77 연말정산처리 작업 중 부양가족 관련 설명이다. 아래 설명 중 옳지 않은 것은?

〈18회 실무 기출문제〉

① 부양가족 정보는 [부양가족등록] 화면에서 <전 정산연도 가족정보에서 가져오기>를 통해 가져올 수 있다.
② 부양가족 정보는 [부양가족등록] 화면에서 등록이 가능하다.
③ [급여용 인사정보]에서 강감찬의 정산사업장은 반드시 등록되어 있어야 한다.
④ [인사정보]에서 등록된 가족 중 피부양자 여부 체크된 가족을 가지고 온다.

78 일용직관리를 사용하는 화면에 대한 설명 중 옳지 않은 것은?   〈18회 실무 기출문제〉

① 일용직은 조직도의 부서로 발령처리는 하지 않아도 된다.

② 일용근로소득지급조서 관리를 위해서는 반드시 외주계약등록에 등록해야 한다.

③ 일용직관리에서 처리된 일용직급여내역은 원천세이행상황신고서에 자동집계 된다.

④ 일용직관리에서 처리된 내역을 기준으로 일용직지급조서를 출력할 수 있다.

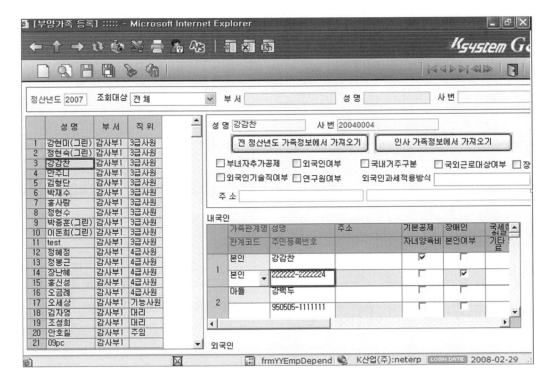

★ 풀이 & 보충학습

일용직관리 화면에 등록된 내용을 기준으로 지급조서 출력, 원천세이행상황신고시에 자동집계 된다.

정답 ①

79 2009년 2월 원천징수이행상황신고를 하기 위해서 자료 생성을 하였더니 아래와 같이 집계가 되었다. 내용을 확인하던 중 간이세액의 대상자가 2명 누락된 것이 발견되었고, 확인 결과 2월에 새로 입사한 신입사원 2명의 데이터가 누락되었다. 이때 확인해야 할 내용으로 옳은 것은?

〈18회 실무 기출문제〉

① 신입사원의 [초기대상자일괄입력] 시에 부서가 잘 지정되었는지 확인한다.
② [신규발령처리]에서 급여작업군이 잘 들어갔는지 확인한다.
③ [급여용 인사정보]에서 해당 신입사원의 정산사업장 연결을 확인한다.
④ 신입사원 2명의 발령일자를 확인한다.

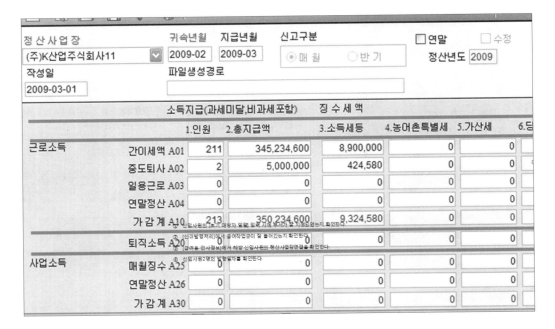

원천징수이행상황신고에서 데이터 집계가 되지 않을 경우는 첫째로 사원의 정산사업장 등록이 올바른지를 확인한다.

정답　①

80 K기업에선 퇴직금산정기간 설정을 그림과 같이 퇴직월 기준＋전월말 체크＋10일 이하로 설정하였다. 이때 정물품 씨가 2008년 7월 9일에 퇴사했을 경우 설정에 의해 계산된 퇴직금 산정기간으로 옳은 것은?　〈18회 실무 기출문제〉

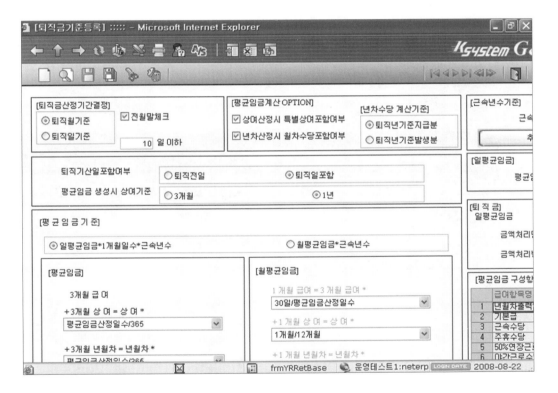

① 2008년 4월 1일 ~ 6월 30일

② 2008년 4월 10일 ~ 7월 9일

③ 2008년 5월 1일 ~ 7월 31일

④ 2008년 4월 11일 ~ 7월 8일

퇴직금산정기간 결정 시 퇴직월 기준으로 하고 10일 이하, 전월말 체크일 경우, 7월
9일 퇴직자 정물품 씨는 10일 이하인 10일이므로 전월말 산정기간으로 정한다. 따라
서 2008/4/1 ~2008/6/30이다.

정답 ①

81 급여작업군 서울기능직 사원 김국진은 호봉제 기본급을 받는다. [개인별 인사발령사항]을 참고
하여 아래 화면들의 작업 순서가 바르게 나열된 것은? 〈18회 실무 기출문제〉

① 급여표등록 – 기본급여항목등록 – 기본작업등록
② 기본급여항목등록 – 기본작업등록 – 급여표등록
③ 기본작업등록 – 기본급여항목등록 – 급여표등록
④ 급여표등록 – 기본작업등록 – 기본급여항목등록

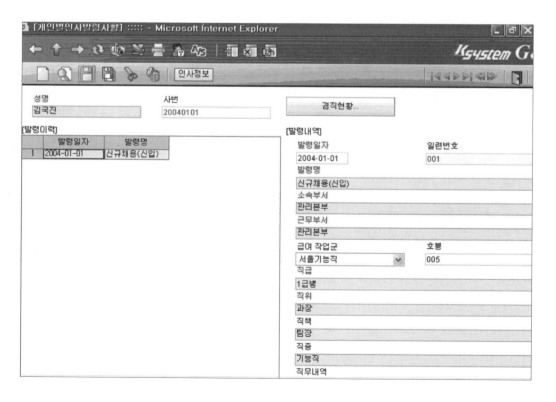

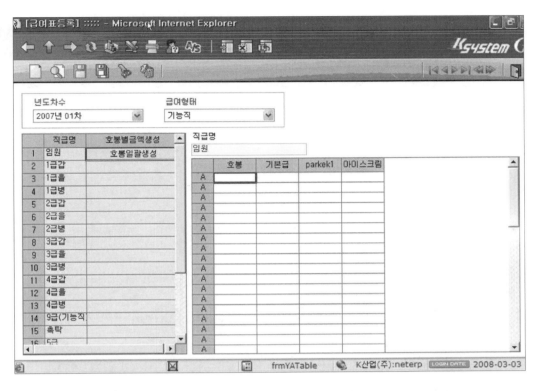

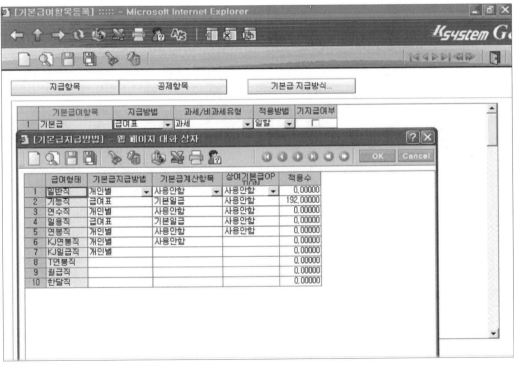

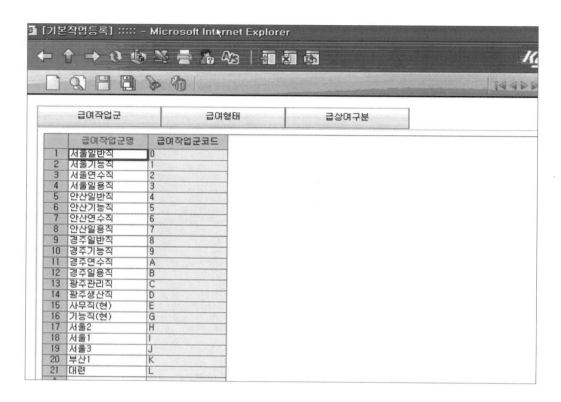

급여처리를 위해서는 급여작업군을 등록하는 [기본작업등록], 급여항목을 등록하는 [기본급여항목등록], 기본급 지급방법에 따른 기본급 등록화면 [급여표등록] 순서대로 등록한다.

정답 ③

82 다음의 화면은 (주)생산기업에서 진행하는 4월의 급상여처리에 대한 내용이다. 다음 화면을 보고 인사급여담당자가 작업하려는 내용을 가장 잘 표현한 것을 고르시오. 〈18회 실무 기출문제〉

① 급여대장을 출력하는 경우 상여로 지급된 항목을 급여대장에 같이 보여주기 위한 처리이다.

② 상여항목을 복합항목으로 설정하여 급여명세서에 보여주기 위한 처리이다.

③ 정기상여에 대한 출력항목을 수정하기 위한 처리이다.

④ 상여출력항목에 대하여 급여의 기본급과 상여의 기본급을 확인하기 위한 처리이다.

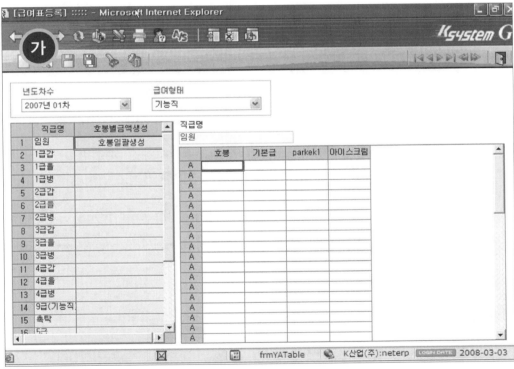

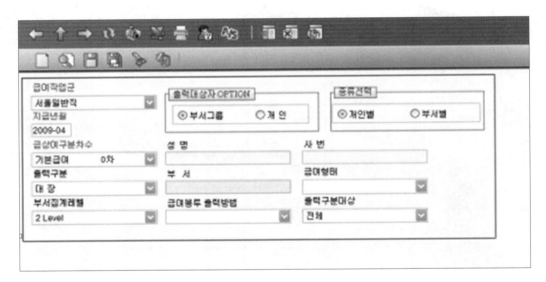

급여와 상여를 하나의 대장에 출력하기 위해서는 급여와 정기상여처리일이 같아야 한다.

정답   ①

83 첨부 화면과 같이 설정하였을 경우 알 수 있는 내용으로 옳지 않은 것은? 〈18회 실무 기출문제〉

① 식대는 지급항목일 때는 식대비과세가 5만원까지 비과세 대상이 된다.

② 기본급은 급여형태에 따라서 다른 방법으로 지급하고 있다.

③ 동호회비는 개인별로 등록하여 공제하고 있다.

④ 시급직 사원의 상여는 기본시급으로 등록된 금액의 226배를 받는다.

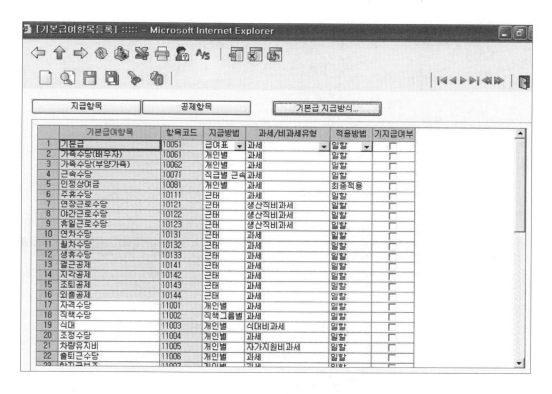

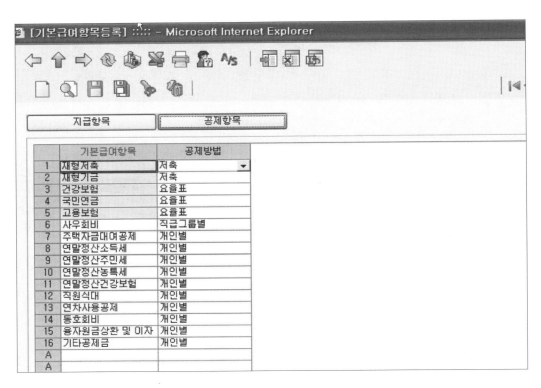

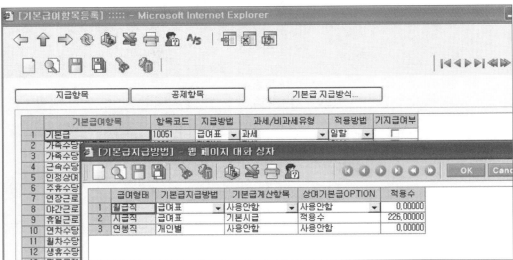

★ 풀이 & 보충학습

식대비는 매월 100,000원, 1년에 1,200,000원이 비과세이다.

정답   ①

84 김민순 씨는 연봉직 사원이다. 2008년 1월의 결근일수는 1일이며, 기본급 이외에 차량유지비 100,000이 매월 지급되고 있다. 김민순 씨의 개인별 급여정보가 첨부 그림과 같을 때 2008년 2월의 결근공제금액으로 옳은 것은?(급여형태 연봉직의 급여형태그룹은 월급직이다.)

〈18회 실무 기출문제〉

① −29,000

② −26,600

③ −23,330

④ −30,000

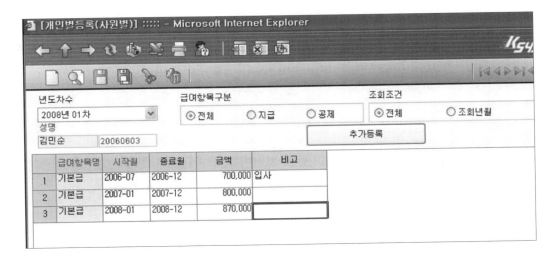

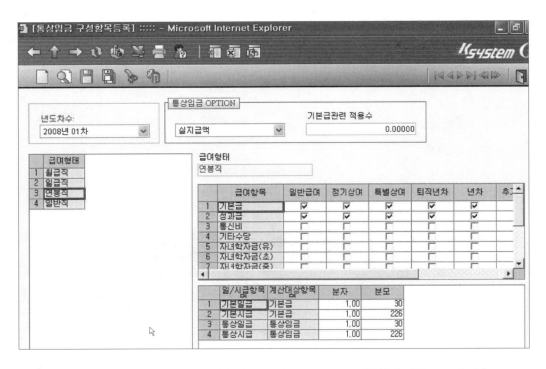

김민순 씨의 기본일급은 870,000/30 = 29,000이다. 따라서 공제액은 −29,000이다.

정답   ①

85 그림은 K산업주식회사의 급여지급기준 및 공영업 사원의 2008−01월 급여지급내역이다. 공영
업 사원의 2008−01월 기본급여에서 통상임금으로 옳은 것은?   〈18회 실무 기출문제〉

① 4,316,660

② 4,246,660

③ 4,116,660

④ 4,186,660

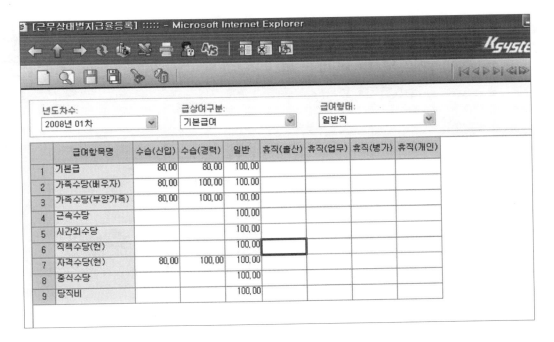

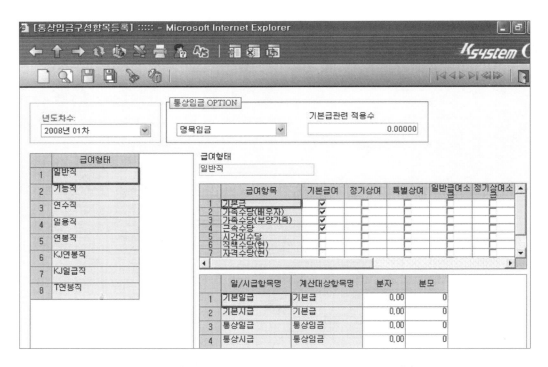

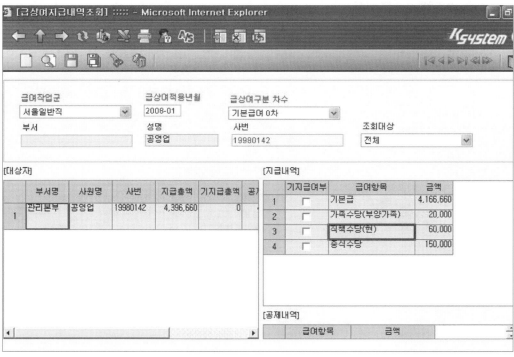

86 K산업 주식회사의 급여형태 중 기능직의 기본급 지급방법이 첨부 그림과 같이 등록되어 있다. 개인별 등록 화면에 기본급으로 시급에 해당하는 금액이 5,000원이 등록되어 있고, 근무일수는 10일, 근무시간은 80시간이라고 할 때 기본일급/기본시급의 설정값과 계산된 기본급으로 옳은 것은? 〈18회 실무 기출문제〉

① 기본일급 = 기본급×(8), 기본시급 = 기본급×(1), 기본급 = 40만 원

② 기본일급 = 기본급×(8), 기본시급 = 기본급×(1), 기본급 = 50만 원

③ 기본일급 = 기본급×(1), 기본시급 = 기본급×(1/8), 기본급 = 40만 원

④ 기본일급 = 기본급×(1), 기본시급 = 기본급×(1/8), 기본급 = 50만 원

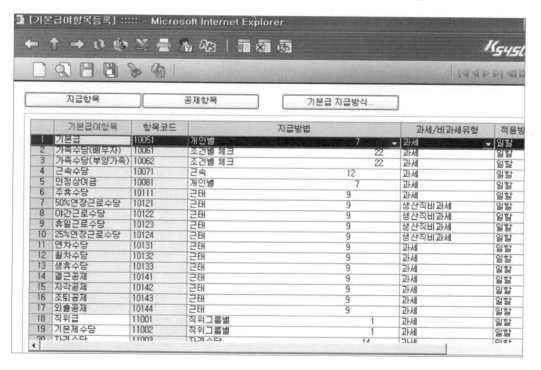

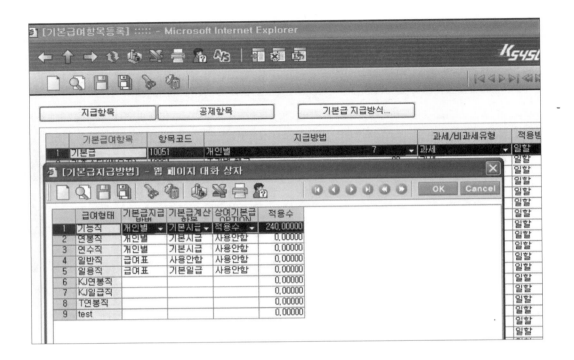

- 기본시급 = 기본급 × (1) = 5,000 × 1   → 기본시급 = 5,000원
- 기본일급 = 기본급 × (8) = 5,000 × 8   → 기본일급 = 40,000원
- 기본급 = 기본일급 × 근무일수(10일) = 40,000 × 10   → 기본급 = 400,000원
- 기본급 = 기본시급 × 근무시간 = 5,000 × 80   → 기본급 = 400,000원

정답 ①

87 신입사원 김개발은 일반직 수습사원으로 (주)영림에 입사했다. (주)영림의 사규에는 수습 입사 시에 기본급여의 기본급을 3개월 동안 70%만 지급한다. 5월 급여처리 시 사원 김개발은 기본급은 얼마인가? 〈18회 실무 기출문제〉

① 2,000,000원

② 1,610,000원

③ 1,850,000원

④ 2,300,000원

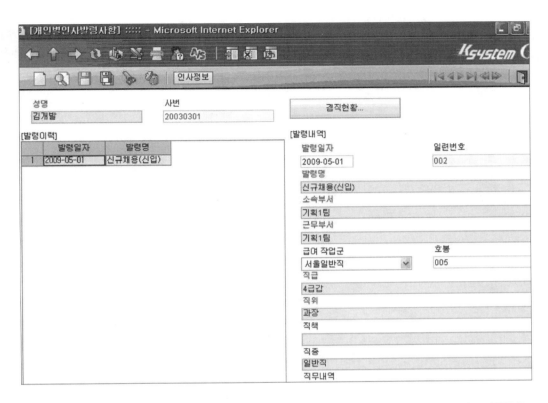

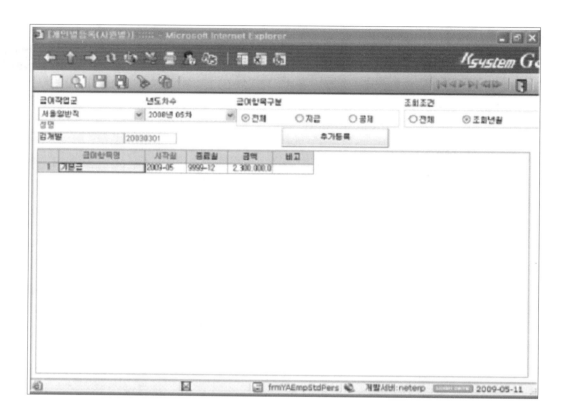

기본급 2,300,000원인 수습사원에 대한 지급률은 70%이다. 따라서

5월 김개발의 기본급은 2,300,000 × 70% = 1,610,000원

정답 ②

88 이번에 사원 김개발은 입사 후 영화동호회에 가입했다. 아래 화면에서 볼 때 매월 급여에서 공제되는 동호회비는 얼마인가? 〈18회 실무 기출문제〉

① 23,000원

② 10,000원

③ 20,000원

④ 15,000원

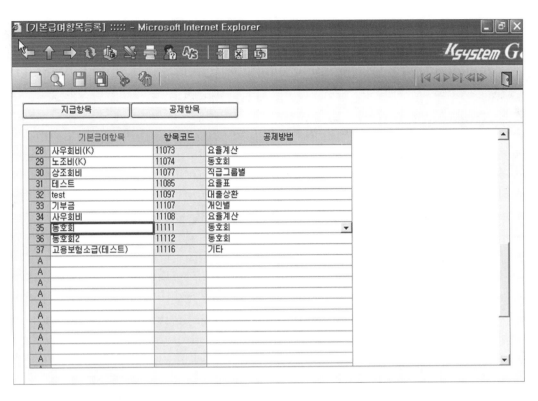

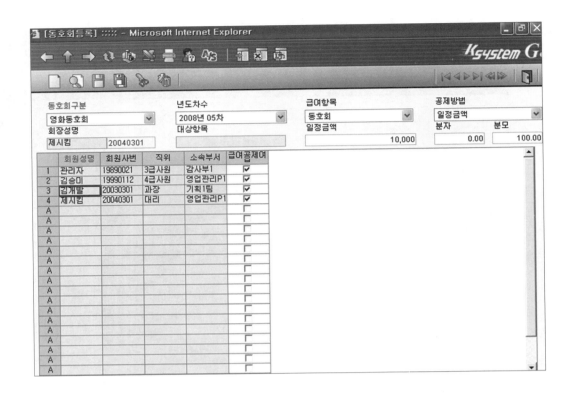

89 다음의 화면은 관리본부2 부서에 근무하는 김국진 씨의 연차에 대한 사항이다. 아래의 해당 하
는 화면을 보고 김국진 씨의 2009년 4월 지급할 연차수당으로 알맞은 것은?

〈18회 실무 기출문제〉

① 연차수당은 2009년 4월에 지급하여야 하며 연차수당은 563,290원이다.

② 연차수당은 2009년 4월에 지급하여야 하며 연차수당은 693,280원이다.

③ 연차수당은 2009년 3월에 지급하여야 하며 연차수당은 563,290원이다.

④ 연차수당은 2009년 3월에 지급하여야 하며 연차수당은 693,280원이다.

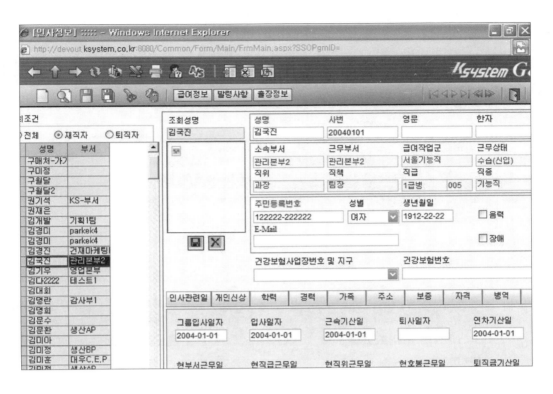

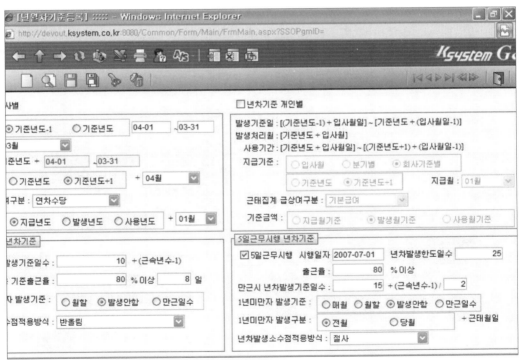

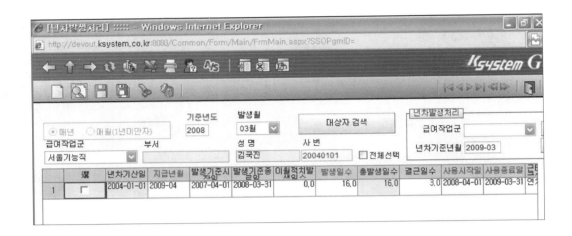

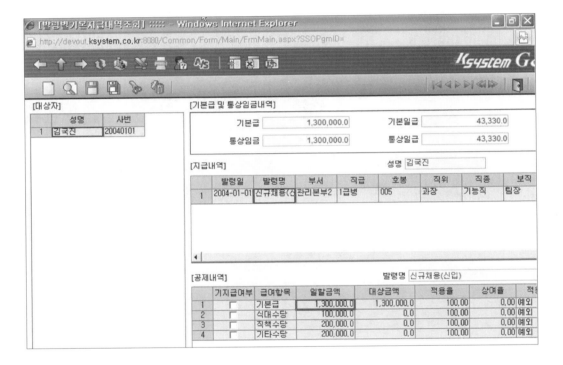

김국진의 연차 지급일수는 발생일수 – 사용일수, 16–3 = 13이다.

연차수당은 지급일수 × 기본일급이므로 13 × 43,330 = 563,290원이다.

정답 ①

90 다음은 (주)생산기업의 4월 급여대장을 출력하기 위한 기본 세팅 화면이다. 다음의 화면을 통하여 4월 급여항목 중 직무수당에 출력되는 금액은 얼마인가? 〈18회 실무 기출문제〉

① 400,000원　　② 300,000원

③ 200,000원　　④ 100,000원

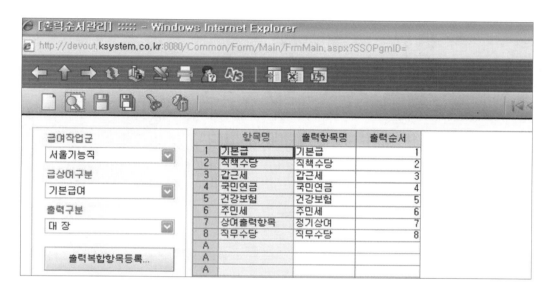

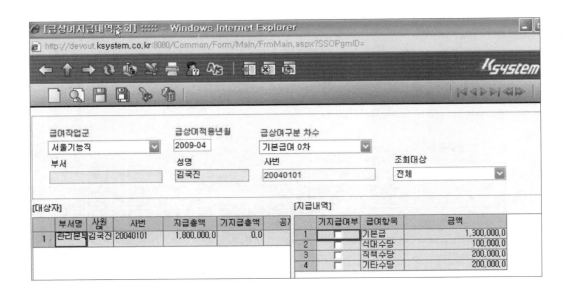

직무수당 출력은 직책수당과 기타수당을 <출력복합항목등록> 버튼을 이용하여 하나의 출력물로 하여 인쇄한다. 따라서 직책수당 200,000원, 기타수당 200,000원을 합쳐서 400,000원이다.

정답 ④

K.System 화면 찾아보기 INDEX